无冕材料泰斗
润物学界无声

贺周廉院士八十华诞文集

中国材料研究学会　西北有色金属研究院　组织编写

BRILLIANT LIFE OF

A MATERIAL MASTER:

CELEBRATING THE 80TH BIRTHDAY OF

ACADEMICIAN ZHOU LIAN

化学工业出版社

·北京·

图书在版编目（CIP）数据

无冕材料泰斗，润物学界无声：贺周廉院士八十华诞文集/中国材料研究学会，西北有色金属研究院组织编写. —北京：化学工业出版社，2020.11
ISBN 978-7-122-37856-9

Ⅰ.①无… Ⅱ.①中…②西… Ⅲ.①周廉-纪念文集 Ⅳ.①K826.13-53

中国版本图书馆CIP数据核字（2020）第189339号

责任编辑：窦　臻　林　媛　　　　　　　　　装帧设计：尹琳琳
责任校对：王素芹

出版发行：化学工业出版社（北京市东城区青年湖南街13号　邮政编码100011）
印　　装：北京宝隆世纪印刷有限公司
787mm×1092mm　1/16　印张33$\frac{3}{4}$　字数645千字　2020年10月北京第1版第1次印刷

购书咨询：010-64518888　　　　　　　　　售后服务：010-64518899
网　　址：http://www.cip.com.cn
凡购买本书，如有缺损质量问题，本社销售中心负责调换。

定　　价：298.00元　　　　　　　　　　　　　　　　版权所有　违者必究

崛起

中国新材料贺帖

马泽人
2019.12.19

中国钛林开拓者

祝贺周廉院士八秩大寿

康飞宇

二〇二〇年元月八日

引中国材料走向世界，
领超导研用位达巅峰！

祝贺周廉院士八十华诞
薛群基 敬
2020.01.16

贺周庥院士八十华诞

奉献育研一甲子
引领超导三十年

屠海令
二〇二〇年元月八日

林料泰斗

艺术长青

徐建州 敬贺
二零二零年二月

超导材料
　　成功应用
　　　　助推国威
贺周廉院士八十华诞
　　　　汪东尧
　　　　2020.1.15

庆祝周廉学长八十寿辰！

您是我国实用超导材料学科带头人，是我国超导产业化的主要开拓者和主要奠基人！您用毕生精力推动我国材料科学的发展、壮大和产业化；您是我们学习的榜样！

祝愿您：

为国珍重

健康长寿

学弟
甘子钊 敬贺
2020.1.20

祝贺周廉院士八十大寿

多年来周院士不顾年高体弱，仍竭力为我校学科建设和人才培养呕心沥血，特此表示衷心感谢。

并祝

健康长寿

　　　　　　　　　　　　　　　　谭旭光
　　　　　　　　　　　　　　　　01/06/2020

周而不比
蠹必生威
材果秦斗
支沐有电

贺阎廉先生八十华诞
学生 丁文江
二〇一九年二十月二十三日

敬贺周廉院士八十大寿：

衷心祝愿先生健康长寿，天天都有好心情！

寒錫高

二〇二〇年元月十六日

德高望重躬耕科教踐初心
碩果輝煌守志彌堅報國情
東大學友切望昔日雄風現

張懿敬賀周康院士八秩華誕

毕生开拓新材料，
德高望重气如虹；
求真务实多建树，
热心助人若春风。

桃李芬芳满天下，
百花盛开笑丛中；
先生英名传四海，
寿比南山不老松。

恭贺周廉院士八十华诞

关锋

庚子鼠年乙月初二

祝贺周廉院士八十华诞

科学栋梁　母校楷模

东北大学　赫冀成

二〇二〇年一月十三日

贺周廉院士八十华诞

精忠报国创新路

呕心沥血育英才

赵继

2020.1.15

It is a great honor and privilege to write this memo to congratulate Professor Zhou Lian on his 80th birthday celebration.

Prof. Zhou and I served closely for IUMRS. He was 1st Vice President during 2003-2004 and President in 2005-2006. During his term, he facilitated IUMRS to become an important member of ICS, initiated the concept of World Materials Summit, and making significant key contributions to the operation and development of the IUMRS.

We are very grateful for his leadership in providing the global impact of IUMRS to a sustainable world of materials for all man-kind.

Bob Chang
R.P.H. Chang
Professor, Materials Science and Engineering
Northwestern University

Birthday Wishes for a Great Titanium Researcher

Dear Lian,

    As the German member of the International Organizing Committee, I am delighted to wish you a happy 80th birthday! Working in the field of Titanium and Titanium alloys has always been a great pleasure for me, especially, due to the large number of nice people to cooperate with. Let me once more thank you for the outstanding work you have done for the Titanium community and the 2011 Titanium World Conference. I will always keep you, Beijing and China in good memory. Interaction with you has always been a true blessing and I wish you a future full of shining possibilities.

Kind regards from Germany

Carsten Siemers

IOC Member of Germany

Dear Prof. Zhou：

Congratulations on your 80th birthday

    As an IOC member in Japan, I would like to show my respect for your impressive contribution to the research and development of titanium in China, your activities as an IOC member for over 20 years, and your survice as a Chairman of the 12th World Conference on Titanium (Ti-2011), successfully held in Beijing, China.

    I attended your lectures at the seminar and symposium held at Tohoku University in 2004. Your discussions regarding the present and future of titanium research and development in China at a seminar have proven true; as you expected, this field has made significant progress.

    I hope that the exchanges between China and Japan in the titanium field become more active, and that cooperation will continue to advance the research and development of titanium in the Asian region. I wish you success and further prosperity in the future.

Yours Sincerely,

T. Narushima Feb. 17, 2020

Takayuki Narushima, Feb, 17, 2020

IOC member(Japan)

Professor, Department of Materials Processing,

Tohoku University, Japan

无冕材料泰斗
润物学界无声

贺周廉院士八十华诞文集

序

2020年2月，新年伊始，喜逢周廉院士八十华诞，我们谨向他致以最衷心的祝贺与最美好的祝福！

周廉院士1963年毕业于东北工学院（现东北大学），后分配至北京有色金属研究院工作。1969年，为响应国家支援三线号召，他来到渭河之滨的宝鸡秦岭山沟里，由此在西北有色金属研究院开启了他极具传奇色彩的精彩人生。

他是一位成就斐然、令人尊敬的材料科学家。50年来，他始终围绕国家重大需求、聚焦关键领域，在超导、航空、航天、核工业、海洋等研究领域攻坚克难、砥砺前行，取得了举世瞩目的成绩。他所坚持的低温超导材料研究开创了超导铌钛研究的新纪元，为国际ITER计划超导线材产业化和中国超导材料实用化做出了卓著贡献。他主持研制的高温YBCO、Bi系、二硼化镁新型超导材料的性能，3次突破世界最高纪录。他指导学生开发的TC21，是我国研制的第一个具有自主知识产权的高强损伤容限型钛合金，成为我国"四代机"的主干钛合金，破解了外国公司垄断，解决了"卡脖子"

难题。直至古稀之年，他仍然热切关注着生物材料、3D打印材料、海洋材料等新兴领域，为我国材料领域的新发展指明了前进方向，做出了突出贡献。

他是一位高瞻远瞩、格局开阔的战略科学家。数十年来，他以战略家的视野和高度，面向世界、面向未来，为中国材料学科建设谋篇布局。1999～2007年，在担任中国材料学会（C-MRS）第三、四届理事长期间，他把准学会发展方向，制订学会发展规划，明确学会担当使命，带领C-MRS加强与发达国家材料学会的联系，积极主办、承办国际学术会议，稳步扩大中国材料界的国际影响。2003～2008年在担任IUMRS第一副主席、主席、后主席期间，他锐意进取、果断改革，开创国际材联高峰论坛，带领IUMRS成为国科联的正式成员。他更常念家国在心怀，矢志担当有为，不仅长期担任"863"计划专家委员、"973"计划顾问，为国家材料领域重大事项的发展规划、战略部署提供咨询意见和建议，还在2012年创立了材料学术联盟，凝聚起国内材料学科的一流科研团队。如今，他发起的"新材料国际发展趋势高层论坛"系列会议，已成功举办9届，成为国内材料领域极具影响力的盛会与科技工作者的高端学术交流平台。同样由他创办的《中国材料进展》，目前已是国内材料界有较高影响力的综合性中文学术期刊。

他是一位勇于创新、善作善成的企业家，也是国有科研院所企业化转制改革的先行者。数十年来，他敢为人先、革故鼎新，书写了西北有色金属研究院转制改革的新篇章。1995年，他不惧坎坷艰辛，毅然带领西北院从宝鸡搬往西安，开拓了一条集研发、中试、产业化的"三位一体"新发展道路。21世纪初期，随着国家深化科技经济体制改革，他又带领西北院坚定踏上产业化改革的发展道路，先后成立了以西部材料、西部超导等为代表的股份制高科技公司。他所创立的西北院发展模式,已成为全国转制院所的成功典范,使得西北有色金属研究院跻身国内一流科研院所和百亿科技集团。

他还是一位桃李满天下、春晖遍四方的科学教育家。20世纪80年代初期,他开创了院校合作培养学生的先河,率先与东北大学等高校合办在职博士班、MBA培训班、工程硕士班,为西北院打造了一支优秀的人才队伍。近年来,他更加注重对材料领域青年拔尖人才的培养,开办钛合金博士班、航空材料博士班、3D打印博士班、稀有金属暑期班、中国材料进展讲习班等活动。迄今为止,已有近3千人从中获益,投身并遍布于我国材料学科发展的各行各业之中。

他更是一位心有大我、至诚报国的爱国科学家。数十年来,他为扩大中国材料界的国际知名度和影响力,夙兴夜寐、殚精竭虑,怀揣一颗追梦赤子心为祖国、为理想奋斗终生。自1981年从法国国家科研中心学成归国始,他先后建立了中法、中美、中日、中德等超导、钛合金材料的合作研究和学术交流。2003年,他促成了西北院与法国国家科研中心联合建立国际联合实验室,受到了两国政府的高度重视,被誉为中法科技合作的典范。2005年因为对中法科技发展的杰出贡献,他被著名的约瑟夫·傅立叶大学授予名誉博士学位。1995年起,他又筹备争取"钛科技界奥林匹克盛会"——世界钛会的主办权。在他的不懈努力与国际盛誉加持下,历经16年、4次失败后,中国终于获得了第12届世界钛会的主办权,这是世界钛会唯一一次在非发达国家举办。这届大会规模空前,打破了发达国家材料界对中国的固有偏见,向世界证明了中国材料界的实力,中国钛科技和产业在此之后取得了骄人的成绩。

当然,他的传奇人生还不止于此,最让人佩服的是他那坚韧不拔的顽强意志和乐观豁达的生活态度。病魔几经到访,他绝不妥协,终于凤凰涅槃、浴火重生。他的肝移植手术堪称中国科技界和医学界的奇迹。病愈后,他又火速投入到心心念念的材料事业中，继续为中国材料界奉献自己，用热血书写着生命不止、奋斗不息的人生誓言！

  本书选录了周廉院士几篇具有代表性的著作以及朋友、同事、学生的回忆文章，收集了他在重要活动中的照片留影。这本书可以说是他爱国、好学、求实、拼搏、自强的励志人生写照，对晚辈后学具有颇多启发。值此周先生八十寿诞之际，我们将此书奉献给广大材料科技工作者和有志振兴中华的青年，以资共勉。

黄伯云

2020 年 2 月

总目录

- 报国图强多壮志，领军材料真风采——周廉院士传略 / 002
- 照片回顾 / 024
- 研究文章和报告 / 228
- 朋友、同事和学生心目中的周廉院士 / 340
- 周廉院士大事记 / 494
- 周廉院士部分科研成果 / 504
- 后记 / 511

周廉院士传略

无冕材料泰斗
润物学界无声

贺周廉院士八十华诞文集

报国图强多壮志，领军材料真风采

——周廉院士传略

周廉，1940年3月出生于吉林省舒兰县（现舒兰市）；1958年8月至1963年8月就读于东北工学院（现东北大学）有色金属压力加工专业，毕业后分配到北京有色金属研究院；1969年8月，响应国家三线建设调入宝鸡有色金属研究所（西北有色金属研究院前身）工作至退休；期间（1979年11月～1981年12月），由教育部派往法国国家科研中心（CNRS）低温研究实验室（CRTBT）进修。1994年遴选为中国工程院首批院士，1988～2000年任中国超导专家委员会首席科学家，1999～2007年任中国材料研究学会理事长，2002～2004年任中国钛业协会首任会长，2002～2006年任中国工程院化工、冶金与材料工程学部主任，2004年当选国际生物材料科学与工程学会会士，2005年被授予法国约瑟夫·傅立叶大学名誉博士学位，2005～2006年任国际材料研究学会联合会（IUMRS）主席，还曾担任中国有色金属学会副理事长、世界钛会国际执委会委员、中国材料研究学会名誉理事长等职，是第九、第十届全国人大代表。现任西北有色金属研究院（NIN）名誉院长、陕西科技大学名誉校长、南京工业大学先进材料研究院院长等职。

参加工作至今57年，他长期致力于超导和稀有金属材料的研究发展工作，在超导材料研究方面创造了3次世界纪录并在国内率先实现了其产业化。近年来，研究方向还涉及钛及钛合金、材料加工和制备技术、生物工程材料等多个领域，在基础研究、工艺技术及实用化的研究和产业化发展方面成就显著。积极参与国家材料领域科技政策与规划的制定和咨询等工作，为中国材料科学的进步和国际影响力提升做出了巨大贡献。

他共荣获包括国家发明奖、国家科技进步奖、有色金属奖等奖励22项、国家发明专利30余项。担任西北工业大学、东北大学、西安交通大学、同济大学等国内十余所重点大学兼职教授，发表论文400余篇，已培养硕士生、博士生100余名。被授予"全国先进工作者""国家有突出贡献的出国留学人员""国家有突出贡献的中青年专家""全国有色金属工业特等劳动模范""何梁何利基金科学与技术进步奖""桥口隆吉基金奖""西安市科学技术贡献奖"等荣誉称号。

他把大半生的心力都无私奉献给了国家材料科学发展事业，在国内外材料科学领域享有很高声誉。

青少年时代心存志向，钻研好学

1940年农历二月初三，周廉出生于吉林省舒兰县水渠村的一个普通家庭，家里有三个弟弟和两个妹妹。父亲是一名医生，新中国成立前，为生活所迫曾在"吉林四天医院"学医并开了自己的诊所，1950年到永吉县商业局卫生局工作。父亲为人谦虚、推己及人、行医认真负责，很重视对孩子的培养教育，对周廉的影响很大。1947年3月，周廉进入吉林市通三完小读书，1948年吉林解放后，因父

周廉院士传略

无冕材料泰斗
润物学界无声

贺周廉院士八十华诞文集

亲到农村去工作,转学至永吉县双河镇第一完小继续读书。少年的周廉,在学习、文艺、宣传等各方面都很活跃。少年先锋队成立时,他第一批被批准入队。1952年9月,以优异的成绩考入吉林省实验中学,1953年9月,因学校调整,全班同学集体被划拨到吉林市二中(从一个较好的学校拨到一个较差的学校);1955年9月,考入吉林市最好的中学——吉林市一高中(现吉林一中)学习,在校期间刻苦用功,入学后不久就被选为班委会干部,先后当过学习委员、宣传委员等,尤其令师生们刮目相看的是,他的学习成绩一直遥遥领先。所有科目,他都是兴趣盎然地去学习,历史年代和地理位置记不清楚,他就自己编口诀、写纸条,化整为零装进记忆里。至今,他仍感慨道:"要想成功,首先要打好基础。不能忽视高中各基础学科,历史、语文、哲学,甚至包括书法,都将终生受用。现在的想法、思路,都是得益于高中的底子。"

1957年,那场政治运动风暴也刮进了高中校园。一心求知问学的周廉没有参与甚至很反感,他保持了沉默。于是,他的毕业鉴定上的最终结论竟然是:"该生立场如何不能判定,在大辩论中被评为立场不鲜明学生。根据该生的家庭情况和平素的表现,可报考一般专业!"而对此,周廉却一无所知。高中毕业时,他在报考志愿表上填写了27个高等院校,结果以高出录取线70多分的成绩,被第十七志愿东北工学院录取。但是,他并不气馁,在大学里刻苦攻读专业知识,每科都取得了优异的成绩,为今后的工作打下了坚实的理论基础。毕业分配时,由于他各方面表现突出,最终被北京有色金属研究院选中。

周廉不是一个只会啃书本、读死书的人,他还有着广泛的爱好,喜欢钻研。他专注、有恒劲,连文体活动也不偏废。长期坚持打球,他深知,身体就是"本钱",没有"本钱"什么也干不成;在音乐方面,他也具有一定的造诣。高中骑车上下学时,他看见街上有拉京胡的,便对中国古典音乐产生了浓厚的兴趣。高二时,他买了一本书,动手仿制了一把二胡,由此开始自学拉二胡,后来还和班上几个同学搞了个小乐队,被吉林市人民广播电台请去录制节目,当时演奏的曲子叫"金蛇狂舞";后来,亲戚送了他一把小提琴,他又开始学习小提琴。大学期间,他入选了东北工学院管弦乐队,1959年随乐队被派往鞍钢进行慰问演出。进入北京有色金属研究院后,院里每年要搞很多次活动,其中就有和中央乐团的同志们一起迎宾,著名的指挥家李德伦、郑小瑛、韩中杰等参加了演出,他从中收获颇丰。1964年5月4日,他入选中央国家机关合唱队,作为合唱队的小提琴演奏者,在人民大会堂为刘少奇等领导人表演。这是他第一次进入人民大会堂,心灵受到了极大震撼。"文革"期间,在冶金部的毛泽东思想宣传会上,他又拉了8个月小提琴。到了宝鸡以后,他被推荐为乐队指挥,参演样板戏"红灯记",一共演出了3个月。周廉认为音乐对提高一个人的修养、陶冶情操很有帮助,特别是音乐对学习英文也大有裨益。当时参加英语短训班,他只学了3个月就超过了一些学习了很久的人。学习英语重点在于听力和发音,他在这两方面都非常敏感,语音、语调把握得十分准确。英语的听说读写能力,对他后来参与国际间科技学术交流起到了很大作用。

北京工作之初吃苦拼命,崭露头角

1963年,周廉毕业被分配到冶金部直管的北京有色金属研究院,在214室644组从事钽丝研究制备工作,开始接触稀有金属材料研究。作为一个初出茅庐的年轻科技工作者,进入了这个尖端科学领域,他深知书本知识和科学实际工作存在很大距离,没有捷径可走,唯有在工作中不断学习、实践,才能尽快掌握本领、胜任工作。参加钽铌细丝研制工作初期,没有太多经验和资料可以借鉴,一方面,他在老同志们的指导下进行阳极氧化、拉伸工艺的攻关;另一方面,他更拼命、更用心地做好每一次实验、每一组数据分析,不满足于局限在已有理论的框架中,勤于思考并善于发现一些新现象、新问题,从中找到新规律、新方法和新灵感,逐渐形成了具有自己独到观点和见解的理论与思路,并果敢地应用到实践中。在研制过程中,他不因循旧路,创造性地提出了无氧化膜拉伸工艺,用于钽丝生产,

周廉院士传略

无冕材料泰斗
润物学界无声

贺周廉院士八十华诞文集

制出直径9μm的细丝，达当时国内最高水平。工作初始便显露锋芒，这更增强了他探索创新的斗志，为他今后的事业奠定了良好的开端。后来，他又参加并完成了贵金属及合金线材的试制，通过复铜工艺研制出直径10μm的金丝，为当时国内最好水平，满足了国家04工程的关键需要。这些工作对他以后从事超导线材研制打下了坚实的基础。

1965年，冶金部选派优秀年轻骨干学习英语，周廉被选送到北京外国语学院脱产进修。以前学习的外语是俄语，到这里只能从零开始。进修期间，他摸爬滚打、潜心钻研，整天埋在课本、字典上，视线全部聚集在无涯的学海里。虽然由于一些客观原因培训被迫中止，但在短短的3个月里，他已经具有一定的英文听、说、读、写能力。

宝鸡三线从事超导，成为开拓者

1969年，国家三线建设布局，将北京有色金属研究院拆分成几部分，分散到祖国各地进行建设。年轻的周廉和许多热血青年一起，积极响应支援三线建设的号召，和夫人毅然放弃了北京优越的工作条件，来到西北腹地秦岭山下的宝鸡，参加了宝鸡有色金属研究所的建设，目前已成为我国最大的稀有金属材料加工科研生产基地。

当时的宝鸡有色金属研究所在一个贫瘠的山沟里，生活条件相当艰苦，科研条件十分有限（资料严重缺乏，仪器相当简陋）。1970年，初到这个艰苦的新创业环境中，就面临艰巨任务的挑战。国家重点项目"303工程"受控核聚变装置急需一批NbTi50单芯线，线的直径为0.37mm，线芯直径为0.25mm，长度要大于1000m。当时，这是一项艰难的试制任务。超导这个国际前沿研究领域刚刚起步，如此高要求的超导线材从未做过，任何可以借鉴的现成资料都没有。面对这项时间紧、要求高、难度大、国外刚刚研制成功、国内尚为空白的重任，周廉作为攻关组组长，拎起铺盖卷住进了实验室，带着全课题组20多人，白天做样品、搞试验，晚上查资料找原因、计算数据、修正方案。研制初期，一个个难题横在面前，多少次受阻于制约材料性能的难关——超导电性能技术指标低。作为负责人，周廉坚信，科研工作不会是一帆风顺的，逃避困难不是一个科技工作者的本色，要出成果就必须发挥集体力量去攻克难关，再苦再难也绝不能气馁。他带动大家集思广益，经过上百次测试和分析，通过系统深入地研究铌钛合金的组织、性能和钉扎机理，创造性地提出并采用"强烈冷变形、低温长时时效处理以及附加冷变形的最佳时效"形变工艺，使得线材超导性能大幅度提高，临界电流密度达到了国际先进水平。线是做出来了，但还要大于1000m，这又成了必须攻克的一大难题。线坯在拉拔过程中的严重断裂，经过一次一次地大胆假设、测算分析和改进加工工艺，才最终制服了这个拦路虎。在100多个日夜里，第一批250kg铌钛超导线材终于诞生了，平均长度达5500m，最大长度达20000m以上，临界电流密度达到当时美国、日本等国先进水平。随后，超导材料实现了批量生产，他们当时组织生产的价值近400万元的1.8t铌钛超导线材，满足了受控核聚变反应堆用超导磁体的急需，为我国第一台400kV·A超导同步电机的成功研制做出了突出贡献，该项成果荣获了全国科学大会奖。

一位友人曾经写过一首词《调寄·浣溪沙》，乐观豁达地回顾了周廉这段艰苦而又充满激情的岁月："逆水行舟靠力撑，当年跋涉宝鸡城，笑将羊圈拟军营。超导此时光宇宙，登攀他日论英雄，中华学子好威风"。由此，这一新兴、前沿学科成了他一生主攻的方向和事业，为他后来成为国家超导专家委员会首席科学家乃至成为院士奠定了坚实基础。

中法合作，走向世界

1978年，中国的科学教育迎来了春天，一场新中国最大规模的出国留学热潮悄然掀起。经过教育部组织业绩考核，周廉名列拟公派留学人员名单中。随后，他夜以继日地突击了8个月，把没有学完的英语课程补学完成，最终通过了外语

周廉院士传略

无冕材料泰斗
润物学界无声

贺周廉院士八十华诞文集

考试。岂料,1979年周廉被派往法国,一个非英语国家,同行的20多位留学生都学过法语,只有他又是从零开始。起初上课,老师讲法语,他只能根据老师的姿势和口型猜测所讲内容。为了攻克法语,他找来英文的法语入门书,一字一句地对号入座,焚膏继晷地硬啃了4个月,以他与生俱来的那股"拼劲"通过了语言关。

来到CNRS的CRTBT及高磁场实验室进修后,这里成熟的超导理论研究、现代化的科研条件、先进的仪器设备以及众多高水平的科学家,对他和地处山区闭塞条件中的超导攻关群体,都是难得的机遇。不了解世界超导发展动态就如同闭门造车、坐井观天,不要说国外不了解他们,就是让国内同行公正地评价他们的工作成绩也无从谈起。因此,周廉到法国的目的只有一个,那就是要尽快学到更多的本领,要证明中国超导研究工作绝不比别人差。在这里,他有幸结识了时任CRTBT主任的Robert Tournier教授,Tournier教授不仅在工作上对他悉心指导,放手让他使用实验室许多先进设备,还给予他生活上的关心和帮助,让他很快适应了国外的工作生活,这也为后来中法超导合作和我国超导材料的发展埋下了伏笔。

为了弄清国内的超导材料与国外的差距,周廉不断汲取相关理论知识,反复比较国内外材料制备工艺,一项一项认真分析、总结。这是一项繁杂而又枯燥的工作,但是科学研究来不得半点儿马虎,也没有任何捷径可走,只有迎接挑战,才能到达"光辉的顶点"。当时,他住的是最简陋的公寓,吃的是最便宜的饭菜,白天他要完成导师布置的课题工作,只有晚上的时间才属于自己。多少个夜晚,他一个人在静静的实验大楼里坚持着。在法国的2年零2个月中,他凭着这股拼劲和不服输的志气,先后完成了4项课题,撰写出了6篇论文和报告,参加了3次国际重大学术会议。1981年6月,他赴德国参加国际超导磁体会议,在大会上做了关于他在法国研究的多芯Nb_3Sn超导线材在高场下的临界电流密度性能的口头报告,引起了国际同行的强烈关注。会后,美国超导权威人士经过比较国际上其他同类材料,撰文指出:"中国的Nb_3Sn多芯复合线,完全可以和世界上最好的Nb_3Sn多芯复合线材相提并论。"

1981年12月，周廉圆满完成了留学任务，如期回到了祖国。两年多的国外留学经历，使他极大地开阔了视野，完善了理论，提高了水平，同时也使他明白我国超导与国际间的差距。他不满足于亦步亦趋地跟在外国人后面，抓住学术交流的机会，将我们国内的样品与国际水平反复比较，不断改进、提高，在国际上用事实证明了中国人在超导领域取得的成功。同年9月，国际应用超导会议在美国召开，他再一次自豪地向世界超导同行介绍：中国的铌钛超导多芯复合线材临界电流密度性能达到了当时世界最高纪录。国际超导界权威人士评价："中国NIN研制的铌钛多芯复合线材比美国费米实验室的同样材料数据高出近一倍，研究结果'开创了高临界电流密度铌钛研究的新纪元'。"一次又一次攻关，一个又一个新成果，使中国超导材料研究当之无愧地跻身于世界超导技术先进行列。因此，他被国家教育委员会授予"国家有突出贡献的出国留学人员"荣誉称号。

1984年，周廉被任命为西北有色金属研究院副院长后，他心中萌发了与CRTBT合作的念头，这个想法与Tournier教授的不谋而合，在他的支持下NIN与CRTBT达成了合作协议，双方相继开展了低温超导磁体的合作研究，由此开启了中法超导合作的序章。

1987年，中国和世界其他国家几乎同时发现了高温超导。被任命为国家超导专家委员会首席科学家的周廉开始了新的攀登，他一方面坚持低温超导的研究和中试，另一方面主持了多项国家高温超导材料基础研究和实用化攻关项目（NIN是全国唯一一个既有低温超导研究团队又有高温超导研究团队的单位）。特别是，他研发的"高J_c YBCO超导体材料制备技术"，其中熔化工艺是关键，当时国际上普遍采用MTG法和QMG法，但大量试验证明，这两种方法都存在很大的缺陷——工艺复杂，反应不均匀，坯料和最终产品的组织与晶体缺陷不能人为控制。他想，能不能找到一种新的制备方法。然而，独辟蹊径谈何容易！他深入研究了从YBCO的反应合成机理到制备工艺的每一个细节，经历了无数次失败和经验总结，终于创

周廉院士传略

无冕材料泰斗
润物学界无声
贺周廉院士八十华诞文集

造性地发明了以PMP法为核心，包括211/011相包覆粉制备技术、无坩埚区熔、定向生长工艺在内的三种具有自主知识产权的新制备技术。这项技术的出现使YBCO超导体块材的性能达到了世界领先水平，实现了高温超导体材料应用的重大突破。1999年10月，中央电视台和中央人民广播电台均报道了这项重大成果，该成果荣获当年国家技术发明二等奖（第一名）。

20世纪90年代以来，中法超导合作越来越受到两国政府的重视，先后开展了"Nb_3Sn低温超导材料研究""高温超导材料研究"等中法科技合作混委会国际合作项目、中法先进研究计划（PRA）项目等。2002年，中法超导合作迎来了高潮，在周廉、Bernard Hebral教授和Tournier教授策划下，中法"国际超导体与磁性材料应用实验室"成立。2003年9月26日，中国科技部高新技术及产业化司司长邵立勤、西北有色金属研究院院长周廉同法国国家科学研究中心主任Bernard Larrouturou、格勒诺布尔国立理工学院院长Paul Jacquet正式签订了协议。在此协议框架下，法方的合作单位从2个实验室扩大到8个实验室和2所大学，即先进技术成形研究实验室、CRTBT、晶体学实验室、强磁场实验室、路易·尼尔实验室、物理学工程与材料力学实验室、材料与物理学工程实验室、格勒诺布尔电工实验室，约瑟夫·傅立叶大学和格勒诺布尔国立理工学院；中方的合作单位也从NIN的几个实验室扩大到西北工业大学等高校。合作研究领域也由超导和磁性材料扩大至钛合金、难熔金属、表面改性、有色金属等领域。联合实验室的成立，对提高中法两国科研人员的研究水平，以及两国超导材料及应用技术、磁性材料和其它材料的发展都有着非常重要的意义。

在中法合作如火如荼之际，NIN于2003年发起成立了中国第一个大规模、具有完全自主知识产权和国际水平的现代化超导材料高新技术产业基地——西部超导科技有限公司（WST），标志着中国超导材料研究已经走向产业化。届时，国际热核聚变实验堆（ITER）计划为中法双方提供新的合作契机和更大的挑战。WST与法国Alstom公司就ITER计划用低温超导材料制备技术研究及产业化在联合培养学生、合作开发技术和装备等方面展开了进一步合作。

中法超导合作模式与成果得到了中法两国政府的高度肯定。2004年10月，法国总统希拉克访华时谈到"法中科技合作项目在人类基因组研究、超导材料、信息技术和应用数学等领域都已达到国际最高水平"。对于在中法合作中做出巨大贡献的两国科学家授予了极大的荣誉。法方Tournier教授、Hebral教授分别于2006年和2008年获得中国国家友谊奖；周廉也于2005年荣获约瑟夫·傅立叶大学名誉博士学位，同时被授予格勒诺布尔荣誉市民称号。

1979～2008年，中法超导合作的30年间，双方在超导行业的科技合作、人才培养与交流等方面都取得了长足的发展和丰硕的成果。双方共同承担了8项中法超导合作项目，合作发表高水平论文90余篇，召开中法合作研讨会的双边年会等8次，主办国际超导会议、国际钛会等4次，双方学者互访、学习共计101批（258人次），联合培养博士21名（已毕业双博士学位学生5名）。

经过30年的合作研究，中法两国探索出了一个"基础研究-技术研发-产业"的双赢合作模式，为中国超导行业的腾飞做出了不可磨灭的贡献。NIN的超导材料取得了一系列重大突破，NbTi50多芯线材实现了临界电流密度创世界纪录，Nb_3Sn超导磁体和内锡法线材性能达到当时国际领先水平，PMP技术制备的YBCO块材性能达到当时国际最高水平，MgB_2研究始终保持国际先进水平，批量生产的300 m Bi2223长线性能达到国际先进水平。

经过30年的探索与努力，中法超导合作通过多学科交叉模式，充分发挥了中方在超导材料研究和法方在超导物理研究方面的优势，共同推动了中法两国超导行业的发展，增强了中法两国人民的友谊，促进了中法两国人才的培养。

在周廉的主导下，NIN先后建立了与美国、日本、德国、澳大利亚、奥地利等国建立了合作交流关系，他在项目合作、学术交流、人才培养等方面都发挥了显著的作用，打开了NIN乃至中国超导材料和多种材料研究走向世界、进行交流、获得认可的大门。

周廉院士传略

无冕材料泰斗
润物学界无声

贺周廉院士八十华诞文集

主持工作开启搬迁西安、科教兴院新篇章

这些年来,很多人赞誉周廉不仅是一位科学家和教育家,更是一位企业管理家。管理是一门高深的学问,做一名好的管理者更需要有非凡的管理才能。周廉在担任领导、从事管理工作的过程中,以工程技术促进科技成果转化为生产力,充分展示了他超乎常人的大局意识、战略眼光、担当勇气和实施魄力。

1978年10月,从他担任西北有色金属研究院(以下简称西北院)科研办公室副主任从事管理工作起,20多年来,他义无反顾地肩负起了管理单位成百上千人的责任,身上担子的分量与日俱增。1984年2月,他开始担任西北院副院长,由于院长还兼任宝鸡有色金属加工厂厂长的职务且以工厂工作为重,所以西北院管理和发展的担子更多是压在他的身上。这一时期,他尽职尽责地开展好各项管理组织工作,努力地为西北院发展献计献策,如积极推进科研院所科技经济体制改革,负责组织制订、实施、改进和完善各种管理办法和责任制,不断强化管理、苦练内功,走科工贸全面发展的道路。"七五"期间,西北院的综合效益平均以30%的年增长速度递增,长期处于中国有色工业总公司系统前列。

随着改革开放和社会主义市场经济的推进,过去"好人好马争上三线"的时代特点发生了深刻的转变。长期地处偏僻山沟,交通不便,信息闭塞,生活条件同大城市差距不断拉大等不利因素,使得西北院一方面对外合作交流困难,科研设备难以充分发挥作用,不利于申报和实施重大项目;另一方面,人才流失严重,名牌高校的专家人才和优秀青年不再愿意来此开展工作与就业。诸多不利因素日益影响并阻碍西北院的长期发展。在这种情况下,周廉作为单位主要管理者,审时度势、深谋远虑,紧紧抓住当时国家开展三线单位调整搬迁的历史机遇,经过充分考察、全面论证,提出了将西北院主体搬迁到西安进行二次创业发展的战略性决策。在此过程中,他经受了很多严峻的考验,包括经济压力巨大(国家只拨了两百多万元搬迁经费,搬迁前后花费的7500多万元基本依靠自筹)、职工个人利益冲突(反对搬迁的声音以及不能先期搬迁和个人利益没有实现的职工的阻挠、围攻)和他自身的身体状况(长期身患多种疾病,又因压力过大和操劳过度而复发住院)等。但周廉始终以集体决策、集体利益为重,坚持正确方向,积极争取上级政策支持,团结广大干群力量,力排种种困难,于1995年完成了西安一期生活区住户和科研区院机关、科研主体部分的搬迁工作,2000年基本完成了一期工程的全面收尾。固定资产从建院初期的4000多万元,增至1.3亿元,相当于为国家新建了两个同样规模的研究院。特别是,软硬件的巨大改观给西北院今后的人才引进培养、国内外科技交流合作、科研与生产更好结合、综合实力快速提升打开了崭新局面,实现了西北院二次创业的远大规划目标。

20世纪90年代以后,西北院自筹大量资金进行西安新院址一期扩迁建设,大大减少了对生产的资金投入,导致西北院的发展受到一定程度的影响,产值连续4年徘徊在四五千万元。1995年,周廉被任命为常务副院长,在院长的大力支持下,针对全国科教兴国战略热潮和发展社会主义市场经济的新形势,他把握时代脉搏,大力度、全方位加速西北院改革,在全国有色院所系统率先召开了西北院科技大会,提出了"科教兴院"的发展战略,出台了与《关于加速科学技术进步的决定》《高新技术产业发展规划要点》《关于科技开发基金的规定》和《关于培养跨世纪人才"百人计划"的实施方案》相配套的西北院相关政策,启动了"四个一工程",即每年拿出院纯收入的10%设立科技研究开发基金,优先发展10项高新技术产业,3~5年内实现新增产值1亿元,培养造就100名跨世纪优秀青年科技人才。1995年召开的西北院科技大会统一了思想,鼓舞了干劲,及时调整了工作方向和重点。当年就实现了阶段性跨越,生产综合总收入7244万元,打破了几年徘徊的局面;获奖科研成果和专利数量最多,等级最高,完成科技收入1092万元,属历史最好水平,被国家科学技术委员会确定为首批90家国家级重点科研院所之一;同时,他身体力行地集中班子力量和优势队伍艰苦奋战了26个月,总结研究成果发表了8篇中文和2篇英文文章,成功立项了"稀有金属材料加工国家工程研究中心",争取到了世界银行支持的国家重大发展规划项目。西北院成为第一批国家级

周廉院士传略

无冕材料泰斗
润物学界无声

贺周廉院士八十华诞文集

成果转化中试平台,在稀有金属材料加工领域占据重要地位,并带动了全行业的加工技术进步和装备水平提高。

此外,他还先后主抓运行了09-Ⅲ工程项目、11号工程项目、"九五"国家重点攻关项目、国家新材料发展规划项目等一大批重大项目,并取得重大进展。这一时期,西北院内外部条件得到极大改善,前进的步伐实现了历史性大跨越,并以崭新的姿态驶入"九五"建设与发展的快车道。

顶层设计推动院所转制、改革创新

1998年3月,西北院的上级主管部门——中国有色金属工业总公司在国家机构改革中被撤销。1999年2月,国家科技部、经贸委、人事部等12个部门联合下发了《关于科技体制改革的实施意见》,将10个工业局管理的242个院所全部转制为企业。此时,西北院进入了转制定位的重大转折和新历史阶段。

周廉作为单位主要管理者,充分发挥了一名战略方向引领者和改革规划总设计师的角色作用。他站在最前线,到北京走访科技部、经贸委、人事部、有色金属工业管理局、北京有色总院、矿冶研究总院等有关领导和部门,充分汇报想法,积极争取支持,最终确保西北院不进企业、不回地方,带领西北院走上了独立发展的奋斗道路。1999年5月20日,科技部、国家经济贸易委员会决定(见国科发证字〔1999〕197号文),西北院和北京矿冶研究院合并成为国务院大企业工委直管的13家中央直属大型科技企业之一。但是,在随后的发展过程中,两家单位的管理体制和运行机制间存在差异,为此周廉再次积极向国务院有关领导和部门汇报。2000年3月19日,吴邦国副总理亲自来西北院调研,充分听取了西北院和陕西省委、省政府的多方意见。2000年6月26日,《国务院关于调整中央所属有色金属企业事业单位管理体制有关问题的通知》明确,从2000年7月起将西北院划归陕西省管理。2000年9月26日,西北有色金属研究院在陕西省工商管理局进行企业登记注册。2001年4月19日,中共陕西省委组织部任命周廉任西北有色金属研究院院长（见陕组干任字〔2001〕117号文）。

一关刚过，一关又来。回到陕西初期，省政府决定将西北院划归正在组建的陕西有色金属工业集团。周廉又一次代表西北院多次与省政府主要领导和部门进行沟通交流，表达了西北院独立发展的意见和理由，但未获同意。于是，周廉又向省委领导汇报意见。终于，经2002年省委第21次常委会研究，最终决定将西北院作为转制院所试点单位，独立运行发展，还专门研究了西北院的定位及后续管理问题，以纪要的形式明确"设立陕西省材料科学工程院和西北有色金属研究院为一套机构、两块牌子，为省政府直属正厅级事业单位，要按照科研院所改制的方向，努力建成以市场为导向，以基础创新和技术创新为主，集研究、开发和产业化为一体的大型科技集团"。随后，周廉又与有关领导、部门协商，落实了西北院干部由省委组织部管理，资产由省财政厅管理，党的关系从有色西安公司党委管理转为省委科技工委管理，业务由科技厅指导。至此，历时3年多的转制定位彻底收官。这是周廉坚韧的意志品质、高超的领导能力和细致的运作技巧的最好例证，为西北院后来的改革发展搭建了坚实而广阔的舞台。

从此，周廉作为西北院党委书记、院长，开启了西北院全新改革发展模式的设计与实践。此后的5年，他科学规划、探索实施了一大批具有超前意识和影响深远的改革发展举措，包括科技成果转化政策、人事用工和分配制度、产权多元化（"混合所有制"）、股权激励、资本运作等，西北院由此走上了全面、快速的发展轨道。

周廉始终坚持科研立院之本，不断强化科研领域创新源头作用。他并不认为科技型企业等同于传统型企业，科技型企业在发展产业、注重经济效益的同时，不能放弃或弱化原有的科研领域，还要不断拓展新的研究方向和领域建设。现在，西北院已经形成了各具特色、各有所长的10个研究所和4个中心，成为目前全国有色行业门类齐全的研发单位。他还通过自身影响力举办了一系列大型国内外学术会议，提高了西北院的科技水平和行业影响力，包括96国际织构会、97SPA国际

周廉院士传略

无冕材料泰斗
润物学界无声

贺周廉院士八十华诞文集

超导会、98国际钛会、2001中国新材料发展研讨会暨中国工程院学部第三届学术会、2002国际电子材料大会等。正是坚持科研特色,才使西北院有了源源不竭的创新动力和更强大的成果转化能力,在国内外科技与学术领域有了更显著的影响力。

同时,他通过产权多元化、科技人员持股、无形资产入股并将40%股份量化分配给个人、按公司法建立现代企业管理运行机制等多种改革方式,极大提升了科技人员转化成果、积极创办企业的积极性和创造性。在他倾注大量心血和主导下,先后组建了包括陕西省第一家科研院所转化的高新技术产业公司——西部材料,国家首批西部第一家成功登陆科创板的公司——西部超导。此外,他还推动了赛特、泰金、凯立、宝德、西部钛业、天力、菲尔特、九洲生物材料等一大批产业化公司的组建,这些公司在国内外细分行业都发展成了先进企业,形成了西北院产业公司集群发展的大格局。

周廉还持续优化"以人为本"的现代科学管理办法,在科研、生产、管理等各方面分类施策,制定了很多富有创新性的业绩考核、薪酬激励、人员奖惩等办法。他选贤任能,大胆提拔年轻干部。在任期间,副院级领导和各研究所所长、各公司总经理当中,45岁以下中青年干部占2/3以上。他还注重人才培养,着力培养了包括科技人才、管理人才、高技能人才在内的3支全方位人才队伍。与西安交通大学、西北工业大学、中南大学、东北大学等国内一流高校联合培养硕/博士研究生、MBA等,积极选送优秀在职青年科技者赴法国、德国、俄罗斯等国外知名科研机构与高校,开展合作研究和人才培养。特别是,他提出并实施了"兴院富民"发展理念,兼顾国家、集体、个人三者利益,让改革发展成果惠及广大职工。他积极倡导的"求实、创新、拼搏、高效"西北院文化精神,成为凝聚全院上下的强大精神力量。

5年来,西北院的科技项目和成果大幅增加,经济效益连续以平均30%的年增长速度增长,综合实力在全国有色行业和转制院所位居前列。而且,西北院的"科研、中试和产业化三位一体的发展模式"享誉全国,被作为"转制院所的成功典范"广泛推广。2004年，西北院被授予"全国五一劳动奖状"；2005年，周廉荣获"全国先进工作者"；2006年，他被陕西省委任命为西北院名誉院长。在任期间，周廉使西北院的发展更有根基、更有动力、更有活力、更有希望，在他的开拓引领下，西北院的改革发展进入了新时代。

振兴材料学会，国际材料舞台展风采

2005年5月30日，周廉从西北院领导岗位退了下来，便将更多的精力投入到中国材料科学发展领域中。

1995年，中国材料研究学会（C-MRS）第二届理事会换届，已经是中国工程院首批院士的周廉被推选为副理事长，负责协助李恒德先生组织学术会议等工作。1991～1999年，李先生在这两届任期里，使C-MRS从无到有，并在国内外享有很高声誉。1999年，李先生届满退任，在师昌绪先生和李先生的推荐下，周廉被推举为第三届中国材料研究学会理事长。能够接这个班，虽然无上光荣，但作为一个京外科学家，周廉身上的担子也非常沉重。学会改选前夕，师先生、李先生嘱咐周廉今后一定要将学会工作当成他最主要的工作。当选理事长后，他花费了非常多时间和精力把握学会发展方向，制订学会发展规划，经常亲自指导秘书处工作，他用自己的实际行动和成绩践行了当初的诺言。

学会是一个纯民间团体，成立初期经济上无依无靠，一切从零开始，学会的2间办公室也是由北京理工大学提供。而且，学会当时还不是中国科协的正式成员，仅仅作为联系成员参与一些科协活动。为此，周廉上任伊始，将解决学会身份当成头等大事。他亲自带领秘书处工作人员多次与科协领导沟通，2000年3月14日中国科协发文，经中国科协五届常委会第18次会议审议决定，接纳中国材料研究学会为中国科协的正式成员。2002年，周廉多方筹措资金，花费180万元，在紫竹院路62号购买了两套共230平方米的办公用房。至此，学会终于有了"家"，为其发展提供了良好基础。

周廉院士传略

无冕材料泰斗
润物学界无声

贺周廉院士八十华诞文集

上任后,周廉想方设法扩大学会影响力。他强调,要把学会的主要任务体现在3大服务功能:为会员服务,为政府服务,为新材料产业发展服务。他带领学会加强同政府间的沟通合作,积极参与中国科协、国家发改委、科技部、基金委的新材料战略发展规划制订、咨询、院士推荐、基金委创新群体推荐等活动,编写了《学科发展蓝皮书——新材料部分》《中国新材料产业发展报告》等著作,深受从事新材料研究、开发、应用和管理的工作者欢迎。他领导编写了《材料科学与工程手册》(师昌绪、李恒德和周廉主编,800余万字)、《中国材料工程大典》(共26卷、7000余万字)。

学会是群众性组织,个人会员和团体会员是学会的基础。周廉多次亲自筹划学会的个人会员和团体会员的发展,积极发展二级分会和地区学会。他大刀阔斧地对学会进行改革,把理事候选人人数同该团体会员人数挂钩,把竞争引入推选理事程序,吸引了一大批有能力召集会员和带动学会发展的材料科学家。在周廉的积极组织和指导下,环境材料、计算材料、金属间化合物与非晶、超导材料和磁性材料等多个二级分会先后成立,极大地促进了学会发展。

周廉非常重视学会这块"金字招牌",他强调要把学会发展成为中国材料界的代表品牌,要举办"中国材料大会"这样的品牌会议。他表示会议最吸引人的应该是学术水平高,报告人要代表国内最高水平,还要请国外的著名材料科学家作报告,每次都要有材料研究创新的新闻发表。此外,学会还要办自己的大型新材料展览会和国际一流学术期刊。在创新的同时,他坚持了学会的传统优势项目,逢偶数年召开"中国材料研讨会"(规模约为1000人),逢奇数年召开"新材料发展趋势研讨会"(高层次,规模约为150人),创办了"全国纳米材料研讨会"(参会人数约500人)。

周廉非常重视与国际材料界的交往和交流,积极参与国际材料研究学会联合会(IUMRS)、欧洲材料研究学会(E-MRS)、美国材料研究学会(MRS)、日本材料研究学会(MRS-J)等学会组织的活动。2002年6月,周廉在西安召开的IUMRS全体会议上当选为IUMRS执委，2003～2004年任第一副主席，2005～2006年任主席。这是继李恒德先生担任IUMRS主席（1999～2000年）后第二位担此重任的中国科学家。

上任后，周廉首先将IUMRS加入国际科学联合会（ICSU）作为第一要务，这是IUMRS多年来的夙愿，Bob Chang, John Baglin, Elton Kaufmann及前几任主席等为此付出了诸多努力。2005年10月，恰逢ICSU第28届代表大会在苏州召开，ICSU新任主席Goverdhan Mehta教授刚刚和周廉一同于2005年初获得法国约瑟夫·傅立叶大学名誉博士学位。于是，周廉便写信向其表明IUMRS非常期望加入ICSU，同时，他向中国科协、中国化学学会、中国科学院寻求支持，并亲自找到了白春礼院长。他让秘书认真编辑、制作了300份IUMRS宣传册并在苏州会议上发给ICSU各代表，亲自在大会上介绍了IUMRS，最终经过表决，代表们一致同意IUMRS正式加入ICSU，这使IUMRS在世界科学界的地位得到进一步提升。

为了使中国材料界在国际上有所作为，他多次主持召开国际会议，包括2002国际材联电子材料大会（IUMRS-ICEM），2004中日环境材料、循环产业与循环经营研讨会，2004国际稀土研究和应用会议，2004北京国际镁会议，中日韩材料战略研讨年会，2006北京国际材料周等。

2003～2004年赴欧洲开会期间，他多次约见了E-MRS的Paul Siffert教授和Gabriel Crean教授，主要讨论了如何加强C-MRS与E-MRS的联系，如何在IUMRS中发挥两学会的作用；2005年4月，他又专门邀请E-MRS的Paul Siffert教授和Peter Glasow教授到西安出席中欧材料学会双边会议，在此期间进一步商议了IUMRS的改革与学会间的合作。

中欧双边会议后，周廉又邀请了MRS-J的Masao Doyama教授和Hiroshi Yamamoto教授、韩国材料研究学会的Kim教授、新加坡材料研究学会理事长Chowdari B.V.R.教授、中国材料研究学会的李恒德先生、韩雅芳副理事长、王克光秘书长以及中国台湾材料研究学会理事长刘仲明教授等,在北京召开了"亚洲材料研究学会领导人会议",主要探讨了亚洲材料研究学会间的合作和IUMRS的改革等问题。他在几次领导人会议上都重点讨论了关于世界材料峰会的问题,协调了各学会的立场和意见。随后,他通过邮件频繁与Bob Chang,John Baglin,Elton Kaufmann等就设立国际材料大奖、IUMRS出版物"Facets"、网站建设、提高秘书处运行效率以及促进各学会间交流合作交换了意见。

2005年7月,新加坡IUMRS-ICAM2005会议期间,IUMRS执委会通过了周廉提出的设立国际材联世界材料峰会(IUMRS-World Materials Summit)的建议。该峰会每两年举办一次,参会代表和报告均为邀请,主要议题为国际材料界关心的、与社会可持续发展相关的热点问题,如能源材料、环境材料等。首届世界材料峰会于2007年10月在葡萄牙首都里斯本举行,由E-MRS承办。随后,分别由C-MRS、MRS和E-MRS轮流承办,至今已成功举办7次,达到了很好的效果。

2005年11月,周廉邀请MRS的John Balance教授、Peter Green教授,E-MRS的Paul Siffert教授、Peter Glasow教授、Gabriel Crean教授,中国材料界的元老师昌绪先生等召开中美欧材料研究学会领导人第一次会议。会议上三方讨论了IUMRS的多个重大问题和多边合作问题。在IUMRS框架下,C-MRS和MRS、E-MRS的关系得到进一步加强。此后,为了进一步提升C-MRS的职能,更好地为中国材料界服务,他还专门派人赴MRS进行短期学习。

2006年5月,由于身患肝癌需要动手术,周廉亲自写好了年度主席报告,针对如何解决IUMRS面临的问题提出了建设性建议,由韩雅芳教授在法国尼斯举行的IUMRS执委会议上代宣,并得以通过。

周廉任IUMRS主席期间运筹帷幄、认真负责,E-MRS的Paul Siffert教授评价道,周廉教授对IUMRS发展做出了重要的里程碑式的贡献(Paul Siffert:"Even your achievements as President of IUMRS remain an important milestone for the Society.")。

中国钛材料界的一面旗帜

钛被称作"崛起的第三金属",是优质结构材料、新型功能材料、关键的航空、航天、海洋、核材料和重要的生物医用材料,战略地位十分重要。

1963年8月,周廉被分配在苏家屯的沈阳有色金属加工厂(八一四厂)毕业实习,这是他第一次和钛结缘。八一四厂是新中国第一家有色金属加工企业,被誉为中国有色金属加工业的摇篮。他本来是在第五车间劳动实习,但有机会重点参观了第七车间,在不到1个月的参观时间里,他第一次了解了电弧炉的设备结构、原理和熔铸工艺,了解了钛及钛合金棒材的加工工艺。此外,他还收集了钛及钛合金棒材加工工艺流程、钛合金棒材的热处理工艺、钛合金性能以及钛产品存在的问题等宝贵资料。这为他若干年后从事铌钛研究以及成立西部超导、西部钛业埋下了种子。

1978年,他担任中国引进斯贝发动机钛合金材料攻关组组长,开始了系统、深入且全面的航空钛合金研究工作。1995年,时任西北院常务副院长的周廉代表中国出任世界钛会执委会委员。在他的领导或直接指导下,西北院钛合金团队先后开发出了高温钛合金Ti600、阻燃钛合金Ti40、高强高韧TC21、为保障我国航空工业发展做出了重要贡献。1998年,为了争取第9届世界钛会的举办权,周廉作为大会主席主持召开了国际钛会(Ti'98),这是中国第一次召开此类国际会议,众多国际著名钛专家齐聚西安,让我国钛领域的年轻人们见到了文献中的国际专家,拓宽了年轻科技工作者的眼界,使得中国钛界走上了国际舞台。通过这次会议,西北院加强了在钛合金研究方面与国外的联系,促成了多项国际合作项目,锻炼了科技人员能力,提升了科研的自信和水平。

进入21世纪,中国钛行业伴随着国民经济的高速发展进入崛起期。随着改革的深入,国家有色金属工业局被撤销,因此成立行业协会统筹规划中国钛行业的发展,成为中国钛行业工作者的热切希望。周廉作为中国钛行业工作者的代表,积极奔走,促成了中国有色金属工业协会钛业分会(现为钛锆铪分会)

周廉院士传略

**无冕材料泰斗
润物学界无声**

贺周廉院士八十华诞文集

的成立，并被推举为首任会长。协会成立之初，他为钛行业和钛协会的发展做了极有远见的顶层设计。他认为，协会要成为会员之家、企业之家，既要实实在在地为企业服务，又要充分调动企业的积极性，不能因循守旧，要为行业服务，并就此确立了由钛行业骨干企业（常务理事单位）代表轮流担任协会会长的模式，让每一个骨干企业都为中国钛行业的发展贡献智慧和力量，使协会成为企业自己的需要。他认为国有大中型企业是钛行业的主力军，而活跃跳脱的民营企业是钛行业的生力军。于是，他动员全社会的力量和资本来促进整个行业的发展，鼓励民营资本进入钛行业，有力地推动了中国钛行业在21世纪初的爆发式的增长。

目前，中国钛业分会已经发展成为中国钛产业界的领头军和中国钛业对外交流的重要窗口。中国钛业分会坚持为政府、为企业"双向"服务的宗旨，为促进中国钛工业的发展做出了重要贡献。近年来，在中国钛业分会制定的钛发展规划指引下，我国钛产业以每年超过30%的速度增长，正向世界第三大钛产业强国的目标迈进。

为了使我国钛工业适应对外开放、加入WTO后的新形势，周廉抓住一切机会，广泛开展国际交流，扩大和提升中国钛工业在世界的影响。他受邀在第8届英国国际钛会、第9届俄罗斯国际钛会、第10届德国国际钛会上作报告，代表中国向世界展示中国钛的现在和未来，引起国际钛界的高度关注。他还多次率团，访问俄罗斯、日本、德国等国的钛协会及钛企业，与他们建立起了广泛的合作关系。通过他的努力和贡献，中国成为国际钛标准委员会的发起国。

"中国钛材料界的一面旗帜"，行业人士这样评价周廉。作为国际钛协执委会委员、中国钛业分会首任会长，他为中国钛工业与钛材料研究的发展，以及与国际研究的接轨做出了重要贡献。近年来，他始终把新型钛合金（如钛铝金属间化合物）的研究开发，钛合金的近净成型加工，低成本钛合金研制，大尺寸钛合金板材和管材的研制等前沿课题，作为钛行业的技术发展方向，推动企业和研究单位大力研究，取得了显著成绩。

涅槃重生

熟悉周廉的人都知道他是拼命三郎，工作起来"5+2""白+黑"，大家都说他是铁打的。纵使这般铮铮铁骨，在如此高的工作强度和压力下，也会病倒、累倒。2006年春天，他因肝癌住院。但他依旧凭借着顽强的毅力，战胜了病魔，从此涅槃重生，开启了更加精彩的人生。

"沧海横流方显英雄本色，大浪淘沙终见壮志豪情"。周廉从一个松花江畔的莘莘学子，到黄土高原的科技精英，再到享誉国际的材料科学家，面临如此历程和殊荣，总有人问到成功的秘诀，周廉说："我不是什么天才，之所以能成功，个人奋斗固然重要，但更重要的是善于抓住机遇、勇于迎接挑战，是国家重视科技、发展科技的好时代造就了我。还有一条，不服输，对手再强大，也要比试。"几十年来，周廉登攀的脚步一直没有停歇，许多熟悉他的老同事感慨道："老周身上就是有一股特别不服输的韧劲、特别敢争先的拼劲"。周廉深感时间宝贵，多年来，他养成了一个习惯——不能闲着。他觉得时间是一把万能钥匙，只要有时间，什么事都可以做成。但是，时间是有限的，他说只要合理安排时间，就等于节约时间；节约了时间，就能使人的生命得到延长，生活、工作更加高效。每年、每月、每天，他的活动都有计划，工作日程表排得满满的，现在也仍以"老骥伏枥，志在千里"的劲头，在材料科学领域奋进不止。

从求知创业到硕果满载，从进退维谷到柳暗花明，数十载有多少艰辛荣辱、起伏跌宕。他，凭一颗心奉献祖国与事业，一双手造就理想与奋进，以永不服输的坚韧意志和拼搏奉献的精神风范，为材料科学事业不断注入能量，让人生在开拓与超越中闪光。

祝愿他青松不老，沿着自己的科学人生轨迹攀登向上，再创辉煌！

无冕材料泰斗
润物学界无声
贺周廉院士八十华诞文集

照片回顾

目录

029
038
048
054
064
073
087
109
128
160
173
206
219

- 家与家人 1
- 求学问道 2
- 初露锋芒　艰苦三线 3
- 结缘法兰西 4
- 勇攀超导高峰 5
- 钛工业的"一面旗帜" 6
- 西北院改革的"奠基人" 7
- 中国材料走向世界的引领者 8
- 中国材料科技工程的推动者和实践者 9
- 战胜病魔、创造奇迹的强者 10
- 老骥伏枥　倾注材料战略 11
- 春风化雨　桃李芬芳 12
- 屡获殊荣　功绩卓著 13

1
家与家人

1940年，农历二月初三，周廉出生在吉林省舒兰县水渠村的一个普通家庭。时值新中国成立前，家国动荡，战火四起，周廉的父亲作为一名医生，每天奔走于病人之间，望闻问切，救死扶伤，不辞劳苦。当时严峻的社会环境和父亲兢兢业业的职业精神深深影响着周廉和其他五个弟弟妹妹，他们立志一定要为国家振兴、民族崛起而发奋读书。在这个强烈信念的支撑下，他一步一个脚印、一刻也不敢松懈地在这条布满荆棘的道路上砥砺前行。幸而，他所选的这条路并不孤单——他遇到了志同道合的妻子屈翠芬，两人相濡以沫、相互支持，已共同度过了50多个春秋。

1968年5月5日　结婚照

1975年　长子周颖刚6岁留影

1977年9月　小儿子周鑫明周岁留影

1979年　小儿子周鑫明三岁留影

1977年　长子周颖刚在学习小提琴

1978年　全家合影

1979年　全家福

2007年9月19日　和弟弟妹妹一家合影

无冕材料泰斗 润物学界无声

贺周廉院士八十华诞文集

1989年7月
和夫人同游巴黎

1997年3月11日　和夫人庆祝57岁生日

1989年6月　与夫人同游法国格勒诺布尔

2001年9月　和夫人同游延安

2003年12月23日　和夫人在香港科技大学

2003年10月24日
和夫人同游张家界

2007年3月18日
和夫人在西安

2004年　在海南留影

和小儿子周鑫明在射击

和大孙女周天在家包饺子

2006年10月7日
在杭州养病期间和夫人、孙子欢度时光

2011年2月　和夫人、孙子、孙女逛春节庙会

2016年9月16日　在北京商场和夫人合影

2018年5月5日　金婚合影

小儿子周鑫明结婚留影

与夫人、儿子、儿媳合

2007年3月21日　67岁生日时和团队成员合影

全家福

2010年3月18日　70岁生日宴上与家人合影

2018年3月19日　78岁生日宴（左起：张平祥、屈翠芬、周廉、吴世平）

2
求学问道

周廉自小便十分聪颖,兴趣爱好广泛,尤其在音乐方面显现出浓厚的兴趣和惊人的天赋。求学时期,周廉一直是人们常说的"别人家孩子",不仅文化功课名列前茅,而且在体育艺术方面多有特长,还是班委会的学生干部。1958年8月,周廉以优异的成绩考入东北工学院(现东北大学)有色金属压力加工专业。大学期间,他依旧德、智、体、美、劳全面发展,各科成绩一直遥遥领先,同时还是东北工学院管弦乐队的一名小提琴手。

1952年　永吉县第一完小毕业合影（最后一排右一）

2014年5月13日　为母校永吉县双河镇中心小学捐献图书馆

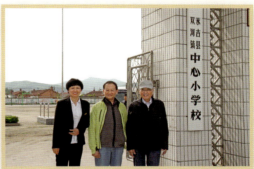

2014年5月13日　回母校永吉县双河镇中心小学和校长合影

1958年　与吉林一中同学合影（最后一排左七）

1958年6月20日　吉林一中55.6班毕业纪念合影（最后一排左五）

1958年　与高中同学合影

2004年8月23日　和吉林一中夏军校长等合影

2014年05月15日　为母校吉林一中优秀学子颁发"2014年度周廉奖学金"

2019年4月10日 在母校吉林一中"对话学子聊人生报告会"上鼓励广大学子

2019年4月10日 出席母校吉林一中"对话学子聊人生报告会"

2019年4月10日 出席吉林一中捐赠仪式

与吉林一中09班同学们合影

1960年5月1日　东北工学院管弦乐队赴钢都慰问演出

1960年7月11日　东北工学院有色金属系六三金加全体同志欢送李昌生参加海军合影

1963年1月1日
"送别之夜"东北工学院轻音乐队合影

1964年3月10日
劳动实习合影

1963年4月　毕业实习纪念

1963年8月15日　东北工学院毕业纪念

与大学同学合影

1993年11月11日　出席东北大学复校纪念大会和高玉良等同学合影

1998年6月　与参加东北大学75周年校庆的同学合影

2010年1月11日
与在东北大学求学时期的老师、同学合影

2013年5月25日
参观东北大学张宝砚教授实验室

2013年5月25日
访问东北大学时与孙家学书记、张宝砚教授等合影

2013年9月14日
东北大学第三届校董会合影

2018年9月15日
东北大学第四届董事会合影

3

初露锋芒
艰苦三线

毕业后，周廉被北京有色金属研究院选中，进入214室从事钽丝及贵金属/合金丝材的研制工作。工作初期，他便初露锋芒，业绩突出，被冶金部拟选派为优秀年轻骨干。与此同时，他还入选了国家机关合唱队，十分幸运地登上了人民大会堂的舞台为国家领导人表演。

为响应国家"三线建设"的号召，周廉和许多热血青年一起来到了西北腹地秦岭山下的宝鸡，参加了宝鸡有色金属研究所（西北有色金属研究院前身）的建设。由此，开启了他在西北有色金属研究院近40年的科学研究与管理工作，带领西北有色金属研究院成为我国最大的稀有金属材料加工科研生产基地。

20世纪60年代　冶金部小提琴乐队演奏

1965年
与北京冶金部外语培训班同学合影

20世纪60年代　冶金部小提琴乐队演奏

1964年　前往昆明重型机械厂订制轧机

和北京有色金属研究总院同事郭金斗

在北京工作期间于颐和园留影

20世纪60年代
冶金部毛泽东思想宣传队集体合影

1969年

宝鸡有色金属研究所毛泽东思想宣传队演红灯记归来

1970年

宝鸡有色金属研究所科研处全体合影

1977年

宝鸡有色金属研究所

科研办公室部分职工合影

1978年

宝鸡有色金属加工厂院领导合影

无晁材料泰斗 润物学界无声

贺周廉院士八十华诞文集

宝鸡有色金属研究所成立早期同事合影

和同事在宝鸡有色金属研究所七室门口合影

1988年厂院领导在宝鸡招待欢送老领导王连甲

1989年2月　和宝鸡同事共赏雪景

院领导和办公室同事在宝鸡有色金属研究所六室门前合影

厂院部分领导合影

4

结缘法兰西

周廉与法国的缘分始于1979年的冬天。那时虽已寒冬料峭,但中国的科学教育迎来了生机勃勃的春天。通过教育部考核,周廉踏上了前往法国国家科研中心(CNRS)低温研究实验室(CRTBT)进修的征途。在这里,他认识了许多国际知名的超导领域专家,结下了一生的友谊,还接触到了成熟的理论知识和先进的科研技术,在超导领域的研究取得了飞速进步。归国后,周廉一直致力于中法超导合作,在他和法方专家的充分策划与积极促成下,中法两国成立了"国际超导体与磁性材料应用实验室",中法超导合作迎来了高潮。

1979年11月　留法同学合影

1979年12月
留法学生于法国Donkerque语言中心合影

1980年2月5日　留法同学合影

2009年11月5日　留法同学聚会

与中国驻法大使馆刘参赞和张宝庆合影

留法学生与中国驻法大使馆刘参赞和张宝庆合影

1981年
西北院与CRTBT达成
合作协议

2003年9月26日　与CNRS
签署建立超导体与磁性材料
应用实验室（LIA）协议

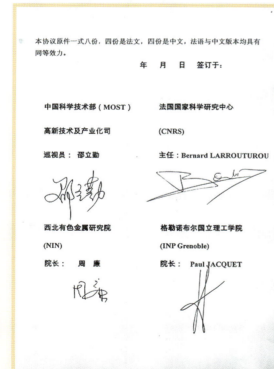

2003年9月26日　超导体与磁性材料应用实验室（LIA）签署文件

1985年9月　和腾鑫康、华崇远等在法国格勒诺布尔留影

2002年10月3日　与Robert Tournier教授、Bernard Hebral教授（法国CNRS）等合影

2004年3月23日　访问法国CRTBT（左起：冯勇、周廉、Robert Tournier、Andre Sulpice、Eric Beaugnon、刘向宏）

2004年9月27日　在法国拜访导师Robert Tournier教授（左一：张平祥，右一：Andre Sulpice）

贺周廉院士八十华诞文集

接待法国驻华大使毛磊访问

1994年11月19日
接待法国国家高磁场实验室主任Tholence

2003年12月21日
与科技部高新司司长邵立勤等接待导师Robert Tournier教授夫妇

2005年1月17日
和Phillippe Odier教授
（法国CNRS）

2005年5月24日
接待法国军需代表团

2005年9月
导师Robert Tournier教授获"三秦友谊奖"合影

2007年5月
在西北院接待Elizabeth Gautier教授（法国CNRS）

2007年7月18日
接待Andre Sulpice教授等人

2008年6月19日
接待Phillippe Odier教授、张宇东等人

2008年9月26日
Bernard Hebral教授
荣获中国政府友谊奖

2009年8月8日
与Robert Tournier夫妇、Bernard Hebral夫妇在家中合影

2010年10月
接待Andre Sulpice、Bernard Hebral、Robert Tournier一行

中法政府间科技合作协定签署 30 年庆祝活动

与吕蓓蕾、周淇合影

与曹恒忠

与法国驻华大使馆参赞

与曹健林副部长

与科技部万钢部长、驻法大使吴建民等合影

与导师 Robert Tournier 教授合影

5

勇攀超导高峰

今日,西北有色金属研究院的超导材料研究已享誉国际,同时西北有色金属研究院也是国内唯一坚持低温超导材料产业化和高温超导材料基础研究"两线"并跑的单位,这都源于周廉的推动和引导。在他的带领下,团队在超导材料领域实现了一系列重大突破:铌钛超导多芯复合线材被评价为"开创了高临界电流密度铌钛研究的新纪元",Nb_3Sn 超导磁体和内锡法线材性能达到当时国际领先水平,PMP 技术制备的 YBCO 块材性能达到当时国际最高水平,MgB_2 研究始终保持国际先进水平,批量生产的 300m Bi2223 长线性能达到国际先进水平……2003 年,发展创立的西部超导公司更成为中国超导领域的里程碑,标志着中国具有独立自主知识产权的超导材料已经走向产业化和国际化。

1991年8月8日　全国超导专家委员会（北京）部分委员合影

和赵忠贤院士、甘子钊院士、吴培亨院士、杨国桢院士等全国超导专家委员会委员合影

2003年8月26日　全国超导技术标准化委员会成立大会

2017年2月22日　全国超导标准化技术委员会换届大会暨2016年会（北京物理所）

1982年　与李成仁在美国调研

贺周廉院士八十华诞文集

1983年5月　瑞士国际磁体技术会议（MT-8）

1990年4月23—26日 第13届国际低温工程会议（ICEC-13）（北京）部分参会代表合影

1990年4月23—26日 在ICEC-13上做特邀报告

1991年 超导技术战略目标汇报会

1992年 全国Bi系超导材料研讨会

1993年5月10—11日 第2届国际超导产业峰会（日本箱根）

2002年6月 西安国际超导会议部分参会代表合影

1997年3月 实用超导体临界电流国际研讨会（SPA97）

2011年8月22日 超导百年论坛开幕式

1997年3月 在SPA97上和科技部副部长李学勇、刘宜平合影

2007年12月8日 第九届全国超导学术研讨会（西安）

20世纪90年代　接待奥地利维也纳技术大学Weber教授

1999年6月　向超导领域诺贝尔物理学奖得主柏诺兹介绍PMP法制备的Y系高温超导材料

1999年6月　接待德国超导领域诺贝尔物理学奖得主柏诺兹等人

接待日本Bi系高温超导专家前田弘一行

2002年　国际低温材料会议期间陪同Masaki Suenag教授游西安大雁塔

2002年　国际低温材料会议期间陪同Edward W. Collings教授游西安华清池

2005年3月20日　接待陈国良、师昌绪、陆钟武、陈立泉等院士参观西部超导

2007年4月10日　接待奥地利维也纳技术大学超导专家Weber教授

2017年8月　接待马伟明院士、甘子钊院士一行参观西部超导

接待国际超导领域同行访问、交流

6

钛工业的"一面旗帜"

作为中国钛行业工作者的代表,周廉是"中国钛材料界的一面旗帜"。在他的领导下,西北有色金属研究院钛合金团队先后开发出了高温钛合金Ti600、阻燃钛合金Ti40、高强高韧TC21,为保障我国航空工业发展做出了重要贡献。21世纪初期,周廉积极促成了中国有色金属工业协会钛业分会(现为钛锆铪分会)的成立,作为首任会长有力推动了中国钛行业的爆发式增长。周廉在世界钛领域也具有极高的知名度与影响力,任世界钛会执委会委员十多年期间,多次受邀向世界展示了中国钛的现在和未来。他还成功举办了规模空前的"钛科技界的奥林匹克盛会"——第12届世界钛会,对中国钛领域具有划时代的意义。

无冕材料泰斗 润物学界无声

贺周廉院士八十华诞文集

立大会纪念 1986.5.21

1986年5月 参加陕西省有色金属学会成立大会全体代表合影

1995年2月20日　中国有色金属学会成立十周年纪念

2004年6月28—29日　中国有色金属工业协会钛业分会年会

代表大会暨成立十周年庆祝会 1995年2月20日

2008年11月3日 中国有色金属工业协会钛锆铪分会2008年年会（北京）

2008年11月3—5日 中国钛工业发展论坛

2012年 中国有色金属工业协会钛锆铪分会成立十周年年会

1988年9月6—9日　在第一届W-Ti-Re-Sb冶金材料国际会议（长沙）上和王淀佐、周克崧等教授合影

1988年9月6—9日　在第一届W-Ti-Re-Sb冶金材料国际会议（长沙）上与法国P.Lacombe院士共同担任分会主席

1993年10月10日
和中国有色金属工业总公司刘雅庭教授

1996年1月22日　550℃钛合金研制情况报告会

1998年9月15—18日　西安国际钛会

1999年9月10—15日　全国钛及钛合金学术交流会议（大连）

1998年10月29日
第七届中日熔盐化工技术双边会议

2007年10月23—25日　北京国际钛锆铪产品展览会

2005年10月16—19日　西安国际钛会

2008年11月6日
与日本钛协会秘书长筒井政博

2003年7月 德国汉堡第10届世界钛会

2007年6月 日本京都第11届世界钛会

2007年6月 北京获第12届世界钛会主办权后致答谢词

2007年6月 与第11届世界钛会组委会法国委员Alain Vassel教授以及常辉教授合影

2005年6月 中期会议期间和钛会执委合影

2007年6月 中国参会代表合影

2011年6月17—24日　北京第12届世界钛会

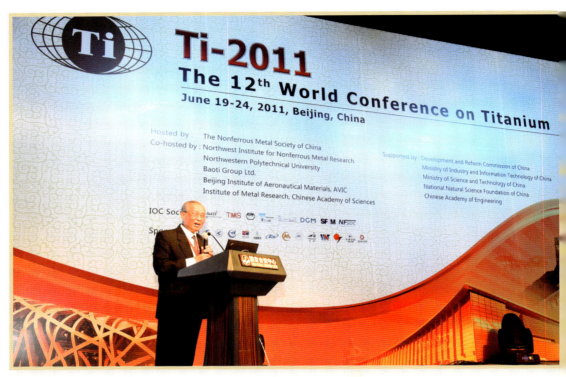

作为大会主席主持开幕式

在开幕式上与大会主席、副主席、世界钛会组委会委员合影

与世界钛会组委会法国委员Alain Vassel教授

与Patrick Villechaise教授（法国CNRS）

与世界钛会组委会委员D.Eylon教授

与Elizabeth Gautier教授、Robert Tournier教授等交流

与世界钛会组委会独联体委员 Orest Ivasishin 教授

主持欢迎晚宴

与会务组工作人员合影

7 西北院改革的"奠基人"

在主持西北有色金属研究院（简称西北院）科研与管理工作期间，周廉带领西北院成功完成了转制定位，提出了享誉全国的"科研、中试和产业化三位一体"的发展模式，推动了西北院产业公司集群发展大格局的形成，实施了一系列影响深远的重大改革、发展措施，形成了科研院所与高校合作的人才培养模式。在周廉的指引和全体西北院人的共同努力下，西北院被作为"转制院所的成功典范"广泛推广，受到了国家的关注和相关部门领导的高度评价。

无冕材料泰斗 润物学界无声 —— 贺周廉院士八十华诞文集

1990年8月2日 西北院领导班子在西安考察搬迁建设地址

西北院领导班子在宝鸡会议室开会

西北院改革先行单位动员大会

1995年
主持召开西北院首届科技大会

1995年4月5日
主持召开全院班组长以上干部会

1995年6月28日　西北院工程中心评估会议

1996年　厂院建设投产30周年庆祝大会

1997年1月　在西北院第16届学术年会上做报告

1997年　主持召开西北院年度工作会议

1997年12月5日　主持召开西北院科协成立大会暨第一次会员代表大会

1999年12月28日 主持召开西北院第一次党员代表大会

主持召开西北院2001年党委工作会议

2002年2月8日 主持召开西北院36周年院庆大会

2005年3月　西北院40周年院庆合影

2009年1月　在2008年度西北院（集团）工作总结汇报暨综合收入突破20亿元新年晚会上讲话

西北院领导班子在西安院本部合影

2007年3月
给西北院职工传达全国人大十届五次会议精神（巨建辉副院长主持）

2000年11月21日 主持召开赛特、泰金、华泰公司成立大会

2000年12月28日　西研稀有金属新材料股份有限公司（西部材料前身）成立大会

2001年　新材料大厦暨西研稀有金属新材料股份有限公司（西部材料前身）生产基地开工仪式

2002年3月　主持召开凯立公司成立大会

2003年6月6日　主持召开赛特、泰金、华泰、凯立公司增资扩股暨宝德公司成立大会

2003年4月6日　参加西部超导公司成立大会

2003年4月6日
西部超导公司科技顾问聘任仪式

2007年1月　出席西部超导公司董事会

2018年6月28日　为西安稀有金属材料研究院揭牌，任首任院长

《稀有金属材料与工程》编委会会议

1994年4月　与赫冀成、陈义超主持东北大学研究生院西北分院挂牌仪式

2001年2月20日　西北院博士后科研工作站揭牌典礼

2004年11月　出席东北大学与西北有色金属研究院全面合作2004年会

2005年4月6日　与陕西科技大学合作签字仪式后合影

2014年4月22日
和南京工业大学签署
合作协议

2014年7月2日　西北有色金属研究院与东北大学全面合作框架协议签字仪式

2014年7月2日　在西北有色金属研究院与东北大学合作框架签字仪式上与孙家学书记、赵继校长交谈

承办第二届有色金属材料发展现状及对策研讨会

在第二届有色金属材料发展现状及对策研讨会上与师昌绪院士

1993年10月 与省领导会见中俄双边会主要代表

2000年9月 参加西安市高新区产业园发展研讨会

2003年3月　随西安市市委访问日本

2003年3月27日
在日本参加第11次全经联中国委员会

2004年6月15—21日
访问日本

2004年6月15—21日
访问日本期间合影
（左起：张龙、吴全兴、周廉、张平祥）

2004年12月31日
参加陕西省科技工委召开的科研院所改革交流会

2012年1月6日　出席稀有金属材料产业园暨科技成果转化基地签约仪式

2005年3月20日
师昌绪院士为西北院题词

1993年10月
接待"两弹一星"元勋
程开甲院士来院访问

接待师昌绪院士等来院访问

1998年　主持聘任李恒德院士为西北院高级科技顾问仪式

1993年3月1日
中国有色金属工业总公司
总经理费子文来院视察

接待宋健院士、王选院士等
来院视察

接待全国有色行业院所长会议代表来院访问

接待美国GE公司副总裁李维斯 S. 埃德希特来院访问

2002年 Collings教授访问《稀有金属材料与工程》杂志社

2004年12月10日 与比利时贝卡尔特公司总裁等合影

2008年6月13日 接待《自然》编辑J. Heber博士

2006年4月6日 接待空中客车公司客人

2001年9月19日
中国工程院学部院士访问西北院

与西安市市委书记崔林涛及严东生院士合影

柯伟、李依依、张立同、王泽山等院士访问西北院

严东生、李依依等院士访问西北院

接待外宾来访

无冕材料泰斗 润物学界无声

贺周廉院士八十华诞文集

8

中国材料走向世界的引领者

在担任中国材料研究学会理事长的8年间,周廉殚精竭虑、事必躬亲,用行动和成绩证明了他对中国材料学科的热爱,用无私付出践行着他对中国材料学科的守护誓言。他成功带领学会加入了中国科协,并筹资在北京紫竹院路62号为学会"扎了根"。他还不断加强学会同政府间的沟通合作,积极发展二级分会和地区学会,重视学会与国际材料界的交流,举办"中国材料大会"等品牌会议,为学会的发展和影响力提升做出了不可磨灭的贡献。

"周廉教授对国际材料研究学会联合会(IUMRS)的发展做出了重要的里程碑式贡献",IUMRS前主席Paul Siffert教授如是说。周廉任IUMRS主席期间,深谋远虑、长线布局,带领IUMRS加入了国际科学联合会(ICSU),设立国际材联世界材料峰会。他还十分重视与各学会开展联系合作,多次组织学会领导人会议,关注IUMRS的改革和多边合作问题,尽力将各学会在IUMRS中的作用发挥到极致。

元宵材料泰斗 润物学界无声

贺周廉院士八十华诞文集

1991年5月 中国材料研究学会成立大会

1999年11月13日 中国材料研究学会第二次全国会员代表大会（长春）

2003年12月6日 中国材料研究学会第四次全国会员代表大会（北京）

贺周廉院士八十华诞文集

2007年1月5日
中国材料研究学会
上海理事会

2007年2月4日　中国材料研究学会中南地区理事扩大会议

2007年7月25日　中国材料研究学会常委会

2007年9月　中国材料研究学会换届会议

2000年4月29日
《材料大典》编委会

2003年12月　新材料国际发展论坛（香港）全体代表合影

2003年12月
新材料国际发展论坛（香港）专家合影

2003年12月
在新材料国际发展论坛（香港）上
给朱经武院士赠送铜车马

2004年5月 世界生物材料大会（悉尼）（右起：顾忠伟、俞耀庭、张兴栋、李恒德、卢世璧、师昌绪、周廉等）

2004年5月 世界生物材料大会（悉尼）期间和李克健、张玉梅等合影

2004年5月 率团访问澳大利亚工程院期间与程一兵、李恒德、师昌绪、伊丽莎白等人合影

2004年6月15—21日　中日韩会议（日本）期间会见材料科技界留日中国代表合影

2004年9月20—24日　北京国际镁会议期间与李学勇、康义、韩雅芳、史文芳等合影

2004年9月20—24日　周廉院士在北京国际镁会上接受中央电视台记者采访

无冕材料泰斗 润物学界无声

贺周廉院士八十华诞文集

2004年11月5日　在西安中法纳米研讨会上和朱美芳教授

2005年3月15日　全国材料科学技术名词审定委员会成立大会

2005年8月9日　第二届中日韩材料发展战略研讨会

2005年11月　中国材料研究学会与化工出版社合作签字仪式

2006年3月　和韩雅芳、林建云会见MRS代表

2006年6月 北京国际材料周

和科技部部长徐冠华

和卢柯院士讨论会议细节

和王占国院士

和李成功、朱鹤荪教授交流

与IUMRS前主席Pual Siffert、Peter Glasow交谈

在北京国际材料周展览会上和西北院代表合影

2007年10月28日 "核材料科学与工程"首发式合影（化工出版社）

2009年10月
在中国材料研讨会（苏州）开幕式上致辞

2007年4月26日 在中国材料教育高层论坛上与徐惠彬教授、王天民教授合影

2009年10月 中国材料研讨会（苏州）开幕式

2009年10月　和黄伯云院士出席中国材料研讨会展览会剪彩仪式

2009年10月　中国材料研讨会-先进能源材料高峰论坛（苏州）

2012年7月　在中国材料大会（太原）上和张统一院士、陈明伟教授交谈

2012年7月 中国材料大会（太原）

2012年7月
中国材料大会（太原）参会专家合影

2001年8月18日　在清华科技园庆祝李恒德院士八十寿辰

2016年9月　在北京探望李恒德

和李恒德院士、左铁镛院士

和胡壮麒院士

和基金委副主任何鸣鸿

和上海交通大学党委书记马德秀

2001年　参加IUMRS成立10周年纪念会合影

1999年　和李恒德院士在国际材联中国委员会铜牌前合影

2003年10月
和李恒德院士接待E-MRS
的理事长Peter Glasow和
Gabriel Crean教授

2003年10月10日
IUMRS-ICAM 2003会议（日本横滨）

2005年4月　西安中欧双边会议

2005年7月8日
IUMRS-ICAM 2005会议（新加坡）

2005年7月8日　IUMRS-ICAM 2005会议（新加坡）部分参会代表合影

2005年7月8日　IUMRS-ICAM 2005会议（新加坡）期间和MRS-J代表合影

2005年10月 中-美-欧材料学会领导人合影

2005年11月14日 访问MRS时和MRS主席Peter Green（中）、秘书长John Ballance（右）合影

2010年9月28日 在IUMRS-ICA 2010国际材料教育论证坛上同张兴铃院士交谈

2009年10月 和国际材联秘书长张邦衡在苏州寒山寺留影

2013年9月 与国际材联前主席John Baglin

2002 年 6 月
IUMRS-ICEM 2002 会议（西安）

2002年6月 师昌绪院士、周廉院士、张邦衡教授等在开幕式上致辞

IUMRS领导层合影（左起：张邦衡、Paul Siffert、李恒德、周廉、Peter Glasow、Robert J. Nemanich、M. Doyama）

IUMRS中的各学会理事合影

与IUMRS前主席Robert J. Nemanich夫妇合影

和新加坡材料学会理事长B.V.R. Chowdari合影

在IUMRS-ICEM 2002会议（西安）期间举办国际材联执委会

IUMRS部分代表在丈八沟合影

9

中国材料科技工程的推动者和实践者

1994年，周廉当选中国工程院首批院士，曾担任化工、冶金与材料工程学部第一至第三、第五至第七届学部常委会委员，第五、第六届学部主任。20余年来，他主持了航空材料、海洋材料、3D打印材料等多项战略咨询项目，奔赴全国各地开展调研活动，组织召开了一系列学部重要学术活动，用实际行动践行着建设工程院"国家高端智库"的使命。

1995年5月21日 中国工程院第一次院士大会学部院士合影

1995年7月14日 中国工程院学部院士合影

1997年7月18日 中国工程院学部院士留念

1996年6月5日
中国工程院学部部分院士合影
（左起：第一排 傅恒志、周廉、汪旭光；第二排 高从堦、徐端夫、徐更光）

1997年7月18日
中国工程院学部材料组
院士留念

1998年6月 中国工程院第四次院士大会学部院士合影

1999年6月 中国工程院学部院士增选第一轮评审大会

在中国工程院学部院士增选大会上投票

2004年 中国工程院第七次院士大会学部全体院士会议

2005年12月8—14日 中国工程院学部第五届学术会议

2005年12月8—14日 在中国工程院学部第五届学术会议上和柳百成院士、柳百新院士等合影

2009年10月28日 出席中国工程院学部第七届学术年会

2014年1月15日　中国工程院学部第十届学术会议

2018年5月
中国工程院化工、冶金与
材料工程学部首批院士
（左起：李大东、徐承恩、
殷瑞钰、王淀佐、周廉）

1995年　在《铂族金属化学
冶金理论与实践》新书首发式
上与侯祥麟院士合影

1996年7月22日 与苏君红、汪旭光、李东英、侯祥麟等院士赴云南调研

1997年4月
学部院士考察洛阳

1997年4月
学部院士洛阳考察（左起：徐承恩、徐更光、李大东、王淀佐、张国成、周廉、唐明述、殷瑞钰）

2003年　出席包头稀土高新区院士专家座谈会

2005年4月7日　参观上海交通大学轻金属工程中心

2005年12月　与师昌绪院士、江东亮院士等出席博鳌亚洲论坛

2005年12月　与柯俊院士（右）、张生勇教授（左）合影

2005年12月　主持中国工程院组织的顺德院士行活动

2006年4月28日　院士项目（耐热钕铁硼）入区签字仪式

2009年5月13日 出席生物材料沙龙的代表合影

2009年10月27日 和傅恒志院士参观中国航天天津基地

2009年12月10—12日 在生物材料研究与产业发展现状及趋势工程科技论坛上和张兴栋院士主持大会报告

2012年8月27日　和毛炳权院士等参观大连理工大学蹇锡高教授实验室

2012年10月28—30日　2012国际新材料发展趋势高层论坛（昆明）与云南省副省长刘平、干勇院士交谈

2013年7月28—30日　在中国工程院LED产业化及应用高层研讨会（太原）晚宴上和吴以成院士交谈

2014年2月28日—3月1日　海军装备研究院项目启动会

2014年2月28日—3月1日在海军装备研究院项目启动会上与方志刚研究员

2014年4月11日
中国飞行研究院之行

014年11月17日 苏州钛冶金会议

2015年4月24—26日
海洋工程钛加工成型与焊接技术研讨会（武汉）
与张金麟院士（右）、朱英富院士（中）合影

2015年4月24—26日
在海洋工程钛加工成型与焊接技术
研讨会（武汉）上与马运义研究员

与汪燮卿院士、王静康院士等考察中国石油天然气集团公司

2017年6月20日　出席中英海洋事业可持续发展论坛

2017年6月27日　北京航空制造工程研究所60周年庆院士报告会

2011年8月
中国航空材料咨询项目
启动会

2012年8月18日
中国航空材料咨询
项目总结会

2013年3月22—24日 "中国海洋工程材料研发现状及发展战略初步研究"咨询项目启动会（北京）

2013年11月23日 "中国海洋工程材料研发现状及发展战略初步研究"咨询项目第三次会议

2013年5月11日 有色金属材料在海洋工程领域中的研发与应用交流会（苏州）

2013年10月22—23日 在中国海洋工程材料苏州项目组组长会上与章靖国教授（左）、邓炬教授（右）合影

2013年11月23日"中国海洋工程材料研发现状及发展战略初步研究"咨询项目第三次会议合影

2013年12月21日　"先进工程材料-基础设施（混凝土）耐久性与可持续发展工程前沿技术研究研讨会（南京）

2014年7月18日　和李鹤林院士等参观中国海洋石油集团有限公司

2014年12月19日　"中国海洋工程材料研发现状及发展战略初步研究"咨询项目组长会议（右为才鸿年院士）

2014年8月9日　参观南京钢铁集团有限公司

2014年12月19日—21日
在2014海洋材料腐蚀与防护大会上与尚成嘉教授（左）、宿彦京教授（右）交流

2014年12月20—21日　中国海洋工程焊接技术研讨会（北京）

2015年3月11日　"中国海洋工程中关键材料发展战略研究"咨询项目南海调研会

2015年6月3日　"中国海洋工程中关键材料发展战略研究"咨询项目组长会（北京）

2015年12月4日　"中国海洋工程中关键材料发展战略研究"咨询项目组长会

2015年12月4日
在"中国海洋工程中关键材料发展
战略研究"咨询项目组长会上发言
（左为蹇锡高院士）

2016年4月15日 "中国海洋工程中关键材料发展战略研究"咨询项目组长会

2016年4月15日
与北京工业大学党委书记郑吉春,副校长聂祚仁交流

2016年10月20日　"海洋工程材料丛书"新书发布会（青岛）

2017年3月25—26日　"中国3D打印材料及应用发展战略研究"咨询项目启动会（北京）

2017年3月25—26日 "中国3D打印材料及应用发展战略研究"咨询项目启动会(北京)

2017年3月25—26日 "中国3D打印材料及应用发展战略研究"咨询项目启动会期间和关桥院士、王华明院士等参观北京工业大学实验室

2017年7月20日 "中国3D打印材料应用与发展战略研究"咨询项目聚合物材料研讨会

2017年8月24日　"中国3D打印材料及应用发展战略研究"咨询项目设备组会议（沈阳）

2017年10月11日　"中国3D打印材料应用与发展战略研究"咨询项目3D打印生物医疗组研讨会

和王淀佐院士（右）、左铁镛院士（左）合影

和师昌绪院士出席珠海航展

2004年5月　和师昌绪院士（中）、张兴栋教授（左）合影

2005年9月
和严东生院士夫妇于
威海海军公所门前合影

2006年12月
赴上海和江东亮院士、丁传贤院士、丁文江教授等看望严东生院士

1996年4月
和傅恒志院士

1996年10月
与柯俊院士、傅恒志院士合影

2010年2月
和傅恒志院士夫妇、张平祥教授合影

与黄培云院士等

1998年
在何梁何利奖颁奖现场与李恒德院士

1997年4月22日
和李恒德院士（中）、张国成院士（左）合影

1996年4月
和李恒德院士（中）、胡壮麒院士（左）合影

1988年9月25日
和周克崧教授在芝加哥

和王震西院士

1994年9月
和吴培亨院士等人在纽约

1996年4月23日　和王震西院士

2001年9月17日
和徐匡迪院士

2002年8月
和李东英院士、王震西院士等参加学部活动

2003年9月30日　和李东英院士等人

2010年2月
和李东英院士、钟掘院士在上海合影

2002年8月16日　和苏锵院士、李东英院士

2007年6月24日　和柯伟院士、闻立时院士在中国工程院

2009年　和沈寅初院士在厦门学部学术会议上

与江东亮院士等人在法国留影

无冕材料泰斗 润物学界无声

贺周廉院士八十华诞文集

2004年7月27日
在谢克昌校长的陪同下参观太原理工大学

2007年5月　和王国栋院士

2017年7月
与解思深院士在北京

2019年11月5日　院士增选第二轮评审会议后与才鸿年院士

2018年4月　与刘正东教授在第四届全国有色金属结构材料制备/加工及应用技术交流会

2007年4月12日
和张生勇院士等人合影

2012年7月13日
与王一德院士等人
在太原合影

2019年11月5日 学部院士增选第二轮评审会议院士合影（中间：周廉，左起：周济、高从堦、陈建峰、才鸿年、丁文江、王国栋、姜德生、聂祚仁）

2009年1月19日　与中南大学副校长邱冠周等合影

2017年8月　西安回民街留影（左起：李贺军、姜德生、周廉、丁文江、贾豫冬）

2017年7月
与曹保榆将军在北京

和石力开教授、姚燕教授

2005年8月　和许并社教授、刘光焕教授于五台山合影

2009年10月　与北京有色金属研究院马福康教授

2012年10月7日　在苏州和吴世平教授、沈晓冬教授、常辉教授等人合影

10
战胜病魔、创造奇迹的强者

周廉素有"铁人"之称，命运却几度同他开起了玩笑。高强度的密集工作，频繁地加班、熬夜、出差一点点消耗着他的健康。2006年，医院给他下发了一份强制休息的通知单——他已罹患肝癌，必须进行手术。凭借顽强的意志力与生命力，周廉的手术十分顺利，堪称中国科技界和医学界的奇迹。因此，熟悉的人戏称，"今年是周廉的14岁生日，他还是个朝气蓬勃的少年呢！"不想，周廉后来又几度因脑梗住院，但他又一次次战胜了病魔，用乐观与豁达，践行着生命不止、奋斗不息的人生誓言！

2006年10月23日　庆祝肝移植痊愈出院

2009年7月12日　肝移植3周年庆生（北京）

2012年7月13日
陈能宽院士、黄伯云院士、屠海令院士、张统一院士等庆祝周廉院士肝移植6周年

2016年7月13日　肝移植10周年庆生

2017年7月13日　肝移植11周年庆生

2006年10月23日
移植后与夫人在病房合影

2006年10月28日
国家发改委高科技产业司綦成元司长、浙江大学副校长褚健探望

2006年10月31日
东北大学书记孙家学探望

2006年11月4日
北院同事庆祝周廉院士手术成功百天

2006年11月7日
太原理工大学刘光焕教授、
刘吉明教授探望

2006年11月10日
中国国家半导体照明
工程研发及产业联盟
秘书长吴玲探望

2006年11月19日　徐匡迪院士、浙江大学校长杨卫探望

2006年12月23日
刘维民教授、常辉教授等探望

2006年12月25日
王一德院士探望

2006年12月28日　孙传尧院士等探望

2006年12月30日
陕西省驻上海办事处
主任高立儒一行探望

贺周廉院士八十华诞文集

2007年1月20日
甘子钊院士等探望

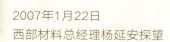

2007年1月22日
西部材料总经理杨延安探望

2007年2月
屠海令教授探望

2007年2月
张兴栋教授、顾忠伟教授等探望

2007年2月11日
和夫人、杜明焕、贾豫冬、朱宏康合影

2007年4月6日
李鹤林院士夫妇探望

无冕封料泰斗 润物学界无声

贺周廉院士八十华诞文集

2009年7月
战胜脑梗后的喜悦

2009年7月11日　和家人在北京301医院

2009年7月15日
周克崧教授等在北京
301医院探望

2009年7月21日
与北京301医院政委许晓冬

2019年9月
在医院为武汉IFAM 2019会议
书写寄语

11

老骥伏枥
倾注材料战略

周廉始终关注着中国材料事业的发展，为中国材料科技的发展倾注了无数心血。自2005年起，他花费了大量时间和精力去实现"中国材料大平台"设想。他创办《中国材料进展》期刊，创立材料学术联盟，组织"国家新材料产业战略咨询委员会"，由他主办的新材料国际发展趋势高层论坛系列会议成为了中国层次最高、学术影响最大的材料领域盛会之一。他还特别开办了六期中国材料进展讲习班，为年轻人提供学习交流的平台，使数千青年学生受益……如今，中国材料大平台的布局已初见成效。

中国材料进展

2009年5月19日
《中国材料进展》主编
工作会议

2009年10月16日
《中国材料进展》第一届编委会

2009年10月16日
在《中国材料进展》第一届编委会
上为韩雅芳教授颁发聘书

《中国材料进展》2011年编委会暨理事会（淄博)

《中国材料进展》2012年编委会（左：清华大学副校长邱勇；右：张寿荣院士）

《中国材料进展》2013年编委会（成都）
（左起：李言荣、周伟斌、周廉、陈立泉）

《中国材料进展》2015年编委会（上海
和王迎军校七

《中国材料进展》2017年编委会（西安）

《中国材料进展》2018年编委会(沈阳)

《中国材料进展》2019年编委会(武汉)

《中国材料进展》国际编委合影

与《中国材料进展》杂志社工作人员合影

2012年6月20日 《中国材料进展》部分编委西北工业大学之行

2012年6月20日
《中国材料进展》部分编委参观西安交通大学nano实验室（左起：周廉、孙军、刘建章、单智伟）

国家新材料产业发展战略咨询委员会与材料学术联盟

2001年8月
国家新材料产业发展战略
咨询委员会（材料委）
成立大会（西安）

2015年6月7日
第三届材料委工作会议
（北京）

2015年6月7日　第三届材料委工作会议（北京）委员合影

2019年2月21日
材料委工作会议（西安）

2019年2月21日　材料委工作会议（西安）

2018年7月　材料委北京研究院揭牌仪式

2018年8月8日　材料委西北研究院揭牌仪式

2018年8月8日　材料委西北研究院揭牌仪式（左起：张平祥、潘峰、徐可为、周廉、徐坚等）

2018年9月

材料委东北研究院揭牌仪式（左起：韩雅芳、*文江、周廉、韩恩厚、谢建新、王玉忠）

2019年12月24日

材料委大湾区深圳研究院揭牌仪式（左起：翁端、贾豫冬、周廉、徐坚、谢建新、韩恩厚、姚长亮）

2017年12月　超导材料与应用技术研讨会

2018年11月23日　在常州合影（左起：张忠伦、徐坚、周少雄、周廉、李卫、韩恩厚、贾豫冬、姚长亮、黄险波）

2018年12月　材料学术联盟2018年度会议（北京）

2018年1月21日
出席强磁场中的晶体生长技术研讨会（西安）

2018年10月21日　先进航空发动机材料产业发展研讨会

中国海洋材料产业技术创新战略联盟

2017年6月18日　第二届中国海洋材料产业高峰论坛（大连）

2018年6月23日　第三届中国海洋材料产业高峰论坛（南京）

2017年6月18日 在第二届中国海洋材料产业高峰论坛大会上致辞（大连）

2018年11月7—9日 在中国海洋材料产业技术创新战略联盟2018年度工作会议上发言（北京）

2018年11月7—9日　中国海洋材料产业技术创新战略联盟工作会议（北京）

新材料国际发展趋势高层论坛（IFAM）

2011年9月7日　IFAM 2011（淄博）参会代表合影

2012年10月28—30日　IFAM 2012（昆明）参会代表合影

2012年10月28—30日
在IFAM 2012（昆明）开幕式上致辞

2013年9月8—10日
在IFAM 2013（成都）大会上提问

2013年9月8—10日
在IFAM 2013（成都）晚宴上与谢冰玉局长、杨丽副局长交流

2013年9月8—10日　在IFAM 2013（成都）晚宴上与李仲平教授交流

2013年9月8—10日　在IFAM 2013（成都）上与李言荣校长、王海舟院士交流

2014年9月19—22日　IFAM 2014（西安）参会代表合影

2014年9月19—22日
IFAM 2014(西安)期间周廉院士接受中央电视台采访

2014年9月19—22日　IFAM 2014(西安)大会讨论环节(左起:闻海虎、张平祥、周廉、甘子钊)

2014年9月19—22日　IFAM 2014(西安)期间和张荻、贾豫冬、毋录建、汤慧萍合影

2015年9月18—20日　IFAM 2015（上海）参会代表合影

2015年9月18—20日
IFAM 2015（上海）大会报告
生物主题与学生毛传斌教授

2015年9月18—20日
IFAM 2015（上海）与黄崇琪院士

2015年9月19日
在上海出席IFAM 2015会议

2015年9月18—20日 在IFAM 2015（上海）优秀青年论坛作总结

2015年9月18—20日 在IFAM 2015（上海）开幕式上与美国罗切斯特大学Ching W.Tang教授合影

2016年9月24—26日 在IFAM 2016（南京）开幕式上致辞

2016年9月24—26日 在IFAM 2016（南京）上与徐惠彬院士为许并社教授颁发证书

2016年9月24—26日
在IFAM 2016（南京）与徐惠彬院士为贾春林教授颁发证书

2016年9月24—26日
在IFAM 2016（南京）闭幕式上与沈晓冬教授、张平祥教授合影

2017年11月10—12日
在IFAM 2017（西安）大会上提问

2017年11月10—12日
在IFAM 2017（西安）闭幕式上与张平祥教授、韩恩厚研究员合影

2017年11月10—12日
在IFAM 2017（西安）核材料
分会上讲话

2017年11月10—12日　在IFAM 2017（西安）闭幕式上为青年科学家颁奖

2017年11月10—12日　与IFAM 2017（西安）工作人员合影

2018年9月16日　沈阳市先进材料与智能制造专家咨询委员会揭牌

2018年9月16—18日
IFAM 2018（沈阳）大会提问环节
（左起：周廉、朱经武、吕坚、杨军、谢建新）

2018年9月16—18日
与谢建新院士主持IFAM 2018大会报告

2018年9月16—18日
IFAM 2018（沈阳）开幕式（左起：韩恩厚、周廉、朱经武、杨军、贾豫冬）

2018年9月16—18日　在IFAM 2018（沈阳）开幕式上与常辉、任重、朱经武、彭寿等合影

2018年9月16—18日　在IFAM 2018（沈阳）闭幕式上为青年科学家颁奖

2019年9月24—26日　　　　　　　　　　　　2019年9月24—26日
在IFAM 2019（武汉）开幕式上徐惠彬院士致开幕辞　　在IFAM 2019（武汉）闭幕式上聂祚仁院士与
　　　　　　　　　　　　　　　　　　　　　张清杰院士进行IFAM 2020交接仪式

中国材料进展讲习班

2019年3月16日
先进碳基、聚合物基复合材料研讨会暨中国材料进展第四期讲习班（西北工业大学）

2019年3月16日
先进功能晶体材料与晶体生长研讨会暨中国材料进展第五期讲习班（西北工业大学）

2019年3月16日 在先进碳基、聚合物基复合材料研讨会暨中国材料进展第四期讲习班上讲话

2019年3月23日　先进高温合金材料研讨会暨中国材料进展第七期讲习班（西北有色金属研究院）

2019年3月25日　先进电子显微技术与材料微结构研讨会暨中国材料进展第六期讲习班（陕西科技大学）

会议与调研活动

2012年10月　参加北航昆明先进材料研究中心学术委员会成立大会

2017年7月11日　参加北京化工大学材料科学与工程学院"世界一流学科建设评审会"

2016年8月　北京工业大学周廉院士3D打印工作室挂牌

2017年8月14日　在陕西科技大学"周廉院士工作站"签约揭牌仪式上与马建中校长

2017年11月8日　出席西安交通大学金属材料强度实验室学术委员会

2013年3月5日
访问南京工业大学

2014年12月17日
在清华大学和范守善院士讨论纳米材料

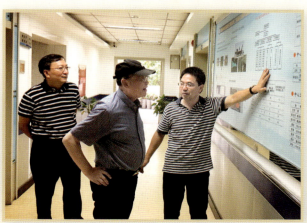

2016年8月
在电子科技大学李言荣校长陪同下参观
邓龙江教授实验室

2016年8月
参观四川大学王玉忠院士实验室

贺周廉院士八十华诞文集

2016年8月　在彭寿董事长的陪同下参观中国建材集团成都公司

2017年6月18日　参观中国科学院大连化学物理研究所

2018年4月
访问上海九院3D打印中心和
郝永强教授等合影

2018年9月　访问国家电磁辐射控制材料工程技术研究中心

2017年4月23日
稀有金属在石油化工领域中的应用研讨会（上海）

2017年8月12日　化工制药研讨会（西安）

2017年8月12日
化工制药研讨会（西安）部分参会专家合影
（左起：王锐、郑树森、周廉、赵铱民、张平祥）

无尽创业斗 润物学界无声

贺周廉院士八十华诞文集

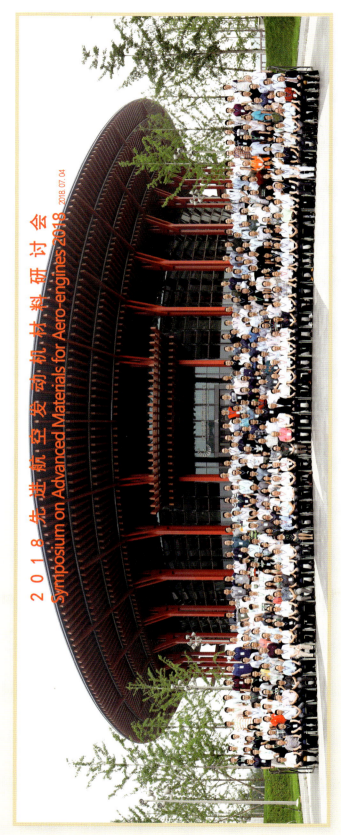

2018年7月4日 先进航空发动机材料研讨会（北京）

2018年9月 中国核材料进展与趋势研讨会

2018年10月21日 电子显微镜前沿国际论坛(陕西科技大学)

12

春风化雨
桃李芬芳

人才兴则事业兴，这是周廉一贯坚持的人才理念。他担任了国内十余所重点大学的兼职教授，培养了100余名硕博士生，其中一部分人已经成为材料领域的中坚力量。他主张院校联合培养科技、管理和高技能人才，积极选送优秀在职青年科技者赴国外进修，为我国材料领域注入了更多鲜活的血液，增强了材料事业的活力和创新力。

西北工业大学授聘仪式

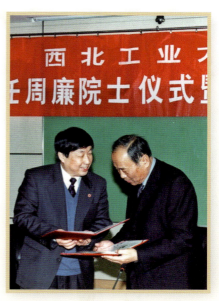

2005年 在西北工业大学聘任仪式上与姜澄宇校长

2005年 被聘为西北工业大学博士生导师

2015年12月1日 太原理工大学"特聘讲座教授"聘任仪式

1997年9月　与培养的研究生们合影

1997年9月
学生张平祥博士学位授予仪式后合影

1997年9月
为学生吴引江颁发博士学位证书

1999年10月
东北大学研究生院西北
分院学位授予仪式

1999年
学生赵永庆博士论文
答辩现场

2009年　学生张翠萍博士论文答辩后留影

中法联合培养导师、学生合影

中法联合培养导师合影

1995年10月6日　在东北大学颁发西北院奖学金

1997年11月　在东北大学评选颁发西北院奖学金

2017年1月6日
陕西科技大学周廉奖学金颁发仪式

2018年　陕西科技大学周廉奖学金颁发仪式

贺周廉院士八十华诞文集

指导学生做实验

与学生张平祥、冯讨论实验

指导学生杨万民、刘向宏、于泽铭、唐晓东、庞嬴科工作

学生段镇忠汇报研究成果

1992年5月27日
与学生张平祥、奚正平、冯勇
在中日文化交流中心留影

2003年12月
平安夜和学生冯勇

2004年10月3日
和学生张平祥在法国

2005年3月　40周年院庆与学生合影（左起：卢亚峰、刘向宏、冯建情、马权、周廉、张平祥、冯勇）

2005年9月10日　与学生共同庆祝教师节

2005年9月10日
与学生共同庆祝教师节

2009年12月10—12日　在"中国生物材料研究与产业发展现状及趋势"工程科技论坛上和学生于振涛、程和祥、梁芳慧合影

2010年3月
和全体学生合影

2010年3月18日
在新材料论坛上与
参会学生们交流

2011年6月20日
和学生韩建业、于振涛等
合影

2011年6月23日
在世界钛会上与学生常辉
夫妇合影

2017年11月12日　与南京工业大学团队合影

2018年1月19日　西北院研究生汇报会

2015年8月23日
中法钛合金合作项目启动会与项目组学生合影

2016年7月18—31日　与参加西北院培训班学生合影

2017年3月29—31日　3D打印培训班

2017年9月23日　和学生讨论中法钛合金合作项目

13

屡获殊荣
功绩卓著

周廉是我国著名的材料科学家和战略家，他带领着中国超导材料登上世界巅峰，将中国钛带出国门走向世界，提升了中国材料界的国际地位和话语权。他把大半生的心力无私奉献给了中国材料事业，获得了很多荣誉与奖励，赢得了无数鲜花和掌声。如今，他最大的心愿是看到中国材料学科日渐强大，呈现出人才济济、繁茂昌旺的盛景。

"全国先进工作者"荣誉证书

1999年12月
国家技术发明二等奖——高J_c-YBCO
超导体材制备技术

1995年12月　中国有色金属工业总公司
科技进步一等奖——高J_c-YBCO超导体材
制备技术及组织性能研究

2005年6月13日
西安市科学技术杰出贡献奖

1998年7月　中国有色金属工业总公司科技进步
一等奖——超导YBCO块材制备技术

1998年7月　中国有色金属工业总公司科技进步
一等奖——烧结不锈钢纤维毡研究

2005年4月30日
荣获"全国先进工作者"后
和夫人合影

2005年4月27日
荣获"全国劳动模范"
庆祝仪式

2005年4月29日　陕西省"全国劳动模范"及"全国先进工作者"合影

2005年1月　格勒诺布尔荣誉市民徽章

2005年1月
法国约瑟夫·傅立叶大学
名誉博士徽章

Docteur Honoris Causa
Université Joseph Fourier - Grenoble 1

Le Président de l'Université

Vu le décret n° 2002 - 417 du 21 mars 2002 autorisant les Etablissements publics à caractère scientifique, culturel et professionnel, à décerner le titre de *Docteur Honoris Causa*,

Vu la délibération du conseil d'administration de l'université Joseph Fourier - Grenoble 1 en date du 24 février 2004,

Vu l'avis du Ministère des Affaires étrangères en date du 9 avril 2004

Décide

Article 1   Est approuvée la délibération susvisée du conseil d'administration de l'université Joseph Fourier conférant le titre de *Docteur Honoris Causa* à

Lian Zhou

Professeur à l'Institut des matériaux non ferreux de Xi'an (Shaanxi, Chine)

Article 2   Le Président de l'Université est chargé de l'exécution de la présente décision.

Fait à Saint Martin d'Hères,
Le 18 janvier 2005

Le Président
Yannick Vallée

2015年1月　法国约瑟夫·傅立叶大学名誉博士证书

2005年1月13日　2005年法国约瑟夫·傅立叶大学名誉博士合影

2005年1月13日
被颁发法国约瑟夫·傅立叶大学名誉博士证书

2005年1月13日
在授予仪式上与导师Robert Tournier教授合影

2005年1月13日　在法国约瑟夫·傅立叶大学名誉博士授予仪式上与夫人及Bernard Hebral教授合影

2005年1月13日　法国约瑟夫·傅立叶大学名誉博士授予仪式

在第九届全国人民代表大会上投票

1998年3月10日第九届全国人民代表大会期间和王西京、山昆在人民大会堂前合影

2004年5月
被授予国际生物材料研究会会士

2004年6月 在"何梁何利基金科学与技术奖"颁奖现场和陆钟武院士夫妇、邱定蕃院士夫妇合影

2004年6月 在"何梁何利基金科学与技术奖"颁奖现场和师昌绪院士夫妇、徐滨士院士夫妇合影

2008年4月25日 "桥口隆吉基金奖"颁奖仪式

2008年4月25日 获得"桥口隆吉基金奖"后合影

225

贺周廉院士八十华诞文集

2008年12月30日　在中国有色金属工业协会改革开放30年颁奖现场合影

2008年12月30日　中国有色金属工业协会改革开放30年贡献奖颁奖仪式

2012年6月1日
在第一届全国生物材料大会上师昌绪院士为周廉院士和卓仁禧院士颁发学会顾问聘书

2012年8月21日
在钛锆铪分会成立十周年大会上获"中国钛工业杰出贡献奖"

2016年4月
获"中国钛科技终身成就奖"

2005年12月18日
在西北院第二次科技大会上被授予"杰出贡献奖"

无冕材料泰斗
润物学界无声
贺周廉院士八十华诞文集

●● ●● 研究文章和报告 ●●

目录

232

237

242

255

265

271

275

281

298

307

311

316

318

321

328

336

- The Properties of YBCO Superconductors Prepared by a New Approach: the 'Powder Melting Process' … 1
- Materials Research in China … 2
- Review of Titanium Industry in China … 3
- Recent Progress of Titanium Industry, Research and Development in China … 4
- Critical Current of Nb_3Sn Practical Superconductors in High Magnetic Field … 5
- Properties of NbTi50 Superconducting Composite Wire … 6
- 我国高温超导材料研究进展 … 7
- 超导材料现状及其发展 … 8
- 世界钛行业的一次盛会——"第12届世界钛会"在京举行 … 9
- 钛工业的形势与任务 … 10
- 材料科学与工程发展现状与趋势 … 11
- 在中国材料研究学会成立十五周年纪念会上的致辞 … 12
- 桥梁纽带 和谐进步——在中国有色金属工业协会钛业分会成立大会上的讲话 … 13
- 中国海洋工程材料发展战略咨询报告 … 14
- 中国3D打印材料及应用发展战略研究咨询报告 … 15
- 四十载光辉业绩 新世纪宏伟蓝图——在西北有色金属研究院四十年院庆活动上的致辞 … 16

The Properties of YBCO Superconductors Prepared by a New Approach: the 'Powder Melting Process'

Zhou Lian, Zhang Pingxiang, Ji Ping, Wang Keguang, Wang Jingrong and Wu Xiaozu

Abstract: We have developed a new method, which we term the 'powder melting process'(PMP) for the preparation of high J_c YBCO superconductors. The YBCO conductors have been fabricated via a continuous melting and unidirectional solidification process using precursor powders of Y_2BaCuO_5 [(211) phase] and BaCuO as starting materials. The transport J_c values of the samples, measured by a standard continuous DC four-probe method, exceed 10 800 A·cm^{-2} at 77 K and 1T. A microstructural investigation indicated that the 123 grains are well oriented, and fine and dispersed 211 particles remained in the samples. YBCO conductors with various dimensions and shapes can be fabricated by the PMP method, This new approach has potential for the fabrication of oxide conductors with metal substrates, since its melting temperature is lower than that of other melting processes by about 100 ℃.

1 Introduction

Since the discovery of high T_c superconductors, extensive efforts have been made to improve critical current density (J_c) of YBCO material, because the extremely low (J_c) in ordinary sintered bulk material limits its applications to electrical engineering. It is believed that weak links between grains are responsible for the low J_c at magnetic fields. Considerable work has been carried out recently on melting processes of YBCO oxides. Jin et al have obtained a J_c value of 4000 A·cm^{-2} (at 77 K, 1 T) in the YBCO specimen by means of melt-textured growth (MTG). Salama et al fabricated a YBCO superconductor with a J_c value of 37 000 A·cm^{-2} (at 77 K, 0.6 T) by liquid phase processing. More recently, Murakami et al have reported a new method of quench and melt growth (QMG) to make high J_c YBCO bulk material. Liu et al in our institute have also prepared a YBCO sample with a J_c of 4200 A·cm^{-2} (at 77 K, 1 T). The grain alignment and reduced grain boundaries are considered to be responsible for the improvement in J_c. In all the melting approaches mentioned above, the 123 phase was used as a starting material, and the melted YBCO samples were obtained through decomposition of the 123 phase and the appearance of the 211 phase plus liquid phase under peritectic reaction. In this paper we present a new approach, the 'powder melting process' (PMP), through which high J_c YBCO bulk materials have been fabricated using precursor powders of 211 phase and BaCuO, instead of 123 phase, as starting materials. The J_c results, characteristics of the microstructure and advantages of the approach are discussed.

2 Experiment

Y_2O_3, $BaCO_3$ and CuO powders were used to prepare the precursor powders of Y_2BaCuO_5 (211) and BaCuO by standard solid state reaction. The powders, with different melting points, were well mixed in the proper composition (i.e. Y:Ba:Cu=1:2:3) and cold pressed. The pellets with dimensions of 0.5-5×0.4-2 ×30~100 mm were obtained and used as starting materials for melting. These precursor bars were continually melted and solidified by moving the samples through a tubular furnace which included a narrow high temperature zone for melting and a steep temperature gradient for unidirectional solidification, as shown in figure 1. The melting temperature was below 1040 ℃, the speed of the sample was 0.5~8 mm·h^{-1}, and the temperature gradient was around 40~70℃·cm^{-1}. The bars were then annealed at 500~600℃ for a long time in flowing oxygen to ensure a sufficient oxygen content.

The J_c values of the bar sample of 15~40mm in length were measured by a standard continuous DC four-probe method with a criterion of 1 μV·cm^{-1} of J_c. Silver paste contacts were used. The distance between two voltage contacts was 3~5mm.

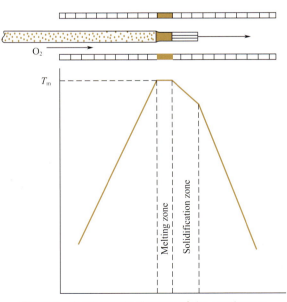

Figure1 A schematic diagram of the continuous melting and unidirectional solidification process

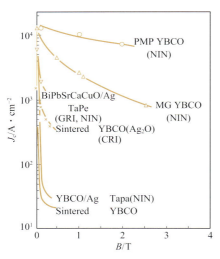

Figure2 J_c against B at 77 K for a PMP YBCO sample

The microstructure was investigated by means of SEM observation and X-ray diffraction analysis.

3 Results and discussion

The melting process used for fabricating high T_c YBCO samples was as follows: 211(solid)+liquid phase→123 phase under peritectic reaction at around 1015 ℃. Well oriented crystals can be obtained if the crystallization of 123 phase occurs with unidirectional solidification, a high temperature gradient and a low growth rate.

Transport $J_c(B)$ measurements show, as seen in figure 2 that the YBCO samples with cross-sectional area of 0.227 mm^2, prepared by the PMP method, exhibit high J_c values in magnetic fields, exceeding 10 800 A·cm^{-2} at 77 K and 1 T. It should be noted that the electric contacts were broken during the test due to heat generated, which limited the measured I_c values. This suggests that high J_c values can be obtained in such samples if the transport current capacity of the contacts is increased or if the pulse current measurement is used.

In our experiments, silver paste contacts and a continuous DC standard four-probe method were used. The contact problems caused a size effect of the melted YBCO sample on the measured J_c value, as shown in figure 3. The J_c values of PMP samples, as shown in figures 2 and 3, are much higher than those of MG samples. Furthermore, the magnetic field dependence of J_c was greatly reduced.

We investigated the chemical and metallurgical aspects of the melting process for YBCO materials. It has been found that fine and well distributed 211 particles in the liquid phase at the beginning of the peritectic reaction are important to ensure the chemical homogeneity of the melted and solidified 123 samples. However, well distributed 211 particles cannot be obtained by the decomposition of the 123 phase at 1100～1200 ℃ in the MTG process.

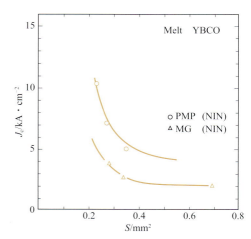

Figure3 J_c dependence of cross-sectional area at 77 K and 1 T

Hence, a lot of 211 and CuO phase *etc*. remained in the MTG YBCO samples. Using the QMG method proposed by Murakami et al, the 123 phase materials were first decomposed into fine and dispersed Y_2O_3 particles plus liquid phase at 1400 ℃ and quenched to room temperature, and then transformed into 211 particles and liquid phase at the second heating step up to 1100 ℃, finally becoming the 123 phase with cooling through the peritectic reaction. In this way the size and distribution of 211 particles could be controlled to some extent, although the process is complicated. The main technical difference of our PMP approach from other melting processes is that we use precursor powders of 211 phase and BaCuO as starting materials for the melting process, instead of 123 materials. Therefore, the desired size and distribution of 211 particles can be controlled by powder metallurgical techniques. The PMP samples show particular microstructure characteristics, as in figure 4. No grain boundaries or microcracks were observed in the samples. XRD revealed that only (001) peaks of YBCO emerged, indicating the good crystalline alignment with the *c*-axis perpendicular to the growth direction. The fine and dispersed 211 particles of average size 0.5 μm remaining in the melted samples are believed to act as effective flux pinning centres, as well as mechanically pinning sites to avoid microcracks during the phase transformation from tetragonal to orthorhombic. The powder melting process is a simple but efficient approach to preparing high J_c oxide materials. Since a melting temperature below 1040 ℃ can be used and no crucibles are used in the continuous melting and solidification process, YBCO conductors with various dimensions and shapes, such as bar, wire, tape and tube *etc.* can be fabricated. Furthermore, we have been preparing YBCO thick-film and metal-composite superconductor using the PMP approach.

4 Conclusion

A new melting approach, the 'powder melting process', has been proposed, in which precursor powders of 211phase and BaCuO were used as starting materials for the melt instead of 123 materials. Compared with other melt process, the main advantage

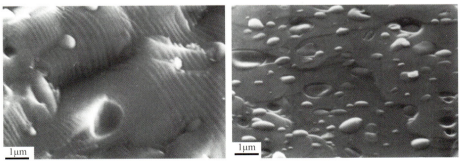

Figure4 Scanning electron micrographs of the fracture surface of YBCO bulk prepared by the powder melting process.

of PMP is that the size of the precursor powders can be easily controlled, and hence favoured microstructures can be obtained. The PMP approach is simple and efficient. The particular microstructure of grain boundary-free, and well distributed fine 211 particles is believed to be responsible for a high J_c in magnetic fields, exceeding 10^4 A·cm^{-2} at 77 K and 1 T. This new approach has potential for fabricating oxide conductors with metal substrates, since its melting temperature is lower than that of other melting processes by about 100 ℃.

（本文发表于 Superconductor Science and Technology, 1990, 3: 490-492，参考文献省略）

Materials Research in China

ZHOU Lian, LI Hengde and SHI Changxu

The fast-paced economic development in China needs to be complemented by strong support for fundamental research, particularly in the materials sciences.

The past 30 years have seen tremendous economic development in China, and the country has taken on an entirely new appearance. Undoubtedly, research and technological advances in materials sciences had an important role in this development by satisfying the growing demands for various materials. Taking steel as an example, China produced 25 million tons in 1977, compared with 489 million tons of an increasing number of steel varieties in 2007. Similar advances can be listed for a number of other materials and materials-consuming commodities, such as titanium alloys or structural and functional ceramics. Not to mention the huge production of electronic devices such as TVs and mobile phones. In high-tech areas such as nanomaterials, China now has hundreds of companies putting their nanotechnology products on the market.

The progress started in 1978, when the Chinese government began to adopt an open policy and established the country's economic development and modernization as a top priority. The advances in materials science and technology in China over the past 30 years certainly signal a sustaining impact on the country's future economic and social development. This was further emphasized in the National Medium and Long-term Program for Science and Technology Development (2006—2020), promulgated by the Chinese government in late 2005, where materials science and technology was pointed out as an important basis for many research fields. Here, we present a brief survey of materials research in China, along with a few suggestions on how to improve the present system.

RESEARCH FUNDING

In recent years, research funding in China has been increasing steadily with an annual growth rate of around 20%, compared with an approximate annual increase of 10% in national gross domestic product (GDP). In 2006, the total research funding totalled 300.3 billion RMB (about 43.5 billion US$), accounting for 1.42% of the total

GDP. An international comparison of expenditures on R&D is shown in Fig. 1. It is apparent that the present portion for research expenditure in China is still too low. Nevertheless, in comparison with other research areas, materials science does see some relative advantage.

Fundamental research in materials science in China is predominantly present a brief survey of materials research funded by the government. These funds are handed down mostly through the Ministry of Science and Technology(MOST), the National Development and Reform Commission (NDRC) and the National Natural Science Foundation of China (NSFC). Furthermore, the Chinese Academy of Sciences (CAS) and the Ministry of Education (MOE) also provide funds for their affiliated organizations.

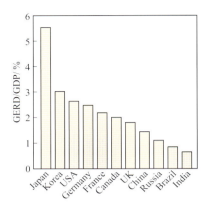

Figure 1 International research expenditure. Comparison in percentage of gross expenditure on R&D (GERD) in relation to the gross domestic product (GDP) for selected countries for the year 2006.

The NSFC was founded in 1986, with the aim to finance basic research, with Engineering and Materials Science as one of its seven departments, second only to that of Life Science in size. Additionally, MOST launched key initiatives equipped with significant funding aimed at enhancing fundamental research at the forefront of science and technology. In 1986, the so-called 863 National High-tech Research (Development initiative was started. 'New materials' is one of the six supported fields in this programme. In 1997, MOST then created another national basic research initiative, known as the 973 programme, with materials science being one of the eight financed fields. The funds allocated to both programmes during the country's 10th five-year plan period (from 2001~2005) are listed in Table 1.

Table 1 Funds invested by China's major science & technolagy programmes (2001—2005)

Funding agency	Total funds issued(billion RMB)	Funds on materials(billion RMB)	Ratio/%
NSFC	9.5	0.76	8
863	15	1.8	12
973	4	0.56	14

As a result of such initiatives, China's output in scientific papers has grown at an annual rate of 18% over the past 10 years. However, owing to a lack of originality, the scientific quality of many of these publications still lags behind international standards. For example, from 1996 to 2006, China's total number of papers in the

Science Citation Index (SCI) published in materials science and technology reached 45 000, second only to the United States and Japan, although the average citation number is much lower and stands at only 2. 65 (Fig. 2).

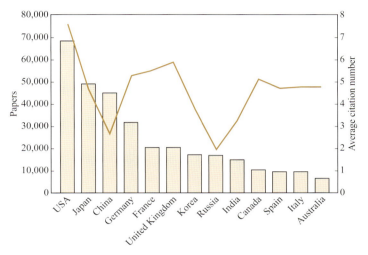

Figure2   Publications from China. Although the Chinese national output of SCI papers in materials science and technology from 1996 to 2006 (blue bars) is impressive, citations to those papers (red curve) are still below the average.

From this comparison, it is apparent that the quality and the effectiveness of research funding in China needs to be improved. Of course, as research funding in China increases, original innovations will emerge and will improve the quality of the scientific output. In addition, what should not be ignored is the fact that there is quite a large number of independent materials research laboratories, institutes and centres that are interfacing with industry. Not only do they perform applied research targeted at specific applications, but they are also involved in basic research. Hundreds of these centres used to be large governmental labs attached to various ministries. About ten years ago they were converted into independent enterprises with the aim to earn profits-it would improve the quality of scientific output if these enterprises could be redirected towards more basic research.

RESEARCH INFRASTRUCTURE

Currently, China's science and technology research is carried out mainly at the Chinese Academy of Sciences (CAS), at industrial research institutes, and in universities. By the end of 2006, the total number of research staff in China stood at 36 million. The focus at CAS is mainly on basic research, with nearly 30 scientific institutes doing materials-related work. Research in the independent industrial institutes, with nearly 800 of them involved in materials science, is mainly devoted to technological innovation and applied research. Furthermore, about380 universities have set up departments of materials science and engineering. In addition, there are some national public laboratories involved in materials research, including a national materials science laboratory, 19 state key laboratories and 34 national materials engineering research centres.

EDUCATION AND HUMAN RESOURCES

In 2006 there were 147 000 registered university students majoring in materials science and engineering. Of the 27 800 students that graduated in the same year, more than 1000 did so with a PhD degree.

These numbers demonstrate that, at present, student numbers are certainly not a problem, although there are a number of challenges China faces in the education of its students. For example, the quality of the faculty in some universities needs to be improved, a modern curriculum introduced, more freedom given to the students to select their courses, interdisciplinary education should be promoted through materials research centres, and finally, more funds are needed to allow students to conduct research activities that help them to stimulate their scientific interests and creativity. Universities are too traditional in structure and in operation. Facing tough international competition and the need to bring Chinese science and technology to the global stage, university education is the most important task we need to tackle. However, this is not to say that a good university education will solve all problems. Leading scientists and innovators are not simply created in the classroom. Their own motivation and education beyond school, a good mix of education involving tours of duty at multiple institutions as well as other external circumstances may be of influence.

Another problem is with Chinese researchers leaving the country, which began with the opening of China in 1978, when a large number of students left to go abroad to study. Today this number continues to increase, while at the same time the age at which they leave China is decreasing. Many young students now go abroad for undergraduate degrees or even to attend foreign high schools. The problem is that only an estimated third or a quarter of these students return to China. This is insufficient, and certainly China needs many more to come back. A number of attractive programmes have therefore been established by various institutions. A recent figure from 2006 disclosed that since 1978 275 000 overseas scholars have returned-many of them as professors and senior researchers. As the domestic economic conditions are improving, more students will choose to return to China for research, or even to establish their own businesses.

Of course, attracting Chinese researchers back into the country is a difficult problem involving a number of factors, and much more could be done. A country as big as China needs sufficient numbers of talented scholars. For this, China needs to support and improve its own universities, so that despite researchers leaving it still educates enough of its own elite scientists.

FUTURETRENDS

China is a large country with a huge population, and has a long history. For the past two centuries, its population has gone through many wars, internal turmoil and natural disasters. Following such difficult times, it is clear that the Chinese people want to live a safe, peaceful life in health and prosperity. It is our duty as researchers to work towards this goal, and advances in materials science have always had an important part in this. The continuation of this aim should be the guiding light for materials science in China.

For the near future, there are several important directions in materials research that need to be emphasized. Key materials need to be developed in support of China's major national demands. Examples include research in aerospace technology, materials for energy, advanced manufacturing technologies, electronics and other high-tech industries. Materials research needs to support endeavours to make efficient use of our limited natural resources, including materials recycling and reduction of pollution for sustainable development of the country.

Fundamental research is essential, and new materials are the root for new technologies and the door to China's future. China must pay a strong emphasis on the basic sciences, and although high-level basic research is difficult and expensive, the country is more and more aware of the value of fundamental research and has started strategic activities to foster basic sciences. However, as there are tremendous challenges and difficulties, progress will take its time.

China is an old country, yet in its development it is still young. It is large but at the same time weak. Its steps on the road to modernization are just beginning. Chinese materials scientists and engineers still have a long way to go to arrive at the forefront of global science and technology. Nevertheless, steps have been taken in the right direction, and strong research networks between institutions, educated young scientists and industry have been formed on a large scale. With tremendous human resources at its disposal, China will capitalize on an intrinsic capacity for innovation. We are confident that materials research will make an increasingly important contribution to this development in the years to come.

Acknowledgements

The authors are pleased to acknowledge insightful discussions with colleagues from the Chinese Academy of Engineering (CAE).

（本文发表于 Nature Materials, 2008, 7: 603-605）

Review of Titanium Industry in China

ZHOU Lian

This paper summarizes the latest developments of metallurgy and processing technologies as well as other technical aspects of titanium in China during the four-year period since the 10th World Conference on Titanium held in Hamburg in 2003, highlights the considerable progress of titanium industry in the past four years, and makes a brief introduction to the important progress on applications of titanium alloy in China. After five years of rapid development, China's titanium industry has become one of the major forces of titanium industry in the world. This paper presents and forecasts the development trend of the titanium industry in China in the near future.

Keywords: *China, the titanium industry, the current situation, future*

1 Introduction

With the recovery of world aviation industry and the rapid and steady development of the China national economy, its domestic demand for titanium is growing steadily. During the four-year period since the 10th World Conference on Titanium held in Hamburg in 2003, the research and production of titanium in China has been very active, in particular, China's titanium industry has developed very rapidly. The production of titanium sponge grew at the annual rate of above 40%, particularly in 2005 and 2006, the annual growth rate reached 97.8% and 89.6%, respectively, thereby enabling Chinese titanium sponge output to reach a record level of 18,037 tons. Titanium mill product growth rate also reached an average of over 27%, in 2006 up to nearly 14,000 tons. Therefore, after five years of rapid development, China titanium industry has become one of the major forces in the world, with 54,000 tons annual production capacity of titanium sponge and 40,600 tons annual production capacity of titanium ingots. This paper summarizes the latest developments of metallurgy and processing technologies as well as other technical aspects of titanium in China during the past four years, highlights the considerable progress of titanium industry, makes a brief introduction to the important progress on civic applications of titanium alloys, and forecasts the prospect of the titanium industry in China in the near future.

2 Titanium Industry Progress

2.1 Titanium Sponge

After years of wandering forward, the potential and actual output of titanium sponge in China increased rapidly in the past few years, particularly in 2005 and 2006. Figure 1 shows the variation of output of titanium sponge in China in the past 10 years. It can be seen from the figure that the sum of the output of titanium sponge in the five years from 2001 to 2006 increased by more than 140% of that from 1996 to 2000. The growth rate in 2005 is the highest, reaching 97.8%, and the output is 9,511 tons. In 2006, the growth rate declined slightly, but still reaching 89.6%, 18,037 tons. With regard to the output capability of titanium sponge, China has attained 55,000 tons by the end of 2006, surpassing more over the forecast made on the 10th World Conference on Titanium held in Germany in 2003. With regard to import and export, China became the net export country in 2006, with the volume of 312 tons. Figure 2 shows the volume changes of titanium sponge import and export in China in the past five years.

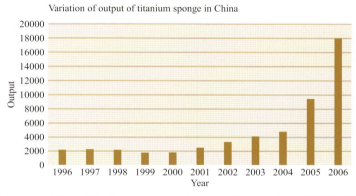

Figure 1   Output variation of titanium sponge in the past 10 years from 1996 to 2006 in China

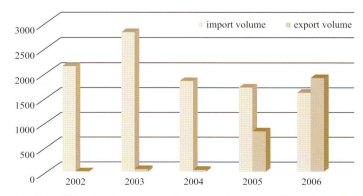

Figure 2   Variation of the titanium sponge import and export in China in the last five years

2.2 Titanium Ingots

Considering the rapid increase of the domestic demand for titanium, the original backbone enterprises of titanium production have added equipment and made technological transformation to increase their output capability of titanium ingots, and a number of new modern titanium processing enterprises have also been constructed, resulting in great raising of the titanium ingots output capacity in China. By the end of 2006, the output capacity of titanium ingot exceeded 40,000 tons, and 80 sets of vacuum arc furnaces of different specifications appeared in China. On base of the former equipment, Baoji Titanium Co., Ltd. has increased three new 10-ton vacuum consumable arc furnace and a 2400kW electron beam cold hearth furnace in recent years, reaching the capacity of producing 12000 tons of ingots annually. Shanghai No. 5 Steel Co., Ltd. has also adopted a 10 tons and a 15 tons vacuum arc furnaces, with the annual output capacity of 5,000 tons of ingots. Western Superconducting Technologies Co., ltd (WST) acquired a 3 and an 8 tons vacuum consumable arc furnaces, and its ingot output capacity reached 2,000 tons. Western Titanium Technologies Co., Ltd (WTT) also imported an 8 tons Vacuum Arc furnace, with the annual output capacity of 1,000 tons of titanium ingots. The increase of smelting capacity will enable the titanium ingots output capacity in China to be greatly improved.

2.3 Titanium Mill Products

After nearly 50 years of development, three main processing bases of titanium mill products have been formed, they are mainly located at Shaanxi Province, Liaoning Province and Shanghai.

In 2006, the output of titanium mill products in China reached nearly 14,000 tons, with an increase of 36.9% over that of year 2005. Figure 3 shows the variation of output of titanium mill products in China in the past 10 years. It is clear to see that in the first

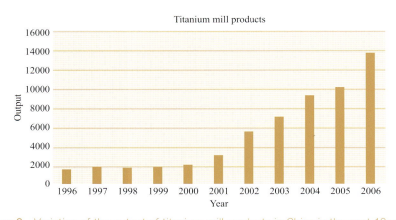

Figure 3   Variation of the output of titanium mill products in China in the past 10 years

five years, the output of titanium mill products was in a state of wandering; while in the recent five years, the output of titanium mill products began to increase rapidly, particularly in 2006, the growth rate was the highest. Figure 4 shows the structure of titanium mill products in China in 2006. It can be seen that titanium plate/sheet, rod/bar, pipe and casting are the main products, accounting for 41%, 22%, 17% and 11%, respectively.

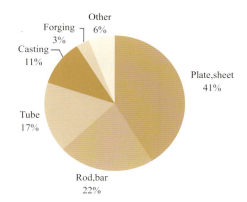

Figure 4　Structure of titanium mill products in China in 2006

Figure 5 is consumption structure of titanium mill products in China in 2006, we can see that the chemical field, leisure and sports appliances and aviation and aerospace are the main consumption targets of titanium mill products, their consumption volume accounts for 38.6% (5336 tons), 23.5% (3228 tons) and 9.7%(1338 tons) in the total output of titanium mill products in 2006, respectively. Compared with those in 2005, the ratio of titanium mill products usage in chemical industry rose significantly, by about 10%. Meanwhile, the

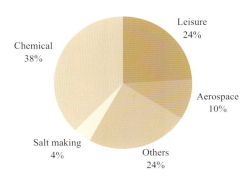

Figure 5　Consumption structure of titanium mill products in China in 2006

ratio of leisure and sports usage of titanium mill products also increased slightly, by about 3%. So, it indicates that these three areas are the main application aspects of titanium in China. Of course, with the improvement of requirements of environmental protection and development of the auto industry in China, demands for titanium in metallurgy, electricity and automobile industries will grow larger and larger. Figure 6 shows the variation of titanium mill product consumption in the past five years, we can see that since 2003,

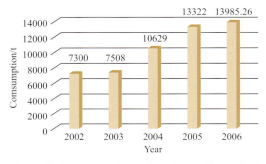

Figure 6　Variation of the titanium mill product consumption in China in the past 5 years

titanium mill products consumption has experienced a big increase, over 10,000 tons. A steady growth trend was remained in the last three years.

Compared with the world's major titanium mill products producing countries, the titanium mill products output accounted for nearly 15% of the world's total output in 2006, and China became one of the major titanium mill products producers. Figure 7 shows the share of the world's leading producing countries of titanium mill products among the world's total output volume in 2006.

3 Titanium R & D Progress

3.1 Metallurgical Technologies

Under the strong support of Chinese government, the metallurgical technology

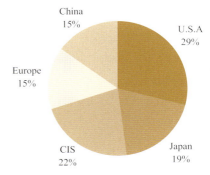

Figure 7　Share of the world's leading producers of titanium mill products in 2006

of titanium sponge has made considerable progress in the past five years. At present, through technical innovations, Zunyi Titanium Co. Ltd, China's largest sponge titanium production enterprise, has successfully completed the pilot-production of 12 tons inverted U-shape joint reduction and distillation, industrial research of $TiCl_4$ membrane filtration, technical research of eliminating vanadium using aluminum, production technology research of ϕ 2400mm chloride boiling furnace and production research technology of eliminating vanadium using refined mineral oil and improved the technology of 10,000-ton titanium sponge production.

On aspect of new preparation technology of titanium sponge, significant progress has been made in China's research institutions. They have successfully developed the new technology of direct reduction of TiO_2 to produce titanium sponge. This technology directly electrolysizes TiO_2 to obtain titanium sponge, greatly simplifies the process and equipments, effectively shortens the production cycle, reduces energy consumption and production costs. Especially, during the electrolysis process there is no chlorine released and pollution is avoided. At present, they have acquired titanium containing about 0.1% oxygen content in the laboratory, reaching the quality requirements of titanium sponge.

3.2 Titanium Processing Technology

Through technology import, absorption and transformation, great progress has been made in the production technologies of titanium and titanium alloy ingots. In 2006, the 2400kW electron beam cold hearth furnace imported by Baoji Titanium Co., Ltd. was installed and tested, enabling China to make an important step forward on aspect of large-scale production and applications for using electron beam cold hearth furnace to melt titanium, and providing the future low-cost production of titanium alloy with equipment guarantee. Xi'an Tianli Clad Metal Materials Co., Ltd. adopts its unique explosion cladding technique to produce clad metal material (mainly Ti/Steel clad plate). Its annual output in 2006 was 5,000 tons and the annual capacity has reached 15,000 tons. Besides, the Special Steel Company of Shanghai Baosteel Group, through technical research, has grasped titanium isothermal stamp forging technology, and successfully forged Ti-17 titanium alloy drop-forging of good performance.

In recent years, China has made more notable achievements on titanium alloy forging technology and theory. Besides the "near-β forging process", a new type of titanium forging technology - "titanium quasi-β forging process" has been developed. Through controlling the titanium grain size (microstructure) and microstructure parameters under high temperature quasi-β forging, the technology can improve effectively the uniformity of structure and property of complex shape forgings, resulting in improvement of titanium alloy's damage tolerance performance and application level, providing a new type of technique with the damage tolerance design and application of titanium alloys. Table 1 gives a comparison of the related performance of TC6 titanium alloys fabricated with the "quasi-β forging process" and the traditional two-phase region forging process. Figure 8 shows the TC21 titanium parts forged by "quasi-β forging process" and the microstructure.

Table 1 Comparison of mechanical properties of forgings by α+β forging and qusi-β forging processing of TC6 titanium alloy

Forging method	Direction	$s\sigma_b$/MPa	δ_5/%	ψ/%	Ak /kJ·m^{-2}	KIC(T-L) / MPa·$\sqrt{m}$	$da/dN=C(\Delta K)n$ /mm·cycle^{-1}	Fatigue Strength/ MPa
α+β forging	L	1080~1110	14.0~18.0	45.0~49.0	460~520	55.0~63.0	$C=1.66\times10^{-9}$, $n=3.94547$	566σ_D (R=0.1, Kt=1, N=107)
	T	1105~1120	12.0~15.0	34.0~37.0				
Qusi-β forging	L	1035~1095	13.5~16.5	35.0~47.0	420~475	75.0~95.0	$C=3.78\times10^{-9}$, $n=3.582$	650σ_D (R=0.1, Kt=1, N=107)
	T	1075~1100	15.5~18.0	38.0~42.0				
Specification	L	980~1180	≥10	≥25	≥295	≥42	—	—

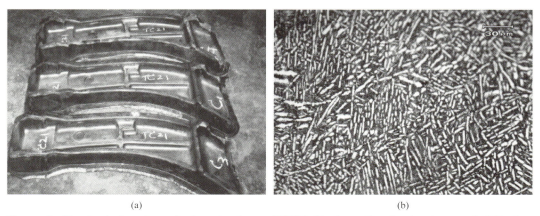

(a)   (b)

Figure 8 The typical parts and microstructure of TC21 titanium alloy forging by quasi-β forging processing: (a) typical parts; (b) microstructure.

3.3 Titanium Alloy Research and Design

In the current domestic titanium standard systems, there are about 72 alloy brands been nominated, which belongs to three different types, according to their phase content, i.e. α or near α kind, TA1 ~ TA28 (include TA1ELI, TA2ELI, TA3ELI, TA4ELI, TA7ELI, TA1-1, TA8-1, TA9-1, TA12-1, TA15-1, TA15-2, TA22-1, TA23-1, TA24-1, TA27-1, total 43 brands); β or near β kind, TB2 ~ TB9 (total 8 brands); and (α+β) kind, TC1 ~ TC24 (include TC4ELI, except TC5, TC7, TC13, TC14, total 21 brands). Most of them are world opened alloys, such as cryogenic used alloy TA7 (Ti-5Al-2.5Sn), aerospace applied TB6 (Ti-10V-2Fe-3Al), chemical industry served TA9 (Ti-0.2Pd) and multipurpose TC4 (Ti-6Al-4V). In order to meet the demand of titanium industry, several new titanium alloys have been developed recently, such as middle strengthened ship-building alloys Ti-31 (Ti-Al-Zr-Mo-Ni) and Ti-75 (Ti-Al-Zr-Mo), middle strength high toughness T4S alloy, high strength and high toughness TC21 alloy, ultra-high strength Ti-1300 alloy, high temperature resistant Ti-600 alloy, and burn-proof alloy Ti40 (Ti-25V-15Cr) etc. (Table 2). Most of the existing titanium alloys are developed on the basis of experiences, but T4S alloy is designed by the method of semi-experience and semi-alloy design theory, so as to alloy TC21, which are deserved to be described by some words.

Table 2 Some Ti alloys currently developed in China

Characteristic	New alloys
High strength, high toughness	Ti-1300, Ti-B19, TC21
Middle strength, high toughness	STi80, T4S
High temperature	Ti-600, Ti-60
Cryogenic	CT20
Particle reinforced, Ti-Al composites	TP650, TAWBY, TMC-Z, Ti2AlNb, TD3
Sea water resistance, weld ability	Ti31, Ti75, Ti91, Ti70, Ti80
Low cost	Ti8LC, Ti12LC
Excellent biocompatibility	TAMZ, TZNT, TLM, TLME
Burn resistance	Ti40, Ti14

New alloy design theory such as crystal structure alloy design method has been developed in China recently. Quantitative composition of a given alloy system can be determined by the new method, which is according to atoms distribution regulations and principles of minimum structural unit symmetry, considering phase transformation between alpha and beta phase, that is, allotropy of hcp ↔ bcc structure. The experiential characteristic of the method lies in that it cannot determine the alloy system quantitatively.

New titanium alloys TC21 and T4S have been designed by adopting the method mentioned above. For example, both of the alloys belong to Ti-Al-Sn-Zr-Mo-Cr-Nb(-Si) alloy system, and for T4S alloy, the minimum allotropy transformation is carried out between 12 hcp crystal cells and 36 bcc crystal cells (Figure.9). T4S alloy exhibits excellent comprehensive properties (Table 3).

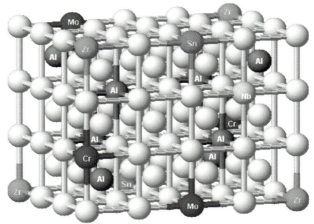

Figure 9   Schematic map of transformation units in T4S alloy

Table 3   Tensile properties of two titanium alloys plates

Alloy	Temperature/°C	Rm/MPa	RP0.2/MPa	A5/%	Z/%
Gr.23	20	900	810	18	51
	400	610	505	14	64
	500	565	475	21	68
T4S	20	990	935	17	49
	400	765	650	17	69
	500	700	600	20	73

High strength and toughness TC21 alloy possesses also fine comprehensive properties compared with Ti-1023 alloy, especially in high temperature region, see Table 4.

Table 4   Tensile properties of TC21 and Ti-1023 bars / forgings

Alloy	Heat treatment	Temp./°C	Rm/MPa	RP0.2/MPa	A5/%	Z/%
Ti-1023	STA	20	1230	1145	7	—
	RA		965	930	16	—
	DA	315	738	600	22	63
		425	670	544	22.3	79.5
TC21	STA	20	1220	1160	8.5	30
	DA		1120	1045	9.2	42
	DA	400	940	720	14	54
		500	805	660	21	72

The applications of Ti and its alloys in biomedicine receive great attention in China, several new biomedical Ti-based alloys are under development, such as the third generation beta Ti alloys TLM-1 and TLM-2 (Table 5).

Table 5 New biomedical Ti alloys developed

Alloy	Rm/MPa	RP0.2/MPa	A5/%	Z/%	E/GPa	HT
TAMZ	850	650	20	50	105	Anneal
TZNT	698	652	26	66	100	Anneal
TLM	660	345	27	79	58	Anneal
	⩾900	—	⩾15	⩾50	60~90	STA
TLME	665	275	26	79	53	Anneal
	⩾900	—	⩾15	⩾50	60~90	STA

Currently, research on intermetallic compounds and SiC fiber reinforced titanium alloy is active in China. Ti2AlNb-based alloy has been developed by the Iron and Steel Research Institute in recent years, including Ti-22Al- 25Nb, Ti-22Al-27Nb, Ti-22Al-20Nb-7Ta and other elements. Compared with Ti3Al, it has the satisfied combination of strength and ductility at room temperature. Ti-22Al-25Nb alloy also has good performances of oxidation resistance at high temperature, after oxidation for 100 h at 750 ℃, its weight gain is about 1 mg/cm^2, after oxidation for 216 hours at 750 ℃ the weight grain is less than 1.51mg/cm^2. The alloy's tensile strength at 750 ℃, is 715 MPa, elongation is 15%, fatigue strength is 500MPa. Figure 10 shows the components fabricated with the alloy.

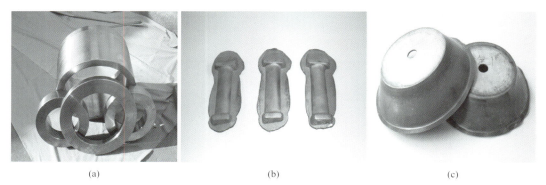

(a)　　　　　　　　　(b)　　　　　　　　　(c)

Figure 10 Photos of some component blanks made of Ti-22Al-25Nb based alloy: (a) rings, (b) die forging blads, (c)spinning forming components

Because of the characteristics of lower density, higher strength and stiffness, SiC fiber reinforced titanium matrix composites can be used at a higher temperature. China is active in this field of research. Institute of Metals in Shenyang has made good progress on it in the past few years. Through the method of matrix coating fiber (MCF), SiC fibre reinforced Ti-6Al-4V composite materials with dense matrix, uniform fiber arrangement, moderate reaction layer thickness have been produced. Figure 11 shows the cross-section of the composite fabricated by the improved method. Research result indicates that the tensile strength of SiCf/Ti-6Al-4V composite material with 40% fiber volume is greater than 1600MPa at room temperature, and over 1000MPa at 700 ℃; while the fiber volume reaching 60%, its tensile strength may rise up to 1500MPa at 700 ℃. Figure 12 shows the ring part (outer diameter of 210mm, inner diameter of 140mm, thickness of 19mm) fabricated with the SiCf/Ti-6Al-4V composite.

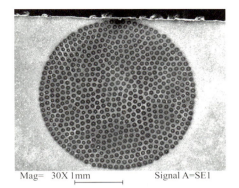

Figure 11 Cross section of SiCf/Ti-6Al-4V composite

4 Application of Titanium in China

In China, chemical industry is still the main application area of titanium, including the petrochemical, chlor-alkali, calcined soda, inorganic salts and other fields, for the manufacture of reaction tower, heat exchanger, evaporator and condenser, etc. With the development of power industry and requirements increase of environmental protection, titanium

Figure 12 Ring part fabricated with SiCf/Ti-6Al-4V composite

function of eliminating sulfur makes its application in the power plant chimney be a new area of application. The consumption of titanium in construction in China experienced an important leap in 2006. China National Theater became the public building with the largest consumption of titanium. Its roof is constructed with 20,000 parts of Ti-contained composite sheets and glasses (Ti composite sheets with thickness of 4 mm, weigh up to 368 tons). Figure 13 is photographs of the Chinese National Grand Theater, contrasted against the blue sky and white clouds; it is extraordinarily smart and beautiful.

Figure 13 Photograph of the Chinese National Grand Theater, constructed with Ti composites

5 Rapid Development of China Titanium Industry

In the past four years, the titanium industry in China met a good opportunity for development, accordingly, the output capacity and actual output of both titanium sponge and titanium mill products broke through 10,000 tons first time, and achieved a historic leap of the titanium industry. The background of rapid development is briefly summarized as follows:

1) The continued support from the Chinese government

Titanium and titanium alloy material is one of the focuses for the Chinese government to support, it is listed in technological projects, including the "863" program, "973" program "Torch Plan" and "basic research program" etc. Each year, 40~50 titanium projects are supported by the government.

2) The stimulation from rapid development of macro economy

The average annual GDP growth rate reaches 9.5%. This provides the development of titanium industry with financial guarantee. In recent years, especially the past two years, more than 1 billion USD has been invested in titanium research and industry, from governments and individuals.

3) Personnel guarantee

There are 30~40 institutions and over 500 scientific researchers directly engaged in the titanium research and development. Meanwhile, the Chinese universities and colleges have also been cultivating technical professionals for titanium alloy research and development. This provides the development of titanium industry in China with personnel guarantee.

4) Great involvement from private capital

Since 2001, civilian capital in China has entered fields of titanium sponge, titanium mill products and titanium equipment manufacturing, etc, decades of private titanium enterprises had risen up. They will become a very active force for China's titanium industry development.

5.1 Production Development Trend

As mentioned above, the Chinese titanium industry has entered a rapid development stage, and will upsurge more rapidly in the next few years. Figure 14 shows the variation of titanium sponge output in China since 1964, from which we can see the titanium sponge industry in China spent about 20 years to exceed 1000 tons output; while in recent years, particularly since 2003, the output of titanium sponge has grown up abruptly. It only took about five years to outbreak the barrier of 10,000 tons.

By May, 2007, China has over 20 titanium sponge producing enterprises, 17 of them have put into production. Among the 20 enterprises, 1 enterprise (Zunyi Titanium Sponge Co., Ltd.) has the 14,000 tons output capacity, 4 enterprises (Fushun Titanium Sponge Co., Ltd., Chaoyang Baisheng Titanium Sponge Co., Ltd., Tangshan Tianhe Titanium Sponge Co.,

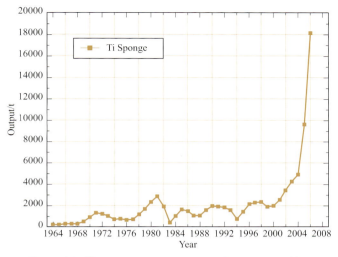

Figure 14　Titanium sponge output in China since 1964

Ltd. etc.) have the capacity of 5000 tons; 5 enterprises have the output capacity between 2000 and 3000 tons; and over 10 enterprises possess the output capacity bellow 2000 tons.

In 2006, the above enterprises produced 18,037 tons of titanium sponge and formed the output capacity of 54,000 tons in 2006. In the first quarter of 2007, 10,183 tons of titanium sponge was produced. Some of the newly built titanium plants has finished construction and put into production.

Currently, some of the large producers, such as Zunyi Titanium Sponge Co., Ltd., Fushun Titanium Sponge Co., Ltd. etc. plan to expand production, adding 40,000 tons output capacity. The titanium plants under construction will form 15,000 output capacity. Besides, the proposals of building a few more titanium plants with output capacity of more than 5,000 tons are now being evaluated, the total designed output capacity reaches 65,000 tons. For example, on May 15 China Aluminum Group signed a contract with Aricom Company about setting up a titanium sponge plant in Jiamusi city, with the annual output capacity of 30,000 tons. So I predict that at least 70,000 tons of output capacity increase is attainable. Accordingly, I conservatively forecast that by 2010 the annual output capacity of titanium sponge in China will amount to above 120,000 tons, and its production of titanium mill product may take 1/4 of the world total output.

On aspect of titanium ingots and mill products, as the old enterprises are making large-scale technical transformation and upgrading of equipment, meanwhile, some new enterprises are adopting more advanced technology and equipment, the actual and potential output of titanium ingots and mill products will be further improved.

5.2 Market Development Trend

In China, the rapid development of the titanium industry is closely related to the demand in the titanium market. In the next few years, market demand for titanium in

China will be mainly reflected in the following areas:

1) The large projects to be implemented in China will effectively promote the market demands for titanium, such as large aircraft project, moon exploration program etc.
2) With the wide launching of environmental protection and energy saving activities, the application of titanium and titanium alloys on this side will be further promoted, significantly affecting the market demand for titanium.
3) The rapid economic development has effectively raised the living standards of Chinese people. Titanium is no longer mysterious in the eyes of the common Chinese people. The use of titanium for daily necessities and leisure goods has become a fashion, especially to the young. This also provides a more robust demand for titanium and promotes the development of titanium in China.
4) With the improvement of technological level, the quality of the titanium products made in China, especially titanium sponge, will be significantly improved, and remain the same level of quality as the other producers in the world. In that case, titanium sponge export will become an important way, and thus make up for the world's titanium sponge production deficiencies.

5.3 Some Suggestions for the Titanium Industry in China

1) To make full use of the titanium resource, saving energy and reducing pollution;
2) To enhance the basic research on metallurgical and processing technologies;
3) To raise the economic and technical standards, improve the products quality and reduce the cost;
4) To expand the applications of titanium, especially new civilian products;
5) To appropriately control the over abundant investment on new titanium sponge plants, leading the titanium industry to a steady development;
6) To strengthen the exchange, cooperation and trade among the international titanium circle, so as to promote the progress of world titanium research and industry.

（本文发表于 Ti-2007 Proceedings of the 11th World Conference on Titanium, Kyoto: The Materials Research Society of Japan, 2007，参考文献省略）

Recent Progress of Titanium Industry, Research and Development in China

ZHOU Lian, CHANG Hui, WANG Xiangdong

Abstract: The progresses of Chinese titanium industry, research and development in the past four years since the Kyoto conference have been reviewed in this plenary paper. Over a rapid development duration, the Chinese titanium industry moves to a relatively stable state. In order to respond to the requirement of manufacture of C919 business aircraft, the titanium producers try to focus their work on the facilities and processing technologies improvement, leading to the fact that large size production can be well produced. For the research and development activities, the new alloy development, parts forming processing simulation, laser forming technology as well as the fundamnental research on plastic deformation mechanism, quantitative relationship among processing-microstructure-properties describing and quantitative design method of chernical composition have been reviewed. At the end, the future way of Chinese titanium industry and research is highlighted.

Keywords: tituniun industry, research activities, recent progress, new alloys, manufacture technologies, trends

1 Introduction

On the background of continuous improving in macroeconomy, the titanium industry and research activities keep active and stable increase, the application of titanium and titanium alloys in aerospace, metallurgy, chemical industry as well as others fields have been made a great increase. By the end of 2010, the consumption of titanium mill production reached 35 636 metric tons, among which the consumption of titanium in chemical industry reached more than 20 000 metric tons. In generally, the non-aero application is still occupied to the main application fields and reaches more than 90% in ratio. The manufacturers of titanium sponge and mill products in China focused their much more attention on the processing technology improving and facilities reconstruction during the past four years. In the aspects of research and development activities, China has also done a very good job and made some remarkable achievements. The new alloys developments, components manufacture technologies, the forging process simulation and its application as well as some fundamental research should be high lighted.

In this paper, the progress of titanium industry, research and development of titanium and titanium alloys since the last conference held in Kyoto in 2007 has been reviewed, the future trends for the next 3 to 5 years of titanium industry are forecasted and the research activities are summarized.

2 The Progress of Titanium Industry

2.1 Sponge Titanium

At the end of 2010, the capacity and output of sponge titanium in China are 104 000 metric tons and 58 000 tons, respectively. The Figure 1 shows the capacity and output changes of sponge titanium in China in past few years. It indicated that during the years of 2003 to 2007, the yearly increased rate of capacity and output of sponge titanium were very high, and researched more than 390% and 280%, respectively. The capacity increased from a few thousands tons in 2003 to more than 60,000 tons in 2007, meanwhile the output also increased from a few thousands tons to nearly 50,000 tons. However, during the past four years, the increased rates of capacity and output are decreased obviously and only have 20% and 9%, respectively. This situation is mainly due to two reasons, one is influenced by the world economic crisis which affects the demand of the titanium and the other one is the capacity of titanium sponge in China is overlapped.

At the end of 2010, there are totally 14 titanium sponge manufacturers in China. The biggest one is Zunyi Titanium Plant, and the capacity and output of sponge titanium are 24 000 metric tons and 14 200 metric tons, and occupy more than 23% and 24% of total capacity and output in China, respectively.

2.2 Ingots

The capacity and output of ingot keeps increasing at a stable rate (near 30% and 10%, respectively) during the past four years, and the capacity and output of ingot are 89 000 and 46 000 metric tons, respectively, at the end of 2010. Figure 2 shows the changes of capacity and output of titanium ingot during the past four years in China. The maximum weight of ingot fabricated by vacuum arc remelting (VAR) furnace is 11 metric tons with a diameter

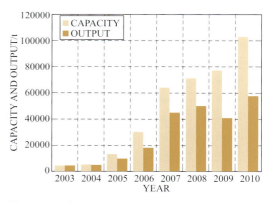

Figure 1　Changes of capacity and output of sponge titanium in recent years in China

of 1066 mm, and the ingot fabricated by Electron Beam Cold Hearth Remelting (EBCHR) furnace is 10 metric tons with the size of 400(W)×1200(H)×4500(L) mm.

At the end of 2010, there are 23 manufacturers related to the titanium ingot, among which Baoti Group is still the biggest one, and the ingot capacity and output are 25 000 and 20 000 metric tons, respectively in 2010.

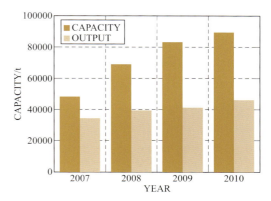

Figure 2 Changes of Capacity and output of titanium ingot in the past four years in China

2.3 Titanium Mill Products

In the past four years, the output of titanium mill products in China keeps increasing with an average rate of 20% even when suffering from the global economic crisis, and the amount reaches to more than 38 000 metric tons in the year 2010 (Figure 3). This mainly appreciated to the domestic demands, especially to chemical industry demands. Figure 4 shows the category structure of titanium mill production in China in 2010. It indicates the plates and sheets are the majority products, occupied to nearly 55%, and the tube and bars are the second and third one, occupied to more than 22% and 16%, respectively. By the end of 2010, Baoti Group is still the top manufacture of titanium mill products in China with a shipment amount of 13 010 metric tons.

Concerning the consumption of the titanium mill products, Figure 5 shows the changes of consumption during the past few years and Figure 6 show the structure of consumption. Figure 5 indicates that the consumption amount of mill products is 37 000 metric tons in 2010 and keeps increase during the past 7 years, especially in last year, the increase rate reached more than 60% and the net consumption amount of mill products is 13 000 metric tons compared with the consumption amount 24 000 metric tons of the year of 2009. This increased amount should be appreciated to the increased demands of chemical industry. The consumption structure of mill titanium products is showed in Figure 6, it can be seen that the chemical industry consumed more than 53% of the total consumption of mill products in 2010 and take the rank of top. The second one is the aerospace industry, occupied about 9.7%. This kind

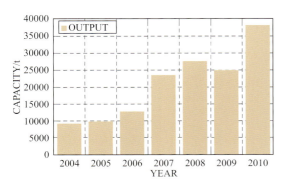

Figure 3 Changes of titanium mill products of China in recent years

of consumption structure shows that the civil application still takes the main position in China titanium industry which is the same situation as Japan. However, with the development of Chinese economy, especially the domestic needs, the demands for titanium mill products will keep growing in the next few years even though the consumption of titanium mill products has reached a relatively high level.

Figure 7 show the situation of output of mill production in the main world titanium manufacture countries and its share. It is demonstrated that the titanium mill production output of the world is more than 110 000 metric tons at the end of 2010, the China takes the top position in the scale, occupying

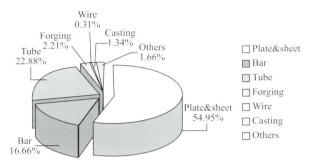

Figure 4 Structure of Titanium mill products in China in 2010 (Total: 38 323 metric tons)

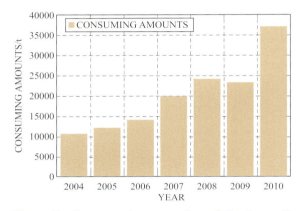

Figure 5 Changes of consumption of titanium mill products of China in the past few years

more than 34% of the total output of the world. The second one is U.S.A, occupying more than 30%, the third one is CIS, occupying more than 18%, the fourth one is Japan, occupying more than 12%, the last one is Europe, occupying near 4 %. Even though,

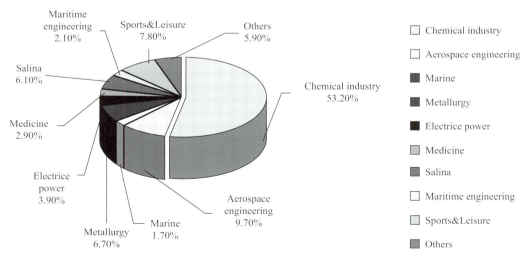

Figure 6 Consumption structure of titanium mill products of China in 2011

Chinese titanium people still have a lots work to do in the aspects of technology, lowering the cost and improving the quality stability and so on.

2.4 Technologies and Facilities Improvement

With the continuous quick increase during 2002 to 2007, titanium industry in China steps

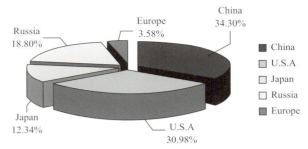

Figure 7 Output of titanium mill products of the world main titanium manufacture countries or regions and its share in 2010

a relatively stable developing state, and the manufacturers focus their much more attention to improve the processes technique and facilities reconstruction. For the sponge titanium,Zunyi titanium Co.,Ltd has done an important work on improving the quality of products and high purity sponge with 4N, which was produced at the end of 2010 successfully. Meanwhile, the biggest sponge bulk (shown in Figure 8) with a weight of 12 metric tons has been introduced at the beginning of 2010 with three technologies application, which are specially designed new structure of oven shell (the diameter is more than 2 meters), forced cooling process and automatic controlled reaction process. By application of those technologies, the zero-grade rate of one sponge bulk is increased from 30% to 65%, and the productivity is increased to more than 80%, and also the power consumption is decreased by 20% compared with the former process. So this technologies improvement will be the direction for the titanium sponge enterprises in China for the next few years.

Figure 8 Titanium sponge bulk with 12 metric tons weight produced by Zunyi Co. ,Ltd.

For the ingot and mill products, the Chinese titanium manufacturers are paying much more attention on the facilities reconstruction during the past few years. Take an example for Baoti Group, as one of the important facilities, a set of 2400 kW EBCHR furnace and precision roll milling machine with 20 rollers have been equipped, and make the high quality titanium rectangle ingot and strip produced. Meanwhile, in order to improve the quality of titanium wires and bars, a set of high speed rolling machine has also been reconstructed.

Moreover, for titanium industry in China, a new area named Western Titanium Valley of China

(WTVC) is forming, which includes Shaanxi Province (Located Baoti Group Co. ,Ltd, Northwest Institute for Nonferrous Metal Research and Northwestern Polytechnical University), Ningxia Province (Ningxia Orient Tantalum Industry Co. ,Ltd), Guizhou Province (Zunyi Titanium Plant). That means in WTVC, the Chinese main titanium industry and research institutions are located, and the output of ingot and mill production in this area occupies more than 50% of China, and takes the important position of Chinese titanium industry and research.

3 Research and Development Activities

3.1 Support System of the Government

As one of the important structure materials, the titanium related research and development activities have been greatly supported not only from the center government but also from the local government. For the center government, the supporting system mainly includes Major Project of China National Program for Fundation Research and Development ("973" program in short), National High Technology Research and Development Program ("863"program in short), National Natural Science Fundament Program(NNSF), National Science and Technology Supporting Plan, *etc*. In the past few years, totally more than 10 billion RMB have been supported by the center and local government.

3.2 New Alloy Development

New alloy development is still active during the past 4 years. Table 1 shows some newly developed or underdevelopment titanium alloys in China at the end of 2010. TC21 alloy (Ti-6A1-2Zr-2Sn-3Mo-1Cr-2Nb) is one of the developed new alloys and has been taken successful application in the aerospace industry. Figure 9 shows the typical properties and microstructure as well as the component.

Table 1 New titanium alloys developed in China for various purposes at the end of 2010

Performance	Alloy	Apllication	Introduced by
High strength and toughness	TC21, TB3, BTi-6554	Aerospace	NIN, NPU, BIAM, Baoti
Middle strength and toughness	TCADT, TCAF	Aerospace	NIN
High temperature perfoamnce	Ti600, Ti60, TG6, BTi-62421s, BTi-6431	Aerospace	NIN, IMR, BIAM, Baoti
Ti-based composite	TP650, TAWBY, TMC-Z, Ti2AlNb, TD3, High Nb TiAl	Aerospace	NIN, BUST, CISRI
Corrosion resistant	Ti31, Ti75, Ti91, Ti8O, Ti70, BTi-62	Sea Engineer	NIN, 725, BNMW

续表

Performance	Alloy	Apllication	Introduced by
Lower cost	Ti8LC, Ti12LC, Ti-3111, BTi-341, BTi-31, BTi-421111, BTi-4111, BTi-6221, BTi-6211	Civil	NIN, Baoti
Bio-material	TZMN, TZNT, TLM1, TLM2, Ti2448	Implant	NIN, IMR
Burn resistant	Ti40, Ti-50	Aerospace	NIN

T2448 alloy is another successfully developed new Bio-titanium alloy with the namely chemical composition of Ti-24Nb-4Zr-7.9Sn. The Young's modulus can be reached to 20 GPa, and the biomechanical compatibility is excellent. Meanwhile, the tensile strength reached more than 1700 MPa after heat treatment for the formed nano-size precipitation. The alloy has been successfully applied in medicine treatment as the implants.

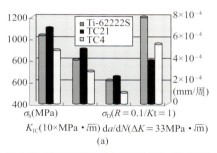

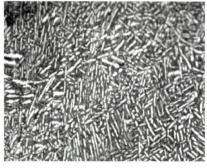

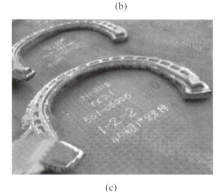

Figure 9 Typical properties, microstructure and manufactured component of TC21 alloy (Parts photo supplied by Dr. Zhishou ZHU)

3.3 Component Manufacture Technologies

Cost saving is still the main point for the researchers. Some Chinese scientists pay much more attentions on the near net shape forming technologies of titanium components such as Isothermal Forging and Laser Direct Manufacture. Prof. Yang from Northwest Polytechnical University developed one of the isothermal technologies named Isothermal Local Loading Forming (ILLF), which has the highlights of advanced force-saving forming technology, integrated control of inhomogeneous deformation and microstructure evolution for precision shape-forming and high performance of the parts, optimization and robust control by through-process multiscale modeling. By using this technology, titanium bulkhead has been manufactured for aerospace application, and shown in Figure 10. Based on the technology of laser forming, Prof. Wang tries to develop it to manufacture the large complex parts for aerospace application and named it as Laser Direct Manufacture (LDM). Figure 11 demonstrates the scheme diagram of LDF technology. By using this technology, the manufacture of large complicated parts becomes easier. The cost of the parts is extremely cut down in material preparation, manufacture process as well as the manufacture time. The fly-to buy ratio is also improved remarkably. Meanwhile, the flexibility designable becomes possible. Wang focuses their main attention on trying to solve the key barriers of the laser forming technologies including: a) Dispersing the thermal-stress formed during the process and avoiding the split of the manufactured parts. b) Controlling the solidification process to forming designed solidification microstructure including the grain size, morphology as well as crystal orientation. c) Selecting the proper parameters to avoid the internal defects formnation. d) Applying a special heat treatment to gain the microstructure with an excellent compositive performance. Figure 12 shows the microstructure formed after laser direct manufacture and heat treatment as well as the corresponding fatigue and da/dn properties. Besides the detailed research

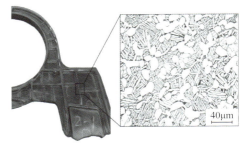

Figure 10 Partial views of titanium bulkhead and the typical formed microstructure manufactured by using ILLF technology developed by Yang

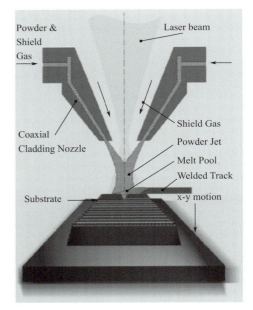

Figure 11 Scheme diagram of Laser Direct Manufacture technology (LDM)

work on process, the manufactured parts of titanium have been applied on the Chinese commercial aircraft C919, and Figure 13 shows some parts manufactured by LDM. By now, the size of the largest parts that can be made by LDM is about 4000 mm(L)×3000 mm(W)×2000 mm(H). So, the technology should be the best method to manufacture the large complicated component for aerospace application if the performance can meet the needs and the quality can be stably controlled.

3.4 Grain Refinement

Improving the mechanical properties of titanium alloy through grain refinement still attracts the researcher's attention. The Equal Channel Angular Pressing (ECAP)

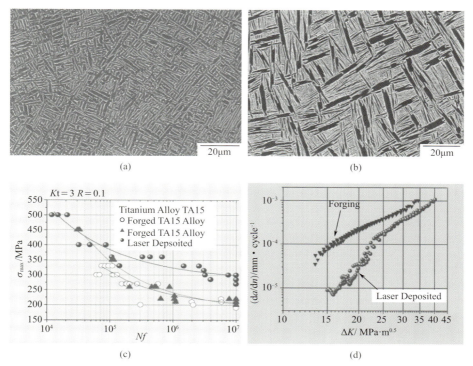

Figure 12 The formed microstructure after laser direct manufacture (a) and heat treatment (b) as well as the fatigue property (c) and da/dn property (d)

Figure 13 Some titanium components manufactured by LDM for Chinese commercial aircraft C919: (a) frame of windshield, (b) root rib of wing–body. (Parts photo supplied by Prof. Huaming WANG)

is thought as one method to refine grain size. ECAP has been used for CPTi at room temperature by Zhao, the results show that the grain size can be reached to 0.2 μm by 6~8 times passes and the corresponding tensile strength is more than 790 MPa. The grain size of as-received material is more than 23 μm and the corresponding tensile strength is only about 400 MPa. Figure 14 shows the microstructure of as-received material and after ECAP.

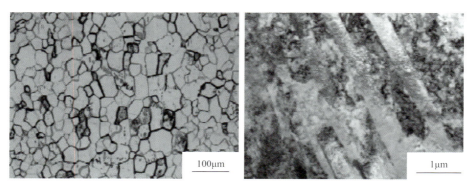

Figure 14　Microstructure of as-received material (a) and after ECAP (b) of CP-Ti

Besides those research works, Chinese researchers also paid their attentions on the modeling and computer simulation for alloy design and deformation process, titanium surface modification for biomedical application, new technologies for TiAl alloy casting, titanium based composites reinforced with particle and so on, and gained remarkable progress.

4 Summary

During the past four years after Kyoto conference, Chinese titanium industry keeps increasing in capacity and output of sponge, ingot and mill production with a reasonable rate, and the enterprises mainly focus their attention on the technology improve and facility reconstruction. Those activities will make the quality of titanium productions in China improved. In the next 2 to 5 years, the capacity of sponge titanium will be more than 140 000 metric tons and 160 000 metric tons respectively due to 3 new manufacture lines setup and original manufacture enlargement, and meanwhile the capacity of ingot will be more than 110 000 and 130 000 metric tons respectively for the new EB and PAM furnace equipped. So at the end of 2015, the output of mill products will be very huge, and this situation will be a great challenge for Chinese titanium industry-where is the direction for those titanium mill products? Concerning this, the titanium application research work should be emphasized and try to find the new application area. For the research activities, the fundamental research should be the key for innovation of manufacture process and lowering the cost of titanium. In order to make great progress for this point, the cooperation among the manufacturer, university and research institute could be enhanced. The cost saving technologies, near net shaping technologies as well as some new application technologies will be the research direction for the Chinese researchers in the next 5 to 10 years. Meanwhile the international cooperation should also be important during the research activities.

（本文发表于 Proceedings of the 12th World Conference on Titanium. Beijing: The Materials Research Society of China, 2012, 56-61, 参考文献省略）

Critical Current of Nb₃Sn Practical Superconductors in High Magnetic Field

Zhou Lian

Abstract: The critical currents of Nb₃Sn practical superconductors were measured in high magnetic fields up to 22 T at 4.2K. The conductors investigated were MF Nb₃Sn wire, CVD-Nb₃Sn tape and diffusion processed Nb₃Sn tape. The measurements show that conductors have excellent superconducting properties. The multifilamentary Nb₃Sn wire possesses a higher overall current density J_c^{ov} (Nb₃Sn+bronze), especially in high fields above 12 T. Its J_c^{ov}, for example, is 2.4×10^4 A/cm² at 15 T. The CVD-Nb₃Sn tape displays a higher J_c in the fields up to 12 T, while the diffusion processed Nb₃Sn tape has an excellent J_c (Nb₃Sn) in high field. Their J_c (Nb₃Sn), for instance, are 4.0×10^5 A/cm² (at 11 T) for CVD-Nb₃Sn and 1.7×10^5 A/cm² (at 15 T) for diffusion processed Nb₃Sn tape, respectively. The upper critical field B_{c2} are determined extrapolately by using Kramer's scaling law for flux pinning. A discussion is presented respect of the results of measurement and the upper critical field.

Introduction

For many years, a considerable amount of development work have been made on Nb₃Sn superconductors, which is one of the most important superconducting materials due to their high critical current density and conductor for application of high magnetic field, Nb₃Sn conductor has involved several stages: 'Kunzler wires', chemical vapor deposition process, surface diffusion process, and multifilamentary Nb₃Sn conductor fabricated by a so-called bronze process.

The CVD-Nb₃Sn and diffusion processed Nb₃Sn tapes have been used with great success for construction of many high field superconducting magnets up to 15 T.

Since the discovery of the bronze process, which was first reported by Kaufman and Pickett in 1970, extensive studies have been carried out to improve the properties of the conductor and establish the fabrication techniques on laboratory and industry scale. Now large-scale production of the MF Nb₃Sn conductor is possible, a number of small high field magnets have been successfully fabricated with them and large-scale magnets for various applications are being well developed.

In China, there are all the three kinds of Nb_3Sn conductors available now in the superconductivity applications. In this study, the results of critical current measurement in the high fields up to 22 T performed on the three types of Chinese commercial Nb_3Sn conductors are presented. The MF Nb_3Sn wire was fabricated in 'Baoji Institute for Non-ferrous Metal Research' (BINMR) by a bronze process. The $\Phi 0.52$ mm MF Nb_3Sn wire consists of 3145 filaments (4 μm in dia.) embedded in a 12wt%tin bronze. The ratio of bronze to niobium is 2.8∶1. The niobium and bronze occupy 71.4% of the cross section of the wire. The surface diffusion processed Nb_3Sn tape was produced in 'Ningxia Research Institute of Less-Common Metals' (NRILM) by a modified diffusion method. The sample used in our work was from a commercial tape with width of 5 mm, a Nb_3Sn layer thickness of 4 μm by each side. The CVD-Nb_3Sn tape sample was fabricated in the 'Changsha Research Institute of Mining and Metallurgy' (CRIMM) by a High Tape Rate and Multiplayer Deposition Process. Its width is 2.7 mm, thickness of Nb_3Sn layer of each side is 9.4 μm.

The upper critical field B_{c2} of the conductors is discussed. B_{c2} values were determined by extrapolation according to Kramer's flux pinning scaling law.

Experimental Procedure

The measurements were carried out at the 'High Magnetic Field Laboratory' in Grenoble. A tail-cryostat was used. A polyester sample holder of 28 mm dia. was mounted on the end of a stick, which was put into the cryostat and immersed in liquid helium. The wire or tape samples were wound on the holder as a small coil with several turns. The two ends of the sample were soldered to copper current leads. The technique used for MF Nb_3Sn samples was published earlier.

The critical current was measured as a function of the magnetic field at 4.2 K by a standard four probe technique using a voltage criterion of 0.1 μV/cm. In this paper, the values of overall current density J_c^{ov} are referred to the original bronze+Nb cross section for MF Nb_3Sn wire, and Nb_3Sn Layer+substrate (Nb or Hastelloy B) cross section for CVD-Nb_3Sn or diffusion processed Nb_3Sn tape.

Results and Discussion

Critical Current The J_c^{ov} vs. magnetic field curves up to 22 T for three MF Nb_3Sn wire samples heat treated at 700 ℃ for 48, 100 and 168 hr are shown in Fig.1. As shown in the figure, the values of J_c^{ov} increase with heating time. The sample of 700 ℃/168 hr possesses higher J_c^{ov} than the others in the fields up to 22 T. In our previous work, we investigated the effect of heat treatment on the current density J_c. It was found that there was a J_c^{ov} maximum around 700 ℃/50 hr for the 2886 filaments Nb_3Sn wire.

The different original characteristics of the wire (such as the ratio. of bronze to Nb, content of Snwt% in bronze *etc.*) appears to be the reason causing the change of optimum heat treatment for the two superconductors.

In general, the J_c properties of A15 superconductors influenced by the density of flux-pinning sites in the microstructure and grain boundaries were found, to be the principle flux pinning centres. But in practical fabrication of Nb_3Sn conductors, different heat treatments are used by manufacturers, because Nb_3Sn layer thickness must be also considered in order to obtain maximum overall J_c, also the factors influencing the superconducting properties are complex in MF Nb_3Sn.

The critical current density J_c (Nb_3Sn) of CVD- and diffusion processed Nb_3Sn tapes as function of magnetic fields up to 22 T are plotted in Fig.2. The typigal, J_c data of Nb_3Sn tapes in literatures are also quoted in the figure for comparing purpose. It is clear, from Fig.2, that J_c value of NRILM tape is a bit higher than that of Caslaw's data in (8), while the CRIMM CVD-Nb_3Sn tape displays the highest J_c up to 12 T, then its J_c falls off rather rapidly. But the J_c of CRIMM tape is much better than that of the standard CO_2-doped CVD-Nb_3Sn tape in literature over the magnetic fields up to 15 T. This enhancement in J_c was contributed by the strong pinning effect of inhomogeneities in Nb_3Sn layer.

Compared to the other samples in

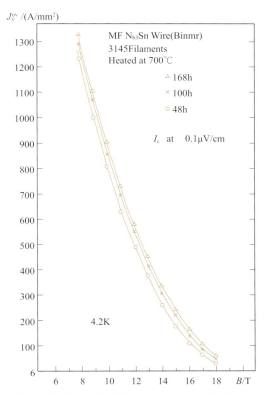

Figure1 Overall critical current density J_c^{ov} of MF Nb_3Sn samples heat treated at 700℃ for different time as function of magnetic field

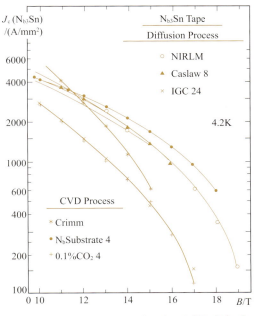

Figure2 Critical current density J_c (Nb_3Sn) of various tapes as function of magnetic field B

Fig.2, the Nb$_3$Sn vapor deposited on a Nb substrate has a higher J_c, particularly in high magnetic field. Unfortunately, there was no criterion for I_c measurement in literature. It is well known that J_c value strongly depends on the criterion used in measurement. J_c would be, for example, increased about 30%, even 100% in high magnetic field, if using 1 μV/cm as criterion instead of 0.1 μV/cm. Therefore, J_c of NRILM Nb$_3$Sn tape using 1 μV/cm voltage criterion is very close to that of CVD-Nb$_3$Sn deposited on Nb substrate. It can be considered that the NRIIM tape has excellent superconducting properties, although the sample used was just from a commercial tape, not the best tape.

The J_c of MF Nb$_3$Sn conductor was not put in Fig.2, because it is difficult to calculate the correct cross section of Nb$_3$Sn layer for MF Nb$_3$Sn conductor, due to the irregular shape of the layer. Assuming all of the Nb filaments are converted to Nb$_3$Sn, the values of J_c (Nb$_3$Sn), calculated for MF Nb$_3$Sn would be lower than that of diffusion processed Nb$_3$Sn tape, especially in low magnetic field. This means the lack of second phase centres in Nb$_3$Sn (MF). Also the precompression exerted by the bronze matrix reduces its J_c strongly. The Nb$_3$Sn deposited on Hastelloy substrate has less J_c than on Nb substrate not only because interdiffusion of the stainless steel and Nb$_3$Sn, but also the difference in thermal expansion coefficients for the stainless steel substrate and Nb$_3$Sn, resulting in precompression like MF Nb$_3$Sn.

Overall critical current density J_c^{ov} of the Nb$_3$Sn conductors investigated as function of magnetic field is presented in Fig.3. In view of the magnet applications, it is useful to compare the overall current density data. As shown in Fig.3, MF Nb$_3$Sn has the higher values of J_c^{ov} in the fields above 13 T, while the CRIMM CVD-tape exhibits higher J_c^{ov} in the fields up to 13 T. Although the NRILM tape possesses excellent J_c (Nb$_3$Sn), as can be seen in Fig.2, its J_c^{ov} is less than the others, due to the Nb$_3$Sn layer is thinner. It probably has potentialities to improve its overall current density.

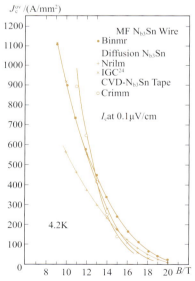

Figure 3 Overall critical current density J_c^{ov} of different Nb$_3$Sn conductors as function of magnetic field B

For small and medium sized magnet applications, the overall current density J_c^{ov} required is about 250~300 A/mm^2. We can roughly estimate the limits capable of generating magnetic field are about 15 T for MF Nb$_3$Sn and 14 T for the other two conductors. The limit for MF Nb$_3$Sn may be raised to 16 T by using superfluid liquid helium (2 K), or adding third elements into bronze matrix or Nb core.

Upper Criticel Field Bc_2 Bc_2 is one of the most important properties to be taken into account in assessing superconductors. Since the magnetic field produced by Bitter magnet available is not enough to measure directly Bc_2 of Nb_3Sn conductors at 4.2 K, the Kramer's scaling law for magnetic flux pinning has been often used to estimate extrapolately the values of Bc_2.

According to the Kramer's model, the quotation suitable to determine Bc_2 can be derived as

$$J_c^{1/2} B^{1/4} = (1 - a_0 \sqrt{\rho})^{-1} 0.7 K_1^{-1} (BC_2 - B)$$

Where a_0 is the fluxoid separation, ρ is the density of flux pinning sites, K_1 is the G-L parameter. In most case, at high field, and Bc_2 can be determined when plotting J_c vs. B and extrapolating $J_c(B)$ to zero.

A plot of $J_c^{ov1/2} B^{1/4}$ vs. B for various Nb_3Sn superconductors is presented in Fig.4. The extrapolation of linear relation of $J_c^{ov1/2} B^{1/4}$ to B obtain the Bc_2 values of 21.5 T for both MF Nb_3Sn wire and NRILM tape. 20 and 18 T for IGC tape and GRINM tape, respectively. As shown in the figure, the Kramer's model works well over the fields of 10~18 T, but then high field tails exist. Obviously, these Bc_2 obtained extrapolately are not the magnetic field where superconductivity disappear totally in the conductors. In fact, the latter is much higher (by at least 1 T) than the Bc_2 as determined by leaner extrapolation. These high field tails are found to be attributed, to inhomogeneities in the Nb_3Sn layer. As seen in Fig.4, the value of Bc_2 for CVD-tape is much lower and the tail appears earlier than for the others.

The lower Bc_2 value and also lower J_c in high field probably results from the severe inhomogeneities and off-stoichiometry in the CVD-Nb_3Sn. Its lower Bc_2 value is in agreement on the lower T_c value (~16 K).

Conclusions

The critical current properties in high magnetic field for Chinese Nb_3Sn conductors have been assessed in this study. It shows that all the three Nb_3Sn conductors have reached high critical current density, which can be comparable with the others in literatures. The MF Nb_3Sn wire possesses excellent overall critical current density, especially in the fields above 13 T. The CVD-Nb_3Sn tape displays a higher critical current density

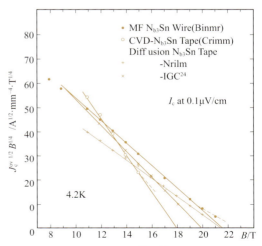

Figure4 Linear plot of $J_c^{ov1/2} B^{1/4}$ vs. B for various Nb_3Sn conductors at 4.2 K

both J_c^{ov} and J_c (Nb$_3$Sn) in the fields up to 12T, while the diffusion processed Nb$_3$Sn tape has an excellent critical current density J_c (Nb$_3$Sn) in high field.

The J_c^{ov} assessment for the three Nb$_3$Sn conductors shows the limits applicable to generate magnetic field are 15 T (4.2 K) and 16 T (2 K) or MF Nb$_3$Sn wire, and 14 T (4.2 K) for the other two conductors.

According to the Kramer's scaling law for flux pinning, the upper critical field Bc$_2$ (4.2 K) of the Nb$_3$Sn conductors were found to be 21.5 T for both MF Nb$_3$Sn wire and diffusion processed Nb$_3$Sn tape, although it is well known that the precompressive stress in Nb$_3$Sn would reduce its Bc$_2$. The lower values of Bc$_2$ and T_c for CVD-Nb$_3$Sn tape probably due to its inhomogeneity, off-stoichiometry and/or precompressive stress in Nb$_3$Sn layer.

[本文发表于 IEEE Transactions on Magnetics, 1983, MAG-19(3): 280-283, 参考文献省略]

Properties of NbTi50 Superconducting Composite Wire

Zhou Lian, Li Chengren, Wu Xiaozu, Zhou Nong, Zhang Tingjie and Wang Keguang

Abstract: The results of critical current measurements of NbTi50 multifilamentary wire at 4.2 K in the fields up to Hc$_2$ are reported in this paper. The measurements show that the best optimized samples have excellent critical current properties, especially in mid-field. Its J_c (4.2 K), for instance, is 3460 A/mm^2 at 5 T, and 1020 A/mm^2 at 8 T. The crucial role played by multiple heat treatments in developing high J_c values in NbTi50 alloy are described. The flux pinning force and microstructural features are discussed.

Introduction

Our institute chose Nb-50$_{w/o}$Ti as a standard alloy in 60's and has developed single-core, multifilamentary wire, cable and strands *etc.* for applications in China. Recent years a program to optimize J_c of NbTi has been carried out and significant enhancement of J_c obtained through multiple heat treatment and processing cycles, which has been reported by Li Chengren. The results of critical current measurement at 4.2 K and the fields up to Bc$_2$ as well as TEM examination for optimized samples are presented in this paper. The optimization process to obtain high J_c is discussed in some details with respect to J_c-B properties, bulk flux pinning force and microstructural features.

Experimental Procedure

Three samples with different heat treatment conditions are used in this study. The samples have outside dia. of 0.2, 0.33 and 0.5 mm with 61 filaments of 18, 27.5 and 45 μm dia., respectively. They are made through multiple arc-melt, extrusion and cold work *etc.* The details of the samples studied are given in Table 1.

Table 1 Details of NbTi50 samples investigated

Sample	Diameter/mm	Filament number	Cu/NbTi	Dia.of filament/μm	Times of heat treat
CH661	0.2	61	1:1	18	6
807B	0.5	61	1:1	45	4
803b	0.33	61	1.35:1	27.5	3

The critical current measurements were carried out at the 'High Magnetic Field Lab' in Grenoble. A 5 MW Bitter magnet with free bore of 50 mm and field up to 15 T was used. The short samples about 80 to 90 cm long each were wound on a polyester sample holder with a dia. of 28 mm. The distance between the voltage taps on the samples was 40 cm. The critical current was measured by a standard technique. The J_c values quoted in this paper were defined with 0.1 μV/cm voltage criterion unless described otherwise.

Transmission electron microscopy studies were performed. The foils for TEM were prepared from longitudinal sections of the wires using a mechanical thinning, followed by electropolishing technique. An electrolyte of 5% H_2SO_4 and 95% methanol, cooled to ~70 ℃, was used with an operating voltage of ~12 V. Selected area diffraction patterns were also taken from each sample to determine if α-Ti precipitates were presented. The sub-band size was derived from a count of the number of sub-band intercepting a unit length of a line perpendicular to the drawing axis of the wire.

Results and Discussion

Critical Current Fig. 1 shows the critical current density vs. magnetic field at 4.2 K for the three samples studied. The results reflect a significant effect of heat treatment on critical current. All the three samples investigated were cold worked with same area reduction and heat treated at same temperature, but they have different J_c values due to different times of heat treatment put into them. The sample CH661, which was heat treated 6 times, has the best J_c value of 3460 A/mm^2 at 5 T, 4.2 K. While with decreasing the times of heat treatment, the other two samples have less J_c values of 2450 A/mm^2 and 2050 A/mm^2 (5 T, 4.2 K), respectively. It is obvious from the results that the α-Ti precipitation played a crucial role in developing J_c in NbTi.

Flux Pinning Force The curves of pinning force vs. B is characterized by pinning structure. The pinning force F_p ($J_c \times B$) curves, exhibited by the samples studied, are given in Fig.2. The sample CH661 has the highest F_p value of 18.5 GN/m^3 at about 4 T, which is much more than that of 12.8 and 10.5 GN/m^3 for the other

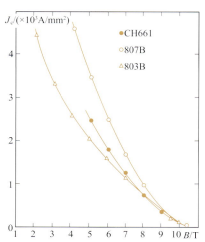

Figure1 J_c-B curves at 4.2 K for the samples studied

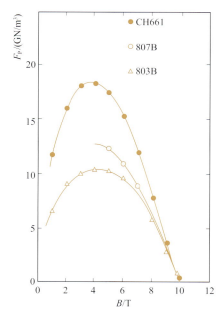

Figure2 The pinning force vs. B curves at 4.2 K

two samples. As described previously, this appears due to strongest α-Ti precipitation structure in sample CH661. According to the flux pinning scaling law suitable to NbTi alloy, $J_c \times B$ should be linear to B in high fields. Extrapolating $J_c \times B$ vs. B curve to zero critical current, therefore, could obtain bulk upper critical field Bc_2. It is seen from Fig.2 that the linear relation between F_p and B is only at the field range of 7 to 9 T. The bulk upper critical field value extrapolated for CH661 is about 9.8 T, while in fact it still can transport superconduting current in the fields above 10 T, showing a high field tail. As the Bc_2 is approached, J_c becomes more and more dominated by the Bc_2 of matrix. As seen in Fig.2, the F_p of sample CH661 falls off steeply in high fields. The Bc_2 decrease of sample with 6 times of heat treatments reflects a little over-exhausted Ti content in matrix after α-Ti precipitation. A further optimization for high-field J_c is necessary through controlling Ti content after α-Ti precipitation or adding Ta element to raise the Bc_2 of matrix.

In order to estimate the potential application of NbTi50 in superfluid He, a comparison of $J_c \times B$ vs. B at 4.2 and 2 K for NbTi, NbTiTa and MF Nb_3Sn is given in Fig.3. It is obvious that sample CH661 has a great margin in J_c up to 10 T. From a technical and economic point of view, therefore, it is beneficial to use NbTi alloy in the magnet with 10 T or above, cooled by superfluid He.

Microstructure the Dislocation The dislocation cell and sub-band structure of sample CH661 is visible in Fig.4. The selected area diffraction patterns indicate the present of α-Ti precipitates. Measurements show the average dia. of sub-band for sample CH661 is 380 and 410 Å for sample 807b. In a comparison of sub-band size between CH661 and 807b, it can be seen that the multiple heat treatments not only control α-Ti precipitation, but also intend to decrease the sub-band size. This appears because that the α-Ti precipitates formed at sub-band encourage the subsequent refinement of the sub-band structure during drawing.

The high J_c obtainable in NbTi composite are considered to be extremly dependent on two microstructural features-fine scale sub-band and α-Ti precipitates, as demonstrated by a number of workers. The sub-band size of

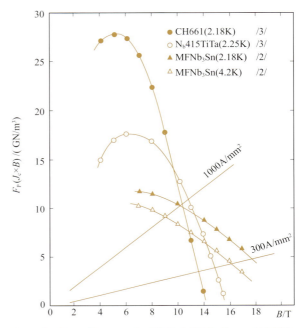

Figure3 F_p vs. B curves for NbTi, MF Nb_3Sn and NbTiTa at 4.2 and 2 K

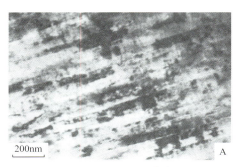
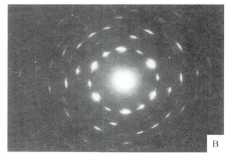

Figure 4 Electron micrograph (A), and selected area diffraction pattern (B) for sample CH661

sample CH661 is close to that of 807b and both have a small deviation. The CH661 has, however, a large margin in J_c. Our results are a further evidence for the most important role of α-Ti precipitate in developing high J_c in NbTi, although a fine sub-band structure is a prerequisite because it provides the nucleation sites for α-Ti precipitation.

The TEM studies of our sample CH661 carried on by Dr. West and Prof. Larbalestier have shown the present of plate-like α-Ti precipitates with a thickness of 7 nm and particle space up to 32 nm. It could be supposed that the appropriate thick α-Ti precipitates are the most effective and strong flux pinning structure.

Conclusion

NbTi50 multifilamentary wire optimized with multiple heat treatment and processing cycles have high J_c values, especially excellent mid-field J_c. Its 5T-J_c (4.2 K), for example, attained to 3460 A/mm^2 at 5 T and 4.2 K. Well optimized NbTi50 has very high volume pinning force F_{pmax} values. In comparison with NbTiTa alloy and MF Nb$_3$Sn, NbTi has technical and economic advantage in 10 T(1.8 K)-magnet use. A further optimization for high-field J_c is necessary through controlling of Ti content after α-Ti precipitation. Taking a fine-scale sub-band structure as precondition, multiple heat treatments produced in NbTi50 alloy a controlled α-Ti precipitation, and also trended to decrease sub-band size. Both the fine-scale sub-band and α-Ti precipitates determine the high J_c of NbTi alloy. It is, however, believed that the plate-like α-Ti precipitates played a crucial role in developing J_c, particularly the very high mid-field J_c.

Acknowledgements

One of the authors (Zhou Lian) wishes to thank Drs. Vallier, Picoche and Marty of the 'National High Magnetic Field Lab.' in Grenoble for their valuable help in carrying out critical current measurements. He is also greatly indebted to Dr. R. Tournier for his encouragement and accepting the author's stay in his lab.

［本文发表于 Journal of Physics, 1984,45(suppl.1): 437-440，参考文献省略］

我国高温超导材料研究进展

周 廉

本文概述了我国在高温超导材料研究方面的最新进展,较系统地介绍了超导块材和薄膜的制备方法及性能,并简单地介绍了高温超导材料在超导量子干涉器件、超导天线、磁屏蔽和磁通变换器等方面的应用。

自Bednorz和Müller发现高温超导体,尤其是在Y-Ba-Cu-O体系中发现90 K超导电性以来,人们对这一新的陶瓷材料进行了大量的研究。从1987年以来,我国实施了高温超导材料研究发展计划,集中力量研究超导块材及薄膜的制备工艺、性能及其在电子器件方面的应用等。本文简单地介绍了我国在超导块材及薄膜研究方面的一些最新进展及其应用实例。

一、高温超导块材

1. 固相焊接陶瓷

我国许多单位的实验结果表明,高温超导烧结块材在77 K零场下的J_c为$10^2 \sim 10^3$ A/cm^2,并且磁场下急剧下降。一般认为这一现象是由于晶粒间的"弱连接"引起的。虽然不同研究者报道的YBa$_2$Cu$_3$O$_{7-\delta}$(以下简写为YBCO)烧结样品的J_c值有些差别,但是,当考虑到自场引起的尺寸效应时,就会发现这类样品的J_c值实际上没有什么差别。目前,国内最高J_c的烧结块材是由长沙矿冶研究院制备的加Ag$_2$O的YBCO样品,其J_c为1600 A/cm^2(77 K, 0 T)。YBCO块材的低$J_c(B)$值成为当前其在电力工程中应用的最重要的障碍。

2. 高T_c氧化物/Ag复合带

西北有色金属研究院、中国科学院上海冶金研究所和北京有色金属研究总院等单位用粉末轧制或套管法制备出YBCO/Ag复合带。当截面积减少到10^{-2} mm^{2}时,带的J_c值可达6000~8000 A/cm^2(77 K, 0 T)。这种J_c的改善不仅是由于晶体取向引起的,而且还有尺寸效应及晶粒尺寸纵横比增加等原因。由于晶粒间"弱连接"的本质没有改变,因此,与烧结块相比,它在磁场下的临界电流也没有什么改变(见图1)。

由北京有色金属研究总院、西北有色金属研究院、中国科学院上海冶金研究所、长沙矿冶研究院等单位采用套管法制备的Bi基/Ag复合带材,在77 K零场下的J_c可达5000~10000 A/cm^2。实验表明,Bi系化合物易加工变形,形成加工织构,但这种形变织构并不能使Bi基超导体$J_c(B)$有较大的改进。但是，由于Bi基/Ag复合带有着很强的垂直于轧制方向的c轴取向，并在低磁场下有着一定的改善，因而Bi基/Ag复合带可在某些低磁场下使用，如磁通变换器等。另外，长沙矿冶研究院研制的TlBaCaCuO/Ag复合带，其J_c达4300 A/cm²（77 K，0 T）。

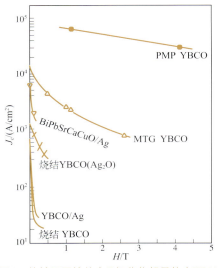

图1 烧结及区熔的高T_c氧化物超导体在77 K不同外磁场下的临界电流密度（J_c）

3. 激光区熔技术

这一方法有以下一些优点：无坩埚污染，可获得有取向的晶体和可制成具有较好韧性的纤维。中国科学院金属研究所在1988年首次使用这一技术制备YBCO棒。清华大学使用激光加热基体生长法（LHPG）获得Bi系超导纤维。采用截面为0.5 mm×0.5 mm的Bi系氧化物烧结块经激光区熔（生长速度为2.4～60 mm/h）可制成直径为35～200 μm的Bi系氧化物纤维。用这种方法制备的Bi-2212相纤维，其J_c超过5000 A/cm²（77 K，0 T），对该纤维截面的X射线衍射分析表明，这种纤维具有很强的平行于生长方向的a轴取向。然而，对于Bi-2223相纤维，则必须经过后处理，其J_c也只有2000～3000 A/cm²（77 K，0 T）。

4. 熔融生长YBCO块材

YBCO超导体应用的主要障碍之一是它的低电流密度。目前，采用熔融织构生长法（MTG）以及淬火熔融生长法（QMG）制备的YBCO块材，其J_c在磁场下的行为有很大的改进。西北有色金属研究院自1988年初以来，对YBCO的熔融生长过程进行了大量研究工作，并发展了一种改进的熔融生长法，该方法首次采用了区熔技术与MTG方法相结合，于1989年获得了长度为100 mm的YBCO带状样品。该方法将YBCO相超导粉预压坯条，在1100 ℃左右进行熔融，然后在55 ℃/cm温度梯度下以0.1～0.5 ℃/min速度冷却，通过包晶反应结晶后可得到YBCO条状晶体。X射线分析表明，这种熔融样品具有很好的垂直于生长方向的c轴取向。显微组织分析结果表明，在这种样品中晶界数量较少，其"弱连接"密度明显下降。从图1可以看出，连续区熔生长YBCO块样在77 K，0 T和1 T下的J_c分别超过12200 A/cm²和4000 A/cm²。

最近，西北有色金属研究院又提出一种新的熔融方法，命名为"粉末熔化处理法"（PMP）❶。与MTG法使用Y-123相粉末为原料不同，PMP法采用Y_2BaCuO_5（以下简写为211相粉末）和液相成分的Ba-Cu-O粉末为原料，加热到

---

❶ Zhou Lian, et al. Proceedings of 1990 Applied Superconductivity Conference. *IEEE Trans. On Magnetics*, 1991, MAG-27 (3).

液相温区（~1015 ℃），使Ba-Cu-O粉末熔化，再通过一个较大温度梯度的温区（40~70 ℃/cm）缓冷（0.5~8 ℃/h），使固相211粉末与周围液相直接结晶成具有取向的"123"相导体。由于原料的211相粉末粒度易于控制，因而211相可与液相充分反应，最后得到的晶体中不存在CuO和$BaCuO_2$相。反应后剩余的精细弥散的211相粒子（平均尺寸~0.5 μm）周围的大量位错和位错环可作为有效钉扎中心，从而可使J_c提高。用这种方法制成的YBCO样品的另一个显微组织特征是无微裂纹，具有高密度精细的孪晶带，并且晶界干净，从而导致样品中"弱连接"消除。采用PMP法并结合连续区熔法已生长出长度大约为10 cm的YBCO带材。使用四引线直流电源法测定的$J_c(B)$值（样品截面为0.23 mm^2）如图1所示，其J_c值明显高于MTG法。值得指出的是，由于电流引线接点发

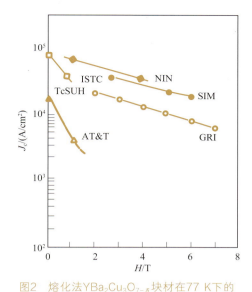

图2 熔化法$YBa_2Cu_3O_{7-\delta}$块材在77 K下的J_c与磁场的关系
NIN—西北有色金属研究院；SIM—上海冶金研究所；GRI—北京有色金属研究总院；ISTC—日本国际超导技术研究中心；TcSUH—美国休斯敦大学超导中心；AT&T—美国AT&T贝尔实验室

热，尚未测量出临界电流。最近采用脉冲电源测量时，电流密度已超过70800 A/cm^2（77 K，1 T）和36000 A/cm^2（77 K，4 T）仍未失超。

采用改进的MTG法，北京有色金属研究总院和中国科学院上海冶金研究所亦获得了优异的$J_c(B)$性能，其J_c值分别为$2.38×10^4$ A/cm^2（77 K，2 T）和$4×10^4$ A/cm^2（77 K，2.5 T）❶（见图2）。为了比较，图2还列入了国外MTG和QMG法的最好数据。由图可见，与国外数据相比，我国采用熔化法制备的YBCO样品具有优异的$J(B)$性能，特别是在较高的磁场下。

二、高温超导薄膜

目前，制备YBCO薄膜的方法很多，如电子束蒸发法、直流和射频磁控溅射法、分子束外延法以及离子束溅射法等。北京大学早在1987年4月，采用多层沉积和后处理方法制备出YBCO薄膜。中国科学院物理研究所在1988年使用射频磁控溅射法及900 ℃后处理方法获得J_c为$1×10^6$ A/cm^2（77 K，0 T）的YBCO薄膜。以后许多单位致力于这方面的工作，目前我国J_c值最高的YBCO薄膜是北京有色金属研究总院在$LaAlO_3$基材上制备的。

---

❶ Luo, et al. Proceedings of 1990 Applied Superconductivity Conference. *IEEE Trans. On Magnetics*, 1991, MAG-27(3).

薄膜的质量与其生长条件有很密切的关系。一般来说，原位外延生长是制备YBCO薄膜的最好方法。膜生长之后，为获得合适的氧的化学计量比，可采用低温退火，以降低基体对膜的沾污，从而改善膜的性能。直流和射频磁控溅射法可用于原位生长YBCO薄膜。为获得高质量薄膜，我国许多单位已对膜的化学成分、体系的氧分压、基体材料及温度等进行了详细的研究。在溅射过程中，制成的膜具有与靶相同的化学成分，但在沉积过程中应避免由阴极产生的负电粒子对已成膜的轰击。北京大学等单位的研究小组在直流磁控溅射体系中，通过对靶、基体以及氧入口位置的调整，有效地防止了负电粒子的轰击，从而促进了膜的外延生长。

虽然$SrTiO_3$单晶是一种可用来获得高T_c和高J_c薄膜的基体，但其较大的介电常数和高频损耗限制了它的使用。$LaAlO_3$单晶则具有较好的性能，因而被广泛用作基体。此外，还有一些材料，如Y_2O_3稳定的ZrO_2，MgO，Al_2O_3和Si等都已成功地用作基体来制备超导薄膜，但膜的性能均不如用$SrTiO_3$和$LaAlO_3$作基体的好。

基体温度和体系氧分压对外延取向有很大的影响。实验表明，在所有沉积工艺参数中，基体温度对T_c和J_c的影响最大。很多研究小组倾向于使用较高的基体温度（约800 ℃），但南京大学的研究小组选用的基体温度仅为640～670 ℃。实验表明，较高的基体温度能形成垂直于膜表面的晶体取向。大多数研究小组在沉积之后对样品在430 ℃左右进行10～20 min的低温热处理，而南京大学的研究小组采用一种低温等离子氧化处理来改善薄膜的质量。

一般来说，高质量的膜应具有像镜子一样的表面并有很强的取向。对沉积在（100）$SrTiO_3$基体上的膜的X射线衍射分析表明只有（001）峰存在，这意味着晶体的c轴垂直于表面。高能电子衍射谱（RHEED）的分析结果表明，高取向薄膜是通过外延生长在单晶基体上。

目前，对Y-Ba-Cu-O薄膜在不同温度和磁场下的行为已进行了不少研究。

沉积在（100）$LaAlO_3$基体上的YBCO薄膜当温度降到65 K时，薄膜在零场下的J_c值可达$5.8\times10^6 A/cm^2$，甚至在7T的磁场下仍可达$1\times10^6 A/cm^2$。目前，我国的几个研究组尽管使用的设备不同，甚至有些还很简单，但均能比较稳定地制备出J_c超过$3\times10^6 A/cm^2$的YBCO薄膜。除了以上提到的几种方法外，激光和MOCVD等方法也被用来制备超导氧化物薄膜。

三、高T_c氧化物器件的某些进展

由于已能制备出高质量的高温超导薄膜，因而它将被用在电子器件上；对高温超导块材，尽管在磁场下获得高J_c仍有较大困难，但人们仍期望它在射频、微波和磁屏蔽等领域得到一些应用。

1. 磁屏蔽

西北有色金属研究院已经制备出YBCO超导磁屏蔽管，该管的屏蔽系数达10^5，最大屏蔽磁场为4mT，已被复旦大学用在射频量子干涉放大仪上。

2. 磁通变换器

目前，已制备出两种磁通变换器，一种是北京有色金属研究总院用Bi-Pb-Sr-Ca-Cu-O/Ag线制备的具有两个连续线圈的磁通变换器。当磁振荡线圈产生1×10^{-6} A·m^{-2}的信号时，用SQUID可测得其磁通变化为$10\phi_0$（$\phi_0=2.07\times10^{-15}$ Wb）。另一种磁通变换器是由西北有色金属研究院研制的，由长约1500 mm的BiPbSrCaCuO/Ag线绕成四个相连的线圈组成，用灵敏度为$1/7\phi_0$的射频量子干涉放大仪检测，其耦合系数为0.194。

3. 超高频天线

清华大学用Bi-Sr-Ca-Cu-O超导体制备出一个小型环状天线及匹配网络，在560MHz的最佳频率和77 K下，其相对增益要比同形状的铜天线提高5dB。

4. 射频量子干涉仪

国内已有几个单位成功地研制出一些射频量子干涉仪，并将其运用在磁场及电量的精确测定上。中国计量科学研究院用YBCO烧结块制备出一个射频量子干涉放大仪。它在77K下的相应磁通噪声为$5\times10^{-4}\phi_0\sqrt{Hz}$（10＜Hz＜100），已用于测定高$T_c$超导材料的磁屏蔽容量、电阻、生物磁场和地磁场变化，在77～300K之间循环使用已100次以上。复旦大学用一个双孔射频量子干涉放大仪作为传感器建立起一个可变温的磁化率测定系统。这种装置在频率为20～200Hz的范围内，磁化率的分辨率为5×10^{-8}emu/cm^3。尽管目前这些射频量子干涉放大仪的特性有待改进，但它们已经获得了新应用。

近一年来，我国高温超导体研究在块材、薄膜和应用等几方面，均取得了显著的进展，其中最主要的进展是：采用熔化生长法等新的工艺技术制备了具有高临界电流密度的块材和高质量的薄膜。

目前，我国已有几个小组成功地制备出高临界电流密度的YBCO块材，其中，采用PMP法制备的，电流密度在77 K下已超过70800 A/cm^2（1T下）和36000 A/cm^2（4T下），达到国际上最好水平。对新方法制备的块材，通过工艺的改进和工艺参数最佳化，可以期望其J_c值会有进一步提高。因此，块材的临界电流密度满足实用化线材的要求的前景是乐观的。

从物理学和材料科学的角度看，对超导氧化物开展基础研究是有益的。今后，遵循改善晶界，消除"弱连接"，增加钉扎中心和改善晶粒取向等原则，应进一步发展制备具有高J_c氧化物超导体实用线材的新型工艺技术。目前，我国关于Bi系氧化物/Ag线材的研究应得到加强，这是因为这种材料具有许多优点。Bi系氧化物/Ag线材在4.2K下具有优异的高场J_c性能，是高磁场应用候选材料之一；在

77K下的$J_c(B)$性能也正在改善,有可能发展成为77 K下的实用线材。它的另一个优点是加工性能好,容易成材。

我国很多研究小组已成功制备出高质量的YBCO薄膜,其最好的J_c值已达4.7×10^6 A/cm^2(77 K, 0 T)。尽管超导氧化物薄膜质量的改进还有不少工作要做,但与电子学器件应用有关的问题(如大面积膜及多层膜技术)应优先考虑。

超导氧化物块材的应用研究目前还只限于磁屏蔽、超导天线、谐振腔及磁通变换器等,其初步实验结果还令人满意。采用高T_c薄膜制成的射频量子干涉放大仪已成功地用于地磁测量、磁性及电性能测量,预计它在微波技术中也会得到较多的应用。今后,随着研究工作的进展,高温超导氧化物材料在电子学器件及电力工程方面将会获得越来越广泛的应用。

本工作得到国家超导技术研究发展中心支持。作者感谢吴培亨、熊光成、汪京荣、王克光、吴晓祖以及奚正平等同志所给予的帮助。

[本文发表于《物理》,1991,20(6):334~338,参考文献省略]

超导材料现状及其发展

周　廉　李成仁

一、前言

随着超导应用的发展，NbTi合金及Nb_3Sn化合物超导材料已实现了工业化生产，并被大量用于加速器、聚变、电机等大型工程中。尽管如此，对传统材料仍在进行深入研究。对NbTi合金的研究，主要集中在：通过组织结构研究提高超导性能，添加Ta、Zr等制成三元或四元合金提高1.8 K下的使用磁场以及改进稳定性和工业规模生产的质量控制等。对Nb_3Sn的研究则集中于发展成本低、性能高的新工艺，以及研究组织与缺陷、应力-应变等方面的问题。

关于上述两种传统材料之外的其他材料，如Nb_3Sn、NbAlGe、VHfZr、$PbMo_6S_8$等，尽管各有其特点，但从目前来看，在发展成为实用超导材料的研究方面尚未取得重大突破，美国五家主要的超导材料制造公司以及其他有关的大学、研究所从事这方面的研究工作不是很多。

在改善超导材料的稳定性以及降低交流损耗方面，国外进行了相当多的研究工作，其中，高电阻比（RRR）的Al作为被覆材料解决大型工程应用超导体的稳定性是有希望的；美国标准局关于无氧铜的研究结果表明：对无氧铜进行退火热处理可能是一种很现实的经济的改进NbTi/Cu复合体稳定性的办法；其他诸如新型导体设计、超流液氦内冷、新的绝缘材料研究等是在超导材料研究中值得注意的动向。

本文是作者参加1982年应用超导国际学术会议并在美国进行短期考察后，对目前国内外超导材料的研究、应用现状及未来发展所作的综合评述。

二、铌钛合金材料

1. 组织结构研究

自六十年代起，西德的克虏伯（Krupp）公司、真空冶金公司（VAC）等单位曾对NbTi合金的组织结构进行过大量的研究工作，揭示了亚带密度与材料临界电流密度之间的关系；Neal等人对Nb-44wt%Ti组织结构也进行过研究，并发现了临界电流密度与亚带直径之间的直线规律。但近几年来，美国威斯康星大学冶金工程系和材料科学中心的D.C.Larbalestier教授领导的研究小组对目前各种典型的NbTi多芯商品线进行了更深入细致的研究，解决了多芯线材透射电镜样品的制备技术问题，获得了清晰的多芯NbTi纵、横截面电镜照片，并配合扫描电镜及小角X光衍射等方面的工作，揭示了实际的两相NbTi合金中亚带及α-Ti的特征，尽管目前这项工作仍在进行之中，但从已有的研究结果来看，它为进一步理解NbTi合金中的组织结构对J_c的影响具有指导意义。该研究小组所从事的主要研究内容包括以下几方面：

a）NbTi及NbTiTa合金的成分不均匀性

该研究小组对目前世界上四种主要的NbTi商品线材进行了仔细的对比研究。他们发现，美国华昌（Wah Chang）公司和磁公司（MCA）生产的NbTi及NbTiTa合金棒材中存在严重的局部化学成分不均，Ti和Ta的偏析均在10wt%左右。例如：在NbTi二元合金中，Ti的含量从41.1wt%到50.4wt%；在NbTiTa三元合金中，Ti的含量变化范围更大，从39.8wt%到48.3wt%，Ta的变化范围从19.1wt%到28.5wt%。严重的化学成分不均匀性使最终复合线的芯丝变成香肠状，特别是NbTiTa复合线芯丝的香肠状更严重。更不利的是，化学成分的不均匀性导致无规律的组织结构，这首先表现在无规律的亚带结构。时效处理时，由于α-Ti主要沿亚带边界析出（分布在亚带边界处的α-Ti是起主要磁通钉扎作用的钉扎中心），因此，无规律的亚带结构又导致α-Ti的无规律分布，甚至出现特大的而磁通钉扎作用极小的α-Ti沉淀。研究认为，要使NbTi复合线的J_c（5 T, 4.2 K）大于2×10^5 A/cm^2，首先必须保证合金化学成分的均匀性、有规律的亚带结构；然后通过时效处理使沉淀的α-Ti质点大小在5~50 nm之间，其平均间距在~30 nm。研究者建议对NbTi合金进行均匀化处理，以消除晶内偏析，A.W.West根据理论计算，给出了不同成分的NbTi合金所需均匀化处理温度和时间的曲线图。

b）亚带组织

NbTi材料在冷加工过程中的亚带形成十分迅速；中间热处理有进一步细化亚带的作用，即中间热处理NbTi材料的亚带密度比最终热处理材料的亚带密度高。由于亚带建立α-Ti的形核场所，所以，细的亚带结构对于获得高J_c是十分重要的，目前高J_c NbTi多芯复合线的亚带直径为30~50 nm。但是，对材料的高J_c起决定作用的不是亚带直径（或亚带密度），而是α-Ti的形态和体密度，因此，具有最小亚带直径的试样不一定能获得最高的J_c。研究还发现：J_c与亚带直径倒数间的关系不符合被广泛应用的Neal等人的研究结果（直线关系）；研究认为：Neal采用的热处理时间过短（380 ℃，1 h），不能产生明显的α-Ti，即其研究结果是在近似于单相条件下得出的，而目前商品化的高J_c NbTi材料均为两相合金，α-Ti含量（体积百分数）在14%~22%的范围内，因此，J_c与亚带直径倒数的正比关系不适用于目前商品化的NbTi两相合金。

c）α-Ti析出物

D·C.Larbalestier和West等用透射电镜对费米线材（包括中间工序和成品）和几种典型NbTi商品线材进行了α-Ti的研究，结果表明：

Ⅰ）α-Ti的形态随不同的加工和热处理而异。α-Ti的基本形状有下列几种：较大尺寸的等轴α-Ti（50~500 nm）；片状或椭球状的α-Ti（5~10 nm），一般分布在亚带内部；沿亚带边界分布的壁状α-Ti（5 nm×8 nm）和薄膜状α-Ti（厚2～3 nm）。

Ⅱ）α-Ti的形成与亚带尺寸有关，α-Ti在进一步的冷加过程中沿轴向拉长、细化。

Ⅲ）高J_c的NbTi材料均具有拉长的α-Ti（形态为片状或壁状），α-Ti的平均间距为20～30 nm。目前商品NbTi材料的相干长度（ξ）大约5 nm，片状或壁状的α-Ti尺度是相干长度的1～2倍，因此，这些α-Ti沉淀对磁通钉扎是相当有效的。

2. 提高NbTi超导材料的性能

宝鸡有色金属研究所关于NbTi50/Cu多芯复合线达到高临界电流密度的报告博得与会者的广泛重视。NbTi合金是研究较早的一种实用超导材料，通过大量研究，人们已熟知提高NbTi超导材料主要使用性能（J_c）的一般方法，但实际影响因素极其复杂。宝鸡有色所通过对获得成分均匀的合金熔炼方法、多次时效与冷变形配合规律的研究，使NbTi50/Cu多芯复合线达到高的临界电流密度，最高实验值J_c（5 T，4.2 K）为3.9～4.1×10^5 A/cm^2，而小批试制的复合线性能（J_c）可稳定在（2.5～3.0）×10^5 A/cm^2（5 T，4.2 K），长线的均匀性良好，数千克的线材绕制ϕ65 mm口径的磁体，其破坏电流达到短样品的临界电流数值，无退化现象。

苏联莫斯科高温研究所B. B. Андрианов等人从理论和实验上研究出各种结构的NbTi复合体的最大传输电流取决于导体性质、外部冷却、传输电流的变化速率和外磁场，其中导体性质是决定NbTi复合体最大传输电流的基本因素。

此外，美国AirCo公司报道了高临界电流密度的NbTi超导体的机械性能和电学性能的测量结果，包括铜基NbTi超导体拉伸温度的测定及其与J_c的关系，以及高抗张强度对导体制造的影响等。美国ORL实验室M.T.Lubell报道了用于NbTi合金的J_c与B之间关系的经验比例公式，他通过对五家制造厂的数据分析，发现在B为3～10 T时，J_c满足下式：

$$J_c(B) = j_0 \{1-[B/B_{c2}(4.2 \text{ K})]\}$$

式中，$[B_{c2}(4.2 \text{ K})]^{-1}$ = 0.095（九个试样的误差范围在4%以下）；j_0可在某一磁场下通过对任一样品进行单点测量来确定。

Lubell同时还给出了在一定磁场下J_c与温度的经验公式。

3. 以NbTi为基的三元和四元合金

为满足磁场在10 T以上的受控核聚度装置研究的需要，自1980年已有关于以NbTi为基的三元和四元合金的研究报道。在NbTi合金中加入原子序数高的某些合金元素后，如Ta、Zr、Hf等，NbTi合金在2 K下的H_{c2}大大提高，可使用到12 T磁场；在2 K以下，其临界电流密度（J_c）高于4.2 K下Nb$_3$Sn的J_c，因此，以NbTi为基的三元和四元合金引起了人们的广泛注意，在国际大线圈的追加计划中，准备采用这种材料进行试验。在本届会议上，有两篇关于三元和四元合金基本性能和组织结构研究方面的文章，西德的H.R.Khan发表了关于含有Ta或Zr添加剂的某些NbTi合金的显微结构与显微硬度、塑性和抗拉强度等机械性能的关系，还测定了

T_c、dH_{c2}/dT 和正常态电阻,并根据 GLAG 和 MaKi 理论讨论了这些合金的上临界磁场。日本材料工程实验室研究了 NbTiTa 三元合金超导体的显微结构、性能及透射电镜观察表明,在 300～400 ℃ 热处理之后,在 β 相基体中产生了 α 相和亚晶,随着热处理温度的升高,α-Ti 沉淀和亚晶生长迅速,例如,在 400 ℃ 处理 23 h 之后,α-Ti 沉淀是 30 nm,而在 400 ℃ 处理 1630 h,α-Ti 沉淀粒子的尺寸则为 200 nm。经最佳条件处理的 NbTiTa 导体有很高的临界电流密度,在 4.2 K,$J_c(8\ T) = 1130\ A/mm^2$,$J_c(9\ T) = 800\ A/mm^2$。

此外,日本高能物理实验室、金属材料研究所及美国费米实验室为了评价工业生产的 NbTi 基三元合金的性能,从日本的工厂订购了 NbTiTa、NbTiZr 和 NbTiHf 多芯复合体,测量结果表明,三元合金具有良好的性能,$J_c(10\ T, 1.8\ K)$ 达 150 kA/cm²。为了进一步评价三元合金电缆在 10 T 磁场下的性能,已建成一个超流低温实验装置。

4. NbTi 超导线工业生产中的质量控制

法国正在建造一个托克马克装置 Tore Supra,该装置采用 NbTi/Cu/Cu-Ni 复合导体(2.8 mm×5.6 mm)制作在 1.8 K 下使用的超导磁体。这些导体由西德 VAC 公司及法国 Alsthomatlamtigue 公司承担。为了确保超导材料产品质量的一致性,法国萨克莱研究中心研究建成了一套超导体生产质量控制流水线,其中包括:清洗装置、特殊的尺寸测量系统(应用霍尔效应)、每米长度上的电阻测量装置、精确的尺寸测量装置和一个涡流控制装置。

研究结果表明,该控制线可以连续测量导体的总体尺寸,测出每米的电阻,从而计算出复合体各部分的 NbTi 和 Cu 的截面积和临界电流,检查其不均匀性;涡流控制装置可检查出 Cu 与 NbTi 间的结合性能,发现铁质夹杂物、孔洞、裂纹、挤压后导体头尾中的大的变化,以及扭转节距等。

该装置拟用于产品交货前的检验,以及成品复验。

三、Nb_3Sn 超导化合物

Nb_3Sn 超导化合物是制作高场超导磁体的重要材料之一,它的发展经历了"粉末套管法"、气相沉积法、扩散带以及多芯 Nb_3Sn 几个阶段。目前气相沉积 Nb_3Sn 带材国外已不再生产,扩散 Nb_3Sn 带材仅有美国 IGC 公司生产,作为该公司制造 15 T 超导磁体的材料。多芯 Nb_3Sn 材料是当前超导材料研究发展中最活跃的领域之一。尽管青铜法多芯 Nb_3Sn 材料已达工业化生产,但由于其加工工序长,需经多次中间退火,成本高等弱点,人们仍然在寻求其他制备工艺技术。

从目前多芯 Nb_3Sn 的研究现状来看,除青铜法外,内 Sn 法、粉末法以及 MJR 法也都在进一步发展。通过向基体或 Nb 芯中添加第三元素 Ti 等可大大提高 J_c,预计可用这种材料产生 16 T 以上的磁场。此外,青铜法 Nb_3Sn 大量生产的实践以及 MJR 法 Nb_3Sn 成本估算都表明,多芯 Nb_3Sn 的成本大幅度下降,可与 NbTi 的成本相当。

青铜法制取多芯Nb₃Sn工艺

自1970年采用青铜法制取多芯Nb₃Sn以来，对此进行了广泛深入的研究，它作为一种重要的实用超导材料，正被广泛地应用于小型和一些大型超导磁体。目前对多芯Nb₃Sn的研究主要集中在以下几方面：

a）青铜法多芯Nb₃Sn性能研究

英国牛津大学Clarendo实验室研制了一种测定超导材料$J_c(B,T)$数据的装置，并用来测定了英国A·E·R·E的青铜法多芯Nb₃Sn线材在2～8 K及0～15 T磁场下的临界电流。该线材外径为0.43mm，含有11100股直径为6μm的Nb芯，基体为Cu-13.5wt%Sn，导体含15%的高纯铜，经675 ℃/190 h热处理后，在4.2 K下的J_c^{ov}为500 A/mm²（10 T），250 A/mm²（12 T）。宝鸡有色金属研究所报道了该所的青铜法多芯Nb₃Sn线材（基体为Cu-12wt%Sn），经700℃/168 h热处理后，在4.2 K下的J_c^{ov}达到900 A/mm²（10 T），580 A/mm²（12 T）和240 A/mm²（15 T）。

进一步提高青铜法多芯Nb₃Sn在高场下的临界电流的一个有效途径是向Nb芯、Cu-Sn基体中添加Ti或其他元素。日本金属材料研究所报道了基体中添加Ti及使用NbTi作为芯材时多芯Nb₃Sn临界电流提高的效果。例如，Nb/Cu-7wt%Sn-0.35wt%Ti样品经750 ℃/100 h热处理后，J_c（Nb₃Sn层）为$1.2×10^5$ A/cm²（16 T，4.2 K）。当采用NbTi芯时亦具有相当高的J_c值，例如，Nb-3Ti/Cu-7.5Sn样品在4.2 K、16 T下的全电流密度J_c^{ov}（16 T）达到$2.5×10^4$ A/cm²。上述结果表明，采用这种多芯Nb₃Sn可产生16 T以上的高磁场。

b）扩散层组织结构、相变的研究

美国威斯康星大学、英国剑桥大学及牛津大学分别采用感应法测定了扩散层的T_c，用俄歇仪研究了Nb₃Sn扩散层的组成。结果表明，青铜法工艺中所采用的450～500 ℃多次中间退火工序足可使Nb₃Sn生成，这种预反应生成的Nb₃Sn将导致J_c下降。此外，美国布鲁克海文实验室、加拿大的CNRC、日内瓦的CNR等单位分别研究了氢对Nb₃Sn弹性模量、马氏体相变以及对商品多芯Nb₃Sn线材超导行为的影响。

美国Wright Aeronautical Lab.研究了多芯Nb₃Sn断线问题，认为这是由于断芯所引起的，断了的Nb芯在继续拉伸过程中不再减小其直径，因而导致线材拉断。

c）粉末冶金法

粉末冶金这个传统的工艺已被用于研究发展多芯Nb₃Sn超导材料，很多粉末冶金技术如液相渗透、液相烧结等已在制造多芯Nb₃Sn材料中得到尝试。

美国麻省理工学院比特高场实验室采用粉末冶金法及外锡扩散和内锡扩散技术研究了超细纤维的Nb₃Sn导体，结果表明，粉末冶金材料具有良好的加工性，其断面缩减可达10^6:1以上，经扩散热处理后，导体的性能达$J_c=10^4$ A/cm²（14 T）。

值得提到的是荷兰基金会的ECN和HOLEC线材公司自1978年开始合作发展一

种称之为ECN粉末冶金法，使用NbSn$_2$粉末（直径40～75 μm，视线材直径而定）和5%的铜粉，放在Nb管中，外面再覆以铜管，中间不经退火，可加工成18股、36股的直径为0.7～0.85 mm多股Nb$_3$Sn线材，经675～700 ℃/50～100 h热处理，NbSn$_2$与Nb扩散首先生成Nb$_6$Sn$_5$，然后生成Nb$_3$Sn。含有73.4%Cu的18股Nb$_3$Sn线材的J_c^{ov}达10^{5}A/mm^2（14 T）。36股Nb$_3$Sn的铜含量减为62%，全电流密度J_c^{ov}则提高到300 A/mm^2（14 T），该性能数据与目前最佳的青铜法Nb$_3$Sn的J_c^{ov}相当，但后者的铜含量通常仅为20%左右。采用这种工艺已拉出500 m的线材，由于线材长度受到ECN拉床尺寸的限制，目前正在HOLEC建造大型设备。使用第一根ECN法的500 m线材在牛津仪表公司制造了一个11 T的插入型小磁体，磁体外径9.6 cm，内径6.4 cm，长7.9 cm，磁体破坏电流达到短样品性能。目前，正在使用这种线材建造一个16 T的超导磁体（使用14 T的背景场）。

另外一种达到很高临界电流的粉末冶金方法是由贝尔实验室和伯克利实验室报道的液相渗透法，把含有9.8wt%Sn的Nb-Sn粉末冶金复合体加工成材后，在750～950 ℃热处理时，在固体Nb与液相Sn间形成细的Nb$_3$Sn纤维，这种方法制成的Nb$_3$Sn达到很高的J_c值，在750 ℃热处理的样品J_c^{ov}≥500 A/mm^2（15 T）。

d）MJR法（拉网卷心法）

MJR法是由美国华昌公司提出的一种制造多芯Nb$_3$Sn的新技术，得到美国利费莫尔实验室的支持，拟使用于该实验室的高场实验装置（HFTF）计划中。

该方法是把拉网的Nb片与青铜箔一起卷起来放在铜管中，然后经过挤压、拉伸和最终热处理而获得多芯Nb$_3$Sn。为了获得这种工艺参数和线材性能数据，华昌公司已经投了70多个实验锭，生产出ϕ0.9 mm的线材，供超导性能评价使用；同时还生产了满足HFTF规范要求的截面为5.8 mm×11.0 mm长100 m的超导带（含64%Cu）。对ϕ0.9 mm的MJR法线材的评价表明，其J_c^{ov}与传统的青铜法AirCo及AERE产品相近，但在高场下，却明显低于青铜法M·F·Nb$_3$Sn的性能。

值得注意的是在Nb中添加Ti对提高高场下的J_c的效果是显著的，添加0.8wt%Ti后，其上临界磁场由19 T提高到23 T。研究工作者认为，上临界场的这一提高是由于增加了常态电阻（ρ_n）的缘故。添加Ti后典型的J_c^{ov}数据列于表1。

表1 Nb芯中添加Ti对临界电流密度的影响

编号	临界电流密度/（A/mm^2）				
	10 T	12 T	14 T	16 T	18 T
M68L（纯Nb）	850	360	220	65	10
M66（Nb-0.8wt%Ti）	700	480	320	160	45

此外，华昌公司的麦克唐纳又报道了采用内Sn扩散法制成MJR结构的多芯Nb$_3$Sn线材。该项研究的目的在于发展一种在10 T下J_c^{ov}达到1.2×10^5 A/cm^{2}的Nb$_3$Sn

线材。实验中使用Sn芯外包铜箔及拉网Nb箔组装成锭。加工到ϕ1.7 mm，长100 m以上的线材。对材料的热处理分为两步，首先在温度低于500 ℃下加热使Sn均匀分布在全部基体中；第二步是在700 ℃下经100 h热处理生成Nb_3Sn。已试验的14个锭经加工和适当的热处理（240 ℃/24 h+350 ℃/36 h+400 ℃/64 h+700 ℃/100 h）后，J_c^{ov}达到3050 A/mm^2（8 T）及1800 A/mm^2（10 T）。

华昌公司使用MJR法Nb_3Sn线材制成了一个有效口径20 mm、外径100 mm、高130 mm的小型超导磁体，把该磁体放入一个8.5 T的NbTi磁体中，总磁场达到13.0 T。该磁体在美国磁公司绕成，线材绝缘为AirCo公司的玻璃纤维，并使用美国磁公司的专利品金属陶瓷充填，绕组在Ar气氛中于700 ℃下热处理100 h，然后外部覆以树脂玻璃纤维。线材的短样品性能为$J_c^{ov} \sim 1.2 \times 10^5$ A/mm^2（4.2 K, 8 T），磁体性能达到短样水平。磁体运行36次，没有出现猝灭和锻炼现象。

总之，MJR结构形式的多芯Nb_3Sn线材，由于性能可与传统的青铜法相比，没有中间退火工序，成本低，麦克唐纳估计这种线材批量生产的成本将与NbTi相当，因而被认为是制取多芯Nb_3Sn的一种有前途的工艺路线之一。

e）内锡扩散工艺

内Sn扩散法制取Nb_3Sn技术在几个研究单位同时得到发展，除上述MIT粉末冶金工艺及华昌MJR工艺应用了内锡扩散法外，日本mitsubishi电气公司也研究了内Sn法超导线的生产技术，同时还研制了内Sn法超导电缆（包括整体型、压缩单体型、焊接电缆及管内电缆四种类型），其工艺要点是采用高Sn的Cu-12at%Sn合金，外套Nb管，组装后加工成线，于700 ℃进行50～100 h的扩散反应，此时，Cu-12at%Sn呈液态，与Nb反应首先生成$NbSn_2$，然后变成Nb_6Sn_5，最后经50～100 h转变成Nb_3Sn。Nb_3Sn厚度大于或等于20 μm。该种导体显示了良好的超导性能，在4.2 K下，J_c^{ov}可达1.5×10^5 A/cm^2（10 T）、8×10^4 A/cm^2（12 T）及4×10^4 A/cm^2（14 T）。美国IGC公司也研究和生产内Sn多芯Nb_3Sn线材。该公司LBL实验室提供了大量的内Sn线材，拟用于制作一个10 T的Nb_3Sn二极磁体，预计该磁体83年完成。IGC提供的导体含有72000股直径为2 μm的Nb芯，Nb芯分61束，每束中间有一个Sn-Cu扩散源。对该导体的超导性能和机械性能的研究结果表明，其J_c^{ov}大于1×10^4 A/cm^2（14 T, 4.2 K），J_c与硬度的关系与传统工艺的Nb_3Sn相似。

内Sn扩散法制取Nb_3Sn的优点是：导体有良好的性能，可不经中间退火，而且Nb芯直径可小于1 μm。

四、其他超导材料

当前国内外超导材料除重点研究解决NbTi和Nb_3Sn这两种传统超导材料的生产工艺技术外，人们还以很大的兴趣研究发展其他高临界场、高临界温度超导材料，如Nb_3Ge、$Nb_3(AlGe)$、$PbMo_6S_8$等，但目前还没有取得重大突破。

1. Nb$_3$Ge

苏联与东德合作研究了快速淬火及碳、氮对Nb$_3$Ge组织性能的影响。悬浮熔炼的Nb$_3$Ge快速淬火后为两相组织：Nb$_3$Ge和Nb$_5$Ge$_3$，添加1at%的N或C将增加A$_{15}$相的含量。西德研究了共蒸发制成的Nb$_3$Ge的组织，发现有两类晶粒，其大小分别为100 Å和1000 Å，平均晶粒尺寸为600～800 Å，研究认为，小角晶界在磁通钉扎中起到类似于NbTi中的亚带或胞状结构的作用。

2. PbMo$_6$S$_8$粉末法线材

日内瓦大学和奥地利普兰西公司采用通常的钼丝的生产方法，成功地制取了ϕ0.3 mm的Mo-PbMo$_6$S$_8$线材，长度可达几百米。经热处理后，T_c达13.7 K，但J_c尚未达到实用的要求。实验表明，添加Ge可明显地提高J_c。最近，热压的PbMo$_6$S$_8$的J_c已达10^8 A/cm^2（14 T）。

3. V$_2$（Hf、Zr）多芯线材

由于该材料有高的上临界场，能承受高剂量的中子辐照，因而成为聚变反应堆用的有希望的超导材料之一。日本金属材料研究所采用V-1at%Hf和Zr-35at%Hf合金加工成1634芯的多芯线，在850～1000 ℃热处理后，生成V$_2$(Zr、Hf)，其Hc_2和T_c分别达到21.5 T和9.5 K，超导层的J_c（4.2 K）达1×10^6 A/cm^2（12 T），J_c^{ov}达1×10^4 A/cm^2（14 T），与商品多芯Nb$_3$Sn线材性能相近。

4. Nb$_3$（Al、Ge）及Nb$_3$Al

日本金属材料研究所采用热基体液相淬火的方法制成了具有高J_c的Nb$_3$(Al、Ge)及Nb$_3$Al超导体。淬火后经750 ℃以上的退火使过饱和固溶体产生晶粒很小（尺寸为几百埃）的A$_{15}$相，同时产生了高J_c，经850 ℃/7 h处理形成的Nb$_3$（Al$_{0.8}$Ge$_{0.2}$）在4.2 K下的J_c达3.5×10^5 A/cm^2（16 T），这数值已高于V$_3$Ga导体的临界电流密度数据。

五、材料的稳定性问题

磁体的稳定技术是超导应用中很重要的问题。磁体的稳定性除与一些专门的超导磁体稳定技术有关之外，还与超导材料的稳定性有很大关系，因此，从事超导材料研究的工作者为改进超导材料的稳定性一直在进行研究。目前，改善超导材料稳定性的研究主要集中在下述几方面：

1. 导体设计

超导体的最大电流传输能力除与导体的性质有关外，还与其他因素有关，例如导体的冷却状态不好，导体的传输电流能力就不能得到充分发挥；导体结构不合适，脉冲损耗就大。因此，目前人们对导体设计，特别是大型超导应用工程所需导体的设计十分重视，例如瑞士大线圈导体，为保证导体在使用过程中有良好

的冷却状态，设计了下述类型的导体：采用标准的ϕ0.45 mm的NbTi多芯线480根，绕在中心冷却的管上，导体分三步绞缆而成，最终形成18.5 mm×18.5 mm的矩形截面；为了减少脉冲损耗，绞缆截距尽可能地小，并在第一步绞缆时绕以CuNi箔，最终采用特殊的焊料混合物浸渍电缆导体以获得必要的强度。目前，设计各种形式的He_2冷却的导体也很多，因为采用He_2冷却有一系列的优越性，其最大优点是它具有相当高的热导，比纯铜大10000倍，He_2的这一特点可容许挽回直到1.9 W/cm^{2}的磁通跳跃，而He_1一般限制在0.27 W/cm^{2}左右。使用He_2的另一优点是超导体的临界电流密度显著增加，这使超导磁体具有下述优越性：a）导体的全电流密度高；b）不要求导体的优先冷却方向。使用He_2冷却的不利之处是制冷系统较庞大，因此，一次投资大，运行成本高。

由于Al具有导电、导热性好，磁阻小，重量轻等一系列优点，因此，在导体设计中，人们一直想采用Al来作超导体的稳定材料，目前采用的工艺方法主要有三种，即焊接、丝拉伸和挤压包覆。

2. Al稳定超导体

如上所述，与铜相比，用Al作为超导体的稳定材料有一系列的优点；但由于Al的屈服点太低，难于与NbTi同时加工成材，因此，在国外研究用Al作为稳定材料的NbTi复合体工艺技术尽管有近20年的历史，但至今尚未得到十分满意的结果。在本届会议上，美国IGC公司的J.M.Royet发表了关于Al稳定多芯NbTi复合体的挤压包覆工艺技术，其大体工艺如下：首先采用通常挤压、拉伸和热处理的生产方法生产NbTi/Cu多芯复合体，然后采用Al包电缆的挤压工艺（相互垂直挤压工艺）使高纯Al在挤压模内与NbTi/Cu复合体冶金结合。采用挤压包覆技术制造Al稳定NbTi复合体可克服过去各种Al稳定NbTi复合体制取工艺中存在的问题，诸如：Al与NbTi/Cu电缆结合不好、导体电阻高和交流损耗大等。与过去的Al稳定导体工艺相比，该工艺具有下述优越性：

a）不需要将Al和NbTi同时拉伸；

b）临界电流密度的最佳化采用通常的NbTi/Cu复合体工艺，因而可提供很好的高场J_c；

c）Al与NbTi/Cu复合体的比例可在很大的范围内变化，无几何形状变形和中部破裂的可能性。

研究证明：采用挤压包覆技术能大规模生产高全电流密度和高电阻比（RRR）的Al稳定NbTi超导体。

西德技术物理所研究了一种用Al作电学稳定和不锈钢机械加强的Nb_3Sn三元复合导体。Nb_3Sn材料是截面为1.86 mm×0.55 mm经预先处理的电缆，电缆由8根ϕ0.3 mm青铜Nb_3Sn线和4根ϕ0.3 mmCu线绞制而成，Cu线有Ta扩散阻挡层保护。纯Al带截面为2.5 mm×0.33 mm，其电阻比（RRR）为1450。不锈钢带截面为2.5 mm×0.4 mm和2.5 mm×0.1 mm两种。经过焊接，将三者组合在一起，很像一个夹心面包。组合之前，三种材料均分别经过预镀锡处理。组合导体长度2～3 m，并绕成φ90 mm直径的线圈（单层）进行试验。结果表明，Al作为Nb_3Sn的稳定材料可提高导体的稳定性，但仅在当Al与超导体接触非常紧密时才有效地提高导体的稳定性。

3. 改善无氧铜质量

对最佳磁体设计而言，精确的无氧铜剩余电阻比（RRR）是需要考虑的基本数据。美国国家标准局电磁技术分部对无氧铜4.2 K下的电阻和磁阻进行了较详细的实验研究。他们对几百个不同来源的无氧铜样品进行了应力、回火和再退火对剩余电阻比（RRR）、应力和磁阻影响的研究。结果表明，退火温度对RRR有惊人的影响；采用退火的办法是使无氧铜获得最佳RRR值的既经济又易行的方法。他们在试验中还发现一个奇怪现象，即在工厂已进行过400～600 ℃退火的无氧铜，再在400 ℃退火时使RRR从200增加到700，但金相分析没有发现特别的组织，目前可能的解释是由于某些杂质元素的析出或脱溶的结果。

六、材料的经济成本

随着超导技术的发展，大型工程应用，特别是加速器和聚变研究用的大型试验装置，对实用超导材料提出了相当可观的数量要求。例如，仅美国布鲁克海文国家试验室正在建造的伊沙白莉（ISABELLE）磁体就要求上百吨的NbTi材料；大线圈计划（LCD）中的一个线圈就要使用Nb_3Sn材料12 t。超导材料的大量使用为考察超导材料的实际生产成本提供了十分有利的条件。AirCo公司为大型工程生产超导材料的实践表明：这两种超导材料转为大规模工业生产后，其实际生产成本均可降到低的水平，NbTi线可降到110美元/kg，含62.5%Cu的LCP型Nb_3Sn导体可降到160美元/kg，与相同规格的NbTi导体的成本相当。

未来的质子加速器将要求高磁场，继费米实验室建造1 TeV能量倍增器之后，ICFA研究小组又制定了下一步的加速器研制计划，根据该计划，磁场要求10 T，能量达20 TeV。目前，可在10 T磁场下使用的超导材料有三种：在4.2 K下使用的Nb_3Sn，在1.9 K超流氦下使用的NbTi以及三元合金NbTiTa。为此，劳伦斯伯克利实验室的W.V.Hassenzahz对Nb_3Sn和NbTi加速器二极磁体的成本进行了详细的分析计算，结果表明，对于5 T到11 T磁场下运行的5 cm孔径、6 m长的二极磁体而言，在10 T下，用超流氦冷却的NbTi线圈之投资比Nb_3Sn线圈的投资低35%，此外，NbTi线圈的运行费用还要低10%，表2是NbTi超导体的成本，表2中"高电流密度导体"的成本稍高，这是由于该种导体采用不同于费米导体技术规范的一些特殊的加工处理（如额外的热处理等），因此，高电流密度导体要比费米导体成本增加15%左右。青铜工艺的Nb_3Sn导体在加工过程中需要进行10～30次中间退火，而NbTi导体仅1～2次，因此，表3所列Nb_3Sn多芯线成本也反映了这一工艺差别。

表2 NbTi超导体生产成本（根据82%挤压成品率计算）

NbTi棒　（ρ = 6.05）	80.00 美元/磅
Cu　　　（ρ = 8.94）	3.5 美元/磅
材料　Cu/Sc = 1.8∶1 　　　Cu/Sc = 1.0∶1	29.9 美元/磅 41.9 美元/磅
加工	17.00 美元/磅
导体生产成本 　费米工艺规范导体1.8∶1 　　　　　　　　　　1∶1	 46.9 美元/磅 59.00 美元/磅
高电流密度导体1.8∶1 　　　　　　　　　1∶1	49.40 美元/磅 61.50 美元/磅

表3 青铜法Nb_3Sn超导线的生产成本（根据大量生产的80%挤压成品率计算）

Nb棒　（ρ = 8.4）	80 美元/磅
Nb片　（ρ = 8.4）	80 美元/磅
Cu　　（ρ = 8.94）	3 美元/磅
青铜　（ρ = 8.7）	10 美元/磅
材料　Cu/Sc = 1.7∶1 　　　Cu/Sc = 1∶1	21.80 美元/磅 25.60 美元/磅
加工	40.00 美元/磅
导体生产成本　1.7∶1 　　　　　　　1∶1	61.80 美元/磅 65.60 美元/磅

超导体的成本经常以"美元/（kA·m）"表示，这反映导体的电流传输能力，因而描述了导体的价值。NbSn与NbTi材料的生产成本尽管相近，但以"美元/（kA·m）"表示的超导体成本相差悬殊（表4），因为在1.9 K NbTi的电流密度比4.2 K Nb_3Sn的电流密度高得多（表5）。对于12 T以下的实用磁场，采用超流氦冷却的NbTi材料，线圈投资费用要比Nb_3Sn低；而Nb_3Sn材料则要在更高的磁场下使用方能显示其优越性。

表4 以"美元/（kA·m）"表示的NbTi、Nb_3Sn导体（稳定材料横截面占50%）成本与磁场的关系

磁场/T	NbTi		Nb_3Sn
	4.4 K	1.9 K	4.4 K
5	1.00		
7	1.44	0.75	1.45
8	1.74	0.91	1.62
9	2.75	1.07	1.79
10	2.98	1.29	2.08
11		1.67	2.50
12		2.32	3.10

表5 超导体的电流密度　　　　　　　　　　　　单位：A/mm^2

磁场/T	NbTi（4.4 K）		NbTi（1.9 K）		Nb$_3$Sn（4.4 K）	
	一般	最好	一般	最好	大线圈	计划
5	1400	2100				
7	900	1450	2060	2800	1000	1790
8	660	1200	1710	2300	900	1610
9	340	760	1360	1960	800	1450
10	100	350	1050	1620	700	1250
11			700	1250	580	1040
12			380	960	470	840

七、大型超导应用概况

多年来，国外对超导应用进行了广泛深入的研究，所涉及的领域很广泛。目前受到人们广泛重视的是大型高能加速器、聚变反应装置和核磁共振人体图像仪。加速器和聚变研究项目得到美国政府支持，投资多，需要超导材料的数量可观，每项工程需近百吨超导材料。过去几年的研究和试验证明，超导技术在这几项大型工程中的应用是可行的。今后几年，随着这几项超导应用工程的完成，将进一步证明超导技术对尖端科学所起的重要作用，并且将对今后超导技术的发展有很大的影响。NMR人体图像仪由于它在医学诊断中的价值和广大的潜在市场，美国的几家超导材料和磁体生产公司都竞相投入大量的人力和资金，正在分别建立完整的生产系统。因此，该项技术应用很有可能成为超导性在工业、医学等一般领域中少数获得广泛应用的项目之一。

1. 高能加速器

高能加速器是国外一直在研究的大型超导技术应用工程项目，目前，以美国布鲁克海文国家试验室和费米国家试验室正在建造的加速环工程最大，此外，日本也正在加紧建造350 GeV（千兆电子伏）的TRISTAN质子加速环。

a）伊沙白莉（ISABELLE）加速器

在美国布鲁克海文国家试验室正在建造的400×400 GeV"伊沙白莉"质子-质子对撞机将由732个二极磁体和348个四极磁体组成。质子可在六个区域以800 GeV的能量相互碰撞。对400 GeV运行所要求的最大二极磁场是5.0 T，而对应的四极磁场梯度是60 T/m。1982年成功地试验了六个原型磁体，所有的二极磁体都达到5.0 T以上，并基本上无锻炼现象，平均猝灭磁场为5.5 T（励磁速度8 A/s）。每个二极磁体长4.75 m，内层主线圈直径为13.1 cm，重约7 t。所有的超导磁体采用25 kW容量的制冷系统提供约3.8 K的超临界氦冷却。

磁体使用的超导体为宽0.78 cm、平均厚度0.125 cm的23股扁平电缆；用来绞缆的每根NbTi线直径为0.69 mm，高纯Cu基体中的芯丝数目为2100根，芯丝直径10 μm。该扁平电缆导体在5 T下的电流传输能力达5000 A（4.2 K），大大高于磁体设计的电流3800A。

b）能量倍增器

费米能量倍增器将使质子具有1 TeV（兆兆电子伏）的能量，这一能量相当于费米常规加速器的超导磁体在4 T下运行。这座1 TeV质子同步加速器的建造已接近完工。预计1983年投入运行。该加速器的半径为1 km，由大约1000个超导二极导向磁体和约1200个超导校正磁体组成。目前已成功地进行了一系列组件试验和系统试验。

c）TRISTAN质子加速器

TRISTAN质子加速器是日本高能物理国家试验室在日本KEK建造的350 GeV高能加速器，目前正在进行二极磁体的研究工作。为了建造这一高能质子加速器，高能物理国家试验室正在研制两种类型的加速器磁体，其一为1.9 K和4.4 K运行的一系列NbTi二极磁体；其二为4.4 K运行的Nb_3Sn二极磁体。采用超流氦（2 K以下）冷却的双壳NbTi二极磁体长1 m、内径140 mm。该磁体进行了试验，经几次猝灭之后，其中心场强达6.75 T。正在组装的带卧式恒温容器和双壳二极磁体长5.1 m，内径140 mm，在4.4K运行，这是一个350 GeV TRISTAN原大样机的NbTi二极磁体。此外，还正在研制一个1 m长的窗框结构的10 T NbTi二极磁体，磁体将在1.8 K运行。正在研制的第二种类型的Nb_3Sn加速器磁体将在4.4 K和10 T运行，对10 T场区的Nb_3Sn二极磁体将采用多壳、分级的形式。

2. 超导聚变装置

目前，美、苏、日、法等国家都在加紧研究超导聚变试验装置。

苏联已建成T7试验装置，现在正做T15装置，下一步的计划是采用A15型超导材料建造T20装置。

法国正在建造一个称为Tore Supra托克马克装置，采用NbTi/Cu/Cu-Ni复合超导体（2.8 mm×5.6 mm）。制作1.8 K运行的超导磁体，需要超导磁体19个（包括一个备用线圈）。为确保超导产品的质量，法国萨克莱研究中心已研究建成了一条超导生产质量控制流水线。

日本已建立GAMMA6磁镜装置，目前正在做GAMMA10磁镜装置和国际合作大线圈计划中的一个D形线圈。此外，还正在为自己建造Cluster聚变试验装置。

美国除了自己正在执行国家磁镜聚变工程计划外，还承担了大线圈计划中三个D形线圈的研制。

在上述超导聚变工程计划中，目前最引人注意的是美国磁镜聚变工程计划和国际托克马克计划（INTOR）。下面简介这两项计划及其进展情况：

a）美国国家磁镜聚变工程计划

该计划要点是，在七十年代利弗莫尔国家试验室TMX磁镜试验的基础上，研制串联磁镜装置MFTF-B，最终建造称为FPD的聚变动力工程装置，实现氘-氚（D-T）点火。

MFTF-13装置是磁镜聚变计划中重要的中间试验装置。该装置由处在两端鸳鸯磁体，每端两个C-型线圈，两对轴向容器线圈和12个螺线管磁体组成，全部采用NbTi超导线圈。1982年2月，MFTF-B的第一个鸳鸯对成功地进行了试验，场强达7.7 T，导体电流5775 A

b）大线圈计划（LCT）

LCT是国际托克马克计划（INTOR）的中间规模超导试验装置，在美国的橡树岭实验室建造。该装置由六个D型线圈组成一个环。D型线圈参数：孔径2.5 m×3.5 m，工作电流10～16 kA，最高场强8 T，安匝数7×10^6；整个环的能量约8×10^8 J。计划要求六个D型线圈采用完全不同的设计，由不同的研究单位和超导材料厂家研制和安装，以便比较各种设计、材料和工艺。LCT是国际合作项目，六个D型线圈分别由美国、西欧、瑞士和日本承担，各线圈和主要特性列于表6。

表6　LCT线圈的主要特性

国家或地区	美国	美国	美国	西欧	日本	瑞士
线圈研制单位	GD	GE	Westing House	Siemens		Brown Boveri
材料生产单位	IGC	IGC	Airco			
材料	NbTi	NbTi	Nb$_3$Sn	NbTi	NbTi	NbTi
电流/kA	10.2	10.45	16.0	11.0	10.21	15.0
安匝数/MA	6.65	6.98	7.36	6.62	6.76	6.6
绕组方式	14层边绕	7并平绕	放入26个结构板中的螺旋槽	7并平绕	20并边绕	12并
冷却方式	浸泡	浸泡	超临界氦强冷	超临界氦强冷	浸泡	超临界氦强冷
导体类型	焊入增大冷却面的铜排内的矩形电缆	16根导线围绕钢芯绞缆	6×3电缆装在方管中	22股导线围绕铜镍芯绞缆并置于矩形管中	焊入增大冷却面的铜排内的矩形电缆	电缆由焊料充填并装入方管中
建成日期（年）（原计划）	1981	1981	1982	1982	1982（已建成）	1982

到目前为止，只有日本负责的D型线圈基本按原计划完成。该线圈由20个双并绕成，总匝数为658，绕组重18 t，采用的结构材料是氮强化的304L不锈钢。在日本国内试验期间，对机械、电磁特性和稳定性均进行了测量，使用低温系统进行了降温加热试验。低温系统的最大液化能力为50 L/h，4 K时的制冷功率为1200 W；试验期间达到的最大磁场为6.4 T。

c）其他聚变试验计划

除上述大型聚变装置计划外，苏联的T15和T20试验装置和法国的Tore Supra托克马克装置以及日本的Cluster试验计划比较引人注意。目前，日本的Cluster试验装置进展较快，10 T、60 cm孔径的Nb$_3$Sn模拟线圈（TMC-1）已在JAER2建成。TMC-1使用预反应的多芯Nb$_3$Sn导体，采用双并法绕制而成，内径60 mm，外径160

cm，绕组厚度30 cm，是个环形高场超导线圈。操作电流为6050 A时，场强达10 T。总的Nb_3Sn导体应变为0.6%，包括绕制时0.36%的应变。TMC-1将在Cluster装置中进行各种条件试验。

3.核磁共振医用人体图像仪

NMR图像仪磁体（NMR Whole Body Imageing Magnet）已逐渐发展成为一种有效的医学诊断仪器，近年来，超导磁体在这方面的应用发展迅速。据初步估计，到20世纪八十年代末NMRWBI的需要量，其值每年将会达到几亿美元。

NMR发展于1946年，后来逐渐发展成为一种标准的化学研究技术。由于某些原子核像极细小的磁体，因而会出现核磁共振现象，应用强磁场就会使这些原子核沿磁场方向排列，如果再把一无线电频率导入这些核中，它们就成为接收和发射无线电波的小单元。人体的主要化学元素是H_2、Na和P，当通过NMR时，由于这些元素发射的频率不同将得到有区别的信息。

NMRWBI与X-ray CAT Scanning相比有下列优点：

由于NMR不需要X射线、同位素，因而使用NMR对病人的伤害显著地低于CAT。

对于大多数软组织可提供高对比度的图像，对研究大脑特别有效。

与CAT及其他技术不同，NMR可发现生理变化，因而可区别恶性肿瘤与良性肿瘤。

尽管对NMR WBI还有大量的研究发展工作要完成，但仍然认为NMR WBI将是一种可与X-ray CAT Scanning相比的诊断手段。

需要指出的是，尽管常规磁体也可用来制造NMR，但超导磁体明显的优越性是：具有高的磁场，因而在短时间内可获得高质量的图像。

其他超导应用项目，如储能、直流超导马达、交流超导电机、输电、开关等，均取得了不同程度的进展。

八、结语

对国外超导材料的发展概括以下几点：

（1）超导应用的发展。国外目前采用现有的NbTi、Nb_3Sn材料制造各种用于大型工程的中、小型超导磁体，对超导应用的研究相当广泛。但由于低温技术和超导材料方面的限制，从技术经济效益出发，目前超导的实际应用还停留在高能加速器、聚变等大型超导工程上，以及实验室的小型超导磁体上，预计随着这几项工程的完成，将会进一步推动超导材料的发展。但这种大型超导工程应用耗资巨大，美国BNL实验室的"伊沙白莉"加速器磁体的全部费用尚未得到美国政府的最后批准。从目前的超导应用现状来看，超导应用的发展不大可能像半导体那样广泛地用于工业或日常生活中。核磁共振医用成像装置可能成为人们用于诊断癌症和其他疾病的有力工具，此外国外对超导发动机、磁流体发电以及超导电机等也抱有很大的希望。

（2）**超导材料研究**。国外对新的超导材料的开发研究尚没有什么重大突破。研究工作的重点仍放在进一步改善传统的NbTi、Nb$_3$Sn上，主要集中下面三个方面：a）提高J_c以及使用磁场，包括研究微观组织、改进时效制度提高NbTi的J_c；发展NbTiTa合金用于在1.8 K生产10 T磁场以及添加第三元素提高多芯Nb$_3$Sn的J_c等。b）生产的质量控制如NbTi的生产质量控制线；多芯Nb$_3$Sn的扩散层和预反应层研究等。c）降低成本特别是青铜法多芯Nb$_3$Sn由于多次退火，工序长成本高，正在发展的其他几种方法如内Sn法和MJR法可以避免这个缺点，据估计多芯Nb$_3$Sn的成本可望降至大体上与NbTi线材相当。

下面对发展我国的超导材料提几点看法：

1. 集中力量解决NbTi及Nb$_3$Sn的生产问题

根据我国情况，近期不会发展像高能加速器、聚变等大型超导应用项目。这几年对超导材料的需求量很少，已连续几年没有订货任务。超导材料的发展正处于低潮阶段。另一方面，我国稀有金属Nb、Ti、V等资源丰富，应该在超导材料的生产上大力推广使用。因此，近期应集中解决NbTi、Nb$_3$Sn的有关生产问题，以工艺稳定、质量可靠、降低成本为目标，尽快缩小与国外材料在价格上和质量稳定方面的差距，争取超导材料进入国际市场。为此超导材料生产线上，需增添无损检验系统和少量的辅助设备。

在解决NbTi和Nb$_3$Sn生产问题的同时，还应当加强对这两种实用材料的深入研究，特别是开展新工艺、新方法的研究，以及添加元素对这两种材料性能影响的研究，使成批生产的材料性能稳定在更高的水平，并达到进一步降低材料生产成本之目的。此外对这两种材料采用的稳定材料的研究也是十分必要的。

2. 研究高J_c的NbTi导体

NbTi材料是广泛使用的超导材料，据估计，在目前使用的超导材料中，NbTi材料占90%以上，因此，提高其使用性能水平有重要的经济意义。根据目前国内外对NbTi材料的深入研究，提高NbTi材料的J_c水平是大有潜力的。目前，国外一般NbTi线材性能的生产水平在1.75～2.0×10^5 A/cm^2（5 T、4.2 K），如果注意细心加工和最佳化处理，可获得2.5×10^5 A/cm^2（5 T，4.2 K）的数值，而实验值则更高，达3.5～4.0×10^5 A/cm^2（5 T，4.2 K），国内NbTi材料性能的生产水平和研究水平也与国外大体相同。因此，通过一些工艺改进，严格质量控制以及结合深入细致的组织结构对性能影响的研究，把国内NbTi材料性能（J_c）的生产水平从目前的（1.5～2.0）×10^{5}A/cm^2 (5 T, 4.2 K) 提高到（2.5～3.0）×10^5 A/cm^2（5 T, 4.2 K）是完全可能的。提高了J_c的使用水平，以每安培米计的材料单位成本，也将大大降低。

3. 发展多元合金，提高NbTi的使用磁场极限

在NbTi合金中添加第三（甚至第四）元素，提高NbTi合金的上临界场

（H_{c2}），从而使NbTi材料的磁场使用极限提高，是当前国外发展NbTi合金材料的一个重要方向。从目前的研究结果来看，添加Ta、Hf对提高NbTi合金的H_{c2}是有效的，特别是添加Ta，NbTi合金在2 K以下的临界场有明显提高，并且，在2 K下NbTiTa的电流密度比4.2 K下Nb$_3$Sn的电流密度要高，因此，以NbTi为基的三元合金可取代Nb$_3$Sn在12 T（甚至13 T）磁场下使用，这对于要求10 T以上磁场的托克马克和高能物理应用有十分重要的意义。与此同时要求国内发展1.8 K的制冷技术。

4.积极开展材料生产新工艺方法的研究

在材料新工艺、新方法的研究方面以Nb$_3$Sn最活跃。目前除比较成熟的青铜法之外，采用粉末冶金法、内锡法以及拉网卷心法（MJR法）制取Nb$_3$Sn的研究很多，从目前的研究情况来看，上述方法均值得深入研究，因为它们与青铜法相比，不仅具有工艺简单的优点，而且具有材料性能高、成本低等优点，因此对材料的使用者很有吸引力。此外，采用在Nb芯线或青铜基体中添加元素的办法提高材料性能的效果十分显著，尤其是Nb芯中添加Ti以后，上临界场由19 T提高到23 T，高场下的J_c也大大提高，很有可能使Nb$_3$Sn使用到16 T以上，因此这是研究和发展Nb$_3$Sn的一个重要方面。

5.发展铝稳定的超导材料

高纯Al具有电阻比大、磁阻小等一系列优点，使用高纯Al作稳定材料，有可能增加磁体绕组电流密度和稳定性安全系数，因此国外一直在研究发展Al基超导材料。由于Al的屈服点太低，难于与超导材料同时加工成材，因此一直未取得重大突破。但最近几年，在这方面的研究已取得较大进展，采用焊接的方法制取大断面的Nb$_3$Sn导体已获得成功。美国IGC公司采用Al包电缆的挤压工艺(相互垂直挤压)生产Al基NbTi/Cu复合体获得了比较满意的结果。从长远的观点来看，发展Al稳定的超导材料对于未来大型工程应用的超导磁体是十分必要的。

目前，国内可先做些Al稳定超导材料的一些基本研究工作，包括高纯Al的质量问题（电阻比在3000以上），为将来研制大型超导磁体做技术储备。

6.建立12～15 T的高场实验室用超导磁体装置

这是目前国内超导材料发展需要解决的一个重要手段。采用国内现有的NbTi及Nb$_3$Sn材料制造高场磁体是可能的。

此外，解决无氧铜的质量，使电阻比在200以上（指原料），同时建立无氧Cu和超导材料低温物性的测量装置和解决测量技术，也是当前超导材料研制中迫切需要解决的问题。

（本文发表于《稀有金属材料与工程》，1983，第5、6期）

世界钛行业的一次盛会

——"第12届世界钛会"在京举行

钛科学和技术的综合实力及其在国际同行中的认可度,是一个国家能否获得世界钛会主办权的决定性因素,"第12届世界钛会"的成功申办,标志着我国钛科学技术已开始跨入国际先进水平的行列,极大地提高了我国在钛产业界的国际地位,具有里程碑意义。

2011年6月20~24日,"第12届世界钛会"在北京国家会议中心隆重召开。本届钛会由中国有色金属学会主办,西北有色金属研究院、西北工业大学、宝钛集团有限公司、中航工业北京航空材料研究院、中国科学院金属所协办,并得到了国家发展和改革委员会、工业和信息化部、国家科学技术部、国家自然科学基金委员会、中国工程院的大力支持。会议围绕2007年以来世界钛科学与技术的最新进展,包括钛的提取冶金、加工、组织、性能、成形技术以及航空、航天、海洋、生物等应用技术展开,汇聚了全球最新钛应用成果与技术,是世界钛行业精英云集的一次盛会,对促进我国钛领域的技术创新,实现我国钛研究及其产业化的可持续发展将起到积极作用。

出席"第12届世界钛会"开幕式的有本届钛会主席、中国工程院院士周廉,国家科技部高新司副司长袁宁,国家自然基金委员会副秘书长高瑞平,中国有色金属学会理事长康义,"第12届世界钛会"国际组委会英国委员Malcolm Ward-Close、美国委员Rod Boyer和Vasisht Ven-katesh、独联体委员Orest Ivasishin、日本委员Milsuo Niinomi、德国委员Lothar Wagner、法国委员Alain Vassel,中国工程院院士师昌绪、何季麟,西北有色金属研究院院长张平祥,西北工业大学副校长魏炳波,宝钛集团总经理邹武装,中国有色金属学会秘书长王向东,遵义钛厂厂长胥力,北京航空材料研究院院长戴圣龙和来自34个国家和地区从事钛及钛合金材料研发,生产的有关专家学者和研究人员、企业界代表等1200余名。大会报告由周廉院士和张平祥教授主持。

周廉院士致大会开幕辞。他首先介绍了本届钛会的规模与整体情况。他指出:作为"多功能金属",钛在很多领域有着广泛的应用;我国钛资源丰富,通过50多年的发展,以及积极参与国际交流与合作,我国在钛工业领域已取得了举世瞩目的成就,尤其是近10年来,我国钛工业发展迅猛,钛材加工产品年产量持续增长,已成为世界第一大钛生产国和消费国,中国钛产业及应用市场受到世界钛工作者越来越多的关注;目前已形成了西北、东北、上海3个独立的钛工业基地。他还指出,青年钛科技工作者是引领未来钛工业研究与发展的主力军,本次大会青年钛科技工作者占参会者1/3，而且50%来自海外，这显示出世界钛工业一派欣欣向荣的景象。最后，周院士对各参会者的到来表示感谢，期望本次大会能为促进钛领域专家学者的交流与合作，推动世界钛工业的进步与繁荣起到积极作用。

会上，本届钛会国际组委会委员Malcolm Ward-Close、Rod Boyer、Orest Ivasishin、Mitsuo Niinomi、Lothar Wagner、Alain Vassel和西北工业大学常辉教授（代周廉院士）分别代表各委员国做了精彩的大会报告。

Malcolm Ward-Close教授在题为"Advances in Titanium Research and Technology in the UK"的报告中介绍了自第11届世界钛会以来，英国钛工业在提取冶金、近净成形、粉末冶金、超塑成形技术方面所取得的一些进展。重点说明了使用电子光学和X射线技术分析影响钛合金延展性和强度的因素的基础性研究工作。

Rod Boyer教授在题为"Developments in Research and Applications in the Titanium Industry in the USA"的报告中简要介绍了美国在钛及钛合金产品应用概况及在波音787上利用γ-TiAl基合金取代镍基合金改善性能的实例，认为使用石墨/树脂基复合材料可使钛合金在航空结构件等有更广泛的应用。重点介绍了美国近4年降低钛及钛合金成本的研究进展。最后，他指出数学建模可缩短研发流程、实验次数，适用于钛材料相关模拟研究。

Orest Ivasishin 教授在题为"Recent Trends in CIS Titanium Industry Developments and Research Activities"的报告中概述了CIS在钛材生产和应用领域现状、大学和研究机构在钛材方面的研究进展以及俄罗斯和乌克兰与钛工业有关的新的政府和非政府项目，展望了东欧钛市场的发展动向，尤其是商业飞机和船舶业对钛材的需求，重点介绍了钛及钛合金的纳米结构研究和各种钛加工制备技术如焊接、粉末冶金和加工模拟等。

Mitsuo Niinomi教授在题为"Recent Trends in Titanium Research and Development in Japan"的报告中指出近年来日本十分重视环境友好型材料和生物相容性材料的研究。钛及钛合金因具有强度高、重量轻、力学相容性良好被看作"绿色金属"，故成为研究热点，但高成本限制了钛及钛合金的广泛使用。为降低成本，日本主要致力于在钛合金中加入低成本金属元素如Si, Al, Fe, Cu, Sn和间隙元素如O, N, H, C等取代高成本稀有金属，控制微观结构以改善机械性能，发展低成本钛合金的研究。最后，他简要介绍了日本钛及钛合金发展现状。

Lothar Wagner教授在"Titanium Research and Development in Germany"的报告中概述了德国在钛合金和TiAl基合金领域的最新研究进展和其在化工、交通、医学领域的应用。介绍了钛合金生产的新工艺和TiAl基合金的断裂韧性、疲劳性能和加工工艺如高速加工、成形、扩散黏结、涂层工艺与机械表面处理如喷丸强化处理、激光喷丸强化处理等。

Alain Vassel博士在题为"Titanium Research and Development in France"的报告中概述了2007年以来法国在钛工业领域的研究及发展现状，认为航天应用仍然是钛工业研发的主要驱动力。预计空中客车公司的新项目（A350和A400M）将进一步推动钛工业发展，钛及钛合金在航海、生物医用的应用也将持续增加。

常辉教授代周廉院士在题为"Recent Progress of Titanium Production, Research and Development in China"的报告中概述了近4年来中国钛工业在海绵钛、铸锭、钛加工材生产和钛产品消费结构等方面的基本情况，以及中国在钛加工技术、合金设计、晶粒细化技术所取得的进展。最后，他介绍了中国钛产业未来5年发展趋势及主要研究方向。

"第12届世界钛会"共设12个分会，内容涵盖钛提取冶金、加工工艺、显微结构演化、性能、金属基复合材料、部件制造、近净成形工艺、环境行为、航空应用、生物应用、新兴市场应用、海洋军事应用。分会均由特邀报告、口头报告、墙报3部分组成。本次大会大会特邀报告7篇，分会特邀报告15篇，共收到论文摘要700余篇，宣讲交流论文683篇（其中包括来自其他33个国家和地区的口头报告462篇），墙报200余篇。在周廉院士提议下，大会还设立了3个论坛，分别为"航空钛合金材料技术现状及发展趋势"国际研讨会、中-日钛民用及市场开发高层论坛、国际钛合金材料加工技术现状及发展趋势高峰论坛。此外，面向全球的"TiEXPO 2011"国际展览会与大会同期举行。"TiEXPO 2011"国际展览会是世界钛会的重要组成部分，共吸引来自世界各地钛生产厂商109家前来参展。

"航空钛合金材料技术现状及发展趋势"国际研讨会

2011年6月23日下午，"航空钛合金材料技术现状及发展趋势"国际研讨会于北京国家会议中心举行。会议邀请飞机及发动机的设计、制造方面专家、钛合金材料及技术的研发和生产单位专家，政府决策部门的相关管理者围绕钛合金材料及技术现状和未来发展趋势、改善和开发性能更加优异的材料展开讨论，以期能为飞机机体和发动机设计选材提供更多的空间，使钛及钛合金材料更好地服务于航空领域。

出席论坛的有：中国工程院院士周廉、张彦仲，中国科学院院士曹春晓，中国有色金属学会理事长康义，中国商用飞机有限责任公司副总经理史坚忠等知名专家。论坛由中航工业北京航空材料研究院高级顾问吴学仁教授主持，中国航空工业集团公司副总经理徐占斌致开幕词。共邀请Rod Boyer、Dan Sanders、黄旭、Amit Chatterjee、Andy Woodfield、韩克岑等6位教授作了精彩报告。

Rod Boyer教授在题为"Titanium Needs for Airframe Structures"的报告介绍了钛及钛合金在航空结构件中的应用及Boing公司钛合金应用及研究的发展趋势。随着CFRP（碳纤维增强复合材料）在飞机机身上使用量增加，钛因强度高、密度低、耐腐蚀、工作温度和热膨胀系数和碳纤维复合材料相容性好，在机身上的应用需求也随之急剧增加。然而由于相对较高的成本使其广泛应用受到限制。着眼于降低buy-to-fly比，他主要介绍了降低原材料成本和加工成本及提高材料性能的一些技术，包括滚轧锻造成形、超塑成形、近净成形等成形加工技术和激光焊接、线性摩擦焊接和粉末冶金技术等。

Dan Sanders教授在"Current and Future Manufacturing Technologies for Fabricating Aerospace Structures With Titanium: Alloys"的报告中主要介绍了航空钛合金结构件的制造技术，分析了低温下扩散连结技术应用于VSMPO公司和宝钛集团有限公司生产的细晶钛合金Ti6Al4V，TIMET公司生产的TIMETAL 54M合金和ATI公司生产的ATI425合金的低温测试分析实验研究。同时回顾了过去40年boeing飞机在飞机设计中的重大改进，如整体叶盘这种通过大尺寸整体组合部件替代多种组合部件，减少了部件数量、减轻了重量、消除了装配连接成本。最后，Dan Sanders教授介绍了在降低buy-to-fly比的技术突破，如摩擦搅拌焊、激光焊接、线性摩擦焊接等。

黄旭教授在"The Current Situation and Future Trends of Titanium Alloys for Aerospace in China"的报告中从航天器结构件和航空发动机等几个方面概述了我国钛合金材料在航空领域的应用现状和未来发展趋势。指出我国目前正处于研究阶段的航天器结构件用钛合金主要包括：损伤容限钛合金、高强高韧钛合金和中强度钛合金。介绍了TC21、TC4-DT，500℃阻燃钛合金，600℃、650℃高温钛合金，SiC纤维增强钛基复合材料，Ti3Al、Ti2AlNb和TiAl基合金的特性和应用。

Amit Chatterjee教授在"Titanium in Gas Turbines—Current Status and Future Trends"的报告中首先概述了钛在新一代燃气涡轮中的使用情况，影响钛合金部件可靠性的一些因素及未来5～10年钛及钛合金的发展方向。最后介绍了他们和学术界联合所取得一些成果，指出钛及钛合金研究应注重"产-学-研"相结合。

Andy Woodfield教授在"Premium Quality Titanium Alloy Melt Process Improvements"的报告中介绍了成立JETQC的历史背景及具有的重大意义。回顾了JETQC关于硬a偏析和高密度夹杂的研究进展。重点介绍了钛合金在生产过程中消除硬a偏析和高密度夹杂应注意的关键环节。

韩克岑教授作了"Application of Titanium Materials and Its New Technologies in C919 Aircraft"的报告，着重于钛合金在C919飞机上的应用，重点介绍了锻造退火Ti-6Al-4V和β-退火锻造Ti-6Al-4V ELI的不同和各自应用范围。

未来10～20年，中国拥有巨大的商用飞机市场需求，钛及钛合金材料作为性能非常优异的结构材料，已广泛应用于飞机机体和发动机制造，并在飞机的经济性、安全性、舒适性等方面显示出越来越重要的作用，这为钛合金材料的供应商和飞机制造商带来非常诱人的商机。

本次论坛为钛及钛合金科技工作者、飞机机体及发动机的设计者和制造者搭建了一个良好的交流和合作平台，促进钛合金材料及技术的发展，为进一步扩大钛合金材料及技术在飞机上的应用范围提供了强大的理论支持，同时促进了我国钛合金研究在航空工业的应用水平的进一步提升。

中-日钛民用及市场开发高层论坛

作为世界钛工业的2个主要国家，日本和中国的钛市场有很多相似之处，两国钛协会也有较长时间的合作和交流。为了进一步开发钛在非宇航工业的应用和市场，相互交流在应用技术开发方面的经验，发掘潜在的市场机遇，共同探讨钛及钛合金材料在非宇航领域的应用技术和市场的未来。"第12届世界钛会"之际，"中-日钛民用及市场开发高层论坛"于2011年6月23日下午在北京国家会议中心举行。论坛由中国有色金属工业协会钛锆铪分会会长邹武装、日本钛协会秘书长筒井政博和中国有色金属工业协会钛锆铪分会秘书长王向东共同主持。共邀请日本钛协会秘书长筒井政博，宝钛股份有限公司副总经理雷让岐、中国有色金属工业协会钛锆铪分会秘书长王向东、新日铁钛部部长片山俊则、西北有色金属研究院生物材料研究所所长于振涛等5位中、日专家针对中日钛民用市场作了精彩报告。

邹武装会长在开幕式上高度肯定了论坛对促进中日双方在钛民用及市场开发方面实现共同进步和发展的作用。他指出，中日两国都充分看到钛产品在民用领域广阔的市场前景，均借助多年积累的研发、生产与技术优势，积极开发钛民用市场。因此，他希望"中-日钛民用及市场开发高层论坛"能够继续办下去，为两国在该领域的合作交流创造更多的机会。

筒井政博秘书长做了《日本钛产业的回顾》的报告，主要介绍了日本致力于非航空用钛的研究所取得的巨大成就。目前，日本在世界非航空用钛研究领域已占有重要地位。

雷让岐副总经理做了《中国化工用钛技术开发和市场分析》的报告，介绍了中国化工行业的氯碱、纯碱、真空制盐、石油化纤、精细化工和无机盐6大主要子行业钛产品的应用和技术研发的最新进展，以及6大行业近年来的发展概况和未来几年发展趋势。

王向东秘书长做了《中国钛民用现状和市场分析》的报告。他在报告中概述了目前中国钛工业的生产现状、市场需求及进出口贸易状况，重点介绍了钛在我国各行业的应用情况，分析了影响钛市场的因素，并对未来钛加工材的需求量进行了市场预测。

片山俊则部长做了《日本民用钛发展》的报告。他介绍了日本化学工业，电力、海洋船舶、民用品、医疗、建筑等领域用钛的基本情况。他对钛的应用前景非常乐观，希望加强中日合作，开拓钛的新应用领域。

于振涛所长做了《中国医用钛合金现状与前景》的报告。介绍了钛合金材料在生物医用器械应用研究方面的国内外现状及最新进展，重点介绍了西北有色金属研究院近年来开发的医用钛合金材料。他在报告中指出，中国目前已是海绵钛及钛合金加工大国，但在医疗领域，钛合金材料的性能和国外相比差距很大。骨科、齿科等高端内植入用钛合金材料85%以上依赖进口，高性能钛合金国产化率小于5%，差距明显。他强调，发展医用钛合金材料科技产业必须要建立"产-学-研-医用"联盟，资源共享，优势互补，从而振兴生物材料产业。

随着世界经济的迅速发展和钛加工技术不断突破，民用市场的钛产品需求量不断增长。相信本次论坛为中日双方良好沟通架起了一座友谊的桥梁，对中日两国钛行业工作者继续加强交流与合作，共同推进中国乃至世界钛及钛合金材料在非宇航领域的发展具有重要意义。

国际钛合金材料加工技术现状及发展趋势高峰论坛

2011年6月25日，由中国有色金属学会和宝鸡人民政府共同主办、宝钛集团有限公司（以下简称宝钛集团）承办的"国际钛合金材料加工技术现状及发展趋势高峰论坛"在宝鸡举行。

出席本次论坛的有：中国有色金属学会理事长康义，宝鸡市市长戴征社，中国有色金属工业协会钛锆铪分会副会长兼秘书长王向东、副秘书长逯福生，宝鸡市副市长徐强，以及宝钛集团有限公司、成都发动机集团、加拿大魁北克材料研究中心、中国运载火箭技术研究院、上海交通大学和美国、德国、英国、独联体、日本等国家和地区80余家研究院所、企业的领导和专家共计260余人。论坛开幕式由中国有色金属工业协会钛锆铪分会会长、宝钛集团总经理，宝钛股份有限公司董事长邹武装主持。

开幕式上，宝鸡市市长戴征社指出，钛产业作为宝鸡重点发展的支柱性产业之一，已形成以宝钛集团为龙头和核心的全国规模最大、实力雄厚、生产体系较为完整的产业集群，并拥有一批国际领先的核心技术，成为世界上屈指可数的以钛为主，集加工、研发、销售为一体的产业基地。为了进一步加快宝鸡钛产业的发展壮大，他表示，宝鸡将继续倾力推进"宝鸡·中国钛谷"建设，尽快形成以宝钛集团为龙头的大产业集群发展格局。

中国有色金属学会理事长康义在致辞中强调说，未来5～10年，仍然是中国经济发展的重要战略时期。特别是随着中国工业化、城镇化进程加快，居民消费结构升级，中国钛产业面临着巨大的市场需求和良好的发展前景。康义理事长认为此次论坛为进一步加强钛合金材料的研发与国际化合作起到了积极促进作用。

会上，美国钛金属公司温卡特什博士、俄罗斯上萨尔达公司普萨卡夫博士、日本神户制钢公司冈本明夫博士、俄罗斯上萨尔达欧洲分公司斯托斯卡夫博士、宝钛集团副总工程师王鼎春（代邹武装教授）分别做了题为《TIMETAL 54M的性能》《上萨尔达公司未来发展趋势》《钛在海洋热能转换中的实用性研究及发展》《欧洲钛市场综述》《宝钛生产技术现状与展望》的学术报告。

此次高峰论坛进一步加强了钛合金材料的研发与国际化合作，也使世界钛行业通过宝钛集团这个中国钛工业的龙头企业，进一步了解了中国钛工业近年来所取得的成就，为加强国际间的钛技术合作打下了良好的基础。

"TiEXPO 2011"国际展览会

作为此次世界钛会的重要组成部分——世界钛会展览会，既是中国往届钛展的延续，又是中国钛展与世界钛会的重要衔接。共吸引国内外109家单位参展，其中国外展商有20家，包括VSMPO-AVISMA Corporation集团、ATI、RTI、VON ARDENNE和FORECREU等著名公司。国际钛协会（美国）和独联体、日本、法国钛协会也参加了展览。展品主要包括：钛及钛合金材料，应用于航空航天、石油、化工、船舶、医疗、制盐、电力和体育休闲等领域的钛相关技术、产品和设备等。接待观众2200余人。

VSMPO-AVISMA主要展示了应用于航空航天、船舶用钛方面的高新技术展品；ATI、RTI作为美国钛业龙头企业，其展品体现了钛在高端领域的新用途；德国VON ARDENNE和法国FORECREU首次来华参加钛展，其展出的等离子、电子束真空设备和新型钛合金中控材料吸人眼球；而日本钛协会已是第三次来华参展，保持了以实物体现新技术发展的参展风格。

作为国内企业向世界展示各自所取得的成果并进行交流与合作的大好时机，宝钛集团、西北有色金属研究院、遵义钛业股份有限公司（以下简称遵义钛业）、宁夏东方钽业股份有限公司、攀钢集团有限公司等多家企业专门以特装形式进行了展品展示。

宝钛集团是我国最大的钛及钛合金专业化生产科研基地。该公司拥有钛材、锆材、装备设计制造、特种金属4大产业板块。目前，我国航空航天用钛加工材均主要由宝钛集团生产。

西北有色金属研究院作为稀有金属新材料的主要研究开发基地，经过40年的艰苦奋斗已成为国内最大的稀有金属科研、中试、生产基地。其生产的钛及钛合金加工材、稀有金属复合板、钛及钛合金粉末制品、钛及钛合金阳极制品等钛材制品年产可达到3万吨，技术指标已达到国际先进水平。

攀钢集团有限公司以"打造中国第一钛"的目标，建设了我国最大的钛原料生产基地。形成了以钛精矿、氯化法钛白、硫酸法钛白、金属钛和钛材的完整产业链。到2015年，攀钢钛产业主要产品产能预计将达到：钛精矿100万吨，钛渣48万吨，钛白粉50万吨，海绵钛3万吨，钛材1.5万吨。

宁夏东方钽业钛材分公司始建于2009年，投资5亿元，产品定位中高端市场，瞄准化工、航空航天、船舶、核电等高端应用领域。产品出口和国内销售各占50%，其中高端占70%，低端占30%。目前，其生产规模达到年产各种钛及钛合金铸锭6000 t，棒材锻件8000 t，无缝管1200 t。

世界钛会展览会是钛行业技术交流的顶级盛会，带动了钛技术的变革，并为钛材料工作者指明了发展新方向。

中国"钛"阳正冉冉升起

6月的北京，艳阳高照，但它遮不住国家会展中心门口屹立的银色"钛"阳的光芒，这就是由我国遵义钛业自主研发的最大的海绵钛坨——世界第一钛。作为全球最大的12吨炉生产的海绵钛产品，标志着我国成功掌握了大炉型生产海绵钛核心技术，体现了我国海绵钛工业发展所取得的巨大成就。12吨炉，"世界第一钛"，回眸耀眼的"钛"阳，它的光芒昭示着我国钛工作者致力于从"中国制造"到"中国创造"的转变，使钛技术和产品打入高端市场的不懈追求与艰苦拼搏的精神。

统计数字显示，2010年，我国生产海绵钛共57770t，生产钛锭46262t，生产钛加工材38323t，已成为世界上最大的钛生产加工国。近年来，我国在海绵钛及钛合金的技术工艺方面也不断创新，钛材应用领域不断扩大，我国钛工业在全球影响力日益提升，技术进步有目共睹：

遵义钛业在国家"863"项目的支持下，电子级高纯钛的研发取得突破，已试制出20 kg纯度达4N5的高纯钛。

洛阳双瑞万基钛业有限公司的海绵钛项目取得重大进展，实现了全流程生产并将产能扩大到10 000t/年，由于采用了多极电解槽等新技术，其海绵钛的吨电耗已降至约26000 kW·h。

宝钛集团的幅宽1400 mm钛带生产线项目已进入安装阶段，宝钢股份有限公司特钢事业部（以下简称宝钢特钢）的1400 mm钛带项目已进入调试阶段。

宝钢特钢的电子束冷床炉已进入生产阶段，等离子冷床炉已进入试生产阶段。宝钛集团的高速棒线材生产线已投入生产。

西北有色金属研究院4500 t快锻机组投入使用，已能锻制出直径400～600 mm的大规格棒材。2800 mm热轧机组和1780 mm冷轧机组也已投入使用。

洛阳船舶研究所1450 mm热、冷轧机组已投入使用。

宝钛集团残废料回收生产线已投入使用，每年可回收3000～4000 t残废料，为企业带来巨大的效益。

……

世界钛会的召开，让国际钛行业人士看到了世界钛工业的发展，更看到了中国钛工业的发展。

"第12届世界钛会"国际组委会独联体委员Orest Ivasishin教授对笔者说：此次钛会的规模和参加人数，充分显示了世界钛及钛合金产业的繁荣，同时证明将举办"第12届世界钛会"的机会留给中国是很明智的选择。他还指出，让他尤其印象深刻的是，在钛会上看到许多年轻的面孔，这显示出中国钛工业拥有强大的生命力，发展前景必将越来越好。

"第12届世界钛会"国际组委会美国委员Rod Boyer教授对这次钛会从组织到分会报告给予了充分肯定，他认为本届钛会为世界钛领域人士创造了一个良好的交流氛围，使人受益匪浅。他告诉笔者，他多次到中国与宝鸡、上海等钛企业进行合作，切身感受到中国钛工业从小到大的发展过程和近年来所取得的成就，希望中国钛产业越走越好。

乘世界钛会东风，中国钛工业将扬帆远航

举办"第12届世界钛会"，对加强我国与世界钛及钛合金研究领域专家的沟通与交流，在交流中提升发展空间，大力推广钛技术和钛产品的应用，把中国钛工业推向新的发展高度具有至关重要的作用。

自1999年周廉院士首次代表中国提出申办开始，经历了3次艰苦的申办历程，终于在第11届世界钛会上，中国以决定性选票获得了"第12届世界钛会"的承办权，这是世界对中国钛产业发展的充分肯定和高度赞誉。

"我们要办一届最具中国特色的世界钛会。"周廉院士如是说。这是中国钛工业的底气，更是中国钛业人的底气。2000年以来，我国钛工业快速发展，年均增长率超过30%，特别是2005~2007年我国钛工业增长率达到了80%以上，我国钛工业的发展让世界震惊。我国现已拥有海绵钛产量超过万吨的世界级海绵钛大厂——遵义钛业，拥有钛加工材产量超过万吨的世界级钛材大厂——宝钛集团。同时金川集团有限公司、攀钢集团有限公司、宝钢特钢、西北有色金属研究院、湖南金天钛业科技有限公司等大型钛及钛加工材企业也正在快速发展之中。

周廉院士对笔者说，世界钛会给我们两个启示：一是要重视人才培养，二是要加强学术创新。我国钛工业快速发展带来的一个问题就是人才问题，这是制约我国钛行业发展的关键因素。在促进钛行业技术进步、产业升级、引领钛的应用需求的同时，加强人才培养和产业融合及技术创新至关重要。

我国钛研究还处于发展中水平，距国际先进工艺技术还有一定差距。如何展现我国钛材料生产与消费大国的实力，开创"第三金属""未来金属"美好明天是中国钛业人刻不容缓的责任。

未来5年，是钛产业发展的关键时期，同时也是我国钛产业发展的重要阶段，在重点关注航空航天高端产品的同时，钛工业工作者应抓住国家"十二五"大力发展战略性新兴产业的历史机遇，不断提升自主创新能力，努力使我国钛产品在世界高端市场占有一席之地。

"第12届世界钛会"汇聚了全球最新钛应用成果与技术，中国钛合金研究者要借世界钛会之东风，在未来3~5年内确立我国在钛研究方面的创新机制，站在国际钛研究的第一方阵中，力争使我国钛行业达到质的飞跃。

［作者：贾豫冬，刘新梅，陈岩，发表于《中国材料进展》，2011，30(7)：57-63］

钛工业的形势与任务

周 廉

一、我国钛工业的形势

我国于20世纪50年代开始钛的研究。1958年在抚顺建立海绵钛生产车间；1960年在沈阳建立第一个钛加工车间，1964年钛开始在航空工业应用；1965年开始在遵义和宝鸡建立钛专业生产厂，1970年开始建立钛材部级标准，1972年开始钛材的批量生产，并开始钛的民用推广，1983年在北京召开全国钛应用推广会议。1985年钛材产量达到1000吨，90年代达到2000吨。到2001年，我国海绵钛达到2500吨左右，钛材产量近4000吨。经过47年的发展，我国现已形成钛选冶-熔炼-加工-零件和设备制造以及钛研究-设计-生产-应用两个完整的工业体系。有54个钛合金牌号列入国家标准。我国已成为世界重要的钛生产国家之一。我国累计已生产了约3万吨钛材，这种新型的优质材料为我国国防建设和国民经济建设做出了重要贡献。随着新世纪的到来，我国钛工业将进入一个新的发展阶段。

1. **钛资源丰富，但钛矿品位低，选冶难度大，成本高。**我国钛资源丰富，TiO_2总储量达9亿多吨，为世界第一。钛矿主要分布在四川、云南、广东、广西和海南等省区。1995年，在江苏东海县也发现了大型富钛矿。攀枝花是世界著名的钛矿产地。在目前的技术条件下，可回收的TiO_2储量约1亿吨。矿产地也比较集中，这是发展钛工业的有利条件。然而，同世界主要钛矿产地相比，我国的天然金红石资源少，易开采利用的砂矿少。钛矿多为钛钒铁共生岩矿，TiO_2品位较低，CaO和MgO的含量高，选冶难度大，选冶起始成本高。

2. **钛生产体系完整，但总体规模偏小，钛供不应求，扩大产能是当务之急。**我国是世界上第四个拥有完整钛生产体系的国家，已形成了钛精矿、钛白、海绵钛、钛加工材、钛铸件、钛粉末冶金、钛设备制造的完整生产体系，有像攀枝花钛公司、遵义钛厂、宝鸡有色金属加工厂、上海五钢公司、南京宝色钛业有限公司等相应的钛骨干企业。已形成每年40万吨钛精矿、3700吨海绵钛、3000吨以上钛材和1000吨/年以上钛铸件、钛粉末及钛设备的生产能力。但是，同美、俄、日三大钛材大国相比，我国钛总体规模偏小，仅相当于美国20世纪50年代中期的水平。

全世界海绵钛的生产能力为11万吨，产量7万吨；钛加工材的生产能力约为23万吨，1985~2001年7年间，平均每年生产钛材5万吨。在苏联瓦解，丧失第一钛工业国地位之后，形成了"三大（美、日、俄）一小（中）"的新格局，美、日、俄三足鼎立，约占世界钛材总产量的95%。多年来，我国海绵钛和钛加工材的产能和产量均在3000吨／年以下，与它们有数级的差距，仅占世界总产量的3%~5%。这种状况与中国作为世界钢铁大国的状况相比，形成了鲜明的反差。我国的钛/钢比、钛/有色金属比，均低于世界平均水平。近两年来，我国钛生产有了较大发展。据全国钛办的最新统计，2001年我国海绵钛和钛加工材的产量分别接近2500吨和4000吨，但仍供不应求，钛进口量不断扩大，钛材和海绵钛的净进口量分别达到1000多吨和2000多吨。

我国钛规模偏小也表现在骨干企业上。国际公认的基本经济规模是年产大于5000吨海绵钛，美、日、俄现存在海绵钛厂产能均达1万吨/年以上。我国曾有13家海绵钛厂，现在仅存遵义钛厂和抚顺钛厂，也证明小厂没有生存能力。遵义钛厂经过2001年的改造，扩大氯化系统和还原蒸馏系统，使年产能由2000吨提升到3000吨，离经济规模还有一段差距。为此，国家批准遵义钛厂实施"5000吨级海绵钛现代化生产技术及装备产业化研究""8吨/炉还原蒸馏联合法制取海绵钛工艺及设备研究"及"钛厂环境治理研究"等计划，以扩大产能和提高技术经济指标，并已取得阶段性进展。

3. 长期发展比较稳定，开始由慢速增长转向快速增长。2001年我国钛工业为什么能获得约30%的增长速度，这一趋势能否持续下去？这是一个值得探讨的问题。钛的快速发展是多种有利因素综合作用的结果，这些因素包括：（1）国家经济实力增强，选用价格较贵的优质材料的倾向增强，从军工到民用，对钛材的需求强劲，有稳定的国内需求背景；（2）相关行业的技术进步和某些产品（如钛球头、钛手表、钛眼镜架等）的大量出口，刺激了对钛的需求；（3）钛骨干企业加速技术改造，扩大产能已初见成效；（4）研究院所体制改革，向科技型企业转变，直接参与钛产业的发展；（5）新型民营钛企业在各地不断涌现，促进了钛产能的扩大和钛的应用推广。而这种现象的出现又与大量廉价钛原材料的进口、国内人才的加速流动、钛加工技术的扩散与普及等有关。在国家发展高新技术产业政策的引导下，地方和企业都增加对钛产业的投资。因此，可以预期，在未来5~10年内，我国钛产业必然持续快速发展。

4. 取得显著的科技进步，但差距仍然很大。我国钛工业没有进行成套技术引进，起点比较低。通过仿制与创造，我国已有航空、舰船、耐蚀三个钛合金系列和几十个合金牌号；通过自行研制和单机引进，已拥有一批比较先进的设备。"宝鸡钛"的部分品种已获得美国波音公司、英国罗-罗公司和法宇航等大航空公司的质量认证，海绵钛、钛材、钛精铸件、钛板等已有一些出口，有些航空厂家还能承担国外钛航空件的生产。

但是，同先进钛工业国相比，我国在技术上仍有很大差距。例如，由于有些大型加工设备或工装不配套，一些重要的钛材品种不全，还不能生产大钛带卷和薄壁钛焊管，核电站和滨海电站用的钛管大部分为进口，钛型材基本为空白，航空用大型精密锻件和航船用的宽厚板在尺寸规格或组织性能均匀性方面与国外产品有很大差距；一些先进熔炼设备（如冷床炉）、加工设备（如大型快锻机）和无损检测设备还依赖进口；产品质量在外观质量、批次稳定性、成本率等方面还存在不少问题，缺乏国际竞争力。在我国加入WTO后，产品要保住国内市场和进入国际市场，我国钛工业的技术经济水平必须上一个新台阶。

入世后钛行业面临新的机遇与挑战。

1. 新的机遇

一是国内钛市场扩容。入世后，中国稳定的社会，良好的工业基础，廉价的劳动力，巨大的市场和日益优化的投资与创业环境，将促使跨国公司大量涌入，促进我国产业的升级换代，从而造成钛市场的扩大；二是钛骨干生产企业改制改组。在加入WTO前后，遵义钛厂改制改组为"遵义钛业股份有限公司"，宝鸡钛业股份公司已正式上市，上海五钢公司也融入了上海宝钢集团，攀钢组建了"攀钢钛业公司"。这四大钛骨干企业的改革将有利于金融资本与钛产业的结合，有利于企业以更开放、更全球化的眼光来经营企业，把企业做大、做强，为实现钛行业跨越式的发展准备条件；三是有利于我国钛产品进入国际市场。入世后，我国将有一个更为公平、公正、稳定的贸易环境，为我国海绵钛、钛材和钛设备进入欧美市场，开拓拉美市场、东南亚市场、中东市场创造有利条件；四是有利于技术进步。入世后，我国钛行业与国际相关产业的联系将更为密切，有利于消除技术封锁，有利于先进冶炼、加工、应用技术和装备的引进，促进我国钛新材料的开发和钛工业的技术进步；五是有利于外商来华投资；六是西部大开发战略部署带来机遇。

2. 挑战

（1）市场方面的挑战。根据入世规则，我国要履行的相关承诺主要有：降低钛关税，最惠国税率对海绵钛和钛锭为5%，对钛加工材为8%，比过去下降两个百分点；在2005年前取消对亏损企业的补贴；减少贸易壁垒，对进口产品与国内产品采用相同的技术法规、标准和合格评定程序；3年内所有企业享有同等进出口贸易权；非歧视规定，在生产、经营、运输、能源、基础电信等生产要素方面给予外国人、外国企业和外商投资企业的待遇与本国人、本国企业的待遇相同；增加透明度。这些承诺都是开放市场的承诺。面对钛产业规模比我国大，技术比我们先进的美、日、俄强大钛工业，履行这些承诺，无疑会降低国家对钛产业的保护，独联体的海绵钛和钛材，美、日的钛材和钛设备可能大量进入中国，冲击国内市场，我国钛产业必须提高自己的竞争力。

（2）知识产权方面的挑战。长期以来，我国钛的发展主要采用跟踪与仿制战略，缺乏原始技术创新，缺少自己的品牌，有些商品（如高尔夫球头）是靠日本或中国台湾的品牌才进入国际市场的。钛产品如果发展到大规模商品化与大量出口阶段，则会受到专利权与商标法的限制，影响产业的发展。

（3）人才方面挑战。

二、任务与对策

当前，我们的任务是如何在较短时间内，把我国钛产业做大做强，争取成为世界钛工业强国。现在，遵义钛厂、抚顺钛厂、宝鸡有色金属加工厂、上海五钢公司等都制定了自己的发展计划，力争在5～10年内，我国海绵钛和钛加工材均形成万吨级生产能力，钛不仅能满足国内需要，而且可能有较大出口，取得较好经济效益。为达此目的，我们应采取多种对策与措施。

1. **大力支持钛行业的改制改组，加快改革步伐**。国家对钛行业的支持不能采用传统的补贴与让利方式，而是要促进企业调整体制结构，实现企业投资主体的多元化、股份化，支持企业改制上市，筹集发展资金，选准技改项目，用好发展资金，搞好经营管理，练好内功，要使国营骨干钛企业集团化、规模化，做大做强，使小型钛企业做专做精，充满生机和活力，打造出强大的中国钛业联合舰队。

2. **学习和掌握WTO规则，增强企业应变能力**。要组织企业经营管理者进行WTO知识和规则的培训；分析WTO案例，逐步提出具体问题的对策；要促进观念转变，增强全球经济一体化意识，使经营者以更开阔的视野与更开放的理念面对国际市场，增强企业的应变能力。以法为本，使生产经营活动严格遵循国际惯例，符合WTO规定，严格执行公司法及各种法规。

3. **加强钛的开发和应用推广，扩大钛市场**。钛的应用推广应在更大深度、更大广度上进行；要从全寿命成本的角度做好经济分析，要组织力量测试各种基础数据，提供钛应用的充分技术资料，让设计者和使用者充分认识钛，消除对钛应用上的认识障碍；切实解决钛应用过程中的成型、机加、焊接、表面处理、无损检测，钛与其他金属材料连接的工艺方法及系统腐蚀等相关技术问题。鼓励钛应用开发上的技术创新；促使钛尽快在国民经济主导产业和大型工程中发挥作用，开拓大市场。

4. **要努力促进钛工业的技术进步**。要把降低钛材成本作为技术进步的主题。要重视影响钛工业发展的重大、长远课题的研究，加大民品钛材研发投入，发挥企业、院所、大学、信息中心、国家重点实验室、工程研究中心、工程技术中心等各方面的作用，加强人才培养和国际交流，通过这些综合措施来促进钛产业的技术进步。

5. **充分发挥钛行业分会的积极性和主动性，制定好行规行约，开展多种形式的活动**。协调本行业与相关行业、上游企业与下游企业及平行企业之间的关系。维护行业和企业的权益，协调我国钛行业的发展规划和对外经营活动，避免盲目、重复建设与无序恶性竞争。及时向政府提出相关的政策建议。

6. **进一步鼓励我国钛制品出口，打击走私行为**。2000年，国家已把部分钛产品（海绵钛、钛丝和钛板）列入高新技术产品目录，鼓励出口。对出口潜力大的钛管、棒、锻件、铸件和设备如能适时列入高新技术产品出口目录，将促进出口。我们还应适当采用非关税手段保护措施，包括加强商检，反倾销措施和打击走私等。

［本文发表于《有色金属工业》，2002(7): 8−10］

材料科学与工程发展现状与趋势

周 廉

上一个世纪，人类的认识向外延伸到了外层宇宙，向内深入到了物质结构的更微观层次，引发了物理学一场大革命。这场革命推动了包括化学、生命科学在内的整个自然科学和应用技术的伟大变革、为材料科学和技术进步提供了新的知识基础并注入了新的活力。材料科学与工程是物理学、化学等基础科学与工程科学融合的产物，它的根本任务是揭示材料组分、结构与性质的内在关系，设计、合成并制备出具有优良使用性能的材料。在步入21世纪的时候，回顾一下材料学与工程的主要进展，估计未来的可能发展趋势，是非常必要和很有意义的。

一、传统材料的发展现状和地位

传统材料是生产工艺已经成熟而又大规模工业化生产的一类材料，如钢铁、铜、铝、橡胶、塑料、玻璃和水泥等金属、高分子和非金属无机化合物，这类材料量大面广，占材料生产总量的90%以上。在世界范围内，上个世纪末20~30年间传统材料的产量、生产技术水平和质量，超过以前数百年，成为人类经济生活的支柱。金属材料现在一年的产量，超过了上一世纪60年代累计的总和。

我国是世界传统材料的生产大国，新中国成立以来，特别是改革开放以来，发展迅速。1996年，钢铁产量分别达到了1亿吨，水泥4.9亿吨，玻璃1.6亿箱，列居世界第一位；有色金属523万吨列世界第二位。但资源和能源消耗远高于世界平均水平，分别为世界水平的近3倍和7倍。以有色金属为例，每生产500万吨有色金属就造成以尾矿和废渣为主的工业固体物超过了6000万吨，约10亿立方米。产品的质量和规格不全，缺乏精品，例如钢和水泥的产量虽然在世界排居首位，但每年仍需进口大量的特殊用钢，高标号水泥也只占生产总量的17%。改进传统材料的合成、加工技术，控制微观组织结构，提高使用性能，降低成本和环境污染的任务十分迫切、繁重。

二、新材料及其发展趋势

新材料又称先进材料。它不以生产规模，而以优异性能、高质量、高稳定性取胜的高知识、高技术密集型为特点。新材料有结构材料和功能材料之分，前者主要利用它的力学性能，而后者以应用其各种物理、化学效应为主。

金属材料 金属材料，特别是钢、铜、铝等，仍是21世纪的主要结构材料和电能传输材料。金属材料已有成熟的生产工艺，相当多的配套设施和工业规模生产，价格低廉、性能可靠，已成为涉及面广、市场需求大的基础材料。金属材料虽然今后会部分被高分子材料、陶瓷材料及复合材料所代替，但是由于它有比高分子材料高得多的弹性模量，比陶瓷高得多的韧性和良好的导电性能，在相当长的时期内改变不了它在材料中的主导地位，即使在高技术产业中也不例外。

金属材料的发展趋势是：随着航天航空和其他尖端技术的飞跃的发展，在改善和提升传统材料品质的同时，金属功能材料、非平衡态金属，特别是高比强、高模量、耐高温、抗氧化、抗腐蚀、耐磨损合金和金属基复合材料会有快速的发展，如金属超导材料、钛及其合金、铝基增强复合材料、金属间化合物、形状记忆合金和纳米晶块体材料等。

先进陶瓷材料 陶瓷是人类最早使用的人造材料，质地坚硬、耐磨损、抗腐蚀、膨胀系数低，可经受1400～1600℃的高温，比金属间化合物有更高的比强度和比刚度，是很好的高温结构材料；部分陶瓷还具有压电、铁电、半导体、湿敏和气敏等特殊功能，广泛用于电子、计算机、激光、核反应、宇航等现代尖端科学技术领域。

近20年来，通过多种增韧手段和原始粉末超细化、纳米化，在消除陶瓷本征脆性的研究方面取得了重大突破；传统的落后制备成型工艺已逐渐被先进的注射成型技术、高温热等静压和微波烧结等技术所替代；在反应动力学、表面特征、相平衡、烧结机理等基础研究方面也取得了相当的进展。主要趋势是根据使用性能要求对陶瓷结构作一定程度的剪裁和设计，实现陶瓷结构纳米化和组分的复相结构，包括纤维或晶须增韧和有机/无机复合等。

高分子材料 高分子材料是指分子量从几百到几万，由可加聚或缩聚链条状官能团构成的有机化合物。上世纪90年代，世界的高分子材料年产量超过1亿吨，其中塑料8000万～9000万吨，合成橡胶700万～800万吨，合成纤维1000万吨；仅塑料的产量以体积计算就相当于5亿～6亿吨钢的体积，是发展最为迅速的材料之一。这些材料品种繁多，并且正以每年10%的速率递增。高分子材料80%以上作为包装、建筑、交通运输和纺织行业的结构材料和原料；功能高分子材料所占比例相对较低，主要有离子交换树脂、催化剂、固化酶，用于印刷、电子工业、集成电路、微细加工的感光树脂，用于薄膜电磁、静电复印及全息记录的电功能离子材料和生物功能材料等。高分子合成理论与技术对于高分子材料的制取、改性、设计越来越重要，对发展高分子新材料有着不可忽视的开拓作用。接枝共聚、共混、缩合聚合、开环聚合和缩合，是合成高分子材料的主要手段。发展先进的树脂基、有机/无机和异质材料连接技术，研究高分子材料的老化、降解机制和控制技术，制备综合性能更好的新材料，是高分子材料发展的主要趋势。

光电信息功能材料 信息材料是指与信息获取、传输、存储、显示及处理有关的材料。目前光和电是信息的主要传递媒介，又称光电信息材料。这类材料有半导体材料，各种记录材料，信息传输、显示、激光、非线性光学、传感和压电、铁电材料，几乎包括了现代所有的先进功能材料，其中集成电路是信息技术的基础，从材料角度看，集成电路的主要材料仍然是单晶硅。上一世纪80年代出现的光导通讯系统的相对信息容量比同轴电缆、微波系统和卫星通讯都有数量级的提高，不但节省材料，而且保密性强、抗干扰、损耗小，主要材料是高纯石英；目前正在研究损耗仅为0.01～0.001 dB/km的多组分玻璃信息功能材料，高品质传感器与敏感材料，激光材料、显示材料，它们均系一批金属氧化物陶瓷。信息技术是20世纪发展最为迅速的高技术领域，它打破了地域和种族的界限，使人类能够快速地分享共同的知识财富，极大地促进了社会进步。

能源材料 能源是人类赖以生存和发展的重要条件。20世纪以来科学与工业的发展使能源消耗量大幅度上升，全球年耗量超过10^{12}瓦年。能源种类繁多，属于一次能源有核能、太阳能、地热能、风能及海洋能等。就大规模应用而言，一次能源利用还需要克服许多科学和技术难关，其中材料就是一个带共性的关键问题。例如，一座输出2500 kW的风力电站的风翼长度就达90 m，比波音747飞机的机翼还长，没有高强、高韧、轻质耐用的翼片结构材料，建造较大型的风力电站是绝对不可能的。氢能、合成燃料、高比能电池等二次能源的利用原理和特色各异，对材料品种和功能提出了更多的要求。

太阳能是一种取之不尽最为洁净的天然能源，每年到达地球的太阳能达60亿亿度，比全球年耗能的总量还大一万倍。原理上所有的光电转换材料均可作为太阳能材料，但考虑到效率/价格比和使用寿命，GaAs之类的材料近期内发展前途不大，多晶硅效率虽低，但廉价、性能稳定，仍有发展前途。除了光/电转换之外，目前人们还在寻找其他太阳能转换机制。

氢燃料电池的核心是储氢材料。这类材料包括钛、镍为基的含铁、铜、锰材料。这些过渡族金属、合金、金属间化合物，由于特殊的晶体结构，氢原子比较容易透入金属晶格的四面体或八面体间隙位中形成金属氢化物，存氢体积可比其体积大1000～1300倍。通过改进正、负极材料性能和设计，镍氢电池的容量从2600 mA·h提高到了3500 mA·h，达到了锂离子电池同样体积的能量密度300W·h/L。镍氢电池一个重要开发领域是作为电动汽车的动力电池，正朝着大容量、高比能的方向发展，日本的丰田公司和美国的Ovonic公司走在最前列。此外，正在开发中的核聚变能和磁流体发电机，可望在21世纪投入实际应用。它们需要能在更高的温度、磁场和耐蚀条件下长期工作。

生物医学材料 生物医学材料是一类合成物质，或天然物质与合成物的组合体。它是能作为一个系统的整体或部分，在一定时限内，治疗、增进或替代机体的组织、器官或功能的材料。仅美国生物医学材料的年销售量就达500亿美元，而且每年还以13%的速度增加。全球植入医用植入体的患者已逾3000万人，美国是全球生物医学材料最大的销售国，1995年全球800亿美元销售额中美国占了400亿～500亿美元，每年生产的人工晶体就多达100万支，生物医学材料已成为美国六大增长最快的出口产品之一。生物医学材料的发展趋势是利用生物学原理，设计、制造真正仿生物的材料，并且注重可降解吸收、最终形成与生物体完全相容的材料；在加工技术方面发展在微米或纳米级尺寸上进行三维组织结构控制、设计与制造仿生材料。

纳米材料　　纳米材料是由数百或几千个原子组成的超细微粒或由这些微粒组成的纳米晶块材料的总称。纳米微粒是保留材料特性的最小单元，它既不同于常规材料，也不同于单个的原子和分子，具有许多与相同组分一般材料完全不同的奇异特性，研究表明，上述奇异特性与纳米材料特殊的内部电子结构和原子排序密切相关。这些特殊的物理效应和功能，为新材料的发展开辟了一条崭新的研究领域。很有可能使21世纪的信息产业发生革命性的飞跃，极大地改变人类的生存质量。

超导材料　　超导材料是20世纪人类最伟大的发现之一。超导体具有零电阻和完全抗磁性的特点，对电流传输无能量损耗，是一种理想的导体材料。超导材料有低温超导和高温超导材料之分。低温超导材料要在液氦温度（4.2 K）才能显示超导性，目前已发现有近70种单质元素和5千多种合金、化合物具有超导性，其中NbTi合金和Nb_3Sn化合物的超导性能最好，已经用于大型工程项目。高温超导材料是1986年才发现的一种新型超导体，在液氮温度（77 K）就显现超导特性。液氮比液氦资源丰富，容易制取，因此高温超导材料比低温超导材料更易被工程使用接受，备受各国企业界和政府部门的高度重视。高温超导材料多数是含铜的氧化物陶瓷，以TiBa-CaCuO系的转变温度最高（160 K，但有毒性）。在已发现的数十种高温超导材料中，$YBa_2Cu_3O_7$和$Bi_2Sr_2Ca_2Cu_3O_8$具有最好的综合超导性能，已经在工程项目中开始试用。

我国超导材料研究在加工合成和组织控制方面处于国际先进行列。80年代NbTi合金的性能超过了美国，到现在仍保持着相当的优势；我国在高温超导方面作出过重要贡献，中科院物理所赵忠贤研究小组1987年初和美国、日本科学家各自独立地首先合成了转变温度为90 K的YBaCuO超导体。在Bi系长带研究和Y系块材制备技术上占有一定优势。

继续寻找更高转变温度的超导材料，加强对氧化物高温超导体的组织结构控制和成型方法研究，提高现有材料在磁场中的工程临界电流密度，扩大和开拓应用领域，加强功能元器件制备工艺研究，是当前超导材料研究的主要任务。

三、材料设计、合成与加工成形技术

材料设计的设想始于20世纪50年代，其目的是淘汰传统的"炒菜"法，按指定性能"定做"新材料，按生产要求"设计"最佳的制备和加工方法。物理学和化学的发展，特别是凝聚态理论、量子化学和化学成键理论的发展，使人们对材料的结构与性能，制备与加工之间的变化规律有了较深的认识，为材料设计奠定了理论基础。计算机信息处理技术,尤其是人工智能、模式识别、知识库和数据库技术的发展,使物理、化学理论和大批杂乱的实验资料沟通起来,使人们可以用归纳、演绎相结合的方式对新材料研究作出决策并提供行之有效的技术和方法,很多过去不能制备的人造材料,如超晶格、纳米晶固体、亚稳相准晶、复合材料和一大批人工裁剪、缩合或聚合而成的高分子材料都是预先设计并制造出来的。

现代意义上的材料的合成与加工,指的是按设计要求建立原子、分子和分子团的新排列,在所有尺度上,包括从原子尺度到宏观尺度对结构进行控制,高效、经济地制造材料和零件的过程。材料设计、合成和加工是制造和生产高质量、低成本产品的关键,是融合人类物质结构知识、技术进步与工程基础科学的一个很大的交叉领域。长期以来,不仅在中国,甚至包括美国等许多先进国家都把材料合成与加工看成是服务性的,缺乏应有的支持与关注,削弱了它与材料工程其他要素之间的联系,在基础研究机构和教育部门尤其如此,致使这一领域缺乏合格的科学家和工程师,出现了合成加工落后于基础研究的局面,这种状况应该得到尽快的改变和纠正。

四、结束语

在上一世纪里,世界的变化比过去任何时候都要大,其原因在于技术直接紧随基础科学的进步而发展,这为材料科学和技术的发展注入了强大的动力。

在结构材料方面,除了继续对传统材料进行改造升级之外,应该特别重视发展耐高温、抗腐蚀、高比强、高韧、高刚度新材料及复合材料;对于功能材料,应特别重视多功能、高集成度、高效率的信息功能材料;大力加强能源材料、超导材料和生物医用材料的基础研究和应用研究,扩大它们的应用领域;加强材料的设计、合成与加工的基础研究和技术、装备研究,把21世纪的材料科学与工程推进到一个新的水平。

[本文发表于《科技信息》,2000(5):10-13]

在中国材料研究学会成立十五周年纪念会上的致辞

周 廉

尊敬的各位领导、材料界的同仁们：

今天，我们在这里隆重集会，庆祝中国材料研究学会成立十五周年，同国内在材料界拼搏、奋斗的各位同仁一道，瞻望中国和世界材料发展的光明前景。我作为中国材料研究学会的理事长，谨代表学会向出席本次纪念大会的领导、嘉宾表示衷心的感谢！

上世纪八十年代初，在沉寂了十多年之后，中国大地迎来了改革开放、科学兴国的春风，中国科技界进入了大发展的美好历史时期。在之前的十年，国际材料科学技术发生了质的飞跃：在基础科学和工程科学进步的推动下，原来各类相对独立的材料学科，已经相互渗透、结合，形成了多学科交叉和一批崭新的前沿领域。严东生、师昌绪、林兰英、柯俊、颜鸣皋、李恒德等一批材料界的知名专家敏锐地意识到，单一性的学会组织已不能适应材料研究前沿和多学科交叉发展的要求，中国迫切需要建立一个能与国际学术交流平台相适应的、跨学科的学会，以促进中国材料科技与国际接轨。在中国科协、国家科委、国家自然科学基金委、科学院、外交部的积极支持和帮助下，老一辈材料学家凭借他们在国内外学术界的声望和影响力，开始了创建中国材料研究学会的艰辛历程。经过近五年的精心组织和协调，不仅为学会的正式成立做好了所需的各种准备，而且在国际上为即将诞生学会走向国际舞台和成长壮大，开拓了良好的活动空间。1991年5月16日，中国材料研究学会度过了漫长的筹备期，经中国科协和民政部批准，在北京正式成立。

中国材料研究学会走过了十五年的历程，经过两代人的努力，已发展成为一个学科齐全、人才荟萃、交流广泛、颇具生命力的知名学会，在国内和国际上颇具影响力。十五年对一个学会来说，时间并不长远，C-MRS在众多的兄弟学会中还很年轻，但在C-MRS发展的十五年中，有力地推动了中国材料科学的进步和发展，做出了令人瞩目的成就。十五年来，C-MRS团结和组织广大材料科技工作者，积极开展了国内外学术交流和科技普及活动，为促进祖国科技与经济的结合发挥了重要作用。十五年来，C-MRS围绕国家在材料科学技术发展、新材料产业化重大决策等方面，做了大量科学论证和技术咨询服务工作，取得很好的社会效果。经过十五年的努力，中国材料研究学会已经拥有144个团体会员单位，拥有"青年工作委员会""疲劳分会""环境材料分会""金属间化合物与非金合金分会""计算材料学分会"5个二级材料分会，与3万名材料界的科技工作者保持着密切的联系；定期举办"中国材料研讨会""纳米材料和技术应用会""材料发展趋势研讨会"等大型国内学术交流会;还主办了"C-MRS,90国际材料会""国际电子及光电子材料会""中日环境材料学术研讨会""第五届国际材联先进材料大会""北京国际镁会"等大、中型国际材料会议30多个,有19600多位中外材料专家、科技工作者和产业界人士参加学术研讨或学术交流,组团赴国外参加国际学术交流会近20次;主办学术期刊4份,编辑出版250万字以上大型科技专著5套;为政府提供咨询报告4份,计107余万字;经国家批准设立民间科学技术奖一项……这一切都是和老一代材料科学家的远见卓识,和学会的全体理事、会员、工作人员的同心协力,和国家各部委、各位领导及社会各界朋友的关心支持分不开的。

对我感触最深的是,在学会这十五年的发展历程中,老一辈材料科学家的求真务实、高瞻远瞩和为人师表的高尚品格,为学会健康、持续、和谐发展提供了无尽的原动力和关键保证。特别是严东生先生、师昌绪先生、李恒德先生、柯俊先生、颜鸣皋先生等这些中国材料研究学会的缔造者,为学会的诞生、发展做出了杰出贡献,是学会永葆活力的根本源泉。他们严谨求实、勇于开拓、风高范远、历久弥长,是我们学习的榜样。在此,让我们以热烈的掌声向老一辈材料科学家表示崇高的敬意。

四届理事会以来一直坚持的国内学术交流活动有每逢双年举办的中国材料研讨会,一直都保持每届近千人的参会规模。从1999年起每两年一届的全国应用纳米材料技术与应用会议以及新材料发展趋势研讨会等等,也都已经成了材料学会的品牌。近几年来,学会在主办上述会议时,越来越朝着国际化的开放路子探索。这些会议上,中国香港、中国台湾的材料科学家和旅居海外的华人科学家多次到会作报告,为提升会议的水平做出了贡献。

中国材料研究学会是"国际材料研究学会联合会"的发起学会之一和重要成员,和世界各国和地区的40多个材料学术团体保持着经常的密切联系和学术往来。我们和IUMRS的多位前主席都保持着良好的关系。C-MRS在和E-MRS以及美国的MRS保持良好的合作关系的同时还十分注意和亚洲各MRS的合作关系,而且这种关系在不断加强之中。最近几年来,我们在IUMRS中发挥着越来越重要的影响力,提出了举办世界材料大会、国际材料高峰会等建议;并就设立国际材料大奖、中国出版IUMRS的出版物"Facets"以及促进IUMRS秘书处和总部的改革、提高运行效率和促进各MRS间关系做出了卓有成效的努力。特别是2005年10月在苏州举办的国际科联第28届代表大会,经过我们艰苦的努力,成功促成了国际材联正式加入国际科联。

各位理事、朋友们,时代的发展、国家的发展,需要我们中国材料科学家和专家的积极参与。中国材料研究学会的成长、壮大和日益增高的国际影响,是我国综合国力和国际地位与日俱增的一个缩影,得益于中国科协的正确领导,凝聚了老、中、青三代中国材料科技工作者的不懈奋斗和艰辛。目前我国正在为建设创新型国家而努力奋斗,我们站在这个行列中,肩负着光荣而艰巨的历史使命,让我们紧紧围绕创建创新型国家、培养创新型年轻人才,进一步提升中国材料界的整体水平做出新的贡献!

桥梁纽带　和谐进步

——在中国有色金属工业协会钛业分会成立大会上的讲话

周　廉

各位领导、各位代表、同志们：

　　今天，在北京，我国有色金属工业界的老领导、我国钛锆铪工业的老领导、老前辈、国家有关部委的相关领导、我国钛锆铪行业的同仁们欢聚在一起，共同见证中国有色金属工业协会钛业分会的成立，共商我国钛锆铪工业发展的大计，这是值得庆祝和纪念的历史性时刻。邱老（邱纯甫）和康义会长为钛业分会揭牌，标志着我们钛业分会诞生、正式开始运转了。

　　中国有色金属工业协会钛业分会这块牌子来之不易，它凝聚了我国有色金属界、稀有金属界许多老同志的心血。我们要感谢长期为我国钛锆铪工业奋斗，以及热情支持钛业分会成立的各级领导、企业家和专家学者。在钛业分会成立之际，我们的老领导——中国企业管理协会袁宝华会长、国家计委顾问邱老、中国工业经济联合会林宗棠会长、人大常委会委员费老（费子文）和中国有色金属工业协会康义会长，都满怀激情为会议题词、祝贺。林会长还做了重要的讲话。这是对我们钛业分会的巨大支持、鼓舞和鞭策。我代表钛业分会表示衷心的感谢。在促进钛产业发展和钛业分会筹备过程中，全国钛应用推广领导小组和全国钛办做了大量艰巨细致的工作，因此，对邱老和李东英院士领导的全国钛应用推广领导小组和全国钛办做出的历史性贡献，我们表示特别的感谢。

　　我国钛的研究始于20世纪50年代，始于北京有色金属研究总院。1958年在抚顺建立海绵钛生产车间。1960年在沈阳建立第一个钛加工车间。1964年开始在航空工业中用钛。1965年开始在遵义和宝鸡分别建立海绵钛和钛材专业生产厂。1970年开始建立钛材部颁标准。1972年开始钛材的批量生产。1973年在宝鸡举办第一届全国钛及钛合金学术交流会。1980年海绵钛产量达2800t。1983年在北京召开全国钛应用推广会议。1985年钛材产量突破1000t。90年代钛材产量持续上升。到2001年，我国海绵钛产量为2500t，钛材产量近4000t。

　　经过47年的发展，我国已形成钛选冶-熔炼-加工-钛零件和钛设备制造以及钛研究-设计-生产-应用两个完整的工业体系；涌现出大小数百家科、工、贸企业，造就了一支钛产业大军；有54个钛合金牌号列入国家标准，60～70种钛合金获得了实际应用；我国已成为世界第四个重要的钛生产国家和极少数拥有锆铪生产能力的国家之一。

我国累计生产了约$3×10^4$t钛材和一定数量的锆铪材。这些稀有金属材料为我国国防尖端技术的发展和国民经济的建设提供了重要的物质基础，为飞机、火箭、导弹的研制成功，为我国原子弹爆炸、人造卫星上天、核潜艇下水，为振军威、扬国威、大长中国人的志气，做出了独特的贡献。

钛业分会是在我国钛工业即将进入一个蓬勃发展的新阶段和加入WTO不久后成立的，是在一个非常有利、非常需要的时刻应运而生的。2001年，我国海绵钛和钛材分别增长29.5%和33.2%，结束了多年徘徊与缓慢增长的状态。海绵钛产量即将达到和超过历史最好水平，钛材产量已创造了历史最好水平。钛材年消费量急增到5500~6000t，企业产销两旺。我国几家大型钛锆骨干企业改组、改制、上市取得显著进展，非国有钛锆企业也发展迅速。在国际钛产业总体不景气的情况下，我国钛业呈现"风景这边独好"的景象。钛业分会的成立必将推动中国钛业大好形势的健康发展，使我国钛工业跃上一个新台阶。

诚然，迈入新世纪的我国钛工业也面临着许多挑战、困难和差距。这主要表现在五个方面：

（1）钛资源虽然丰富，但天然金红石资源少、砂矿少、共生矿多、岩矿多、冶炼难度大；

（2）钛生产体系虽完整，但总体规模小，仅占世界总产量的3%~5%；产量供不应求、进口量在不断扩大，2001年钛材和海绵钛的进口量分别达到1000多吨和2000多吨；骨干企业产能未达到5000 t/a的规模经济水平，技术经济指标不高；

（3）在生产工艺及技术装备方面虽取得显著的技术进步，但与先进国家相比仍有很大差距；

（4）在加入WTO以后，面临着市场开放、知识产权保护及人才不对称流动等方面的挑战；

（5）经营管理不规范，存在产品假冒、走私及无序竞争等不良现象，必须加强行业管理。

昨天，我们选举了中国有色金属工业协会钛业分会首届理事会的领导机构，确定了初期办事机构，审议了钛业分会工作规则，聘任了首批顾问与专家，在热烈而和谐的气氛中，顺利完成了第一阶段工作，使钛业分会有了一个良好的开端。

钛业分会首批会员共有团体会员101个，其中常务理事单位11个，理事单位20个。它代表了我国钛锆铪工业的主体，覆盖了全国大部分省市从事钛冶炼-加工-应用及钛科研-设计-生产-应用两个体系，具有广泛的代表性和行业基础。

我受大家的信任，荣幸地担任了钛业分会首任会长。我知道这是一项非常艰巨的任务，我要和各位副会长、常务理事、理事一道，努力工作、不辱使命，以开拓进取的精神来办好钛业分会。

如何办好钛业分会呢？我以为，主要是认真按钛业分会工作规则办事。按照分会工作规则，钛业分会应是企业与政府之间的桥梁和纽带。通过协助政府实施行业管理和维护企业合法权益，推动行业和企业的健康发展。它的宗旨是服务，双向服务，既为企业和行业服务，又为政府部门服务。特别要把政府与企业想做而不便做的事做好，要发挥调研统计、咨询评审、规划协调、献策建议、应用推广、自律维权等多种功能。

我们当前要做的主要工作是：

（1）深入调查我国钛行业现状，包括生产、科研、贸易现状，取得比较全面、准确的统计数据，同时要充分了解企业的意愿与要求，整合行业意见，作为我们各项工作的基础；

（2）进行钛市场调研，了解国内外市场的现状与发展趋势，并把市场信息及时反馈给会员企业；

（3）发挥钛专家委员会的作用，协助政府做好钛科研、技术改造、技术创新等项目的评审、技术咨询等工作，为企业或有关单位做好项目的可行性研究与咨询工作。该委员会拟设若干工作组，按专业特色开展工作；

（4）做好政府的参谋，按政府部门的授权，参与行业发展规划、技术标准的制定和行业的资质审查；

（5）促进钛的技术开发和应用推广工作，推动生产、科研、设计、应用单位联合攻关，开发新工艺、新设备，降低钛材成本，开辟新的应用领域，扩大钛市场；

（6）积极筹建钛专业网站，实现信息资源共享；

（7）发展新会员；

（8）开展国际交流。

总之，我们要认真学习国内兄弟行业协会和国外同类组织的好经验，通过自己的努力，把中国有色金属工业协会钛业分会办成一个具有中国特色、有权威性、有感召力和有国际影响力的行业组织。

我们要以开放的姿态，本着公开、公平、公正的原则办事，使全体会员单位不分规模大小和企业性质都能受益，并做到"多参与多贡献者多受益"；使一切愿意按公平竞争原则经营的钛企业都能聚集到钛业分会这面旗帜之下，获得应有的发展，共创我国钛锆铪工业的美好明天。

大会之后，我们还要进行分组讨论，共同商讨我国钛工业发展的战略和钛业分会的工作，希望大家畅所欲言、献计献策，使会议取得圆满成功。

［本文发表于《钛工业进展》，2002(4)：Ⅲ－Ⅴ］

中国海洋工程材料发展战略咨询报告

海洋是21世纪世界政治、经济、军事竞争的制高点。以最大限度利用海洋为目的的海洋科学研究、海洋技术开发等已上升到各国最高层次的战略性规划与决策范畴。我国海洋经济总量已接近6万亿元（占GDP的9%），可称为海洋大国，但远远不是海洋强国。实现中华民族复兴、实现中国梦必须成为海洋强国。

党的十八大报告提出了"提高海洋资源开发能力，发展海洋经济，保护海洋生态环境，坚决维护国家海洋权益，建设海洋强国"的发展战略。海洋强国是指在开发海洋、利用海洋、保护海洋、管控海洋方面拥有强大综合实力的国家。中国经济正发展成为高度依赖海洋的外向型经济，对海洋资源、空间的依赖程度大幅提高，同时维护海洋权益的需求日益迫切。这些都需要通过建设海洋强国加以保障。海洋工程及海洋工程材料是拓展海洋空间、开发海洋资源的物质前提，是实施海洋科技创新、建设海洋生态文明的物质基础，是提升海洋国防实力、维护海洋权益的物质保障。因此，加快海洋工程建设、培育海洋工程材料产业，对把我国建设成海洋强国具有重要战略意义。

1 我国海洋战略面临严峻挑战

海洋国土安全领域

我国是一个海洋大国，拥有丰富的海洋资源和岛屿资源。我国的大陆海岸线长18000多公里，加上岛屿岸线14000公里，海岸线总长居世界第四，大陆架面积130万平方公里，位居世界第五，200海里水域面积200万～300万平方公里，位居世界第十。但周边国家长期觊觎我国的海洋资源，由于种种原因导致在属于我国的海域中，近一半存在争议，海域被分割，岛礁被占领，特别是南海的油气资源被掠夺的情况较普遍。我国海洋国土安全正面临着严峻挑战，我国的海洋权益面临着严重威胁。

海洋油气资源开发领域

21世纪以来，世界新增油气储量和产量已主要来自海洋。预计到2015年，海洋油气产量占全球总产量的比例将分别达到39%和34%。近年来，我国对海洋油气勘探开发的支持力度不断加大，《全国海洋经济发展"十二五"规划》中提出：加大海洋油气勘探力度，稳步推进近海油气资源开发，提高深远海油气产

图1 典型海洋基础设施

量。"十二五"期间，我国海洋油气资源开发的年均投资有望突破600亿元，是"十一五"的2～3倍。数据显示，我国海洋油气资源储量巨大，而石油资源探明程度约为12.3%(世界平均约为73.0%)，天然气资源探明程度约为10.9%(世界平均约为60.5%)，探明率远低于世界平均水平，因此我国海洋油气资源勘探开采潜力巨大。

目前深水油气开发已成为我国海洋油气资源开发的必然趋势，我国的深水油气资源主要集中在南海。按照国土资源部的普查估计，南海石油储量达到250亿～300亿吨，天然气20万亿立方米，堪称第二个"波斯湾"。而南海油气资源勘探开发面临着政治、技术两方面挑战。越南、马来西亚、菲律宾、文莱和印度尼西亚等周边国家进军海洋油气资源的脚步十分迅猛，据中国社科院估计，目前五国年石油产量已超过6000万吨，其中相当一部分来源于"九段线"以内。另一方面，我国深海工程技术装备和经验的欠缺也制约着南海油气资源的利用。因此，无论是从保障我国油气资源安全的现实，还是维护国家海洋权益的战略，南海深水油气开发都具有非常重要的意义，迫切需要国家加大投入力度，特别是促进南海特殊服役环境下关键海洋工程材料的研究与开发，进一步推动我国南海油气资源的有效利用。

海洋基础设施建设领域

随着我国海洋开发的不断深入，重大海洋基础设施，如海港码头、跨海大桥、海洋平台、海底管线，以及新型海上风电设施、各类舰船和潜艇等海洋交通和军用设施等正在建设。典型海洋基础设施如图1所示，这些基础设施决定着海洋

图2　海洋基础设施中的腐蚀现象

资源开发利用的水平。但海洋苛刻的服役环境，使得海洋基础设施出现极为严重的腐蚀问题，典型腐蚀现象如图2所示，严重影响海洋基础设施的使用寿命和安全性。而且海洋腐蚀情况复杂，不同服役区域具有不同的腐蚀速度，使得耐蚀材料开发及腐蚀防护面临严峻挑战。

目前，海洋腐蚀已经成为影响近海工程和远洋设施服役安全性和使用寿命的重要因素。尤其是我国南海地区高湿热、强辐射、高Cl^-环境和微生物造成钢材的严重腐蚀。深水高压、高温(热液区)、低温(2 ℃)等复杂服役环境造成材料和装备开发困难，使得我国在南海油气资源的开发面临着严峻的挑战，急需解决我国南海特殊腐蚀环境下的腐蚀问题。

海洋交通领域

进入21世纪以来，世界船舶市场逐步摆脱亚洲金融危机的影响，迎来了难得的市场高潮期。同时，随着中国经济的高速发展，对能源、外贸运输及海洋开发的需求日趋增高。中国船舶工业及时抓住机遇，加快发展速度，在短短十多年的时间里，实现了历史性的跨越，造船能力、科技实力和国际综合竞争力不断增强，中国已经成为世界上最具影响力的世界造船大国之一。

但是，在市场需求持续低迷的严峻考验和世界经济运行下行业压力不断加大的风险中，我国船舶工业发展不平衡、不协调、不可持续问题仍然突出。特别是核心设计能力和关键材料保障不足是造成我国船舶工业大而不强的主要原因。加强海洋工程材料的开发，对提升我国船舶工业自主创新能力具有现实意义。

海洋渔业领域

中国作为世界第一渔船大国,渔船装备及安全状况形势严峻。现有100余万艘各类渔船中约85%是木质渔船,90%均是小型渔船,并且大量渔船船龄老化严重、配套设备陈旧、安全技术设计落后、船型混杂,中国渔船及相关设备的技术状态落后于渔业发达国家四十年水平,落后于中国现代船舶水平30年,急需使现代船舶建造技术和工业发展优势惠及渔船行业。加强渔船设计建造规范的研究,按照"安全、环保、经济、节能"的标准,大力发展玻璃钢渔船,更新淘汰木质老旧渔船,全面提高中国渔船现代化建设。

目前我国在海洋运输、海洋资源利用以及沿岸及离岸工程建设等方面取得了巨大进展,与之相关的海洋工程材料及海洋工程材料产业起到了关键的支撑作用。然而初步的调研表明:涉及舰船、海洋平台、油气管线以及离岸建筑等方面使用的高品质钢铁材料、钛合金、有色金属、复合材料以及防护涂料等大量依赖进口,相当一部分国产材料质量不稳定,很多材料的关键应用技术落后。这种现状严重制约我国建设海洋强国的步伐。

2 我国海洋工程材料的现状与存在的主要问题

新中国成立以来,特别是改革开放以来,我国海洋工程材料在基础研发、生产加工以及海洋工程应用等方面取得长足进步,极大地促进了国民经济的发展,保障了国防建设的需求。如:我国在舰船用钢、海工用钢等方面,经过几十年的发展进取,建立了我国自己的舰船及海工钢铁材料体系以及具有较强生产能力的钢铁企业。我国海工用钢的国产化率已达到90%以上;被称为"海洋金属"的钛合金,我国目前已形成了较完整钛合金研究、中试和规模化生产的工业体系。2012年我国的海绵钛产量达8.1万吨,钛材产量达5.1万吨,居世界首位,我国已成为世界钛工业大国;在海洋工程用铝合金、铜合金等有色金属材料方面,我国已经具备了较完善的研发生产以及相当规模的加工制造能力,特别是近年来,我国大规格铝合金加工能力已达到世界先进水平;碳纤维增强树脂基复合材料是近年爆发式增长的新型海洋工程材料,其耐腐蚀性高,抗海洋生物附着力强,是舰船、海洋平台、海洋发电等海工装备的理想结构材料,先进碳纤维增强树脂基复合材料已经是衡量一个国家高技术材料发展水平的关键指标。我国碳纤维增强树脂基复合材料应用研发较晚,但已形成了T300碳纤维的量产能力,更高强度水平碳纤维的研发也取得突破进展,基本突破了国外对我们的技术封锁;海洋环境应用的混凝土材料也取得了突破进展,近年我国建造的多座跨海大桥、海底隧道以及离岛建筑都是采用具有自主知识产权的混凝土材料;海洋防护材料与防护技术是海洋工程应用中最为关键的材料与技术,我国已经初步建立了海洋环境监测以及防护材料与技术研发体系。

尽管如此，与世界海洋发达国家相比，我们仍存在巨大差距。

高性能海洋工程材料缺乏自主保障

从整体来看，虽然我国海洋工程材料对海洋运输、海洋资源利用以及沿岸及离岸工程建设等方面起到了支撑作用，但在关键及核心材料上远没有实现自主保障，特别是涉及舰船、海洋平台、油气管线以及离岸建筑等方面使用的高性能大规格结构钢、高品质钛合金、铜合金、复合材料以及防护涂料等严重依赖进口，相当一部分国产材料质量不稳定。如美国舰船用钢代表了世界一流水平，我国舰船的主要用钢只相当于美国20世纪50~60年代水平；日本等国海洋平台、深海钻探、石油管线钢等代表世界一流水平，我国海洋平台，尤其是船、深海钻探等装备用的大规格齿条钢、大线能量焊接钢、殷瓦钢、双相不锈钢等严重依赖进口。这导致了我国高端海工装备受制于人，削弱了开发海洋、利用海洋的能力；同时导致舰船性能水平落后，海洋权益管控能力不足，国家利益得不到充分保障；海工产品"欧美设计、亚洲制造、中国承接低端技术产品"的局面难以打破，严重阻碍我国建设海洋强国的前进步伐。

基础研究薄弱,应用研究不足,新材料及先进材料需求低迷

我国海洋工程材料长期实行跟踪仿制的发展模式，这一方面大大加快了我们的发展进程，缩短了与世界先进水平的差距，但同时也导致了基础研究不足，创新能力不足，减缓了创新发展步伐，舰船用钢的发展历程就是例证。另外，我国对材料的应用技术开发研究缺少宏观的指导与有效的管理机制，主要表现是应用研究经费投入不足，实验室成果不能及时转化为有效产品。同时，设计、生产、应用部门缺少在工程装备中采用新材料的共同意愿与目标，工程化研究与考核验证方面的问题突出，导致新型材料成熟度低，设计、加工、制造标准缺乏，对国产先进材料应用需求不足。我国最新成功下潜7000m的蛟龙号深潜器，其关键部位钛合金壳体，尽管是由我国自主设计，但合金材料和加工成型由国外承包。

专业海洋工程材料生产企业自主创新研发和技术应用薄弱,舰船海洋工程材料装备保障能力严重不足

虽然近年国内制造装备水平大幅提高，但同样由于应用技术研究缺乏，生产过程控制缺乏依据，甚至类似于蒙乃尔合金的常规材料质量很不稳定，无法满足需求。此外，我国产业结构自身还不能快速适应海洋经济的高速发展，缺乏专业海工材料生产企业和专业技术人才，缺乏特殊严酷环境材料加工生产工艺，导致我国舰船和海工装备保障能力严重不足。

管理体制、机制不合理,制约了海洋工程材料发展

我国现行的科研体制弊端仍根深蒂固，主要是：资源分散、效率不高、体制封闭、协同不够，在科研立项、经费使用、项目验收以及科研考核评价等方面

还存在不足和缺陷。由于部门利益驱动作祟,难以形成资源、数据共享的良好机制,直接影响我国海工材料的研发、应用及成本、可靠性,制约了舰船及海工装备的发展。

缺少海洋工程材料战略规划,尚未建立完整的海洋工程材料体系

针对海工材料,我国目前缺少顶层设计和长远战略规划。我国至今没有严格意义上的海洋工程材料体系;缺乏完整、严谨的海洋环境以及材料耐蚀、服役性能数据库,对新材料需求不足,限制了国产先进材料在设计中的选用。我国目前缺少海洋工程材料腐蚀和服役研究的专业研究机构,缺少以海洋工程应用为背景的材料基础研究单位,导致海工材料发展无标准可依、无规律可循,海洋工程材料引领性、颠覆性研究成果则无从谈起。

3 重大措施建议

针对上述我国海洋工程材料发展中的问题,项目组在反复研究酝酿的基础上,提出五项重大措施建议。

设立国家级海洋工程材料专业指导委员会

设立国家级海洋工程材料专业指导委员会,其主要任务是负责制定我国海洋工程材料发展的各项政策;制定海洋工程材料长远发展规划,设计发展路线图,制定海洋工程材料近期、长期发展目标;负责规范海洋工程材料的发展导向,为开展基础性、前瞻性、战略性材料研究的源头创新把握方向,科学合理配置资源;建立海洋工程材料会商制度,指导"政产学研用检"产业技术创新联盟的有效运行。专业指导委员会由战略科学家、分管部门有关领导以及海洋工程材料产学研用联盟推荐的专家组成。

设立若干个海洋工程材料发展中心

设立若干个海洋工程材料发展中心,包括:①建立国家海洋工程材料腐蚀测试与评价中心,开展海洋工程材料在各海域的腐蚀失效行为研究,建立我国海洋工程材料应用数据库与应用标准,为国产海洋工程材料的研究与应用提供依据;②建立若干个海洋工程材料基础研究中心,凝练海洋工程材料的关键科学问题,开展先进海洋工程材料基础性、前瞻性、创新性研究,为我国海洋工程材料创新能力的不断提高提供坚实基础;③建立若干个海洋工程材料应用技术研发中心,凝练海洋工程材料的关键共性技术问题,开展海洋工程材料的关键技术应用研究,建立健全我国海洋工程材料创新技术体系,为我国海洋工程装备升级换代、产业结构的合理调整、实现海洋高新技术的飞跃发展提供技术支撑;④建立若干个专业的海洋工程材料"政产学研用"联盟,探索新型材料研究体制与模式,开展材料基础理论、应用技术、服役性能的一条龙研究,建立设计、研究、应用的

海洋工程材料创新发展机制，为材料的创新研究、成果的迅速转化提供机制体制保障；⑤建立若干个专业的海洋工程材料调剂中心，充分利用市场调节机制，结合区域优势合理配置人力物力资源，强化专业材料生产企业功能与活力，优化区域海洋工程材料产业结构，为做大做强我国海洋工程装备产业提供保障。

设立海洋工程材料国家专项基金

海洋工程材料专项基金主要用于支持上述海洋工程材料发展中心运行与创新研究。专项基金可由国家支持和企业融资多渠道解决，也可以从"专项"和新材料体系建设项目中切块。通过大力投入，加强"973"、自然科学基金对海洋工程材料的支持力度，促进基础研究和前瞻性新材料研发；加强网络信息化与海洋工程材料研究的结合，促进网络信息化时代海洋工程材料的创新模式研究；加强海洋工程材料关键技术创新研究，促进我国海洋工程材料技术体系的形成；加强专业海洋工程材料企业技术创新能力，促进企业真正成为创新主体。

建立新型科技体制机制，激发创新活力

全面进行海洋工程材料发展的体制机制改革，建立健全会商机制和对接机制，实现合作、共享；探索激励机制，尊重知识产权，切实解决各方利益分配；完善军民融合机制，推动建立民企间合作机制，广泛建立并推广"政产学研用"联盟，实现全方位的协同创新发展。

广泛开展国际合作，拓展全球化发展空间

我国海洋工程材料技术水平与海洋强国的相比差距很大，在当前信息全球化、人才全球化、资源配置全球化、市场全球化的网络化时代，广泛开展国际合作，培养具有国际化的海洋工程材料人才是发展我国海洋工程材料的关键。

中国3D打印材料及应用发展战略研究咨询报告

党的十九大报告提出到2035年，基本实现社会主义现代化，科技实力大幅跃升，跻身创新型国家前列；到本世纪中叶建成社会主义现代化强国的奋斗目标。加快建设创新型国家，创新是引领发展的第一动力，是建设现代化经济体系的战略支撑。先进关键材料是提升国家科技实力、实现科技强国必需的物质基础和保障。作为制造业的基础，先进材料的发展与进步尤其重要。"制造强国、材料先行"具有非常重要的战略意义。

2013年以来，全球新一轮科技革命和信息革命进程持续快速推进，3D打印已经成为全球科技和产业发展的热点，随着GE、空客、西门子、惠普等知名大公司的争相进入，3D打印在新装备、新技术、新应用不断取得重大突破，设备装机总量持续攀升，市场规模大幅扩大，推动了制造业、医疗、教育、文化等领域的深刻变革。然而对3D打印材料的研究和开发却远落后于3D打印整体发展的步伐，现有3D打印材料种类完全不能满足多样化、个性化的使用需求，材料应用和评价体系亟待完善。因此，突破现有材料的使用瓶颈和开发新型专用3D打印材料成为当务之急。

2017年3月，中国工程院启动了"中国3D打印材料及应用发展战略研究"咨询项目，成立了由周廉院士任组长的项目组，组织了26位院士和40余家单位的150位3D打印材料制造科研以及生产部门、政府部门、行业协会的专家和学者，针对我国3D打印材料应用现状及发展情况进行了深入调研和分析。项目历时两年，深入近二十家3D打印研究、应用单位，组织了十多次研讨会，在广泛听取各方面意见后，完成了《中国3D打印材料及应用发展战略研究咨询报告》，指出了我国3D打印材料及应用存在的问题，提出了我国3D打印材料及应用的发展思路、目标和建议，形成了本报告摘要。

1 3D打印的概念

3D打印是指基于拟成型构件的数字模型，将材料在三维方向上采用逐点/逐线/逐层堆积方法制造出实体构件的一种创新性制造技术。3D打印技术集成了当代诸多学科先进成果，是实现制造业向数字化转型的加速器。它为设计师创造了无限想象的空间，突破现有加工技术局限，增加了设计自由度；通过加强产品集成度大幅缩短了生产周期并提升了工作效率；革命性地减少材料损耗实现绿色制造；其高精度、高可靠性制造技术可以满足高产品性能特殊需求。3D打印技术的出现

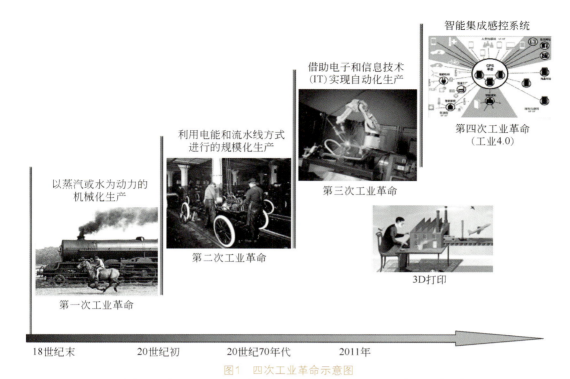

图1 四次工业革命示意图

图片来源:德国工业4.0工作组最终报告《关于实施战略举措的建议》

大大减少供应链的压力,已成为第四次工业革命(智能化,见图1)的一部分,将为推动社会的巨大进步持续做出贡献。

2 3D打印国内外发展现状

2.1 国内外扶持政策

美国、欧洲等国家和地区非常重视3D打印技术在军事、国防、太空等领域的应用和发展,将3D打印作为未来高科技技术发展的增长点进行重点支持。3D打印技术、设备、材料、服务在欧美等国得到了迅速发展,为其抢占未来科技制高点夯实了基础。

美国陆军2016年4月发布《2016—2045年新兴科技趋势》,该报告旨在帮助陆军理解新兴科技趋势,引导国家资源和社会资本的投入和投资方向,确保陆军在未来作战中取得战略优势。其中,3D打印技术被列为20项重大科技趋势之一。

美国国防部组织相关机构于2016年11月发布了《增材制造路线图》报告。该报告详细阐述了增材制造在美国国防系统的应用领域,重点分析了国防部对增材制造及使能技术的需求,在此基础上,提出美国国防部增材制造综合路线图,主要包括设计、材料、工艺和价值链四个细分领域路线图。

欧盟认为,3D打印技术可以成为长期推动欧洲经济发展的关键技术。

1991~2013年，欧盟通过多个"框架计划"设立了88个3D打印相关项目，总投入2.25亿欧元。投入800亿欧元的欧盟"地平线2020计划"继续支持3D打印，目标是全球3D打印主要引领者。2004年成立的"欧洲3D打印技术平台"，共有26个欧盟国家的350家单位参与，72%为工业界单位，于2010年生产出世界上最先进的3D打印装备。其于2012~2014年发布多版《3D打印战略研究报告》，着力推动制定了欧盟3D打印技术路线图、产业路线图和标准路线图，与美国同步进行3D打印太空应用研究。

日本政府2014年投入40亿日元，实施"以3D打印为核心的制造革命"计划。2014年11月，韩国政府发布十年期的"3D打印战略规划"，目标是把韩国占全球3D打印市场份额从2.3%提高到15%。澳大利亚政府于2012年2月宣布支持"微型发动机增材制造技术"。2011年，南非政府设立3D打印航空制造研究计划，力图在未来的国际竞争中抢占一席之地。

我国科技部在"863""973""重点研发计划"中安排专项，连续系统支持3D打印技术研究，包括设备、工艺、软件、材料、检测等多个方面。2015年工信部、国家发改委、财政部联合发布《国家增材制造产业发展推进计划(2015—2016年)》。2017年，工信部、发改委等12部门联合发布《增材制造产业发展行动计划(2017—2020年)》。2015年国务院印发《中国制造2025》，纲领中提出，要围绕增材制造等领域创新发展的重大共性需求形成一批制造业创新中心。国防科工局在基础科研、国产化替代等计划中也连续支持了多个3D打印项目。中央军委装备发展部，在预研项目中支持3D打印研究外，还提出了发动机结构3D打印技术研究等专项，极大地支撑了我国3D打印研究与产业的发展。

2.2 国内外3D打印发展现状

（1）3D打印产业成为近年来世界制造业发展的新动力

从2012年开始，全球3D打印市场规模每年以近50%的速度增长，至2016

图2　GE公司增材制造产业布局

(图片来源：GE公司网站)

年增长了近3倍，超过60亿美元，其中3D打印材料超过9亿美元，占整个行业的15%。聚合物和金属材料是3D打印用的主要材料，占2016年3D打印材料用量的98.4%。

（2）大型跨国公司通过并购成为全球3D打印设备与材料的供应商

通用电气公司(GE)作为世界上最大的喷气发动机供应商，在3D打印应用领域有十余年丰富的经验和技术积累，尤其是在打印发动机燃油喷嘴方面取得了突破性进展。近几年来，以企业发展战略的高度，加速了向3D打印的进军步伐，收购了德国ConceptLaser和瑞典的Arcam公司，希望创造出更多先进应用，成为全球3D打印设备与材料的供应商。目前GE已经建立了覆盖全球的3D打印设施和资源网络，支持包括航空、医疗、汽车、油气开发等多种行业的3D打印服务，涵盖了研究、设备和材料开发、工程服务、生产和支持等全领域(见图2)。此外，西门子（SIEMENS）、巴斯夫（BASF）、空客（Airbus）、日本住友重工等公司在近两年也都先后收购3D打印相关公司，强力进军3D打印领域。这些事件都标志着3D打印产业发展的新规模的逐渐形成。

2.3 3D打印应用从"航空航天和医疗"的主战场向海洋、汽车、油气开发等工业领域全面开花

3D打印产品从个性化定制向批量化生产发展，从原型制造到正式生产发展，3D打印材料从单一材料向复合材料、多种材料复合方向发展，3D打印构件不断突破材料尺度和复杂极限，通过拓扑优化设计，向结构、功能一体化发展。

2.4 我国在3D打印领域领跑、跟跑、追赶、超越现象并存，奋力追赶的任务仍艰巨

我国3D打印技术在高性能复杂大型金属承力构件、体外辅助医疗和骨科、牙科植入物等技术领域已达到国际先进水平，成功研制的一些主型工艺装备的性能也基本同国际同行大体相当。但在关键3D打印材料、金属制粉装备、3D打印控制软件、装备的重要元器件、3D打印产品在线检测、具有生物功能和生物活性的组织或器官打印等方面仍处在基础研究阶段，与国际先进水平差距较大，需要下大力气解决。

3 我国3D打印材料及应用存在的突出问题

我国政府通过政策引导，在社会各界共同努力下，3D打印产业实现快速发展，一批关键技术得到突破，装备性能显著提升，应用领域日益拓展，涌现出一批具有一定竞争力的骨干企业，形成了若干产业集聚区，推动我国3D打印产业发展进入新阶段。但与发达国家相比，我国3D打印低水平重复建设现象严重，3D打印材料及应用尚存在关键技术滞后、创新能力不足、核心工艺及专用材料基础薄弱、高端装备及零部件质量可靠性有待提升、关键领域工程化应用有待提高等问

题。主要表现在：

（1）3D打印专用材料种类偏少，基础研究薄弱

3D打印技术的应用及发展，材料是关键。不同行业对材料的种类、性能有不同的要求，材料种类的多寡极大程度地决定了3D打印技术的应用范畴。由于3D打印成形原理的固有特点，其对原材料各种理化性质有特殊要求，如粉末粒径、堆积密度、流动性能、熔点与结晶点、耐热性等。目前，实际应用于3D打印的材料还不到已有材料种类的1%，无法满足市场需求。在3D打印基础理论与成形微观机理研究方面，3D打印理论基础及工艺控制研究都较为薄弱，缺乏材料微观层面与3D打印质量关系的研究，缺少3D打印机理研究分析和3D打印无损检测研究基础。

（2）原始创新能力不足，国产材料性能不稳定，关键3D打印材料缺乏自主保障能力

国内3D打印材料生产企业对原材料进行改性或者增强处理效果不是十分理想，总体缺乏高、精、强的特性，导致生产的构件在精度、复杂性、强度等方面难以达到工业化规模应用需求，产品质量时好时坏，更难以作为功能件直接使用，整体性能有待提高。例如国产粉末质量参差不齐、粉末批次不稳定、制粉装备与工艺技术亟待突破，导致3D打印零件性能的一致性和稳定性较差。在航空、航天等领域3D打印材料缺乏自主保障能力，还不能稳定生产高品质、细粒径球形钛合金和高温合金等金属粉末，导致目前我国超细金属粉末自给率严重不足，基本依赖进口。

（3）3D打印关键应用进程缓慢

由于在3D打印材料技术应用研发方面投入不足，加之3D打印制造成本和成熟度等问题，造成其在重大工程领域应用动力不足，从而导致我国在航空、航天、兵器等领域的产业化技术发展和应用方面严重落后于欧美。近5年来，3D打印技术在欧美取得了飞速的发展，多家跨国公司纷纷介入3D打印生产研究领域，加快了低成本3D打印设备社会化应用和金属零件直接制造技术在工业界的应用。而我国3D打印技术主要应用于模型、样品制作，在高性能终端零部件直接制造方面严重落后。国外是基于理论基础的工艺控制，而我国则还是依赖于经验和反复的试验验证的老路，导致我国3D打印工艺关键技术整体上落后于国外先进水平。

（4）3D打印构件缺少必要的检测手段、标准、规范和认证

3D打印构件的内在缺陷控制问题是确保3D打印构件质量的关键，而如何更为精确地检测缺陷则是基础。相对于传统制造，3D打印构件内部缺陷的成形、类型都是不同的，而传统工艺的缺陷检测手段和标准是否适用于3D打印技术需要大量的实践来研究和验证，如3D打印特有的内部冶金缺陷的基本特征、形成机理及控制方法，微观力学行为、对材料及构件力学性能的影响规律及缺陷损伤容限特性，以及内部缺陷无损检验方法与标准等。3D打印构件因缺少结构与性能质量评价标准与方法，未形成建立质量认证机制的基础。随着3D打印零件向

着复杂性、轻量化的发展，针对这些结构件的评价亟需认真规范。

4 我国3D打印材料及应用的发展思路、战略目标和对策建议

4.1 发展思路

坚持新时代中国特色社会主义思想指导，以满足重大工程应用需求和人民身体健康提升为主线，以构建具有中国特色的、技术先进的、完备的3D打印材料技术研发与应用体系为目标，遵循"需求牵引、军民融合、关键突破、专利前瞻、体系完备"的总体发展思路，紧紧抓住我国实施科技创新和制造强国的关键战略时期，加快"制造强国、材料先行"的步伐，实施重点突破，推动我国3D打印材料及应用技术研究进步，带动3D打印装备和产业升级，为我国2025年迈入世界制造业强国贡献"材料智慧"。

4.2 战略目标

（1）2025年战略目标

以航空、航天、海洋、兵器、核工业等重大战略需求和满足人民身体健康提升需求为发展重点，紧跟国际3D打印发展趋势，解决关键材料自主保障；解决关键3D打印材料性能不稳定、品类少、可靠性差等问题；围绕未来3D打印结构功能一体化、智能化等特点，加强开展高品质金属细粉、高性能聚合物、无机材料及复合材料、先进生物材料和具有生物活性的细胞组织材料、新型功能材料及材料/结构/功能一体化设计、标准和评估等方面的基础和工程化研究，重视专利和知识产权前瞻性布局，突破关键领域应用，实现3D打印材料研究、生产及应用水平迈入世界先进国家行列。

（2）2035年战略目标

在军用和民用飞机和发动机型号上实现3D打印零部件的上机应用及批产，熟练掌握3D打印技术解决民机工程问题的能力。包括民用飞机3D打印承力构件的装机通过适航验证，并达到质量稳定、可控的批产状态，切实达到结构减重、性能提升、效率提高、成本降低等目标的实现。开展3D打印创新技术和创新应用，建立面向航天功能一体化结构、智能结构的3D打印能力，建立贯穿航天领域的设计—材料—工艺—设备—检测的完整技术体系，使3D打印技术成为中国航天制造主流技术之一。建立船舶与海洋工程领域3D打印技术的发展体系，保障3D打印在近海、远洋、深海的应用推广。全面推进3D打印技术在兵器行业的应用，实现具有复杂材料梯度的结构设计与3D打印制造，建成面向兵器的3D打印标准体系。开发出具有广泛应用前景的高性能、低成本新型3D打印生物材料，实现人体组织器官、细胞生物3D打印工艺成熟稳定，在再生医学3D打印领域取得划时代进展，建成具有国际先进水平的生物3D打印医疗中心。3D打印材料研究、生产及应用水平进入世界先进水平前列。

4.3 对策建议

项目组经过反复酝酿讨论，提出如下对策建议：

（1）统筹现有专项政策，重点支持3D打印材料、制造装备、关键元器件的国产化

统筹新材料重大专项、科技部重点研发计划、国家自然科学基金等国家科技计划项目，对3D打印材料基础研究和关键技术进行支持，从国家层面推动3D打印材料技术的健康发展。由于3D打印技术是一项复杂的工程技术，涉及机械、材料、控制、软件等众多学科，要特别重视3D打印新技术集成，强化多学科的协同作用。建立装备—材料—工艺协同发展机制，重点支持3D打印材料及装备新型研发、生产机构的原始创新，加大对国产3D打印装备制造和材料制备骨干企业的帮扶补贴力度，重点攻克高品质细粒径球形金属粉末低成本规模化制备技术，引导3D打印材料、制造装备、关键元器件国产化，开发具有自主知识产权的成形工艺包和数据库，实现我国3D打印关键材料及技术在世界的话语权。

（2）重点支持引导3D打印新材料及技术研究应用

发挥材料的基础和决定作用，特别应将对医疗和重大工程应用有重大影响和应用前景的前瞻性材料技术，作为3D打印材料技术发展的重点。重视先进高性能钛合金粉末、高温合金粉末、先进聚合物材料、复合材料、智能材料、细胞组织材料、多材料复合打印技术的研发和基础研究工作。加强3D打印新材料和创新构型结构功能一体化材料的研究，开发颠覆性的新材料和新结构，通过多学科交叉，创新发展3D打印过程监控、反馈技术以及最终打印制品的无损检测方法，推动3D打印技术的规模化应用。激励3D打印材料探索性创新研究，加强知识产权保护，注重关键核心专利的申请。支持引导国内大型应用制造企业成为拉动3D打印材料及技术发展的主体。

（3）建立国家级3D打印材料应用技术服务推广中心，筹建中国3D打印材料产学研联盟

设立国家级3D打印材料应用技术服务推广中心，加大3D打印在航空、航天、海洋、核电、兵器、医疗、交通、建筑等领域的技术推广力度，引导3D打印行业加快整合。组建中国3D打印材料产学研联盟，整合行业资源，搭建不同领域的技术、产业、应用和产业链上下游的对接通道，推动技术合作，加强材料生产企业和上下游需求对接，加快新技术推广应用。引导社会力量及地方政府适度投入，共同推进3D打印材料与技术的深度应用，促进3D打印产业持续快速健康发展。

（4）组建省级生物医疗3D打印应用中心

目前相关3D打印医疗基础应用在国内医疗单位推广普及度低且存在着地区间发展严重不平衡现象，3D打印主要医疗应用是假肢、鞋垫等康复类器件以及牙齿、髋关节、膝关节等植入物和手术固定、支撑物、手术模型导板，代表未来发展方向的细胞和组织打印开展很少。建议国家有关部门出台支持政策，加大投

入，创造有利条件。整合区域内的医疗资源，建设3D打印医疗省级或区域示范中心，促进地方医疗机构和3D打印研究生产单位联合。实现3D打印个性化医疗应用，提升人民整体健康水平。同时发挥好中心引领、辐射、评价作用，通过中心的建设，打通医院诊疗、模型设计、材料评价、部件制造、患者使用等多个环节，同时要着力未来应用的发展方向，发展先进的细胞打印、人体器官组织打印应用研究。

（5）制定"国家3D打印国防战略计划"

目前，国防装备对轻量化、长寿命、高可靠性、一体化的要求越来越高，而3D打印技术是能摆脱原有局限、满足设计制造要求的新型制造工艺，可以使得国防武器装备复杂制造能力大幅提高，减少零部件数量，通过结构拓扑优化，减重减材，实现轻量化、高性能和快速制造的结合。美国国防部、陆军、海军、空军等都先后发布计划，支持3D打印研究和应用，以确保其在未来作战中取得战略优势。在当前严峻的世界形势下，为了应对未来战争的需求，建议我国抓紧制定3D打印国防战略计划，通过重大工程牵引中国3D打印发展。主要是制定3D打印设计、材料、设备和价值链等方向的发展目标和技术发展要素；加强军民融合，协调各种3D打印的开发投资，避免基础研究和基础建设的重复投资；利用3D打印技术手段，制定战略计划，帮助装备科研执行人员避免冗余和重复性工作从而加快项目进程，提高我军后勤保障及装备能力，大幅改进与创新装备，提升其成熟度；加快整个3D打印行业技术应用速度。

（6）构建具有中国特色的3D打印材料先进标准体系

目前，全世界3D打印材料的创新研制仍处在起步及初步应用阶段，开展3D打印材料研发应注重提高材料品质，加强材料与我国3D打印装备和应用领域的适配性，注重开展一材多用和一用多选的研究。针对3D打印构件缺陷种类，系统建立评价准则；针对拓扑优化结构、点阵结构等新型结构形式，建立面向新型结构的试验件评价标准和方法。注重跟踪、调研国内外3D打印材料有关标准化组织(技术协会)的发展及标准制定状况，结合我国3D打印标准化的顶层指导框架，分析和梳理可用的3D打印材料技术标准，研究和形成3D打印材料先进标准体系架构建设。以期促进我国3D打印材料技术及其产品技术的进步，提升高端装备制造业的核心竞争能力。

（7）注重3D打印材料人才队伍建设，培养有国际影响的领军人才

经济和科技的竞争，归根到底是人才的竞争。科技人力资源是最重要的战略资源。凝聚国内从事这一领域的主要优势力量，培养形成一支以国际著名专家为学术带头人、中青年为骨干的、多学科交叉的与国家科技发展相适应的、高素质的科技创新团队，成为我国3D打印领域重要人力资源。加快引进3D打印产业的高层次人才，进一步建立有利于创新人才涌现的机制，营造有利于创新人才成长的良好氛围和环境，吸引更多、更优秀的创新人才。在大专院校中设立3D打印课程或专业，培养各类创新型3D打印人才；有针对性地开展3D打印产业各类应用型人才的培训工作，为推动我国3D打印的快速发展提供人才保证和智力支持。

四十载光辉业绩　新世纪宏伟蓝图

——在西北有色金属研究院四十年院庆活动上的致辞

周　廉

各位领导、各位来宾、全院职工同志们：

今天，西北有色金属研究院的干部职工和来自全国各界的朋友们欢聚一堂，共同庆祝西北有色金属研究院建院40周年，我代表研究院全体干部职工向各位来宾表示热烈的欢迎和衷心的感谢！

向为研究院建设发展做出巨大贡献的离退休老领导、老专家、老职工和在各个岗位上拼搏奉献的全院干部职工致以崇高的敬意！

西北有色金属研究院的四十年，是艰苦磨砺、团结拼搏的四十年，是辛勤耕耘、春华秋实的四十年。她倾注了几代领导班子和全院职工的智慧、热血和汗水。

四十年，在历史的长河中只是短暂的一瞬，但重温研究院四十年的发展历程，却有着许许多多值得我们骄傲和回味的篇章。

四十年前的今天，"冶金部有色金属研究院第一分院"与"宝鸡稀有金属加工厂"破土动工。1972年，研究院更名为"宝鸡有色金属研究所"。1983年，划归中国有色金属工业总公司，同年11月更名为"宝鸡稀有金属加工研究所"。1988年，经国家科委、人事部批准，更名为"西北有色金属研究院"。1999年，研究院包含在北京矿冶研究总院一起进入国家12家大型科研院所之列，由中央大企业工委领导。2000年6月，根据国务院第17号文件，我院划归陕西省管理。

40年来，名称和隶属关系的几经变迁，充分体现了中央和地方政府对研究院的高度重视与大力支持，也展现了研究院人对事业执着追求和勇于攀登的顽强精神。

建院初期，一批又一批来自北京有色金属研究院等许多内地单位的有志青年，积极响应党的号召，"好人、好马上三线"，从繁华的城市来到偏远的秦岭北麓、渭水河边，用他们报效祖国的满腔热血拉开了建院创业的序幕。当时住的是油毡房、干打垒、老乡的土屋、窑洞，走的是坎坷泥泞的土路，吃的是"钢丝面"。但建设者们团结一心、战天斗地，凭着不服输、敢拼搏的艰苦奋斗精神，边建设、边科研，完成了多项国防建设重大工程项目，谱写了研究院在"三线"建设中勇攀科学高峰的壮丽历史画卷。

今天，我们不能忘记当年在宝鸡山沟里荒僻的土地上，洒下了辛勤汗水，贡献了聪明才智和青春年华的全体建设者。

八十年代，中国进入改革开放新的历史时期，迎来了科技战线的春天，研究院人坚持"科学技术是第一生产力"的发展观，大胆探索、锐意进取，由单一科研型院所开始向科研、经营型转变，进行成果转化，发展小生产，生产经营效益显著增长，使研究院的发展迈出了坚实的一步，走入全国有色金属科研院所的前列。

进入九十年代，为了研究院科研生产进一步发展，培养和稳定人才，加强合作与交流，适时作出了"三线调迁"的战略决策。这期间，研究院全体干部职工，统一思想、克服重重困难，自筹资金7500万元，顺利完成了在西安的扩建搬迁工程，进入二次创业。事实证明，这是研究院发展历史上的一个重要里程碑，为研究院更快发展奠定了基础。

搬迁西安后，研究院顺应发展社会主义市场经济的新形势，提出了"以创新为先导、以效益为中心、以科研为基础、以人才为关键"的发展思路和"求实、创新、拼搏、高效"的研究院文化精神，青年后备优秀人才茁壮成长，重大科技专项和产业化项目迅速崛起，经济效益大幅攀升。

迈入21世纪，在国家深化科技体制改革的号召下，研究院人抓住机遇，迎接挑战，提出"科技兴院、人才兴院、兴院富民"的战略方针，加强了研究院的基础研究和科技创新能力，强化国家工程中心的地位、功能和作用，发展高新技术产业，保持了研究院的根本和核心竞争力。

研究院实现了整体跨越式发展，综合实力极大增强。稀有金属材料是高技术领域的核心、关键材料；是现代国防建设的重要支撑材料；是国民经济不可缺少的重要产业。四十年来，研究院已成为以稀有金属材料为主的国家级重点科研院所，在基础研究和应用研究方面，不断加强优势领域，拓展新的领域，现已形成了具有明显特色和优势的20多个研究和技术开发领域。承担了国家科技攻关、"863"计划、"973"计划、自然科学基金、国家军工配套等课题1656项，创造了多项具有自主独立知识产权的高水平创新性成果：

研究院在钛合金、难熔金属、核材料等方面在我国高科技领域中占有一席之地，研究院曾刷新过我国稀有金属研制的诸多个第一：第一个将热强钛合金用于国产先进航空发动机上；第一个将钛制紧固件用于国产飞机上，取得适航证；生产出的第一张钛/钢复合板，用于我国自行设计制造的24万吨尿素装置；用国内唯一的锆4合金方盒装备了我国第一座低温供热核反应堆；在国内首次实现了工业规模化生产锆2合金核反应堆芯包套管和铪控制棒；研制的第一台铌合金辐射冷却喷管用于运载火箭发动机上；研制出了我国第一颗回收卫星上用铌合金天线；第一个用于DFH-3号卫星钛/不锈钢过滤接头；研制出的多种新型舰船用钛合金首次打破了舰船用钛单一品种的历史。

研究院在低温和高温超导材料研究方面先后取得3次世界第一。1982年，率先攻克了高均匀铌钛合金熔炼和高J_c线材制备技术难关，被国际超导界赞誉为"开创了高临界电流密度的铌钛超导体研究新纪元"。1989年，发明了制备高J_c YBCO超导体的"粉末熔化处理法"工艺，创造了YBCO超导体块材J_c性能的世界纪录。

21世纪初，在我国率先开展了二硼化镁超导材料的研究工作，使MgB_2线材的

J_c性能达到国际最高水平。

研究院共取得科研成果1029项,其中荣获国家发明奖2项,国家科技进步奖10项,省部级奖264项,国家授权专利74项,试制的新产品荣获国家、省部等各级奖励46项,发表论文3038篇。特别是2004年,研究院被授予"全国五一劳动奖状"荣誉称号。这一项项的业绩和成果,是一代代研究院人铸就的一座座丰碑。

研究院创建的稀有金属材料国家工程研究中心,是国家计委主持的中国科技发展项目之一,引进了一系列具有国际先进水平的关键装备,成为具有国际先进技术装备和国内一流人才队伍的国家稀有金属材料加工技术研发、系统集成、工程化转化和人才培养基地,有力地加速了研究院科技成果转化和材料实用化进程。

研究院产权多元化的股份制改革成效显著,以研究院为中心辐射衍生的高新技术规模产业群在改制和改革中发展壮大。2000年,成立了西部金属材料股份有限公司。成立以来,公司的年均增长率超过了40%。这是研究院的第一个规模主体产业,它的建成带动了全院产业的快速发展。2003年,成立了西部超导科技有限公司,这是我国第一个大规模、具有完全自主知识产权和国际水平的超导材料高新技术产业基地,是我国超导材料产业化的重要里程碑。2004年,成立了西部钛业有限公司,计划3年内建成又一个国内大型钛制品产业化基地。此外,还组建了8个多元化股权的股份制公司,成立以来各公司年均利润率超过了30%。近5年来,院综合收入平均每年增长30%以上,科技产业获得了前所未有的发展。

由于地处三线山沟、吸引外来人才不易。从70年代开始,研究院就把现有人员培养和提高放在重要位置,从多方面努力营造吸引人才和稳定人才的良好氛围。在国内较早走出了一条与高校合作和国内外联合培养高层次在职人才的特色之路。1988年创办了东北大学研究生院西北分院,同时与西安交通大学、西北工业大学等高校联合培养研究生,还积极选送在职优秀青年科技人员赴法国、德国、俄罗斯等国外知名科研机构与高校,开展合作研究和培养中外双学位研究生,至今已培养研究生178名,其中博士生47名,绝大多数在研究院和行业中发挥了显著作用,特别是出国进修和培养的人员全部回国,成为科技学术带头人、工程化技术人才、复合型管理人才。研究院还长期通过职业专业教育培训,锻炼和成长了一支理论水平与实践经验并重的技术工人队伍,从而形成了研究院出成果、创效益和可持续发展的核心人力资源。

研究院坚持对外开放,学术交流和国际合作不断加强,有力地推动了研究院的科技水平和人才培养。有400余人次出国进行学术交流及开展合作研究等活动;外宾来院访问、讲学等达700余人次;承担国际政府间科技合作项目40项。先后主办或承办了超导、钛、锆、电子材料、新材料等领域的大型国内外学术会议39次。特别是与法国开展的超导材料科技合作,受到了两国政府的高度重视,2003年与法国国家科研中心组建了中法间第一个材料研究合作机构——"国际超导体与磁性材料应用实验室",被众多法方研究机构认定为中法合作的典范。

在21世纪中国实现工业化和现代化的进程中,科研院所在科技创新和推进产业发展中扮演着重要角色。面对祖国蓬勃发展的新材料科技事业和全面建设和谐、小康社会的宏伟目标，研究院人满怀豪情，充满信心。

展望未来，研究院将坚持以人为本、全面贯彻科学发展观、走国际化道路的发展理念，"按照科研院所改制的方向，努力建成以市场为导向，以基础创新和技术创新为主，集研究、开发和产业化为一体的大型科技集团"。

为此，研究院将保持和发挥国家级重点科研院所的基础研究优势和水平，在稀有金属材料和新材料领域中形成有自主创新特色的综合研发能力，打造在中西部地区有相当带动和辐射作用，在国际上知名的材料科学研究中心。努力建成以国家工程研究中心为代表的、以材料制备技术为主要特征的、对国内外开放合作的、具有成果转化和技术转移功能的行业共性中试技术支撑基地。发展一批在行业中具有示范带动作用的高新技术产业，3～5年内形成综合收入达到20～30亿元规模的新材料产业基地，满足国防和国民经济的需求。

图强四十载，铿锵动地诗。研究院将坚定不移地沿着科技创新与跨越式发展的道路，依靠和带动广大科技人员，发挥更大的活力和创造性，昂首阔步、乘风远航、再展宏图。

40年来，研究院的诞生、成长、发展、壮大得到了中央和地方各级政府以及社会各界的大力支持和帮助，党和国家领导人方毅、宋健、吴邦国、李岚清、陈至立、蒋正华等亲临视察、关怀指导并题词鼓励。

在此，我代表研究院向多次莅临研究院指导工作的国家各部委、地方各级政府部门和领导；向各兄弟院所、高校、金融机构和企事业单位；向材料界的老一辈科学家和广大科技界同仁，对他们在研究院的发展中给予的鼎力支持与巨大帮助，表示诚挚的敬意和衷心的感谢！

深化改革绘宏图，快速发展谱华章，我坚信研究院的明天会更加灿烂辉煌！谢谢大家！

无冕材料泰斗
润物学界无声
贺周廉院士八十华诞文集

朋友、同事和学生心目中的周廉院士

目录

346
350
353
355
357
360
362
364
366
368
370
374
376
378
380
383
385
387
389
391
393
396
399
402
404

师之大者，研究院改革发展的设计师	张平祥	1
无冕材料泰斗，润物学界无声	魏炳波	2
筚路蓝缕，共启山林	欧阳平凯	3
应用超导的领路人	李言荣	4
遇见	周克崧	5
业伟功高，春风化雨	王玉忠	6
天行健，厚德君子，自强不息	周济	7
博学儒雅，提携后学	董绍明	8
周廉先生的核材料强国情怀	刘正东	9
周廉院士和北航材料学院	宫声凯	10
承上启下，开拓进取——记周廉院士与中国材料研究学会和国际材联	韩雅芳	11
老骥伏枥，壮心不已——记周廉院士在学部的部分工作	左家和	12
矢志材料创新，一片丹心报国——周廉院士与建材科技	姚燕	13
往事如歌，永留心间——记周廉先生任陕西科技大学名誉校长的岁月	罗宏杰	14
国际视野，脚踏实地，甘为人梯，培育产业	韩恩厚	15
再创新辉煌——记周廉院士南京创业二三事 吴世平	沈晓冬	16
周先生教我们，要 Do good research，同时还要 Enjoy life	傅正义	17
始终关心航空材料发展	李园春	18
周情孔思工材料建赫赫功业 廉远堂高聚英才尊学界泰斗	介万奇	19
老当益壮，志在千里	孙宝德	20
一生值得敬重的人	张增志	21
人生楷模，事业导师——我认识的周廉院士	林均品	22
牢记初心担使命，倾力支持谋发展	孙军	23
精彩每一天——我认识的周廉院士	马朝利	24
记周廉先生二三事	徐坚	25

目录

406

408

410

414

416

418

420

422

426

429

438

442

447

452

455

458

460

462

467

469

471

474

477

481

484

大家风范——我认识的周廉院士	武高辉	26
记东北大学杰出校友周廉院士	李 鹤	27
登高远望，筹谋行业发展	王向东	28
责任与担当——周廉院士与科技出版	俸培宗	29
周廉院士印象	陈志良	30
我和周廉院士的忘年之交	窦 臻	31
记周廉院士的两三趣事	田振业	32
敢为人先谋发展，追求卓越创未来——跟随周廉院士艰苦创业的三两事	巨建辉	33
谈笑凯歌还——忆老院长周廉院士二三事	程志堂	34
转折发展的引领者，发展模式的创建人	杜明焕	35
登高望远展宏图，人才为先谱华章——周廉院士人才培养事迹纪实	孟德成	36
转折风帆扬，奋力神舟行——周廉院士在我心中最敬仰的一面	郑树军	37
开辟新天地，开启新时代——给年轻的朋友说一说周廉院士的大手笔和小故事	顾 亮	38
坚持才能胜利——记周廉院士的点滴	贾豫冬	39
周院长与国际材联	朱宏康	40
守望初心，高屋建瓴	冯 勇 刘向宏	41
永远的导师	赵永庆	42
引领中国钛科技走向世界，促进中国钛科技发展与应用	常 辉	43
师恩永难忘	崔文芳	44
教诲如春风，师恩似海深	章海霞	45
思想睿智与热情饱满的智者——恩师印象二三事	韩建业	46
春风化雨泽芳草，育木成林造绿荫	卢天倪	47
高山仰止，师恩难忘	谷 宾	48
携万象诲人不倦启后生 贯中西传道授业益远学	张文书	49
独家记忆——部分在读研究生与周老师的难忘师生情		50

师之大者，研究院改革发展的设计师
——致敬恩师八十华诞

张平祥[①]

  周老师无论在我个人生涯中，还是在单位发展历程中，都是我心中敬仰的一座高峰。我自1985年考取陕西师范大学物理系与西北有色金属研究院（下简称研究院）联合培养硕士研究生，有幸在周老师的指导下从事超导材料研究。1988年毕业分配到研究院工作，一直在周老师的课题组。1992~1996年，师从周老师在东北大学攻读材料物理专业博士学位。后来，又在周老师的培养下从事研究院管理工作。这30多年来，他不仅在我个人的学习、工作、做人等方面传道、授业、解惑，对我的进步和发展也付出了巨大心血和精心培养。更让我深深敬佩的是，他不仅是有广博学识的科学大师，也是有战略眼光的管理大师。我见证了他作为西北有色金属研究院的主要领导，特别是1999年国家实施科研院所转制改革后，为单位的改革发展做出的卓著贡献。从单一搞研究、人数不足千人、综合总收入不足一亿的科研院所，发展成了如今集"科研、中试、产业"一体、职工人数近五千人、综合总收入过百亿的大型科技集团。他高瞻远瞩，为研究院做出影响深远的"三位一体"科学规划；他不惧风险，在研究院每个发展路口做出担当决策；他有胆有识，带领研究院全力拼搏出一条崭新的发展之路。他堪称全院广大科技工作者的引路人和研究院改革发展的设计师。

高瞻远瞩，科学定位，转制形成"三位一体"发展模式雏形

  1999年，研究院迎来了国家科技体制改革的重大发展转折。在周老师的主导下，研究院先是与北京矿冶研究总院一起转制为国务院直管的13家大型科技企业，稳固了国家队的地位，2000年又因势改革划归陕西省管理。在分析了几种转制模式的基础上，争取到陕西省委、省政府的支持，确立了"以市场为导向，集科研、中试、产业化于一体的大型科技集团"的改革发展定位，明确了引领研究院随后数十年发展的规划蓝图。

  定位明晰后，周老师领导研究院二次创业，加速开始了影响深远的包括科技成果转化政策、人事用工和分配制度、产权多元化（混合所有制）、股权激励、资本运作等在内的一系列改革，使研究院走上了全面、快速的发展轨道。研究院推进科技成果转化，引进一大批具有国际先进水平的装备，推动转化一大批自主知识产权科技成果，科技实力和运行绩效不断增强，以优异的成绩实

[①] 中国工程院　院士；西北有色金属研究院　院长；超导材料制备国家工程实验室　主任

现了新世纪的跨越。

专注源头，强化科研，不忘立院之本

科研是研究院的特色，转制成为企业后，周老师也坚持研究院要有自己的科研特色，始终坚持科研为本、发挥创新的源头作用。在改革之初，研究院曾经以"整建制"的方式，整体划出6个研究所支持西部材料建设，一度削弱了研究院的科研领域。周老师及时带领研究院迅速调整，重新建设领域，保留并扩大了基础研究和应用研究在国家和行业中的地位、功能和作用。现在，研究院已经形成了各具特色、各有所长的10个研究所和4个中心，成为目前全国有色行业门类齐全的研发单位。正是坚持科研特色，才使研究院的创新有了源源不竭的动力，有了更加强大的成果转化能力，更在国内外科技与学术领域有了显著的影响力。

依托中试，加强转化，打造高新技术产业集群

周老师带领研究院成功地建设了第一个中试平台——稀有金属材料加工国家工程研究中心，显著提升了我国稀有金属材料高品质熔炼加工技术，也使研究院深刻体会到中试平台对打通成果转化瓶颈的重要性，从而长期坚持把争取国家级、省级创新平台的工作放在重要位置，才拥有今天39个创新平台的规模。

通过中试平台的放大验证，提升了科技成果转化的成功率，改变了科技人员不愿、不敢领办企业的局面，提升了他们的创业积极性。2000~2005年间，研究院先后设立了泰金、赛特、华泰、西部材料、西部超导、宝德、天力、凯立、莱特、拓普、西部钛业、九洲等12个公司，建成一批在国内外颇具规模的生产线。初步形成了高新技术产业集群，也产生了一批为国民经济、国防军工做出贡献、有重要影响力的高新技术产业公司。其中，西部材料是周廉院士任董事长，瞄准上市主导设立的股份制公司，经过10个月的筹建在2000年12月28正式成立，2007年实现上市，是陕西首家由转制科研院所孵化成立的高科技上市公司。2003年设立的西部超导公司，使我国超导材料应用迈出了第一步，是我国超导材料产业化的重要里程碑，代表中国为国际热核聚变项目（ITER）核心装置提供占比69%的关键超导线材，周老师也倾注了大量心血。正是周老师以执着的精神让团队坚持低温超导材料的研究工作，才有西部超导公司的诞生和实现今天首批在科创版上市的突破。现在，研究院已经建立起了包括4家上市公司在内的35个高新技术公司产业群。

激发活力，兴院富民，将改革发展成果惠及全员

在周老师的带领下，转制后的研究院实现了快速的发展，"十五"期间，研究院科研、产业全面发展。为了让改革发展的红利更大幅度地惠及全员，周老师在1995年首届院科技大会上提出"科教兴院、人才兴院"的基础上，2004年初又在八届五次职代会上提出"科教兴院、人才兴院、兴院富民"，在保证国家、集体利益的前提下，开始注重兼顾广大科技人员的利益。为此，实施改革薪酬分配制度和岗位津贴，大幅提高了员工收入；设立重奖制度，有效激励了领导干部；鼓励员工入

股。同时，他还带领研究院大胆改革，在全国转制院所率先让经营层和技术骨干持股，较早大力度实行无形资产入股和量化分配，激励科技、产业和管理人员的创造力，做出公司价值并兼顾到"国家、集体、个人"利益。周老师"兴院富民"的发展理念，使得我们发展更有动力、更有希望、更有根基。

资本运作，吸引投资，吸引战略合作，解决发展资金

研究院从中央直属划归陕西省管理后，不再有事业经费，完全自负盈亏，而且资金不足。为了解决发展资金短缺问题，周老师大胆改革，依据1999年8部委文件（《国务院转发科技部等部门关于促进科技成果转化若干规定》）大胆探索实行"产权多元化改造"，实施研究院控股、战略投资者参股、经营层和骨干参股的混合所有制，吸引外来资金5600万，解决了当期的燃眉之急。发展至今，研究院已经吸引中航集团、中核集团、中信公司、深创投公司、浙创投公司、光大金控投资公司等战略投资者19家，通过引进战略投资者和资本市场先后为产业发展募集资金33亿元。

坚持开放，加强培养，形成学术交流、人才培养新局面

1998~2004年期间，周老师以自身影响力，带领研究院积极申办高水平、高规格的国内外学术会议。1998年主办的国际钛会得到了世界各国钛科学家和科技工作者的广泛响应，有13个国家和地区的近千人参会，是当时国内召开的级别最高的国际钛学术会议；2001年承办的"新材料发展现状及21世纪发展趋势研讨会暨中国工程院化工、冶金与材料工程学部第三届学术会议"，有50多名两院院士参加并做特邀学术报告；2002年协办的国际电子材料大会有28个国家和地区的800多名专家、学者参会，境外代表达到300多人，会议期间，国际材联主席及国际材联执委会和国际材联全委会30名成员到会，周老师在那次国际材联执委会会议上当选为国际材联第一副主席。

通过会议交流提升了研究院的知名度与影响力，向材料界不仅推出了一批研究院的优秀青年科技人员，还建立起了单位、个人参加学术组织的畅通渠道。研究院加入国际钛协会、国际材联、中国材料研究学会等学术组织，一批青年科技人员也加入各类协会、学会并崭露头角。

通过会议锻炼、推出人才的同时，周老师还开创了院校合作、优势互补培养学生的先河，从20世纪80年代就和高校联合培养人才。一方面加大在职人员的培养，与高校合办在职博士班、MBA管理硕士培训班、工程硕士班，为研究院建设了一支优秀的人才队伍；另一方面，招收统招学生为社会培养输送优秀人员，截至目前研究院通过院校合作模式培养的统招研究生达到504名，很多留在了研究院成为研究院发展的中流砥柱力量。其中，周老师个人就培养了105名学生，已经毕业的博士51人，硕士45人。

在对外合作方面，周老师也带领研究院取得了巨大的进展。2003年，他促成研究院与法国国家科研中心联合建立国际联合实验室——"国际超导体及磁性材

料应用实验室",受到了两国政府的高度重视,达到国际最高水平,被誉为中法合作的典范。

"求实、创新、拼搏、高效"是周老师1998年在研究院七届一次职代会上提出的研究院企业文化精神,他也亲力亲为地以自身的行动为这种精神做出了最好的诠释与注解。他以求实的态度取得个人卓著的学术成就,树立科技人员应遵循的典范;他以创新的精神带领研究院绘制美好蓝图,逐步实现了发展的愿景;他以拼搏的姿态向着目标奋进,带领研究院成功谱写了事业的华章;他以高效的执行力推动研究院的创新改革,使研究院取得持续发展,并为其后续发展奠定了坚实基础。

薪火相承,不忘初心。我们将以周老师为楷模榜样,继续传承他初心不改、胸怀天下、奉献国家的使命与担当,为我国稀有金属材料领域的发展奉献力量,推动研究院迈向更远大的目标,带领西北院人在新时代实现更加美好的未来,为国家的科技进步和新材料产业发展做出新的贡献!

2020 年元月

无冕材料泰斗，润物学界无声
——贺周廉先生八十华诞

魏炳波[①]

三四十年前，我读博士生时，去宝鸡有色金属研究所参观学习，第一次见到敬仰已久的周廉老师。他那时已经是著名的超导材料和稀有金属材料专家，并且出任了院领导，给人的印象是魄力超群且雷厉风行。虽然他讲话很威严，但是对年轻人还挺和蔼可亲的，所以我喜欢称呼他周老师而不是周院长。时间一晃，我们即将在今年三月迎来周老师的八十华诞。在此，择记一些往事，谨贺先生寿诞之喜。

一、西部艰苦创业，引领超导稀有

半个多世纪前，周老师来到宝鸡七一信箱，把最好的青春年华奉献给了西部科技事业。作为科学家，他在渭河之滨的深山中创造了超导材料和稀有金属材料研究的多项国际领先水平重要成果。作为企业家，他抓住历史机遇，在西北有色金属研究院迁到古都西安的过程中起到了关键作用。

1968年以来，每4年一届的世界钛会是国际公认的"钛科技奥林匹克盛会"。按照国际惯例，每届会议主办权由七个发起国家的官方代表投票决定。主办该会是一个国家钛合金研究水平的重要标志，因此历来竞争十分激烈。由于历史原因，前10届世界钛会从来没有在中国举办过。周老师以外交家的风范，斡旋于美、日、俄、德、英、法诸国官方代表之间12年之久，终于在2007年第11届世界钛会期间，中国获得第12届世界钛会的主办权，周老师当选为2011年大会主席。

虽然超导理论研究屡获诺贝尔奖，但是超导材料的工业化生产和实际工程应用一直十分困难。在周老师的率领下，西北有色金属研究院攻克了Nb-Ti、Nb_3Sn和Bi系超导材料规模化工程应用的关键技术，成为国际著名的超导材料研发和生产企业。因此，国际热核聚变实验堆ITER计划从2006年开始指定应用中国超导材料制造大型线圈和磁体。2009年初，德国马普金属所的国际知名超导悬浮技术专家E.H.Brandt联系我说，他有一个心愿，希望到西安亲眼看一看在周老师领导下自主建立的超导材料生产线，因为他曾经作为欧盟专家评定中国提供的超导材料。5个月后，张平祥院士亲自接待了他，不但陪同他参观了整条生产线，而且允许他现场剪取2米长的超导线材留作纪念。这位十分严谨的德国学者回到斯图加特后多次公开评价，中国的超导材料制造技术和产品水平都是世界一流。

[①] 中国科学院　院士；中国材料研究学会　理事长；西北工业大学　教授

二、振兴材料学会，拓展国际舞台

通常情况下，以工程技术研究为主的专家不太重视专业学会和国际学术交流，这似乎已经是搞基础理论研究的学院派人士的专利。然而，周老师的过人之处正是在于他努力实现"工程-技术-科学"的融合统一，并在全球视野下追求卓越。

在师昌绪先生和李恒德先生等老一辈科学家的积极倡导下，中国材料研究学会于1991年正式成立。最初的8年中，学会既没有充足的活动经费，也没有专职的工作人员，更没有固定的办公场地。日常运行和学术活动只能依靠在京高校和院所给予赞助支持。因此，每年的全国材料大会只有几百人规模，学会发展遇到生存危机。1999年，周老师当选第二任理事长。他以企业家的创业精神改革了学会的发展模式。首先，他提出通过服务企业科技创新、服务政府决策咨询和举办高新科技产品博览会3种途径有效解决学会的经费来源。其次，以人为本构筑实体基地，最大限度地发展个人和团体会员，聘用专职工作人员，购置300余平方米固定办公场所。同时，积极主办国际材联组织的世界性学术会议，稳步扩大中国材料界的国际影响力。毫不虚夸，他用8年的励精图治构筑了中国材料研究学会今天的繁荣强大。目前，全国材料大会已经发展到每年7000余人的规模，位居300多家一级学会的前十。周老师不仅自己在2005年当选国际材联主席，而且积极推荐并支持韩雅芳教授于2019年荣膺国际材联主席，充分彰显了我国在世界材料界的地位。

周老师有一种说法：学会的规模不等于水平。为此，他于10年前别出心裁地创办了一个"非常6+1材料学术联盟"。这是一个由6所高校和1个研究院组成的"材料联合研究别动队"，其指导思想是在适当规模前提下追求一流的材料科技协同研究。截至2019年，这个协同创新研究联盟已经发展到"非常12+4"的体量，其中10余位骨干成员先后当选了中科院或工程院院士。

三、打造精品学报，构筑科学前沿

如果说周老师作为领导大团队科技攻关出身的专家重视全国性学会还好理解的话，那么他从20世纪80年代开始就热心创办一流学报确实令人费解。其实，对此他早有一番高瞻远瞩的逻辑分析：中国材料科技要真正发展壮大，就必须有自己的一流学报。创办高水平学报当然应该投入足够的人力、物力和财力。学报是促进科技交流和新发展的工具，更是训练和培养高科技人才的平台。因此，致力于精品学报的建设工作是他的倾心奉献之一。

周老师主办学报从来不以SCI影响因子作为追求目标。但是，令人称奇的是，早在20世纪80年代末，他就敏锐地意识到SCI和EI这2种检索工具是评价办刊质量的重要国际通用指标。因此，他主动与美国科技情报研究所等国际文献检索机构建立合作关系。90年代初，他任主编的《稀有金属材料与工程》已经成为SCI和EI双收录的30种中文学报之一。同时，他把创办的《中国材料进展》定位成主要服务于国内材料科技发展的高端综合性材料类学报。在他奉献精神的感召下，50余位中外院士欣然加盟该刊的编委会。

四、甘为学界人梯，全心扶植后学

最近30年中，周老师为中国材料界扶植、造就了一大批年轻学者。我今生有幸，在自己成长的关键时期，多次得到周老师的提携和帮助。1998年，在周老师和傅恒志老师的共同推荐下，我被评为首届长江学者特聘教授。2003年，我申报国家自然科学奖时遭受恶意诬告，周老师作为国家奖励委员会成员现场核实了我的深过冷实验结果，不惜得罪诬陷者也要最终给我公正的学术评价。2009年，周老师提名我担任中国材料研究学会副理事长。3年前，他又力荐我接任理事长。但是，他总是婉拒我对他的致谢，每次都坚定地说："你好好工作吧，只要能够得到材料界的肯定，就是对我最好的感谢。"

2005年，因年龄限制周老师从西北有色金属研究院领导岗位卸任后，加盟了西工大材料学院，倾心培养博士生层次人才。为了提高青年一代的工程实践能力和国际交流水平，他建立了博士生暑期钛合金讲习班，系统地培训研究生的钛合金基础理论和制备技术，并且规定部分报告采用英文讲授。这个高端讲习班不仅是服务于西工大材料学科的年轻人，而且也无偿地向全国材料界开放。大多数受益于此讲习班的学员还在第12届世界钛会上展示了各自的研究成果。同时，他还在"非常6+1材料学术联盟"主办的新材料国际发展趋势高层论坛中专门设立了"优秀青年科学家论坛"。迄今为止，已经有上百位优秀青年学者在此论坛崭露头角。

五、多维传奇人生，笑傲材料江湖

人们敬重周老师，主要因为他是中国材料界的领军大师。但是，我最敬佩的是他笑傲人生的将帅气度。甚至面对癌症病魔，他都十分淡定应对。他做完肝移植手术后，我去杭州看望他，他竟然慢悠悠地跟我开了一个玩笑。他说："我今天要考一考你的英文，你知道'肝移植'用英文怎么说吗？"我不好意思地回答："不知道。"他笑着说道："哈哈，我刚刚做了'liver transplantation'！"这个刚刚挑战了生命极限的人，是多么乐观，多么阳光啊！

我唯一的业余爱好是阅读武侠小说。采用武侠理论表述，周老师堪称中国材料江湖的一代宗师。他首先是卓有建树的材料科学家，曾经是雄踞西部的材料企业家，也是爱国奉献的社会活动家，还是桃李芬芳的非典型教育家。按照他自己制定的新式纪年算法，周老师今年不是80岁，而是14岁！那就让我们敬祝这位弱冠少年生日快乐！！我们更热切地迎接他25岁甚至35岁青年时代的到来！！！

2020 年 1 月 10 日于古都西安

筚路蓝缕，共启山林

——写在周廉院士八十寿辰之际

欧阳平凯[①]

值此周廉院士八十寿辰之际，写此文章纪念我与周院士相识多年的友谊。周廉院士作为我国著名的金属材料学家，1994年当选为中国工程院首批院士。自我2001年当选工程院院士起，我们相识；后来我又担任中国工程院化工、冶金与材料工程学部常委会委员，时值周院士任学部主任，我们便接触来往较多。从那时算起，我们相识已经有20个年头了，他成为我的良师益友。周廉院士一直是金属材料研究领域的泰斗，成果丰硕。50多年来，一直致力于金属材料领域研究，尤其执着于超导和稀有金属材料的研究发展工作。近年来，研究方向还涉及钛及钛合金、材料加工和制备技术、生物工程以及新材料等多个领域，为中国超导材料、稀有金属材料、海洋材料、航空材料、医用材料和3D打印材料等研究和发展做出了突出的贡献，为中国新材料的基础研究、工艺技术及实用化的研究和发展建立了不朽功勋。周院士长期活跃在国内外材料学术界，享有较高的知名度。耄耋之年，仍然坚持奋战在科研岗位第一线，现担任西北有色金属研究院名誉院长，南京工业大学新材料研究院院长，兼任国际生物材料科学与工程学会会士等多项学术任职。

西北有色金属研究院（以下简称研究院）是周廉院士投入热情和精力最多的工作单位。研究院原来位于陕西省宝鸡市，周院士担任院长期间，毅然决然地将研究院迁至西安市，通过一系列体制机制改革，激发科研人员积极性，使研究院焕发了全新的生机活力，使之成为在国际、国内具有一定影响和地位的稀有金属及有色金属新材料与加工技术重要的科研和成果转化中试基地。周院士的管理和改革经验更是成为"产、学、研、政、经"合作的典范。周院士的办院理念和我时任南京工业大学校长时提出在南京工业大学建立创新创业型大学办学理念不谋而合。2002年，周院士和何镜堂院士参观在建中的南京工业大学江浦校区，对学校提倡的"生态型、园林式、数字化"校园模式高度赞赏，对我们自力更生建设校园的决心和行动表示由衷的钦佩。

2012年，我任校长期间，在思考学科发展、教育服务国家及地方经济整体布局时，考虑到南京工业大学自成立以来，材料学科一直专注于无机材料领域内的研究，金属材料研究也局限在金属腐蚀与防护的研究，而本校内乃至江苏省内都缺乏较好的金属材料尤其是轻金属材料专业。我们急需建立国际领先、国内先

[①] 中国工程院　院士；南京工业大学　原校长；江苏省科协主席

进的金属材料研究专业，培养一批金属材料领域高等人才。于是，我第一时间找到周院士，与他谈了谈我的担忧和设想，同时也希望邀请周院士来帮助南京工业大学材料学科的拓展与提升。令人惊喜的是，周院士特别赞同和支持我的设想，他不但亲自加入我们学校，更是把自己科研团队整体带来全力支持我校金属材料专业建设。周院士及其团队专业的学术能力、一丝不苟的治学态度和一流的国际影响力，不仅拓宽了我校材料学科研究领域，扩大了我校材料学科研究前沿，更是将我校材料学科提升为有一定国际影响力的专业，吸引了国内乃至于国际学术圈的注意力，为我校材料学院、材料学科乃至于学校发展做出了宝贵贡献。可惜的是，我们学校并不是国家重点建设高校，在人员及科研经费支出上时常捉襟见肘，对周院士和他团队没有提供太多支持，而他也从未表达过不满和犹豫，一直毫无保留地支持我校材料学科的建设发展。2016年，周院士带领的南京工业大学先进金属材料研究院又成功引进了生物医用高分子材料研究团队，并将先进金属材料研究院更名为南京工业大学新材料研究院。随后，又联合西安交通大学承办了IFAM 2016新材料国际发展趋势高层论坛，近40位两院院士出席，规模和影响创历届会议之最。周院士更是以"南京工业大学周廉院士"名义受邀参加了中法建交活动。由此可见，周院士对于南京工业大学的感情是很深的，这点我一直甚为感激。

特此作诗一首，表达我对周廉院士的感激和祝福之情：

八耋耄念风带雨，五旬韶华为国抒。
不惧艰难繁霜鬓，且看今日功勋铸。

他用一辈子的时间专注于研究金属材料领域，哪怕道路崎岖，哪怕曾经希望微弱，他也没有离开和中断自己的研究领域，这种匠人精神，正是当今社会提倡和赞扬的，才是最稀缺的品质。不忘初心的坚持、从一而终的专注、爱岗敬业的自律和坚忍不拔的毅力都在他身上得到了生动体现。

最后，再次祝福周廉院士健康长寿，家庭幸福，为我国金属材料研究领域的长足发展再创不朽功勋！

2019 年 12 月 27 日

应用超导的领路人

李言荣[①]

20世纪90年代初,我在合肥中国科技大学举办的全国高温超导大会上认识了周廉老师。当时高温超导研究热得不得了,周老师在大会上做了一个关于采用粉末冶金法制备BiSrCaCuo超导长线材的大会报告,很是精彩。当时,我是中国科学院长春应用化学研究所的一个小研究生,正不分白天黑夜地在管式炉中烧Bi系块材,所以不知深浅地在会上提了个问题。会后,我又与周老师的西北有色金属研究院超导团队的人讨论后就相识了。记得那时开会仪式感很强,上千听众坐好后,赵忠贤、甘子钊、周廉等7位全国超导专家委员会的成员才鱼贯而入,个个都是德高望重的专家。周老师个子比较高,皮肤黑黝黝,很容易被人辨识。随后几年,我又不断听到周老师及其团队又弄出超导铌钛世界新纪录、长线材新纪录的好消息。

周老师从事超导研究很早,从宝鸡就开始搞低温NbTi、Nb_3Sn性能的提高和实用化,从低温铌钛超导材料Nb_3Sn到高温YBCO超导材料、Bi系超导材料和二硼化镁新型超导材料,在这些材料性能研究和实用化方面创造了多次世界纪录。20世纪60年代后期,他开始从事低温超导材料的基础研究、线材实用化、超导工程应用。60年代末期,他从事铌钛超导材料研究,系统深入地研究了铌钛合金的组织、性能和钉扎机理,创造性提出并采用了最佳时效——形变工艺技术,使铌钛线材的J_c(B)达到国际最好水平。80年代初,他从事青铜法制备Nb_3Sn线材研究,使线材在高场下的J_c达国际先进水平,制成的Nb_3Sn磁体达到国际先进(15.2T,4.2K)。他对低温超导材料的研究,为中国受控聚变反应装置、超导发电机、高能加速器磁体、脉冲超导磁体以及实验室用高场磁体等提供了数吨铌钛超导线材及Nb_3Sn长带。80年代末期,高温超导被发现,他提出通过磁通钉扎解决YBCO弱连接从而提高了材料的J_c;他发明的PMP技术利用缺陷控制使YBCO块材J_c达到$10^5 A/cm^2$,领先国际。周老师是我国实用超导名副其实的领路人,他把我国超导线材的实际应用和走向国际推进了一大步。2010年后,张平祥、冯勇等把这些应用规模弄得很大,而且让西部超导成功上市。

周老师是一位国内外著名的学者,也是一位平易近人的长者,更是一位善于提携后人的前辈。我虽然后来工作到了成都后不再烧Bi系块材了,集中精力

[①] 中国工程院　院士;四川大学　校长

做YBCO薄膜材料，但仍受到周老师的关心。记得有一次，他去美国开会，问在美国开超导公司的江小平，中国几家做超导薄膜的到底哪家在美国卖得好？江说是成都电子科技大学我们小组小批量生产的用户反映很好。周老师回来后在国内大会小会上开始表扬我们，这才基本奠定了我们在国内的地位。周老师是一位实事求是的学者，他遵从数据和事实让我们很受教育。的确，他后来是为我们说了不少好话，但他说的都是真话！之后，我本人就一直受到他老人家的帮助和提携。

在周老师八十大寿之际，我衷心祝愿他健康、平安、快乐！就像他发明的实用超导线材一样，不断创造出生命的新纪录！

2020年元月17日于四川

遇见

——贺周廉院士八十寿辰

周克崧[1]

世间一切，都是遇见。向日葵遇见太阳，便有了方向；鸟儿遇见天空，就有了飞翔；每一种遇见，都是新的绽放。2020年，又一个新的十年开始了。而且，2020年3月，是我的挚友周廉院士的八十华诞，在此谨以此文纪念我与他的相识、相知、相惜。

遇见生命

在战乱中出生，我们遇见生命。1940年3月11日，你出生在吉林省舒兰县，取名周廉；1941年2月4日，我出生在上海，取名周克崧。虽然地北天南，冥冥之中的缘分，让我们有了一样的"周"姓。

遇见科学

在新中国成才，我们遇见科学。1956年，中央发出"向科学进军"的伟大号召，带着热血沸腾的激情，怀揣着科学报国的志向，我们先后进入科学的殿堂，求学求知。

遇见初心

在北京有色金属研究总院，我们终于遇见彼此，成为了同事，生命开始有了交集（你1963年毕业分配到总院，我1965年毕业分配到总院）。在总院，金属材料是我们共同的研究方向。你在214室从事材料加工研究，我在212室从事锆合金、钛合金研究。工作中，我们血气方刚，遇见并笃定了科技报国的初心；生活中，我们互帮互助，成为了要好的朋友。

遇见使命

在总院工作了6年后，我们担负了支援三线建设的光荣使命。为响应党中央和毛主席建设三线的号召，1969年你先向西进发，到了宝鸡有色金属研究所工作，支援西北建设；1971年我后向南而下，支援广东有色金属工业，建设广州有色金属研究院。怀着奉献青春与生命的热情，我们成为了建设中国有色金属工业的重要力量。

---

[1] 中国工程院　院士；广州有色金属研究院　原院长

遇见开放

1978年12月18日，党的十一届三中全会作出了实行改革开放的重大决策，我们遇见了科学的春天，走出了国门。1979年11月至1981年12月，你公派前往法国国家科研中心低温研究实验室进修；1980年10月至1982年10月，我公派到了美国纽约州立大学做访问学者。我们开启了中国科技走向世界的重要一步，展开了全球视野下的对标学习和奋进追赶。我们坚守初心、学有所成、报效祖国。

遇见改革

1984年1月至2005年1月，你担任西北有色金属研究院院长。期间，你大刀阔斧，锐意改革，开创性探索出了"股权激励""资本运作""母体控股"的"三位一体"发展模式，使西北有色金属研究院综合实力快速提升、科研成果丰硕，特别是在成果转化方面成为陕西省乃至全国科研院所科技体制改革的一面旗帜，成为我学习和追赶的典范。

遇见成果（遇见最好的你）

改革开放以来，我国科技发展迅猛发展，取得了举世瞩目的显著成绩，你也硕果累累、功勋卓著。多年来，你致力于超导和稀有金属材料的研发工作，同时还涉及钛及钛合金、材料加工和制备技术、生物工程材料等多个领域。你发展了稀有金属及超导材料事业，拥有多项具有国际领先的成果，为我国超导材料的基础理论、工艺技术及实用化的研究和发展做出了突出贡献，是我国超导材料及工程技术领域的重要开拓者之一；你在钛合金及生物医用材料、新合金设计与新工艺技术等研究领域取得了众多的技术创新，设计研制出众多具有我国自主知识产权的新型钛合金，竖起了"中国钛材料科学的大旗"。你为我国稀有金属材料在航空、航天、化工、核电及国防军工等方面的研究与应用以及我国新材料的基础研究、工艺技术及实用化的研究和发展都做出了突出的重大贡献，共荣获包括国家发明奖、国家科技进步奖、有色金属奖等多种奖项，先后被授予"国家有突出贡献的出国留学人员""国家级有突出贡献的专家"等荣誉称号，并于1994年当选中国工程院首批院士。你的成功和成就极大鞭策和鼓舞着我，在你的关心和鼓励下，我于2009年当选中国工程院院士。

耳顺、古稀之年，你继续活跃在国内外材料学术界，担任了国际材料研究联合会主席，创立了材料学术联盟，连续主办了9届新材料国际发展趋势高层论坛，主持了航空材料、海洋材料、3D打印材料等多项中国工程院咨询项目，多次主持和参加国内外重大学术活动，领导中法、中日、中德、中波等多项政府间有关超导及钛合金科技合作项目，领导并掀开了中国材料跨出国门、走向世界的全新篇章，在中国材料发展史上具有里程碑意义。

遇见新时代

时光像一条波澜壮阔的河，积淀着力量和温暖。忆往昔峥嵘岁月稠，在战乱中成长，在新中国成才，不忘科技报国初心，牢记科技强国使命，响应习总书记的号召："广大科技工作者要把论文写在祖国的大地上，把科技成果应用在实现现代化的伟大事业中。"扎根祖国大地，将事业与国家需求相结合，把科技成果应用到实现国家现代化的伟大事业中，将一生奉献给祖国的科技事业，我们无上荣光和自豪。

看今朝万千气象新，而今遇见耄耋之年的我们，有幸遇见了新时代。新时代是奋斗者的时代，生命不息、奋斗不止。我们将奋斗不停步，向着世界科技强国的宏伟目标阔步前进。

值此你八十岁寿辰之际，衷心祝福你日月昌明、春晖永绽、健康长寿！

2020 年 1 月 13 日于广州

业伟功高,春风化雨
——祝贺周廉老师八十华诞

王玉忠[①]

记忆回到2004年,由于去领取第五届光华工程科技奖青年奖,我人生第一次参加了两院院士大会。会议期间,我有幸与时任中国工程院化工、冶金与材料工程学部主任的周廉先生相识。之前,早已知晓周先生在学术界德高望重,是我国著名的超导和稀有金属材料专家、中国工程院的首批院士。他长期致力于超导和稀有金属材料的研发工作,制备的相关超导材料达到国际先进水平,并多次创造世界纪录,为中国新材料的基础研究、工艺技术及实用化的研究和发展做出了卓越的贡献!但与先生接触时,我却发现他不似印象般威严,更多是一种长辈般的慈祥,他一直鼓励我继续做对国家科技发展有用的研究。如此教诲对我触动非常大,坚定了我瞄准国家重大需求而潜心研究的信心。

周先生最让我感动的是他克服困难的精神。20世纪60年代,周先生响应国家支援三线的号召,放弃了北京优越的生活环境和工作,志愿到了宝鸡有色金属研究所工作。当时条件艰苦、信息闭塞,他仍然能够铿锵前行、潜心研究,与山川土房相伴。在经济困难、国外技术封锁的艰难处境中,他奇迹般将我国超导材料的性能提高到世界先进水平!这极大地触动了我们科研人员的内心,穷且益坚,不坠青云之志,才能"宝剑锋从磨砺出,梅花香自苦寒来!"

千里之行,始于足下。周先生从来没有停止过在超导和稀有金属材料行业"材料工程化、产业化"道路上的探索。在"周廉"这响当当的名字后面,深藏的是他的锲而不舍、艰苦奋斗、无私奉献的精神。从摸爬滚打到硕果满载,从进退维谷到柳暗花明,周先生用他的亲身经历告诉我们,要敢于拼搏、敢于奉献、不服输、不畏难;不积跬步,无以至千里;不积小流,无以成江海。敢于攻克艰难险阻,才能在经历风雨过后,得见彩虹。

周先生最让我钦佩的是他关注国家重要行业发展的大格局和心系材料领域的高修为!作为三大类材料之一的有机高分子材料,其历史渊源远不如金属材料和无机非金属材料。然而,最近一二十年,高分子材料得到了快速的发展,其应用几乎遍及国民经济各个行业和国防领域,在人们的生活中更是不可或缺。周先生虽然"身处"金属材料领域,但却心系我国高分子材料的发展。现

[①] 中国工程院 院士;四川大学化学学院 教授,环保型高分子材料国家地方联合工程实验室 主任

挂靠在四川大学的中国材料研究学会高分子材料分会正是当年周先生建议成立的，这推动了高分子材料学科在整个材料学科中的影响力及与其他材料的协同发展。

业伟功高，春风化雨。周先生一直注重人才培养，为中国超导和稀有金属材料领域输送了大量优秀的科技人才；他一直注重鼓励年轻科研人员，将协同作战的意识和精神一代又一代传承下去。他一直告诉青年学子，要抓住每一个机会，然后努力去争取，对于人生的每一个目标，都要尽自己最大的努力去实现。书山有路勤为径，学海无涯苦作舟。周廉院士还设立了"吉林一中周廉奖学金""陕西科技大学周廉奖学金"等用于鼓励优秀学子厚德博学、富于创新、敢于挑战、追求卓越。从"开拓与引领学科发展"到"提携奖掖后学"，在这些点滴事迹中，深感周廉院士对年轻一代的关怀与厚爱。

重回首，在与先生相识的岁月里，听他神采奕奕地讲述自身经历与人生感悟，使人如沐春风、受益匪浅。如他所说，我们需要为国家未来高端材料发展做一些力所能及的事情，希望我们国家逐渐摆脱产业受制于人的状态。今后，我们还将继续不忘初心、砥砺前行！

值此周廉院士八十华诞来临之际，衷心祝愿他健康如意，福乐绵绵！

2020 年元月于成都

天行健，厚德君子，自强不息

周 济[①]

作为晚辈和学生，周廉老师的名字对我来说很早就如雷贯耳了。20世纪80年代中期读研究生时，氧化物超导材料的发现震动了整个科学界，作为先后就读于固体物理和固体化学专业的研究生，我也非常关注这一领域的进展。周老师当时是这个领域活跃的学者之一，不仅做出了具有里程碑意义的工作，还率先将这一重大发现推向应用领域，令我钦佩不已。

20世纪90年代初我从北京大学毕业到清华大学材料系工作，在李龙土老师团队做功能陶瓷材料研究，也与李恒德院士有很多交往。两位院士经常提到周老师，他们对周老师的工作和为人赞许有加。后来，周老师身患重症后凤凰涅槃般的经历，成为了业内传奇，更使我内心增加了几分对周老师高山仰止的敬畏。

最近几年，与周老师开始近距离接触。周老师在国内组织了新材料前沿发展趋势高端论坛（简称论坛），论坛内容高端、形式新颖，在材料界广受推崇。我正是通过参加这个活动，进一步走近周老师。在我眼里，周老师既是一位高瞻远瞩的战略科学家和具有社会责任感的学者，也是一位历经沧桑的智者和人生导师。

作为一位高瞻远瞩的战略科学家，周老师对新兴学科的发展非常敏锐。他积极倡导和推动多个新型材料领域的研究，其中也包括了我所从事的超材料。记得第一次向周老师汇报超材料时，他非常严谨地问了一系列问题，我一一作答，一定程度上解除了他对这个有争议的研究方向的疑虑。此后，周老师不遗余力地支持超材料的发展，不仅支持我们在论坛上组织分论坛，还让我们在《中国材料进展》上组织了一期专刊，有力地推动了国内超材料的研究，并使这一年轻的研究方向得到了更多材料界同行的关注，进入了材料研究的主流。

周老师的社会责任感和使命感令我印象非常深刻。年逾古稀的他在全国各地奔波经常一出去就是个把月，为新材料的发展不辞辛劳，殚精竭虑。几次去他在北京的办公室，他都是忙得不可开交，准备PPT，写调研报告，筹备各种会议。那种心忧天下的情怀，每每令我深深感动。

喜欢参加周老师组织的大小活动，还有一个重要原因是希望能听到周老师

[①] 中国工程院　院士；清华大学材料学院　教授，新型陶瓷与精细工艺国家重点实验室学术委员会主任

谈他的人生感悟。周老师是一位历经沧桑的智者，也是一位积极进取的勇者，每次听他侃侃而谈，总会令我感受到强烈的正能量。这种正能量给了我克服困难，不断进取的勇气和力量。

"天行健，君子以自强不息；地势坤，君子以厚德载物"。《易经》中这句博大精深、富有人生哲理的话诠释了我们这个民族的精神追求。我想，这句话也恰好是周老师的人生写照。在周老师八十华诞即将到来之际，衷心祝愿他健康长寿！

2020 年 1 月 6 日

博学儒雅，提携后学

——谨以此文献给周廉院士八十华诞

董绍明[1]

2012年前后，周先生到中科院上海硅酸盐研究所探望严东生院士，那时我负责接待，由此我便与先生有了深入的接触。之前，我也曾目睹先生的风采，对先生在学术界的威望更是早有耳闻。周先生是中国工程院的首批院士，是我国超导材料及工程技术领域的开拓者，为中国新材料的基础研究、工艺技术及实用化的研究和发展做出了卓越的贡献。那次接待使我与先生建立了不解之缘。记得当时先生已逾花甲，但精神矍铄，神采奕奕，慈祥中带着一丝威严，谈起他钟爱的科研事业，依旧思路清晰，处处散发着博学儒雅和雄才大略的气息。

周先生最让我敬仰的是他心系科研事业的家国情怀。他长期活跃在国内外材料学术界，多次主持和参加国内外重大学术活动。作为材料领域的国际活动家，领导和参与了中法、中日、中德、中波等多项政府间有关超导及钛合金的科技合作项目，促进了国际交流合作，同时取人之长、补己之短，推动了我国材料领域的发展；作为材料领域的战略家，他主持了航空材料、海洋材料、3D打印材料等多项中国工程院咨询项目，为国家材料学科的发展布局；作为材料领域的领路人，他创办了《中国材料进展》杂志，邀请材料界的知名学者撰写综述类文章，倡导把论文发表在祖国的大地上，为科研人员竖起一盏明灯，照亮前行的方向；作为材料领域的精神领袖，他创立了材料学术联盟，主办"新材料国际发展趋势高层论坛"，将材料人紧密结合在一起，把握材料研究发展的前沿动态，促进交叉融合，推动中国材料前进。

周先生最让我感动的是他提携后学的博大胸怀。就我个人来讲，自从与先生相识之后，他经常鼓励我要多参加学术会议，多与人交流。印象特别深刻的是，2014年10月在福州召开的中国工程院化工、冶金与材料工程学部第10届学术会议上，轮到我做报告时，先生匆匆赶来，一见面就说："我是专门来听你的报告的"。报告期间，我注意到，先生始终聚精会神地听讲，并不时地做着记录。我报告结束后，他对周围人说："这小伙子工作很好，从基础到应用都做得很好……"。先生的话让我如沐春风，温暖的感觉在心中荡漾，给了我极大的激励。从那以后，每每召开"新材料国际发展趋势高层论坛"等学术会议时，他都

---

[1] 中国工程院　院士；上海硅酸盐研究所学术委员会　主任委员

会让秘书联系我参加或参与组织会议，抑或是做报告展示我的学术成果。我的每一次报告，他都坐在前排专心致志地聆听，并提出宝贵的建议，给我带来了深刻的启发，一直指引我前行。另外，我还从新闻报道中了解到，先生在母校个人捐资设立了"吉林一中周廉奖学金"，用于奖励一中的优秀学子，引导并鼓励他们敦品励行、勤奋学习、富于创新。而且，以个人名誉在陕西科技大学设立"周廉奖学金"，专门用于奖励学习成绩优异、在科技创新和学术研究方面表现突出的该校在校大学生。这点点滴滴中，我深感先生对年轻人无微不至的关心和提携后学的博大胸怀。

  周先生最让我钦佩的是他持之以恒的学术精神。2018年，先生已将近耄耋之年，但依然心系年轻科研人员的成长，在祖国大地上组织了8期中国材料进展讲习班，为年轻人提供学习和成长的机会。我有幸负责承办了第一期"先进金属基、陶瓷基复合材料"讲习班。开班时正值霜天季节，上海已有了丝丝寒意，但先生的到来带来了枫叶一般的色彩，100余人热情饱满地参加了这期讲习班，6名金属基、陶瓷基复合材料领域的学者从不同角度介绍了相关材料的进展情况。年近80高龄的先生从头到尾听完了所有学者的报告，全程参与了这次讲习班，用自身的行动给年轻人上了生动的一课，让我们明白做事情要持之以恒。结束时，先生上台做总结发言，他对每一个报告都做了深入的点评，可谓画龙点睛，让我们深深地感受到他对学术和报告人的尊重。而且，他寄语年轻学者：踏实做人，勤奋做事，认真对待每一件事，铭记身上的责任与义务，科研不仅仅是为了发文章，更要将自己研究的课题与国家的发展结合起来，为祖国的繁荣富强做出自己的贡献。这样平凡的话语体现着先生对中国材料未来发展的关心和对科研事业的执着追求。

  同周先生相识10余年，在我记忆的画屏上增添了许多美好的回忆，似锦如织。往事历历在目，先生的知遇将铭记于心！

  值此周廉先生八十华诞之际，衷心祝愿先生幸福安康！

2020年元月于上海

周廉先生的核材料强国情怀

刘正东[①]

周廉先生是材料学大家、材料技术教育家。他倡导举办的"新材料国际发展趋势高层论坛"系列活动,对我国材料技术研究学者之间的技术交流和发展起到了巨大推动作用,对年轻一代材料科技工作者选择学术方向起到了重要启迪和引领作用。

2006年以来,我国核工程事业迎来了新一轮发展高潮,以CPR1000、AP1000、华龙一号为代表的"二代加"和"三代"压水堆核电站技术在我国迅猛发展,我国已经拥有世界一流的核电站装备制造技术,"核电"也成为继"高铁"之后的又一张中国高端制造名片。令人遗憾的是,由于起步晚,我国核材料技术目前仍然是制约我国核电站技术实现完全自主化和超越创新的瓶颈问题,尤其是核燃料相关材料技术更是明显的制约短板。核材料既要求技术先进性,更要求工程应用成熟性,因此核材料的研发周期漫长,资金投入巨大,核材料技术的落后状态是很难在短期内摆脱的。周廉先生对这种情况一直非常关注、非常着急,他也一直在采取行动。

一是先生不顾近年身体行动不便,坚持到第一线了解我国关键核材料需求和现有技术实际情况。2014年,先生与干勇先生、薛群基先生等专家一起到位于浙江湖州的中钢集团核石墨生产企业现场了解我国核石墨生产技术现状;2018年,先生带队先后到西南物理研究院、中国核动力研究设计院了解我国核工程对核材料技术的具体需求及其与世界先进水平的差距。当时现场考察环流器装置时,需要上下很多高台阶,先生坚持亲自考察了全套装置,并对细节问题不断询问。

二是先生根据调研了解到的实际情况,亲自组织核材料技术专题高端学术交流活动。他聚焦工程急需的核材料技术,精选第一线工作的技术报告人,搭建"科学-技术-工程-产业"四位一体交流平台,积极促进我国核材料技术领域的交流与合作。2018年,先生在北京亲自组织了"中国核材料进展与趋势研讨会",计划2020年2月在西安举办的"中国新材料发展论坛"专门设立了核材料分论坛。

三是先生近年仍然坚持在第一线参加核材料技术相关具体科研工作。2018年,他兼任新组建的西安稀有金属材料研究院院长,核材料技术是该研究院的重点工作方向之一,先生亲自策划和组建了该研究院核材料技术相关机构并配备人员,对具体技术工作的开展及其成果转化进行指导。

---

① 中国工程院　院士;中国钢研科技集团有限公司　副总工程师,钢铁研究总院　首席专家

四是先生积极参加中国工程院核材料技术相关咨询项目，利用自己的知识、经验、智慧为项目凝练院士们的咨询建议，利用他的影响力向国务院有关部委就我国核材料技术的发展战略和路径献计献策。

五是先生对我国核材料技术领域年轻人才的培养非常重视，对学术后辈悉心指导，大力提携，薪火相传。

过去20多年里，我一直在核材料技术领域从事技术研发和工程应用工作。有幸参与了先生领导和组织的许多核材料技术活动，上述5条均是我在与先生一起工作过程中的亲身经历和体会，是第一手资料！先生对核材料技术发展的逻辑和趋势有非常深邃的思考，战略上思维清晰透彻，战术上行动扎实有效。顽强拼搏是先生的写照，我深深感受到先生身上有一股强烈的核材料技术强国情怀！这是一种高贵的品质，值得我们后辈永远学习！

谨以此文献给周廉先生八十华诞，祝先生健康多福！

2020年1月6日晚于上海宝钢

周廉院士和北航材料学院

宫声凯[①]

周先生是我本科就读学校东北工学院（现东北大学）的前辈，早在我留学时期，就听到许多关于先生的传奇。先生在学术界享有很高的威望，是中国工程院的首批院士，也是改革开放后首批被国家公派到国外的"访问学者"；他是我国超导材料及工程技术领域的重要开拓者，也是我国稀有金属材料在航空航天等领域应用的突出贡献者。已逾古稀之年，他积极推动我国海洋材料、3D打印材料的研发与应用。虽对先生仰慕已久，但我第一次能够直接在先生指导和领导下开展工作已是2011年了。

2011年仲夏，我被通知参加一个项目的启动会。会议由先生主持，有多位院士参加。会议的主题是开展航空材料调研的工作布置。坦率地讲，我被先生高瞻远瞩的战略思维、博大精深的专业知识和举重若轻的领导才能所震撼和折服。航空发动机是飞机的"心脏"，被誉为现代工业的皇冠，随着航空发动机性能的提升，其材料和工艺的重要性也越来越显著。由于历史原因，我国航空材料不仅落后于西方工业发达国家，而且存在牌号多、品种杂、依赖进口等问题。因此，摸清我国航空材料的家底并提出建设性意见，对于我国航空飞行器的发展有着十分重要的战略意义，是"国家级"的大事。但是，这样的调研工作，其难度之大难以用文字描述。涉及材料范围广，从室温到1100℃高温（甚至更高），从有机材料、金属到陶瓷，从粉末、多晶、单晶到涂层；涉及专业领域和单位多，遍及全国各地，其中还不乏保密性领域及单位，若无心系天下的家国情怀是不可能提出的。在先生的安排下，我与广东有色金属研究院刘敏副院长共同承担了航空发动机用涂层材料与工艺专题的调研工作，因而也有幸直接聆听先生的教诲与指导。每次向先生汇报工作，都能感受到他一丝不苟、追求真实的严谨风格和为晚辈排忧解难、指点迷津的领导才能。在参加调研工作的两年中，我们几乎走访了全国全部的航空发动机涂层制造与应用单位，掌握了第一手资料，不仅顺利地完成了调研任务，而且对我个人成长和在专业领域发展影响巨大，受益终身。

自参加航空材料调研后，我相继参加了先生主持的海洋材料调研、海洋材料战略联盟与论坛、国际新材料发展趋势高层论坛以及先生创办的《中国材料进展》杂志的编委会等。与先生接触越多，越能体会到他渊博的学识和孜孜不倦的诲人精神。目前高性能航空发动机多采用复杂空心高压涡轮单晶叶片，其再结晶问题直接关系到装备的安全性与可靠性。由于遮蔽效应，目前还没有办法直接检测叶片内腔

[①] 中国工程院　院士；北京航空航天大学材料科学与工程学院　教授

的残余应力与再结晶，成为当前单晶叶片研制中的一个难题。记得三年前的一天，我去拜访周先生，他突然问我："你是如何考虑这个问题的？"当我汇报了我的想法和目前遇到的瓶颈后，他对我说："你应该将材料组织结构演变与计算材料工程结合起来，从中找到规律性。"先生的一席话，使我豁然开朗。在先生的指导下，我们团队建立了集残余应力测试、组织结构演变、有限元数值模拟与相场动力学计算一体化的单晶叶片残余应力与再结晶表征的研究方向。近十年来，我每次向先生汇报工作，都能受教许多，先生的"精彩每一天"，始终激励着我奋发向上。

先生曾受聘为北京航空航天大学的兼职博士生导师。为了让学生尽快掌握专业知识和研究方法，先生安排学生到西北有色金属研究院"留学"，组织了透射电镜培训班，让学生坐到他在北京的办公室以便随时找他讨论等。他指导过的博士生们都反映，当初以为周院士只是挂名，没想到真的得到他的指导，太幸运了！

先生不仅认真教育、培养自己的学生，而且心系材料领域的发展，十分注重培养年轻科研人员和学生。他创办的"国际新材料发展趋势高层论坛"，专门设立了优秀青年科学家论坛，为青年学者提供了学术交流平台。参加过此论坛的青年学者中，已有多人成长为杰出青年科学基金获得者或教育部"长江学者"。先生还分别在北京、上海、西安等地组织了"中国材料进展讲习班"，邀请国内知名专家学者为青年科研人员和学生们讲课。让我十分敬佩的是，每次讲课，先生都全程参加并做总结发言和点评。讲习班不仅使青年科研人员和学生了解和掌握相关领域最新进展，而且他的示范作用也激励大家认真做事，教育大家如何做人。

周先生是新材料发展的引领者和推动者，是青年学者的良师益友。今适逢他八十诞辰之际，在此衷心祝愿周先生健康长寿，福乐绵绵！

2020 年元月于北京

承上启下，开拓进取

——记周廉院士与中国材料研究学会和国际材联

韩雅芳[①]

在周廉院士八十华诞之际，我本人并代表国际材料研究学会联合会（简称国际材联）向周院士表示最热烈的祝贺，并对他多年来对中国材料研究学会和国际材联做出的重要贡献表示最衷心的感谢！

我有幸与周院士在中国材料研究学会（简称学会）和国际材联两个为材料科学家服务的平台上共同工作了20余年，了解他为中国和国际材料界付出的艰辛和努力。1999年，周院士从德高望重的老科学家李恒德院士手中接过学会理事长的重任。他牢记李先生的嘱托，把学会工作当成他的最主要的工作之一，花费了非常多时间和精力。他不仅把握学会发展的方向，认真制订学会发展规划，还经常到秘书处指导工作。周院士担任了学会副理事长（1995年6月~1999年10月）和理事长（1999年11月~2007年9月），共计12年。担任学会理事长8年期间，他做了许多对学会发展有益的大事，以下仅为其中代表性的几件：

1. 中国材料研究学会成为中国科协的正式成员

2000年3月14日，中国科协发文，经中国科协五届常委会第18次会议审议决定，接纳中国材料学会为中国科协的正式成员（之前作为联系学会参与科协活动）。周理事长带领大家积极参与中国科协的各项活动，编写"学科发展蓝皮书"（2002年和2006年，新材料部分）、推荐院士候选人、推荐基金委创新研究群体等。

2. 举办多次国内外学术交流会议

周理事长任职期间成功举办过多次国内学术交流会，包括：

（1）两年一次的中国材料研讨会。研讨会每逢偶数年召开，一般于每年11月上旬在北京召开，会议邀请国内外一流材料科学家做大会报告，并根据研究领域设置分会交流，会议规模为800~1500人，当时在国内材料界属于规模较大的系列会议。周理事长一直十分重视学会的这个品牌会议。2007年1月，学会即将换届时，他在华东地区召开的学会理事扩大会上强调："我们要做好学会的品牌工

[①] 国际材料研究学会联合会　主席；中国材料研究学会　原秘书长

作，要举办类似于'中国材料大会'这样自己的品牌。会议最吸引人的应该是学术水平高，分会要代表国内水平，要请国内外的学术名人参加并做发展和评述报告；我们应该举办自己的大型新材料展览会，要办自己的国际一流学术杂志。要把中国材料研究学会发展成为中国材料界的代表品牌，每两年召开一次的中国材料大会学术水平要高，论文收录进SCI或EI，每次都有材料研究创新的新闻发表，来吸引广大材料科技工作者参加。"

目前，中国材料大会规模已发展到7000余人，设置分会35～40个，在国内外材料界的影响力越来越大，成为材料界的品牌会议，实现了李恒德、周廉和黄伯云等前任理事长的心愿和期望。这也是近30年来学会历届理事会、会员和中国材料界同仁共同努力的结果。

（2）分别于2001年、2003年和2005年在杭州、南京和烟台举办了3届"全国纳米材料研讨会"，参会人数400～700人，这也使学会成为最早召开全国纳米材料学术会议的全国性学会。

（3）每两年一次举办"新材料发展趋势研讨会"（奇数年召开）。自2005年开始，研讨会邀请中国台湾地区的材料科学家参加。周理事长建议将会议名称改为"新材料发展趋势研讨会暨海峡两岸新材料发展论坛"。此系列会议一直延续至今。

周理事长任职期间举办过的国际会议有：①2002年，在西安成功召开了国际材联电子材料大会（IUMRS-ICEM），参会人数800余人，其中境外代表300余人，来自28个国家和地区。作为大会主席，他对会议的每个细节都亲力亲为。此次会议学术水平高、服务热情周到，得到了海内外参会者的一致好评。②2004年4月，在苏州成功召开了"中日环境材料，循环产业与循环经营研讨会"，出席会议的中日双方科技工作者、产业界和政府管理部门代表共178人（中方115人，日方63人）。③2004年8月，与中国工程院、稀土学会联合在内蒙古包头市召开了"国际稀土研究和应用会议"，会议邀请了11位国内外从事稀土材料研究和应用的科学家和企业家做大会报告，共有400多名海内外专家学者参加。④2004年9月，与国家镁产业促进中心联合在北京国际会议中心成功举办了"2004北京国际镁会议"。会议主题为评估镁研发现状和发展趋势、交流最新研究成果、探索科学利用镁资源等，对之后镁在全球的发展起到了良好的指导和推动作用。来自中、德、美、俄等22个国家和地区的332人（境外代表105人）参会。⑤成功召开了两次中、日、韩材料战略研讨会（2004年于日本仙台，2005年于太原）。

3. 积极参与政府部门的咨询服务工作，为社会服务

周理事长任职期间，学会开始积极参与政府部门的咨询服务工作，为社会服务。①参加了多项科技部、发改委和中国科协的材料发展规划制订和咨询项目，

多次得到相关部门的肯定和好评。②2004年起，每年与国家发改委联合编制《中国新材料产业发展报告》，报告的编写工作一直坚持下来，深受从事新材料研究、开发、应用和管理工作者的欢迎。2014年开始，国家工业和信息化部也参与报告的编写工作，更增加了其权威性。③组织编制《材料科学与工程手册》，共计800余万字（师昌绪，李恒德和周廉主编）。④与中国机械工程学会联合编制《中国材料工程大典》，共26卷、7000余万字，历经5年于2006年初完成。

4. 积极发展会员，成立了5个二级分会

周理事长非常重视学会的个人会员和团体会员的发展，扩大学会的影响力。他强调，要把学会的主要任务体现在三大服务功能：为会员服务、为政府服务、为新材料产业发展服务。学会要把握好除钢铁、水泥等大型工业领域以外的新材料领域，发展二级分会和地区学会。学会要进一步改革，学会是群众性组织，个人会员和团体会员是学会的基础。理事必须是会员，一个团体会员至少应由20名会员组成，理事候选人由团体会员推荐，要把理事候选人人数同该团体会员人数挂钩。理事候选人应征求全体会员意见，由他们推选，要有竞争，推选的理事应该有能力召集会员和带动学会的发展。

学会在第一、二届理事会期间只有青工委和疲劳分会两个二级分会。周理事长认为，应积极发展二级分会满足学会进一步发展的需要。在他的积极组织和指导下，环境材料、计算材料、金属间化合物与非晶、超导材料和磁性材料5个二级分会于2003～2007年间先后成立。目前，学会的二级分会已发展到23个，大部分分会积极参与学会的重大活动，极大促进了学会发展。

5. 及时购房，为学会"安家"

学会成立初期，经济上无依无靠，从零开始。成立初期的12年间，学会的2间办公室由北京理工大学提供。以李恒德先生为理事长的理事会借1999年举办国际材联先进材料大会的机会筹集学会经费（含科技部80万和基金委20万的资助），会后有了一点小小的"盈余"。周理事长果断决定，2002年于紫竹院路62号购买了两套房子，共230平方米，花费180万元。2003年1月，中国材料研究学会终于有了自己的"家"。大家一致认为，应该感谢周理事长当时做出的这一正确决定，为学会发展提供了良好的物质基础。

6. 国际舞台展风采

周理事长重视与国际材料界的交往和交流，积极参与世界材料界的权威学术组织——国际材联的活动，受到国际材料界的尊重。2002年6月，周理事长在西安召开的国际材联全体会议上当选为国际材联执委，2003～2004年任国际材联第一副主席，2005～2006年任国际材联主席。这是继李恒德先生1999～2000年担任国

际材联主席后第二位担此重任的中国科学家,是中国材料界的骄傲,也是国际材料界对周理事长学术水平和领导能力的认可。周廉主席在任职期间认真负责,完成了两件对国际材联发展有重要影响的大事:一是,他运筹帷幄,与国际材联的几位元老一起努力使国际材联加入联合国的国际科学联合会(简称国科联),并于2005年成为国科联的正式成员。二是,他于2005年创办了国际材联的一个重要系列会议——世界材料峰会(IUMRS-World Materials Summit)。该峰会每两年举办一次,主要议题为国际材料界关心的、与社会可持续发展相关的热点问题,如能源材料、环境材料等。参会代表和报告均为邀请,规模为80～150人左右。首届世界材料峰会于2007年10月在葡萄牙首都里斯本举行,由欧洲材料研究学会承办。后分别由中国材料研究学会、美国材料研究学会和欧洲材料研究学会轮流承办。至今已成功举办7次,达到了很好的效果。

周廉院士对中国材料界、中国材料研究学会和国际材联所做出的贡献得到了国内外材料界的广泛认可。让我们共同祝愿周院士健康长寿!

2020年元月

老骥伏枥，壮心不已

——记周廉院士在学部的部分工作

左家和[①]

周廉院士是我国著名的超导、稀有金属材料专家，1994年当选为中国工程院首批院士，曾担任化工、冶金与材料工程学部第一至第三、第五至第七届学部常委会委员，当选第五、第六届学部主任。

立志科研报国，肩荷时代使命

20余年来，周廉院士紧密围绕发挥工程院"国家高端智库"作用这一目标深耕不辍、孜孜以求，引领开展了卓有成效的工作。特别是在2006年重大手术恢复后，他不顾劝阻，迫不及待地回归一线，回到了牵肠挂肚的工作中。他先后负责了"中国低温超导材料产业化发展研究""中国航空材料应用现状及发展对策""中国海洋工程材料研发现状及发展战略初步研究""中国海洋工程中关键材料发展战略研究""中国3D打印材料及应用发展战略研究"等多个战略咨询项目。其研究成果为党中央、国务院、军方和有关部委科学决策提供了科技支撑，发挥了重要作用。

聚焦人才培养，推动行业发展

周廉院士非常注重对后继人才的发掘和培养，经常为年轻科技人员学术进步进行指引、创造条件。他先后组织召开了学部第三届学术年会、"中国稀土产业发展工程科技论坛"、"钛合金材料技术发展与应用工程科技论坛"、"中国生物材料研究与产业发展趋势工程科技论坛"、"中国航空钛合金技术发展——工程科技论坛"、"钛冶金及海绵钛发展工程科技论坛"、"面向未来的新材料与智能制造"国际工程科技发展战略高端论坛、"国际新材料发展趋势高层论坛"等重要学术活动，有数百人次两院的院士、上万人次国内各领域专家参加论坛。论坛的举办对促进行业科技发展、发掘和培养高端人才起到了积极作用，多位参加论坛的专家先后当选中国科学院或中国工程院院士。

紧密结合实际，着力攻坚克难

周廉院士高度关注学科领域重难点问题，着力寻求破解之道。他先后组织了"纳米材料""航空铝合金及钛合金材料""航天材料""海洋材料""3D打印

[①] 中国工程院二局　副局长；中国工程院化工、冶金与材料工程学部　原办公室主任

材料"等几十次学术研讨会,组织业内年轻专家围绕领域难点、热点问题,深入开展研讨,并邀请中国科学院、中国工程院相关院士与海内外专家进行点评,提升交流质量、巩固研讨成果。他还和化工、冶金与材料工程学部的院士们先后赴山东、山西、内蒙古、吉林、广东等地,对地方和企业开展"技术创新院士行"活动,为地方技术进步、经济发展提供咨询和技术支持。

无声春风化雨,润物桃李芬芳

周廉院士对学部办公室工作也十分关心,时常指导、鼓励工作人员不断提高业务素质与工作能力。2007年院士增选会议期间,我刚到学部办公室工作未满一年,对学部院士还不是十分熟悉,工作也不很顺手。有一次散步碰到周院士,他认真聆听了我的困惑,诚恳地建议我向前任办公室主任高战军同志、宋德雄同志学习,增强服务院士、做好学部工作的本领。多年来,学部办公室工作得到了新老院士们的一致认可,正是得益于周院士和学部院士们的鼓励与支持。于我而言,周院士既是一位可亲可敬的师长,更是一位可以交心的朋友。他渊博的学识、宽广的胸怀、严谨的治学态度、高尚的道德情操让我们敬佩,他是我们学习的榜样!和周院士在一起,总能得到教诲,使人受益良多。

2020年3月,逢周廉院士八十华诞。在此,祝周廉院士健康长寿!

2019 年年末于中央党校

矢志材料创新，一片丹心报国

——周廉院士与建材科技

姚 燕[①]

周廉院士是中国材料界大师，他以其广阔的学术视野指导材料各领域的发展。特别是他敏锐捕捉国际科技发展最新动向，洞察到我国在科技咨询方面，与国外发达国家相比还存在不少差距，这种差距的存在影响了国家在重大科技事务工作上的决策，因此非常有必要在科技咨询领域下功夫、补短板。他不但组建了国家新材料产业发展战略咨询委员会，支撑提升国家科技咨询水平，还建设了多个分院，深入开展各领域的工作。他看到中国建筑材料科学研究总院（下称"总院"）多年来在无机非金属领域取得了突出成绩，提出以总院为依托单位，打造国家新材料产业发展战略咨询委员会北京研究院。下图为周廉院士为北京研究院揭牌时的留影。

周院士高瞻远瞩，亲自设计、策划北京研究院。他提出，北京研究院定位为围绕无机非金属材料领域的科研开发与产业发展，以科技信息搜集、前沿动态监测、科技战略制定、产业政策研究为主体业务的科技咨询服务机构，主要面向政府机关、事业单位、投资机构和高科技企业提供咨询服务。

按照周院士的部署，总院负责北京研究院的建设与运营。周院士要求，北京研究院立足于总院科技创新沃土，充分利用总院雄厚的科技资源与强大的行业背景，着力建立一支视野开阔、专业精深的咨询专家队伍，探索规范高效、持续发展的组织管理模式，力争成为我国无机非金属材料领域顶尖的高质量智库，为无机非金属材料的科技创新、产业变革、发展规划提供重要支撑。北京研究院要依照有关规定制定章程，并在章程的框架下依法依规运行。还要按照"服务决策、适度超前"原则，公平、公正、科学地开展无机非金属材料领域的咨询研究工作。重点关注量大面广材料、战略性材料、瓶颈材料、保障国防安全材料、社会公益性材料等相关产业，以引领行业企业创新发展为目标，广泛深入参与到"中国工程院、工信部、科技部、发改委、中国材料学会、行业协会学会"的相关规划与管理政策制定，提出无机非金属材料科技创新规划及各类政策建议，实现我国无机非金属材料产业健康快速发展，相关材料从跟跑向并跑、领跑转变。

在绿色建材领域，周院士深刻认识到其对于国家经济社会的重要意义。他一直特别关心总院在该领域的科研、转化与生产，叮嘱总院有关领导及科

---

① 中国建筑材料科学研究总院　院长；中国建材联合会　副会长；中国材料研究学会　副理事长

技工作者要将发展绿色建材作为北京研究院的重要使命，服务国家、回馈社会。为此，周院士不辞辛劳，召集了材料领域的5位中国工程院院士及众多行业专家，组织了以"聚焦绿色长寿命建筑材料研发，推进长寿命绿色建筑发展"为主题的论坛。周院士引导广大参会人员积极研讨，大家就目前我国绿色建材发展存在的问题，绿色建筑对绿色建材的需求，绿色建材发展的方向、途径与目标，展开了深入的讨论，认真剖析了问题背后的本质，涌现出了很多建设性的意见与建议，论坛取得圆满成功。为此，周院士还亲自总结、梳理各类意见，形成了《加快绿色长寿命建筑材料的研发和应用，延长绿色建筑服役期限》院士咨询建议，并上报至国务院，为推动我国绿色建材发展发挥了积极作用。

如今，北京研究院正按照周院士的布局，逐渐实现战略目标，并有效带动了总院的创新发展。依托北京研究院，总院在山东成立了中建材科创院，打造了中国建材集团（枣庄）新材料产业园，成功牵头组建山东省无机功能材料与智能制造创新创业共同体。未来，北京研究院继续坚持战略定位，按照周院士描绘的蓝图，扎实推进各项工作，争取取得更辉煌的成绩。

2020年元月

往事如歌，永留心间

——记周廉先生任陕西科技大学名誉校长的岁月

罗宏杰[①]

1958年成立于北京的陕西科技大学（时名北京轻工业学院，以下简称学校）是新中国第一所轻工高等院校。1970年迁至陕西省咸阳市，改名为西北轻工业学院。1978年被国务院确定为全国88所重点院校之一，2002年更名为陕西科技大学至今。

学校搬迁到西北后，为国家和陕西地方经济建设，特别是祖国轻工业的发展做出了巨大的贡献。但是，学校早期发展中错失了获得博士授权单位的机会，加之处于西部非省会城市，给学校的可持续发展带来了诸多不利因素：学校招生生源质量逐年下降，师资队伍稳定性较差，更谈不上吸引优秀人才。如何摆脱困局、重振辉煌，成为摆在学校领导班子面前的重大课题。

在一次中国材料大会学术讨论会上，我有幸认识周廉先生，先生那人格的魅力、渊博的学识、拼搏的精神、创新的思想以及领导的才华，都像一个个巨大的磁铁深深吸引着我、影响着我，使我受益终身！！

2002年，我任陕西科技大学校长后，经过与周廉先生以及陕西省政府的多次沟通与不懈努力，终于获得陕西省教工委批准，学校聘请周廉院士为陕西科技大学名誉校长。上任后，周校长十分关心学校的发展，不仅亲自指导博士开展科学研究，还经常莅临学校，对关系到学校可持续发展的西安新校区建设项目立项、博士授权单位申报以及材料学学科人才队伍建设等重大问题亲自过问、参与讨论。

在西安新校区建设项目立项过程中，周校长除了与学校领导班子一起商量对策、讨论新校区建设的实施方案外，还抓住各种机会，多次向陕西省和西安市有关领导陈述学校因地理位置问题带来的发展困惑。最终，赢得了主要领导对学校西安新校区建设项目的重视，为西安新校区的建设项目获批铺平了道路。

2002年，学校启动申报博士授权单位工作之际，国务院博士授权管理的工作重心已经从布点转向提高培养质量。全国布点总数也控制在每省（市）不超过1个的范围，且陕西省多个申报单位都各具优势，其中的竞争压力可想而知。周校长亲自参与制订"材料学"学科建设方案，带领学校班子成员给主管部门领导汇报，向专家学者宣传学校。最终，学校以当年陕西省申报博士授权单位榜首的资

---

① 陕西科技大学　原校长；中国科学院上海硅酸盐研究所　原所长；上海大学　原党委书记、原校长

格，跨入博士授权单位行列。

西安新校区建设项目的顺利推进和博士授权单位的获批，不仅为学校的可持续发展奠定了坚实的基础，还在全省乃至全国产生了良好的影响，并实现了对未来发展的良好预期。西安新校区投入使用的第二年，就迅速甩掉了"调剂招生为主"的帽子，迈入"高出重点招生线以上"的招生阵营。"985""211"等国内一流高校毕业博士，以及海外留学归国博士都需要激烈竞争才能入职学校，使得吸引优秀人才的问题迎刃而解。这一切都和周校长的努力分不开。

2004年，学校聘任了第一批博士生导师，周校长便位列其中。他为学校培养了一批优秀的年轻教师，杨立军博士就是其中之一。早在2000年初，周校长就预判3D打印技术将在个性化人工器官领域具有广阔的应用前景，便将杨立军的课题定为"人工骨仿生设计及选择性激光熔化成形工艺的研究"。研究中，他不断鼓励杨立军要勇于创新，还与他一起确定研究方案。以前瞻性的视野、严谨的思维和治学态度、积极实干的工作作风为年轻教师树立了榜样。在他的推动下，学校成立了"3D打印增材制造生物医疗应用"研究平台，初步建成了装备完善的3D打印研究平台，并汇集了一支以高水平博士为主的研究团队。目前，仅这支团队就承担了国家自然科学基金项目等9项国家级项目，10项省部级项目，3项厅局级项目及3项企业委托项目，为学校的科研和学科建设做出了突出贡献。

岁月悠悠，难忘过往。时光带走了年华，却带不走今天学校校园优雅的景观、师生内心深处的自豪，更带不走周校长当年为学校做出贡献的历史记忆，它们都镌刻并将永远留在我和每一位陕科大人的内心深处。

2020年元月

国际视野，脚踏实地，甘为人梯，培育产业
——贺周廉院士八十华诞

韩恩厚[①]

过去对周廉先生是高山仰止，1998年我从美国回国后在中国材料大会上才真正有机会认识周先生。之后，幸得机会先后参加了周先生倡导的国家新材料产业战略咨询委员会、国际会议、新材料国际发展趋势高层论坛和《中国材料进展》期刊，特别是更进一步参加周先生牵头负责的中国工程院重大咨询项目"中国海洋工程材料研发现状及发展战略初步研究"，在该项目中我负责海洋腐蚀防护组。20余年来，我有机会长期近距离了解和学习周先生做人求真务实、做事执着坚守、做学问细致严谨的作风，真是三生有幸。

一、重视参与、构建与领导国际组织，注入中国元素并强化我国在国际材料领域的影响

1991年，在以师昌绪先生、李恒德先生等为代表的老一代材料科学家们的积极倡导和推动下，成立了中国材料研究学会。1999年，周廉先生接任第三、第四届材料学会理事长。在他的努力下，使得中国材料研究学会正式成为中国科协成员，并有了自己的固定办公场所。周廉先生当选为国际材料研究联合会（IUMRS）主席期间，积极推动我国材料专家、相关领域与国际上的合作，使得我国在相关方面得到巨大进步，同时也为IUMRS注入中国元素。他积极推动IUMRS健康发展，提升IUMRS品质。这些做法对我后来有机会担任亚太材料科学院（APAM）院长并组织相关活动提供了非常好的指导。

二、构建材料学术联盟，通过学术交流带动我国材料领域发展

基于我国传统学术交流模式难以满足科技与产业发展的需求问题，周先生提出组织"国际新材料发展趋势高层论坛"。我有幸参加了2011年在淄博举办的首届"国际新材料发展趋势高层论坛"。当时对范守善院士的精彩报告印象特别深刻，不但有很深的理论基础，更有产业应用，是真正的全链条研究。论坛组织这类报告对后辈的影响非常深远。

[①] 中国科学院沈阳分院　院长；中国科学院金属研究所材料环境腐蚀研究中心、国家金属腐蚀控制工程技术研究中心　主任

论坛目前已经形成了系列，每年举办1次。从最初的大论坛报告，发展到目前的大论坛与专业分论坛，专业分论坛从几个发展到了20几个；参会人员规模不断增加，已经超过了1500人。论坛的发展表明这种组织方式对本领域人员的吸引力很强，是同行们高度认可和赞同的会议模式。2018年，我作为承办执行主席也在沈阳组织了一次论坛，虽然付出了不少时间，但有幸组织这样的高水平会议，对自己是一种非常好的锻炼。因此，特别感恩先生的信任、把这样的机会交给我。

周先生在我国创立了一种全新的交流模式，所有报告人均为邀请制，并印发报告PPT给参会人员。这对材料领域的发展、青年人员的成长起到了非常好的作用。后来，许多其他会议不断学习并模仿这种交流方式，对办好学术会议同样有重要的指导意义。

三、组织国家新材料产业战略咨询委员会，促进我国材料产业的良性发展

长期以来，人们总说中国是材料大国，以在国外科技期刊上发表的SCI论文数量来衡量确实如此。但在材料使用方面却不尽如人意。路甬祥先生任中国科学院院长时曾经明确讲过"料要成材，材要成器，器要好用"，这应该就是针对材料人讲的，材料要能用、要能在装备器件中好用。按此说法，实际上我国真正成为材料大国只是近些年的事。目前有不少材料的产量在全球排名第一，然而是大而不强。我们的许多研究只停留在发表论文上，没有能够再向应用发展（这里不否认写论文的价值）。周先生长期支持的"国家新材料产业战略咨询委员会"就是从战略层面，努力推动我国材料产业的良性发展。在编制咨询报告的同时，逐步形成了"一网、一库、一书、一刊、一大会、若干小会"的良好局面。在周先生的直接组织下，"国家新材料产业战略咨询委员会"在全国建立了若干个具有特色的研究院，在行业内逐步形成了良好的局面，对材料产业的发展有着深远的影响。

四、办好中文科技期刊，促进我国学术界与产业界交流

人们常说，办学术期刊是出力不讨好并"烧钱"的事情。付出很多，但没有多少回报。然而，周先生却乐在其中。他积极倡导和主办的《中国材料进展》坚持中文、坚持把读者群定位为国内的科研与企业人员。办刊没有经费，他就组织一些会议支持期刊，使期刊在国内材料领域形成了很大的影响力，这种影响力是传统的论文引用量无法衡量的。特别是，对青年人才的成长、对企业人员了解我国的材料进展情况，做出了不可磨灭的积极贡献。

五、把握海洋材料前沿，支撑我国海洋战略的实施

发展海洋是国际战略。海洋领域的发展离不开海洋装备，而海洋装备很大程度上取决于材料。因此，海洋材料已经成为海洋战略中的首要问题。周先生高瞻远瞩，牵头开展中国工程院重大咨询项目"中国海洋工程材料研发现状及发展战略初步研究"，之后该重大咨询项目得到滚动支持。通过组织国内海洋领域上百位院士、专家参与，不仅形成了院士、专家的建议报送国家领导人以起到决策咨询作用，而且为我国海洋材料产业发展提供了强有力的技术支持。编著了10余本技术专著，在行业内产生了重大影响。在此基础上，周先生倡导成立了"中国海洋材料产业技术创新联盟"，参加单位已达100余家，对本领域的发展具有重要影响。

在此过程中，感恩周先生的信任并让我具体负责海洋腐蚀防护方向，通过调研、会议、专家咨询、研究等，不仅形成了咨询建议，而且与同行专家们合作完成了93.6万字的《海洋工程材料与结构的腐蚀与防护》一书，对海洋腐蚀控制的研究起到了促进作用。

六、重视核材料，助力我国核电名片

周先生是我国早期倡导从事核材料的专家之一。过去几十年来，西北有色金属研究院在锆合金方面一直有很好的结果。鉴于我国核电大发展的强劲需求，2018年周先生倡导组织进行核材料方面的研讨，形成建议上报国家领导人，以促进和保障我国的核电国家名片。我有幸协助周先生邀请相关专家，促进会议顺畅召开。期间，不仅在专业上，也在如何组织这样的活动方面都使我受益终身。同时，我在负责核电材料方面的国家"973"计划项目期间，周先生多次给予了指导，使我在学术方面受益匪浅。

七、结语

繁霜尽是心头血，洒向千峰秋叶丹。周先生是永远的大师，先生敦品励学是科研人员的楷模。20余年来，我在周先生身边耳濡目染，学习到了很多，深受影响。从他身上，我学习到了为人要热爱生活、认真工作，一方面努力为我国材料行业乃至国际材料领域做出力所能及的贡献，另一方面也尽可能自己做出一点专业成绩，使企业用得上，才能对得起老先生们的关心、关爱与提携，对得起国家的培养，对得起纳税人的钱。

2020 年元月

再创新辉煌

——记周廉院士南京创业二三事

吴世平[①]，沈晓冬[②]

喜迎周廉院士八十华诞之际，我们俩人决定共同写一篇纪念文章，回忆周院士2013年应邀在南京工业大学成立先进金属材料研究院，古稀之年还新组团队开启南京新事业、再创新辉煌之二三事，以此纪念周院士老骥伏枥、创新不已之雄心壮志。

2012年年中，周院士受南京工业大学校长欧阳平凯院士力邀，年底又受到继任校长黄维院士登门邀请。终于，周院士于2013年5月在南京工业大学成立先进金属材料研究院并任院长。2016年，周院士诚邀顾忠伟教授的生物医用材料团队加入南京工业大学，改名为南京工业大学新材料研究院，下设三所三中心，开展相关新材料科学研究、人才培养、技术成果转化。2018年，周院士成立南京尚吉增材制造研究院有限公司，带头出资出智，践行创新创业，再创钛合金新材料制造辉煌。

周院士开启南京创新创业的基础始于2012年初我俩及周鑫明与周院士的牵线搭桥、多次商谈。当时，周廉院士病体刚愈，拳拳报国之心难以抑制，以其战略科学家的眼光、顶尖学者的学识、成功企业家的实践和对中国新材料发展的深入思考，他想为中国新材料事业再多做点事。继2011年创建材料学术联盟、举办新材料国际发展趋势高层论坛之后，他又谋划在高校设立科学研究与人才培养平台，与西北有色金属研究院实业匹配，协同发展。当时国内很多高校都在邀请周院士，有的甚至已经开展合作，但周院士的目光一直放在有很好改革开放基础的南方。一方面，由于长期在机关组织管理科研工作的经历，我俩与周院士成为良师益友的忘年之交，相互之间非常信任；另一方面，我俩同学知根知底，再加上与鑫明的好友之谊，我们极力说服周院士把再次创业的重点放在南京。江苏是我国新材料产业大省，南京有众多高校和人才队伍，南京工业大学校长欧阳平凯院士倡导的"顶天立地、产学研协同发展"的创新创业型大学办学理念与周院士的办院理念不谋而合。记得第一次商谈来宁可行性是在2012年3月，在北京会议中心召开的工程院海洋材料咨询项目首次会议间歇，周院士、鑫明与我俩4人就来宁工作的可行性、定位、目标及争取家人支持进行讨论。当时，周院士手术不久还处于恢复期，家人对他远赴南京白手创业深有担忧，如何做好保障工作、争取家

---

① 北京理工大学　研究员；国防科工局军品配套规划委员会　副主任委员
② 南京工业大学材料科学与工程学院　院长

人支持也是一个重大考量。之后，我们又与周院士在太原会面，邀请他来南京实地考察。尤其在当年国庆休假期间，周院士专门邀请我俩在苏州开了两天会议详细讨论来宁工作的具体事宜。最后，欧阳平凯院士的力邀和黄维院士的登门邀请使周院士及团队来南京工业大学得于成行。创业要同心，同心需意投。天时、地利、人和的完美条件开启了周院士在南京新创业。成立研究院后，周院士每月来宁工作，各种事宜、诸多艰辛难于言表。尽管工作千头万绪，周院士始终保持乐观向上的生活态度。散步、摄影……享受每一天，精彩每一天。目前，新材料研究院已有130多人的研究队伍，承担多项国家重点项目，与行业重点企业开展多项技术开发和转让；尚吉研究院有限公司的钛合金制造新技术获亿元投资，事业蒸蒸日上。

　　创业不易，以功成名就之位重新创业实不易，以杖国之年创业更不易，以病躯之体创业大不易。可见，周院士在南京再创辉煌其心强、志坚、行苦。初心不忘，方得始终。周院士是材料界之巨擘、学术界之明灯、科技产业界之标杆，是我辈之楷模。其心强、志坚、行苦、乐观之精神和毅力必获期颐之寿！

2020年元月

周先生教我们，
要Do good research，同时还要Enjoy life

傅正义[①]

  我和周廉院士其实很早就有工作上的联系了。"十五"期间，我是国家"863"高技术计划新材料领域高性能结构材料专家组专家，周先生则是新材料领域专家委员会委员，专家委员会的职责是领导和指导下面几个主题专家组的工作。周先生多次参加结构材料专家组的会议，对我们的工作给予了很多有意义和有价值的指导。周先生学识渊博、思维敏捷，说出来的话往往具有很高的战略性和宏观性，给我的感觉是一位见过大世面、具有国际视野的大科学家，令我这个初出茅庐的年轻人非常钦佩。

  2018年，周先生发起的新材料国际发展趋势高层论坛（IFAM）系列会议确定武汉为IFAM 2019的主办地，由武汉理工大学和北京航空航天大学等单位为承办单位。我作为武汉理工大学的主要骨干和会议的执行主席之一，与先生直接接触和向他请教的机会就更多了。IFAM系列会议由周先生亲自创办，作为一个新材料方面的系列会议，得到越来越多国内外专家学者和学生的重视。近年来，参会的人数越来越多、规模越来越大，已经成为一个我国材料领域高水平学术交流的盛会。这与先生德高望重的影响力和他对会议的认真指导与关心是分不开的。

  这次在武汉举办IFAM 2019会议，周先生出席和指导了5次相关筹备会议，其中沈阳1次、北京1次、西安1次、武汉2次。武汉的第一次筹备会讨论了IFAM 2019总体方案，周先生提出要利用武汉高校材料学科老师、学生众多的优势，利用武汉新材料研究与国家战略、信息、能源、交通、生命科学、环境等交叉的优势，办出武汉特色。IFAM 2019最后设立了"华为消费者电子产品材料及应用论坛""材料与生命物质的交叉创新论坛"等有特色的分论坛，这都是周先生建议和倡导的结果。武汉的第二次筹备会讨论了IFAM 2019的具体方案，我清楚地记得周先生亲自审定每个分会组织者的资质、邀请报告人的资质、研究方向和报告内容等，与我们进行详细的讨论，提出了很多有建设性的意见和措施，为这次会议能够办出高水平起到了重要的指导作用。会议举办前，周先生因病住院。我和会议的主要组织者贾豫冬老师到医院去请示周先生的意见。一到医院就看到周先生在他病房的小桌子上审阅会议的日程初稿。尽管周先生当时写字还不是很方便，但我们看到他已经在程序手册草稿上画了不少重点线，并做了多处文字标注。随后，我们进行了详细讨论，并订正了最终程序手册。周先生还用不太灵便的手颤颤巍巍地写下了对会议的期望和寄语——祝大会顺利召开，促进中国新材料进展，坚持才能胜利！这表达了他对会议的期盼和祝愿，给参加会议的老师和同学们极大的鼓励。武汉IFAM 2019会议有

[①] 武汉理工大学材料复合新技术国家重点实验室 主任

30多位中国科学院、工程院和国外院士参加，参会人数近2000人，是IFAM系列会议历史上规模之最，也是武汉市召开的关于材料的盛会规模之最，得到了湖北省政府、武汉市政府和新闻媒体的高度评价，认为此次会议为加强武汉市新材料产业发展起到了重要作用，也为武汉市在国际上展示其在新材料方面的研究和产业化水平以及扩大材料学科在国际上的影响做出了贡献。

与周先生聊天时，我得到一个很大的惊喜。周先生说他在20世纪90年代中期就知道我的研究工作了。当时，我校担任国家"863"计划专家组专家的欧阳世翕教授，曾经将我采用自蔓延高温合成技术制备的碳化钛粉料转送给周先生，周先生将这种粉料作为增强相加入金属中，开展了陶瓷颗粒增强金属基复合材料的研究。周先生告诉我说，当时就知道这种粉料是武汉工业大学（武汉理工大学前身）的年轻人傅正义利用自蔓延高温合成技术制备的。这让我非常吃惊和高兴。30年前，我在国内较早开展了自蔓延高温合成技术的研究，在陶瓷原材料合成方面取得了一些成果。先生的这些回忆给了我很大的鼓励。

周先生给我深刻的印象是重视材料学科年轻人的培养。沈阳IFAM会议结束以后，周先生专门组织我们几位学术带头人为青年教师和研究生举办专题讲习班。我作为主要组织者之一，在上海与其他几位教授一起主办了陶瓷与复合材料讲习班。因为是周先生安排的工作，我们几个主讲人不敢马虎，针对所讲题目和自己多年研究经验，从基础理论到技术创新再到工程化应用，非常认真地准备讲稿。后来，参加讲习班的众多研究生们说，这些报告对他们启发很大，听完后收获非常大。最让我钦佩和吃惊的是，在一天的讲习班时间里，周先生一直坚持坐在会场第一排听我们的报告，并且认真地做笔记。最后总结时，周先生对我们几位报告人给予了充分的肯定，又对我们下一步怎么进一步提高讲课质量给出了建议，对学生们未来怎么在材料学科发展提出了殷切的期望。周先生形象地将讲习班称为材料专业的黄埔军校。他信心满满地说："如果一个班有100多人参加，我们以后每一届IFAM会议在10个方向上办10个班，那么就有1000多人参加。如果我们坚持5年，我们就可以对5000名材料专业的年轻学生进行一轮培训。就像当年的黄埔军校一样，这批学生未来将成为材料领域的重要新生力量，为中国新材料发展做出贡献。"

当时，我从武汉带了10多名研究生到上海参加陶瓷与复合材料讲习班。先生问这些研究生在上海的时间怎么安排，研究生们老老实实地说傅老师安排他们听一天的课，第二天就得赶回武汉做研究。先生笑着对我进行了批评，说你们这些学生除了要do good research以外，也要提高生活质量，要enjoy life。有好多孩子可能还是第一次到上海，应该让他们到处走一走、看一看。我马上同意学生们晚一天回武汉，在上海好好玩一天。同学们对这个安排高兴极了，开心地在上海enjoy了一天。先生这种对科学认真的态度和对生活的热情也给了我很大的启发。后来，我经常将这件事讲给我的同事和学生们听，希望他们既要踏实、认真地做好科研，又要提高自己的生活质量和情趣，要do good research，同时还要enjoy life。

2020年元月

始终关心航空材料发展

李园春[①]

周廉院士是我国材料界的泰斗级大师,对我国多领域新材料的发展都做出了突出的贡献。他站位高、涉猎广,是真正的战略科学家,这从他多年来组织、策划和参加的多行业、多领域的高新材料论坛就可见一斑。作为一名长期从事航空材料和航空发动机的科技管理者,我印象尤为深刻的是他对航空材料始终不渝的关心和战略思考。

在和周院士的几次不同场合的见面中,周院士都和我谈到了航空材料,谈高温合金、钛合金,谈现状、问题,谈发展、方向。记得有一年,他主持了中国工程院咨询项目"中国航空材料应用现状及发展对策",某天专门打电话给我,邀请我参加到工作团队中,让我深感荣幸。电话中,他说想来我这里具体谈谈,也想了解和调研一下航空材料特别是航空发动机材料的有关情况。没想到还没过几天,周院士便亲自来到中航工业总部大楼,在我的办公室里就航空发动机材料体系、目前航空发动机高温合金等材料存在的问题、未来发动机选材和发展方向等进行了深入的讨论,也给了我很多指导。为了更深入、准确地了解航空发动机材料现状,同时也想从发动机设计角度去了解发动机材料存在的问题,他还专门让我联系几家发动机主机所的总工程师在几个阶段研讨会上做专门报告。项目实施过程中,周院士分阶段、分领域组织了多次研讨会,几乎每次都亲自参加讨论,过程中深稽博考、研精覃思,形成报告时斟酌每一句表述、校核每一个数据、把脉问题不回避、诊治开方讲客观。在整个项目过程中,他那种老一辈科学家的一丝不苟、严谨细实的作风展现得淋漓尽致,让我感受很深,也受教很大。

还有一次在西安,他专门组织了航空发动机材料发展论坛,我有幸参加。会上邀请了航空发动机主机厂所、航空材料研究院和北航等单位多名专家和领导参加。在讨论中他反复强调和明确指出,航空发动机是国之重器,是一个国家现代工业的基础、能力和水平的重要标志,而材料是其最重要的支撑。一代材料,一代发动机。航空材料的发展一定要以需求牵引与技术推动相结合、技术研究与成果转化相结合、设计与材料和工艺相结合为原则。航空行业一定要注重凝聚全国力量,一定要注重发挥在材料领域中具有传统优势的中国科学院、民口科研

[①] 中国航发集团质量科技部 副部长

院所、高等院校、大企业的作用，也要注重发现和运用过去涉足少、但在特定材料科技领域有突出优势的高校、科研机构和民营科技企业的力量，发挥其特色优势，要聚四海之气，借八方之力，绝不能故步自封。多年来，回想他这些谆谆教诲和高瞻远瞩的观点理念，让我感触颇深，受启发和受教育很大，相关理念也融入了我日后的工作中，给予我很大的指导。

行棋观大势，落子谋全局。老一辈材料科学家们始终不忘初心、定战略、把方向、谏真言、出实招，始终不遗余力地关心和指导着行业的发展。相信在他们的引领下，新材料技术和产业的发展一定会更快、更好！

2020 年元月

周情孔思工材料建赫赫功业
廉远堂高聚英才尊学界泰斗
——贺周廉院士八十华诞

介万奇[①]

2020年3月是我国材料领域的学术泰斗周廉院士的八十华诞。虽不曾拜师入门，但饱受周先生的授业解惑之恩；虽不曾执业麾下，但多得周先生的指点提携。感恩之至。

20多年前，周先生的盛名已如雷贯耳，那时有机会多次聆听周先生在全国性各种会议和活动中高瞻远瞩的讲话而深感荣幸。之后，曾参与他具体领导的《材料科学与工程手册》的编写，并在国家"973"项目立项与申报过程中得到他的精心指导。2005年，周先生兼职西北工业大学博士生导师，便有了更多的接触机会。周先生发起的一系列学术会议更是我学习和了解材料科学领域最新动态，汲取科学素养的平台。

知周先生生于吉林松花江畔的舒兰县，早年就读于东北大学，在北京工作数年后，响应国家号召，来到宝鸡艰苦创业，是宝钛集团有限公司前身902厂的创始人之一。自周先生在太白山下的励志创业，在西安创建西北有色金属研究院的开拓进取，到统领全国材料界的大格局的事迹，被广为流传，令业界十分敬仰。周先生的精神，更是感人至深、无法企及。耳濡目染，仰先生如下特质：

一曰，勤学。周先生本是饱学之士，但在不惑之年仍赴法国深造学习。更为可贵者是周先生不论是面对学者大师，还是面对普通学生，稍有新颖见解与信息，均会认真倾听、分析切磋，点点滴滴、日积月累，成就了先生的博学，也成就了先生深刻的思辨和活跃的创新。

二曰，敬业。凡与周先生有过工作交集的人，或为学生，或为同事，无不为周先生的敬业精神所感动。对科研工作一丝不苟，精益求精，务求做到最佳。在领导岗位上的工作，更是追求完美、体察入微，并不断进行模式创新。废寝忘食已是最寻常习惯，常常进入忘我状态。

三曰，达观。周先生心胸开朗，见解通达。心中装满国家材料科学发展与技术进步的大事，充满家国情怀。为了国家材料事业，不计个人得失，不思个人恩怨，兢兢业业做事，坦坦荡荡做人，得到广泛的认同和尊重。

四曰，担当。周先生的使命感和责任心难以企及。在国家各项事业艰难创业

[①] 西北工业大学材料科学与工程学院　教授

的时代，他肩负重任，从京华来到太白山下，在极其艰苦的环境下，开创了国家的钛合金材料事业。在改革开放初期，走出大山，在西安发展了稀有金属及超导材料事业。在低温铌钛超导材料Nb_3Sn、高温YBCO超导材料、B系超导材料和二硼化镁新型超导材料研究方面创造了3次世界最高纪录。在从领导岗位离任后致力于推动全国材料科学研究的进步和学术交流，成为我国材料学界的领袖人物。

五曰，广施。周先生不仅在自己的工作岗位上，在自己的本职工作中竭尽全力、恪尽职守，而且竭力关心和帮助中国材料科学研究整个群体的事业和发展。他兼职于国内多所大学，毫不保留地与业内同行分享自己的认识和学问，指导和关心每一位求教者。如同我这样未曾拜师入门，却饱受他的教诲指导者，比比皆是。

六曰，自强。周先生不仅是事业上的成功者，挫败一个又一个的困难，创造了辉煌的事业，他也是生活中的强者，在困难和挫折面前，谈笑面对，以超人的毅力，战胜困难，并不断创造新的奇迹。

周先生早年奋斗过的宝鸡，是姜子牙励志、修炼与出世的源头，与周公故里为邻。同时，距离当年老子讲道之楼观台不远。也是诸葛孔明七出祁山，呕心沥血，建功立业的地方。愿周先生以八旬为起点，寿比姜公，德比周公，再创辉煌。

周先生的高度与广度，能理解者十之一二。点滴体会，以励吾辈。

小词一首，作为小结。

沁园春——贺寿周廉院士八十华诞

滔滔松江，巍巍太白，励此达人。
沐伯阳弘道，周公正礼，孔明贤智，子牙传神。
以钛为本，超导矫驭，轻取顽石点作金。
回首望，看累累功业，思想弥新。

周游日月几循，廉堂高何论年八旬。
复北国授业，南华开拓，西部献策，东方育林。
孺子吐哺，事业呕心，家国情怀伴征尘。
谈笑间，称业界泰斗，仰着芸芸。

2020 年 1 月 1 日

老当益壮，志在千里

——祝贺周廉院士八十华诞

孙宝德[①]

  周廉院士是我从求学期间就无比敬仰的老师，后来更是多次聆听他老人家的教诲，受益匪浅。我从周老师那里学到的不仅仅是知识，更受教于他对材料发展趋势的远见、对年轻人的精心培养以及对中国和世界材料发展的责任与担当。周老师是我心目中的偶像和学习的榜样。

  周老师一手创办的新材料国际发展趋势高层论坛系列会议，自2011年起连续举办了9届，以其高端性、权威性、时效性的特点已成为国内外材料领域越来越有影响力的重要学术会议。其中，上海交通大学材料学院有幸承办了2015年的会议，我本人担任大会秘书长，期间的几件事情令我终生难忘。

  周老师是一个有情怀、有责任、有担当的人。为了办好这次会议，周老师多次亲临上海，召开了多次预备会议，从大会主题和报告人的精心选择，到各个分论坛主题的取舍，充分体现了他对国际材料发展趋势的研判和对办一个高水平学术会议的高度责任感。从纳米材料、能源材料、生物医用材料到OLED光电信息材料，无一不是新材料发展的前沿领域。而"材料基因组分论坛"的设立更是体现了周老师的前瞻性和对材料研究新思想、新范式的敏感性。除此之外，周老师深知材料制备加工在新材料研究中的重要意义，提议设立材料先进制造分论坛，并亲自邀请来自航空航天等领域的资深院士担任分论坛主席和主持人。不仅如此，论坛举行期间，周老师还亲临会场聆听学术报告，并与报告人积极进行交流互动。

  材料的高性能化与高质量化、构件的复杂化与轻量化、生产的高效化与低成本化等重大需求，对合金成分与工艺的优化设计、制备加工过程的精确控制等提出了越来越高的要求。在当今信息化和智能化时代，材料加工技术创新对驱动传统产业转型升级、加速新材料的研制与复杂材料构件的开发具有重要意义。现在，材料先进制造分论坛已经顺应时代的发展，改为材料智能制备加工分论坛，引领和推动了国内在智能热制造等相关领域的研究，影响力日渐深远。周老师十分关注"智能"这一概念的内涵，对于大数据和人工智能（AI）在制备加工中的作用非常认可，再次体现了他与时俱进的战略眼光。

  周老师不仅对推动材料学科的发展不遗余力，还为培养材料领域后备力量作出了卓越贡献。在他的大力倡导下，为促进优秀青年材料科学家的成长，促进

[①] 上海交通大学材料科学与工程学院 院长

学科交叉和融合，启迪新的学术思想，在上海会议中首次设立优秀青年科学家论坛，并评选十大优秀报告奖。他除了担任大会主席，还亲任青年论坛的主席。这一举措在后续历届论坛中得以延续，其规模和影响力也不断扩大，为广大优秀青年科学家提供了一个高端学术交流平台。此外，受邀的青年才俊们正逐渐成长为各个研究领域的骨干力量。

每次见到周老师，尽管时间都不长，但他严谨的态度、清晰的思路、超前的眼光和执着的精神，都深深地感染着我。尤其让我折服的是，他"老骥伏枥，志在千里"的壮心。周老师长期致力于超导和稀有金属材料的研发，是中国超导和稀有金属材料领域的重要开拓者之一。近年来，他又瞄准国际前沿，聚焦国家战略需求，牵头启动了中国3D打印材料及应用发展战略研究咨询项目，为推动中国3D打印产业发展不遗余力、四处奔波。

老当益壮，志在千里；高屋建瓴，远见卓识。值此周老师八十华诞之际，衷心祝愿他老人家健康长寿！

2020年1月12日

一生值得敬重的人
——庆祝周廉院士八十华诞

张增志[①]

  2019年12月24日，我非常有幸参加了材料学术联盟在北京唯实大厦召开的年度工作会议。在这次会议上，令人惊喜的是尚在康复理疗中的周廉院士亲临会场，并作了让人动容的讲话。他讲话是一个字一个字讲出的，要知道这是他几乎失去语言能力后，通过顽强意志凭借现有听力重新练习发音而讲出的！他非常乐观地把他历经几次大病后对人生的感悟与大家分享，他的讲话让在座的每一位与会者都非常感动。周院士对工作、对事业、对人生的情怀与格局已远远超乎常人的想象，他是一位德高望重、远见卓识、务实敬业的科学家。

  认识周廉院士之前，我作为年轻的材料人，早就对周老师充满了崇敬。他在超导、钛合金材料领域为国家做出了突出贡献。在国内对新材料产学研一体化重要意义还缺乏充分认识的时期，他带领西北有色金属研究院在中国新材料产业化方面独树一帜，陆续推动公司上市，在全国树立了标杆。几十年过去了，周老师对新材料产业化的理解和超前思维仍值得我们当今材料人学习和借鉴。近年来，随着大国间的白热化竞争，我们发现中国新材料不是落后在学术研究上，而主要是落后在产业化水平上，新材料产业化这一问题似乎在今天才真正引起人们的高度关注。周院士洞察事物本质的能力和开拓务实的精神给我们留下了深刻的印象。

  周院士在担任中国材料研究学会理事长期间（1999~2007年）对学会的发展做出了开拓性的贡献。他非常重视学术活动，极力主张和亲自指导办好中国材料研讨会（现更名为中国材料大会）；他着力关注产业发展，联合国家发改委按年度出版《中国新材料产业发展报告》，使该报告成为年度系列报告；他极为注重国际交流，多次组织大型国际会议，带领国际材联创办"世界材料峰会"，加入国际科学联合会；他高度重视政府咨询工作，组织学会积极参与科技部、发改委和中国科协有关新材料发展规划；他着眼学会未来发展，抢抓机遇及时为学会购置了两套办公用房。周廉理事长在任期间，在材料界老前辈打下的基础上和大力支持下，坚持自主发展、民主办会，从学会内部的挂靠单位、办公设施、组织建设到外部的学术会议、产业报告、政府咨询、文献出版、会员服务等各个方面逐步系统化和条理化地

[①] 中国材料研究学会　秘书长

开展工作，这些工作无疑为今天学会的大发展打下了坚实基础。

周院士的成就不仅体现在西北有色金属研究院和中国材料研究学会，也体现在从学会卸任理事长之后他开始面向全中国材料界。他创办了《中国材料进展》杂志，作为中国材料研究学会的会刊和主办的中文期刊，使中国材料界多了一本以"按领域、方向集中约稿"为鲜明特色的综合性学术期刊。他担任中国工程院化工、冶金与材料学部主任期间成立了材料学术联盟，简称"6+1"（现已发展到"12+4"），联盟为促进中国材料学科发展、学术交流做出了贡献。以中国工程院和中国材料研究学会为主办单位每年组织的"新材料国际发展趋势高层论坛"，促进了高端人才的交流与成长。他发起的科技部国家新材料产业发展战略咨询委员会在全国布局、构建了"七院一中心"的材料产业战略咨询体系。他采用"学习+交流"的方式培养青年材料人才，组织领域专家在全国各大学举办专题"讲习班"。他牵头组织了中国航空材料发展趋势、中国海洋关键材料发展战略研究、中国3D打印材料发展战略研究、新材料发展2035等多个重大咨询项目，为国家提供高端智库服务。

周院士不仅是一位高屋建瓴的战略家，还是一位躬身践行的实践家。他是思想的创造者，同时也是思想的践行者，这在学术大家中也是极少见的。他身体力行，凡事都要"亲临一线"。他不仅从宏观上进行布局，还在细节上做到层层把关。还记得Nature杂志向他约稿，希望他写一篇有关中国新材料研究与发展的文章。他认为这是一次向世界介绍并展示中国新材料研究现状的大事，他邀请了师昌绪院士、李恒德院士作为共同作者，专门组织了一个班子，亲自制定了文章框架结构，并对细节进行了布置。由于时间紧迫，他亲自带领班子不分白天黑夜，写出了一篇让杂志主编非常满意的高水平文章。作为一位材料大家，这种亲历亲为的作风让人十分尊敬。《中国材料进展》杂志定期举办的编委会让我们深刻体会到周院士的敬业精神，他的想法和思路几乎力尽完美，为办好这本杂志他呕心沥血。据韩雅芳教授介绍，在中国材料研讨会期间，为了把会议组织好，周院士带领大家几乎是彻夜通宵地工作。他是一位科学家、一位战略家，更是一位实践家，他的思想从不是贯彻给大家，而是要亲自带领大家去实施。他对工作和事业的热爱与投入是常人很少能够做到的。

我们一直认为周院士就是一位"铁汉"，有使不完的力量。因此，得知他要做手术时几乎没一个人相信是真的。这样一位站得高、看得远的科学家，在工作上总处于一种忘我的状态，但他毕竟不是铁人，身体上的透支他自己是不知道的。手术后，他身体恢复得比一般健康人还要好，许多人说他是一位神人，我认为这恰恰是他敬业精神的体现。住院期间，他全心关注自己的身体，每天研究自己的恢复状况和规律，查阅大量的书籍和资料，对治疗方案的见解连主治大夫都感到非常吃惊和敬佩。近期，他再一次累到住院，马上又以顽强的意志在短时间内恢复了行走能力，在语言恢复方面几乎从零练起，他坚持从一个字一个字开始锻炼，直到现在能够与大家进行正常交流。

去年底的材料学术联盟总结会上，他乐观地与大家分享他的人生感悟。他说要感谢、感恩身边的每一个人，一生要做有益和有意义的事！周廉院士的思想在中国材料界涉及面广，影响深远。周廉院士的工作涉足了中国新材料学术、产业、咨询、教育、科普、出版、期刊等各个维度；他与中国材料界的专家教授几乎都直接或间接打过交道，涉及人数已无法统计；他的思想在大学、研究院、政府机关、社会团体得以传播和释放。他是一位学术大家，却平易近人；他是一位材料战略家，却亲力亲为；他是一位材料思想家，却脚踏实地。周廉院士留给我们材料界的许多精神财富值得我们去总结和发扬。

诚挚地祝愿周廉院士健康长寿！

2020 年元月

人生楷模，事业导师
——我认识的周廉院士

林均品[①]

时间：2019年12月24日；地点：北航唯实大厦泰山厅

一年一度的材料学术联盟会议马上就要开始了，代表们急切地在等待着一个人的到来。下午两点半，在一片嘈杂声中，周廉院士被人用轮椅推了进来！去年的今天，他还高兴地走进会场与每位代表亲切握手致意，发表了热情洋溢的讲话！今年虽然我已听说他生病住院，但没想到已经需要轮椅支撑。会议伊始，周院士开始讲话，他的声音完全变了，说得很慢并且有些模糊。原来一场病变使他几乎失去了语言能力，但他用顽强的毅力努力康复，使语言能力又恢复到可以正常交流的程度。周院士在讲话中提到的一句话让我印象深刻："我又开始了人生的新旅程！"我的眼睛有些模糊了，心想这是一种什么样的力量在支撑着他？随后，我便明白了他是一个有着钢铁般坚强意志的人，一个极端自律的人，一个在逆境中仍然对自己的人生有规划、仍然能乐观面对未来的人啊！此时，我陷入了沉思，往事一幕一幕浮现在我眼前。

时间：2007年6月3日；地点：日本京都国际会馆

第11届世界钛会（11th World Conference on Titanium）在日本京都召开，我与同行参会并作特邀报告。在开幕式上我猛然看到了周廉院士，非常吃惊！我知道，那年他刚刚做完肝脏移植手术，怎么就出现在日本的国际会议上啊，他不要命了！世界钛会相当于体育界的奥林匹克大会，非常重要，代表一个国家在该领域的水平和国际话语权，以前的会议多数都在发达国家举行，中国申办几次都没有成功。在这种情况下作为我国钛行业的领军人，周院士不顾身体状况，亲自飞到日本，经过他的不懈努力，委员会投票表决将在中国举办第12届世界钛会！这是一个巨大成功，标志着中国加入了主要由发达国家组成的钛俱乐部，增大了我国在该领域的话语权！

为了这次会议能成功举行，周院士事无巨细、呕心沥血，每年召开一次筹备委员会会议，充分体现出他卓越的组织能力。2011年6月19日，第12届世界钛会在北京隆重举行，各国学者充分交流，会议非常成功，受到国内外学者的一致好

[①] 北京科技大学新金属材料国家重点实验室　主任

评，充分展现出我国在该领域取得的巨大进步！我也有幸代表国内外TiAl合金领域做了特邀报告（Keynote）。

时间：2009年12月某日；地点：北京会议中心

那年的中国工程院院士大会要在北京会议中心举办。我送当时仍健在的陈国良院士去参会，在那里碰上了周院士，他非常关心TiAl合金目前国内外的研究和应用状况，得知我国在TiAl合金研究中没有重大项目支持，非常着急。我们知道，TiAl金属间化合物合金是20世纪90年代初发展起来的新型轻质高温结构材料，具有低密度（与镍基高温合金相比减重效果可达40%～50%）、高强度、高模量、高蠕变抗力、抗燃烧等优异性能。陈院士曾讲过，TiAl合金的应用将会对发动机设计产生革命性的改变，关系到国家安全！2006年，GE公司宣布采用铸造TiAl合金制造最新的波音787民用飞机GEnx发动机的低压涡轮后两级叶片，单台发动机减重约200磅，随后应用TiAl合金的发动机扩展到747-8等民用飞机上。TiAl合金在军用方面已经应用于战斧式巡航导弹、阿帕奇直升机、F-22战斗机等。我国在金属间化合物领域的研究工作取得了突破性进展，但TiAl合金在我国还没有得到任何应用。听完我的汇报后，周院士认为我国主要问题是与制备、加工新技术和新工艺有关的应用基础研究不足，缺乏性能评价方法、设计准则和数据库等。

周院士对于TiAl合金还是很了解的，1998年国家自然科学基金设立重大项目，由沈阳金属研究所叶恒强院士牵头，北京科技大学、西北有色金属研究院、钢铁研究总院、中南大学、上海交通大学等单位参与组成的研究团队，研究方向就是高温结构金属间化合物。当时结构金属间化合物研究热度较高，陈国良院士负责高Nb-TiAl合金，周院士团队参加。以北京科技大学陈国良院士为首的研究组发展的高Nb-TiAl合金，被TiAl合金领域国际著名、权威的Y.W.Kim教授评价为发展高温高性能钛铝合金的"首例"；Nb为提高抗氧化性和合金相关系两方面做出原始性贡献，成为经典，高Nb-TiAl合金具有"里程碑"式发展意义。周院士团队利用在钛合金和Nb基合金方面雄厚的研究基础和实力，为该类合金的发展做出了很大贡献。

对于我国还没有在任何领域应用上TiAl合金，周院士非常着急！他极力推动我国设立TiAl合金领域的"973"计划，集中全国优势力量组成一个产学研团队联合攻关。对于研究目标和方向他都细心过问，给出了以航空发动机叶片为主要研发目标的指示，他强调最后的成果必须是能解决高温TiAl合金发动机叶片制备的关键技术，一旦国家需要马上可以布局生产！经过努力，2010年国家设立了TiAl合金首个"973"计划项目"轻质高温TiAl金属间化合物合金及其制备加工的科学技术基础",我有幸成为该"973"计划首席科学家。经过5年的研究,团队取得了多项突破性进展,在2015年举办的TiAl合金领域最高水平国际会议上,我介绍了我们的成果,受到了国内外学者的高度评价!我感到欣慰的是没有辜负周院士的期望,我国在高温TiAl合金方面的研究始终保持国际领先水平。

周廉院士是真正的大科学家、大学者,始终保持着平易近人的作风。无论是晚辈还是学生,跟他打交道或向他请教问题,他从来都耐心且亲切;听说周廉院士为了保持高水平的国际交流,杖朝之年仍坚持每天早起朗读英文!从他身上我们学习到的不仅仅是知识,更是如何做人!他是导师,更是人生挚友和亲人。所有相遇,都是人间恩赐,今生有幸认识他,惟愿继续向他学习,为我国的科技进步做出贡献。

值此周廉院士八十寿诞之际,我衷心地祝愿他身体健康,家庭幸福,快活人世间,平安百千年!

2020年1月9日于北京科技大学

牢记初心担使命，倾力支持谋发展

——记周廉院士任学术委员会主任指导金属材料强度国家重点实验室发展25年

孙 军[①]

自1996年9月以来，周廉院士出任金属材料强度国家重点实验室（以下简称实验室）学术委员会副主任（2002年9月起任主任）已有25个年头了。在这25年中，实验室经历了科技部组织的4次评估，其中前3次在小组7个实验室中取得了排名逐次递升（2003年第七、2008年第五、2013年第三）的"良好"成绩，而且2018年以小组10个实验室中排名第一的"优秀"成绩通过评估。回首往昔，从实验室发展初期的低谷到节节攀升，周院士为实验室的学科方向凝练、长期发展战略等提供了诸多指导和切实可行的建议，对实验室的发展起到了极其重要的作用，真可谓同舟共济，携手奋进。我把点滴回忆汇成此文，谨以祝贺周廉先生八十华诞。

犹记2002年6月，实验室领导班子换届改组，我任实验室主任。9月，周院士出任实验室学术委员会主任。当时，实验室面临周惠久、王笑天、涂铭旌、何家文、金志浩等老一代学术带头人退休淡出，中青年骨干优秀人才枯竭，研究方向狭窄——拘泥于力学性能表征与评价而缺乏材料制备研究，行业背景不强等所导致的研究经费短缺、物理空间严重不足等一系列不利局面。纵使周院士和我殚精竭虑于评估材料准备，付出了极限努力，但也实属巧妇难为无米之炊。实验室在随后的2003年3月评估时小组排名垫底，近乎摘牌。

面对低谷，周院士多次积极组织实验室学术委员会和国内知名专家来校对实验室存在的问题会诊把脉，找出了各阶段实验室在研究方向、内涵拓展、基础科学研究及满足国家重大需求、承担国家重要科研项目、队伍建设及人才培养、与国内高校科研机构和企业合作交流等方面存在的突出和关键问题，提出了改进思路和建议。2003年初，周院士听取了实验室评估汇报后，提出了一系列改进建议：不仅要强调人才引进，还注重人才培养与输出；多增加横纵向数据对比，凝练优势；围绕实验室的目标与定位，以问题为导向，阐述"故事"，打动评委。2007年，周廉院士在实验室学术委员会年会上又指出：实验室应继续发扬周惠久院士从服役出发解决实际问题的学术思想；应以国际学科前沿和国家重大需求为导向，进一步凝练学术方向，攻坚克难，产出一批标志性科技成果。

2012年他又提出要实验室保持结构材料的研究特色，除结构均一性外，建议

[①] 西安交通大学金属材料强度国家重点实验室　主任

将梯度结构、层状结构材料等非均一性纳入重点研究方向；强调基础研究、解决基础科学问题、推动材料基础发展，在聚集一批高水平人才、产出大量重要科技成果的基础上，形成材料力学行为的理论模型，发展出独特的材料和工艺，逐步演变成为"西交大材料学派"。2017年，周院士在实验室学术委员会上指出：实验室要明确长远研究方向，不能局限于金属强度研究，否则将限制实验室发展；就金属材料力学行为而言，在宏观方面，构型对力学行为的影响与材料本质和尺寸效应有关，对其加以研究，引出基础问题，再与核电、海洋材料结合起来，能走得更远；在微观方面，应该从材料微结构向材料微尺度物质方向做研究，不脱离材料本征研究；加强研究金属一致性问题：成分一致、相一致等影响纳米颗粒分布均一性问题；如何让新型记忆合金、钼合金产业化，找到真正的合作单位，使其在军工领域得到应用；实验室需要聚焦国家重大需求，比如四代机、高铁轴承、特殊钢、高性能镁锂合金、高温合金等；高效发挥孙军、任晓兵、马恩、单智伟等领军人才的作用，凝练方向、引领发展，加强团队合作，承担国家重大科技计划项目。

为了拓展实验室对外资源，周院士积极为实验室与国内大学、科研机构及企业开展合作研究铺路搭桥。2011年底，在他的主导下，成立了由北京科技大学新金属材料国家重点实验室、北京航空航天大学材料学院、电子科技大学电子薄膜与集成器件国家重点实验室、西北工业大学凝固技术国家重点实验室和材料学院、上海交通大学金属基复合材料国家重点实验室和材料学院、西安交通大学金属材料强度国家重点实验室和材料学院及西北有色金属研究院组成的"材料学术联盟"（6+1）。该联盟每年召开一次理事会和学术年会，为实验室加强与国内其他高校、科研机构及企业合作提供了持续、稳定的交流平台。此外，周院士积极推进实验室参与国家新材料产业发展战略咨询委员会活动，及时掌握国家有关新材料领域的发展动态、总体规划和优先发展方向，为实验室承担国家重大科研项目提供了契机。

在周院士的引导与支持下，实验室积极参与并承办了新材料国际发展趋势高层论坛系列分论坛。还记得在2016新材料国际发展趋势高层论坛的开幕式上，周院士作为大会主席，在致辞中指出：在"十三五"规划和"2025"双政策的指导下，新材料面临着空前的发展机遇。他希望论坛以新材料为纲，以知识交流为基础，以新材料趋势为发展平台，共同构建新材料发展的蓝图。此时我深刻感受到了一位材料大家对我国材料行业发展做出的付出与贡献，同时看到了他对新材料的发展所寄予的厚望。

周院士矢志不渝地支持实验室研究平台建设和发展。2017年11月，西安交通大学材料学院院长、实验室副主任单智伟教授专门向周院士汇报了由实验室主导的西安"材料小镇"项目建设情况。周院士指出，"材料小镇"创意很好，是一个整合地处西安各科研机构、材料学院和材料类实验室资源，进行重大项目研发和产业化的良好契机，要紧抓落实，海纳百川，做大做强。2019年3月，在我校材料学院举办的西部材料学科发展论坛上,周院士亲自出席会议并主持召开了材料学科发展座谈会,与各高校、科研机构的材料相关部门围绕西部资源整合、搭建高端材料学科交流平台及材料产业升级等主题进行了充分讨论,对挂动西部材料学科的发展具有浓厚的兴趣和热情。

这样的一个倾尽全身心血用于推动中国材料事业发展的"巨人",竟然有一天也会遭遇病痛,这是我没有想到的。2006年,我向周廉院士祝贺元旦新年时,他说:"孙军呢,我最近肝部出了一点状况,也许要做一个手术……"。我一下子紧张起来,心情非常沉重和担忧,周廉院士却宽慰我说:"不要紧的,我会积极配合医生,努力战胜疾病"。随后的一段时间,周廉院士在经历了常人难以想象的病痛折磨后,于2006年7月成功进行了大手术,经过后期治疗,战胜了病魔,身体逐渐恢复了健康!因此,在我们眼中,他是极具传奇色彩的"科技界铁人"!

25年时光如白驹过隙,我看到了周院士初心如磐,为实验室发展呕心沥血,率先垂范。从他身上,我学到了苦干实干、开拓进取的精神,这也是激发我奋斗的不竭动力。希望在周院士一如既往的精心指导下,实验室能不断汇聚各方资源,凝聚共识,发扬"顶天立地"精神,产出高水平科技创新成果,为我国国民经济建设和社会发展做出突出贡献。

在此周院士八十寿诞之际,衷心祝愿他身体健康,每一天都精彩!

2020 年元月

精彩每一天
——我认识的周廉院士

马朝利[①]

  1992年，西北工业大学材料学院一位老师与宝钛合作申请钛铝方面的国家自然科学基金，宝钛负责人是周廉院士（当时任副厂长），我是课题组成员。后来，因我出国留学，没有实际参与这个课题，但那时我便知道了"周廉"这个名字。我实际见到周廉院士是13年后的2005年了。那年10月，周院士在西安主办了全国钛合金大会，会议晚宴上杨冠军书记将我引荐给了周院士，这是我第一次与周院士见面。当时，周院士面色较黑，很有领导的威严，后来我才知道周院士那时患有肝病。这便是我对周院士的最初印象。

  2010年前后，周院士联络了几所大学共同组织国际新材料发展趋势高层论坛，徐惠彬校长指派我作为北京航空航天大学联系人与周院士接洽相关事宜。自此以后，我就有幸在周院士直接指导下开展论坛的组织工作。同时，我参加了周院士承担的多个工程院战略咨询项目，还与他共同承担了科技部国际合作项目等。我们之间10多年的密切交往，让我切实感受到"神"一般的巨人是真实存在的。

  他很"神"，改革开放初期带领一个弱小的研究所发展到今天科研实力、生产能力强大的研究院，同时建立了包括上市公司在内的十几家公司，他创建的发展模式被陕西省作为样板推广。

  他很"神"，他创办的国际新材料发展趋势高层论坛由组建初期的一个小小学术会议，经过9年的发展已经成为引领国内材料学术前沿的著名论坛，先后有13位学者从论坛脱颖而出成为院士。

  他是科学技术的研究者、新局面的开拓者和引领者，更是战略发展的谋划者。与周院士交谈，你会感觉是在攀登一座思想高峰。你会确切感受到他分析问题的全局视野与战略思维、破解难题的开拓精神与创新意识、统领全局的领导艺术与驾驭能力。他的"神"正源于此。我曾建议周院士把改革开放以来带领研究院开拓发展的历程写下来，把"神"传下来，但他却始终微笑着保持他的"神秘"。

  他是生活意义的诠释者。他喜欢音乐，节假日到国家大剧院里享受高水平音乐会；他喜欢摄影，能把照相机的牌号、功能详细解释给你；他喜欢购物，常利用会议间隙游览当地著名商场；他喜欢和学生交流，每年教师节都请学生

[①] 北京航空航天大学材料科学与工程学院 党委书记

喝一杯。

他是生命意义的诠释者。他说他有3个年龄：一个是从出生之日算起，已经进入耄耋之年；一个是当选工程院院士算起，已有25岁；一个是从肝移植算起，已是14岁。他把肝移植那天视为新生命的起始，此后他将工作节奏开启为快跑模式。他曾主持航空材料、海洋材料、3D打印等多项工程院咨询项目；他创办《中国材料进展》杂志；他创办国际新材料发展趋势高层论坛；他创建海洋材料联盟；他主持科技部先进材料咨询委员会；他创办青年学者培训班；他联系工信部、发改委、基金委；他上东北、下西南，进企业、访大学；他为贫困学生捐款，为优秀学生设奖学金；他每一天都在践行"精彩每一天"！

今逢周院士八十寿诞之际，希望他身体健康，继续带领我们推动中国材料领域发展、壮大！

2020年元月于北京

记周廉先生二三事

徐 坚[①]

初识周廉先生，是在2001年国家"863"计划新材料领域工作会议上。周先生给我的第一印象是要求严格、作风严谨、不苟言笑。当时国家"863"计划刚刚进入改革运行模式的"十五"期间，周先生、黄伯云院士和杜善义院士作为领域专家委员会，与其他几位领域专家一起，分工指导"高性能结构材料"主题专家组。在这5年的工作中，作为主题专家组组长，我慢慢体会到这几位先生的用心良苦，他们对年轻一代专家予以了精心培养和全力支持。每一次会议、每一次咨询、每一次交流，周先生总是尽量给予我们这批初出茅庐、不知高下的"863"年轻专家最大的宽容和指导。由于我们主题专家有些不成熟、资历浅，有好几次，他已经对我们的幼稚说法或决定很不满意了，但他依然克制自己，耐心地指导和说服。实在说不通时，他亦让我们自己去闯一闯，用事实教育我们。

再识周廉先生，是我在"863"计划新材料领域304专项任专项专家组组长时，在面对高性能聚丙烯腈碳纤维国产化历经40余年久攻不克、举步维艰的情况下。在师昌绪先生的倡导下，中国碳纤维国产化重启征程之际，领域专家组给予了专项专家组最大的信任和支持。周先生在数次会议上，面对不同的意见和有些不同部门的利益冲突中，仗义执言，给专项专家组的成员以强大的支持。2001~2010年期间，记不得曾经与周先生吃过一次饭，但周先生对我的支持和关心却始终持续不断、默默无闻，让我看到了一位材料界泰斗对一个年轻专家竭尽全力、润物无声的培养。

又识周廉先生，是我在中国材料研究学会任副理事长时期。由于得到师昌绪、李恒德、周廉和黄伯云等院士的认同和推荐，2009~2015年我先后担任了6年的学会副理事长，与周先生有了更为密切的工作联系，并得到了他更多的指导和教诲。尤其是2015年后，周先生亲自提名我担任国家新材料产业发展战略咨询委员会（以下简称材料委）的常务副主任，把材料委的日常工作任务交给我，极大地提高了我独立工作的能力。经过4年多的组织，材料委的工作已逐步走上了正轨。目前已初步构建"七院一中心"组织体系：天津院（兼秘书处）、西北院、华南院、北京院、东北院、华东院、大湾区深圳院和佛山区域发展中心（筹）。

[①] 深圳大学化学与环境工程学院　教授；中国科学院化学研究所　原副所长

在材料委主任周廉院士的精心策划和统筹领导下，材料委作为独立的咨询中介机构、国家材料领域的民间智库和非盈利机构，承担了新材料产业发展战略与经济政策方面的咨询研究工作。开展学术、技术、工程与产业的交流；组织专家参与国家科技战略、规划、布局、科学技术政策、法律法规的咨询协商、科学决策、民主监督工作；参与组织、举办年度大型新材料咨询交流会；建设国家新材料网；设立新材料领域数据库；发布《中国新材料技术发展蓝皮书》年度报告；跟踪新材料最新进展，集成中国材料主要研究机构及企业名录；支持《中国材料进展》杂志出版。材料委正在成为国内开展高水平、第三方独立的新材料发展方向，战略规划研究和专项评估，尤其是国际公司竞争对手、国内产业同行现状、知识产权、未来发展预测等咨询的有影响的咨询业务机构之一，为建设我国高水平科技创新智库奠定了坚实的基础。

2020 年元月

大家风范
——我认识的周廉院士

武高辉[①]

2011年的一天，突然收到《中国材料进展》的邮件，约我写一篇关于金属基复合材料研究进展的文章。我知道《中国材料进展》是周廉院士亲自"操刀"，精雕细刻的一份高水平的学术期刊。收到约稿邮件后，顿时感到诚惶诚恐，同时又感到光荣和疑惑。怎么会想到我？也许是在材料研究学会的平台上，我牵头连续组织了几次金属基复合材料分会场，并做了报告，这些引起了先生的关注吧？于是，我不敢怠慢，竭尽全力写了一篇《基于新防热机理的防热材料设计与实验验证》（现在看来真的不够好！）。期间，我去西安航天某所办事时拜访了先生，简要介绍了我们团队的研究成果。他听得很认真，不时插话询问，对我们金属基复合材料在国防领域解决了关键问题表示出很高的兴趣，并启发我说，要发挥我在国防领域的工作优势，把金属基复合材料搞得更好，还询问了我对金属基复合材料未来发展的想法。第一次拜访的时间虽短，但是先生的热情、亲切、没有架子以及对材料新方向的敏锐等给我留下了深刻的印象。不久之后，我再次拜访时，拿出了新近实验结果和一些未来发展建议向先生讨教。他提出让我考虑一下纳米增强复合材料的问题，鼓励我组织国内优势力量搞个项目，他可以帮我组织人，这无疑是对年轻人的重要引领和信任。随后，我走访了多个涉及航天领域的科研院所，了解了他们对金属基复合材料的需求，也去军委科技委向相关领导做了几次汇报。经过几次修改、几次补充，也向先生作了几次汇报，历经2年左右一个以纳米增强技术为核心的"基础加强"项目正式立项。在接受了周院士的建议后，我联合国内6个优势单位共同攻关，项目还尚未正式批复就有了若干突破。

金属基复合材料是一个很窄的技术领域，或许比钢铁材料中的特殊钢还要小一些。金属基复合材料的特点是制造工艺很复杂、很关键，国内发展得慢首先是制备技术难度很大。其基础科学问题很不时髦，很长一段时期没有跳出力学和金属学的范畴；金属基复合材料应用部位很关键，不可替代，但是用量很少，近期形不成规模宏大的产业。10年前，国内只有几个单位坚持在搞这个方向（近几年随着制备技术和粉末原材料技术的进步，这个方向已经迎来了飞速发展的时代），所以在那时的学术界和产业界，金属基复合材料不太被重视。而周院士的关心无疑是一个巨大的激励！随着我们接触的增多，他越加亲切，对我们复合材料研究的兴趣也更加浓厚。2018年12月，他在上海专门搞了一场金属基复合材

[①] 哈尔滨工业大学金属基复合材料国家地方联合工程实验室　主任

料技术培训，由我主讲。之后，他又推荐我在"2019新材料国际发展趋势高层论坛"上做了大会报告。这是我第一次在国内最高级别的会议上介绍我们团队的工作，我十分重视，总结了近20年研究惯性器件尺寸稳定性的体会，做了《惯性仪表精度漂移的材料学问题与仪表级复合材料设计和应用》的报告，报告非常成功。我觉得成功在于可以得到三点收获：一是让更多材料研究者了解了惯性技术以及惯性技术落后于美国40年的现状，而落后的根本问题是材料问题这一严峻的现实。二是让更多学者了解了尺寸稳定性的概念，尺寸稳定性是教科书上没有介绍的极端环境下的材料表现，绝大多数研究者以前对此并不了解。美国国家科学院、工程院和医学院联合发布的2019年度《材料研究前沿：十年调查》中指出了一项新的前沿问题是"利用材料中与温度相关的纳米级变形机制的理解来改进合金的设计，设计新型材料"，这项工作我们20多年前就开始做了，走在了美国的前面。这20多年，我们从纳米级变形表征方法、铝合金纳米级变形内禀原因、复合材料稳定性设计理论、复合材料制备技术、无损检测技术、精密加工技术等建立了一套技术体系。三是让更多学者了解到金属基复合材料的价值和前途。

周先生作为材料领域著名学者，对中国材料界的贡献是巨大的。我直接体会是，他能够发现学术发展的关键点、关键人，并全力以赴地为其创造条件、指明方向、搭建平台、鼓励发展。尤其，他不仅仅这样对待自己的弟子，也同样对待众多互不相识的年轻人，这就是大家风范！我衷心感谢周先生，同时也要学习周先生的好品德！

2020年元月

记东北大学杰出校友周廉院士

李 鹤[①]

2002年,我从团委借调到校庆办,筹备东北大学建校80周年校庆,那时,我便认识了周廉院士并开始接触他。多年的工作联系中,我从周院士身上学习到很多优秀品格和人生修养。

周廉院士是东北工学院(现东北大学)63届有色金属加工系毕业的老学长,对母校有着深厚的感情。我认识周院士的时候,他已经是西北有色金属研究院(以下简称西北院)院长。在任期间,周院士积极推动西北院与东北大学的院校合作,开展学术交流、科技项目合作和联合培养研究生。在周院士的支持下,西北院从1992年开始在东北大学设立"西北有色金属研究院奖学金",这个奖学金一直坚持到现在,每年西北院的相关领导会亲自到东北大学评定获奖学金名单。截止到2019年,"西北有色金属研究院奖学金"共奖励东北大学优秀本科生310人和优秀研究生200余名。

作为东北大学兼职博士生导师,周院士多次来校开展专题学术讲座,还不辞辛苦地亲自带硕士和博士研究生,目前共指导和培养研究生105人,其中已经毕业的博士研究生51位。这些博士生毕业后都从事新材料研究工作,大多已经成为新材料研究领域的专家和骨干。

周院士不仅学术研究造诣深厚,在为人师表方面也是我们学习的榜样。他是吉林舒兰县人,高中从吉林市一中毕业。在吉林一中,他还自己捐资奖励优秀毕业生。周院士还经常回到吉林一中为在校学生们做成长成才、科技发展专题报告。在他的影响和带动下,一批批吉林一中的毕业生考入了国内外顶尖大学学习深造。据周院士介绍,吉林一中的毕业生中已经产生了多位院士。

周院士在生活上从来不讲究排场。每次回东北大学,周院士都要到学生食堂吃一顿馅饼,学校领导怕招待不周,但他笑着说:"没关系,这是我最爱吃的。跟同学们在一起吃饭,也能让我找一下当年读书时的感觉,吃食堂挺好的。"他就是这样一位勤俭朴实且平易近人的长者。

周院士现在每天都坚持锻炼身体。有一天下午,我到北京去拜访周院士,他正在园区内散步,看到我来了,就跟我说:"小李,正好你来了,就陪我一起走走。"我陪周院士在园区里又走了好多圈,我自己都有些出汗了。于是,我问周

---

① 东北大学校友总会办公室 主任

院士:"您需要休息一下不?"周院士说:"今天1万步的任务没完成,还差1000多步了,走完再休息。"满面红光的周院士边走边跟我跟说起他的养生经验——每天一万步,健康永相伴!相比周院士,我们年轻人还真自愧不如。

周院士还积极参与和支持东北大学校友会活动,对校友工作提出许多宝贵意见和建议。周院士指出:校友工作就是搭建校友与母校、校友与校友之间交流合作的桥梁,要真诚为校友服务,不管校友遇到什么困难,校友会都要力所能及地帮助校友解决,助力校友在工作、学业上不断取得新成就。这样,校友与母校的感情就更加深厚,反过来也会更加支持校友工作。周院士对校友工作的高度见解让我在实际工作得到领悟并受益匪浅。

值此周廉院士八十寿辰之际,真诚祝愿周院士身体健康!生活幸福!

2020 年 1 月 12 日

登高远望，筹谋行业发展

王向东[1]

钛及其合金具有比金轻、重量比强度高、耐腐蚀、透声性能好以及超导、形状记忆等一系列优点，而被誉为战略金属，在航空航天、海洋工程、医疗、化工等行业有广泛的应用。

钛行业是战略性的新兴工业，起源于20世纪40~50年代。美国于1948年生产出世界第一炉海绵钛，接着日本在1952年，英国在1953年，苏联在1956年，中国在1958年先后生产出各自的第一炉海绵钛。

可见，中国钛行业的起步时间并不晚，但是钛行业的发展是与整个社会科学技术水平和需求密切相关的。一个国家的科学技术越先进，工业基础越好，对钛及其合金的需求量越高，其钛工业的水平就越高。

中国钛工业的发展大致经历了创业期（1954~1978年），成长期（1979~2000年）和崛起期（2001年至今）。在创业期和成长期，中国建立了完整的钛科研、矿物勘探、采选、冶炼、加工和应用产业链，培养和建立了完备的科研应用队伍和技术工人队伍，为中国钛工业在新世纪的崛起奠定了坚实的基础。但是由于当时中国对钛及其合金的需求量不大，中国海绵钛及钛加工的年产量长期在2000吨左右徘徊。

进入新世纪，中国钛行业伴随国民经济的高速发展而进入崛起期。而在此时，随着改革的深入，国家有色金属工业局撤销，因此成立行业协会，统筹规划中国钛行业的发展，就成为中国钛业工作者的热切希望。

周廉院士就是老一辈中国钛业工作者的代表，他积极奔走，促成了中国有色金属工业协会钛业分会的成立，并被大家推荐为钛业分会的首任会长。笔者有幸作为钛业分会的副会长兼秘书长陪同周廉院士走过了一段光荣的钛业分会的创业时光。

一、高屋建瓴，为钛行业的发展做顶层设计

在我们眼中，周会长是有大胸怀、大格局的人。在协会成立之初，就为钛行业的发展，为协会的发展做了极有远见的顶层设计。他认为，协会要成为会员

---

[1] 中国有色金属工业协会钛锆铪分会　原秘书长

之家，钛行业企业之家，既要实实在在地为企业服务，又要充分调动企业的积极性，为行业服务。因此协会成立之初，就确立了由钛行业骨干企业（常务理事单位）轮流担任会长的模式，让每一个骨干企业都为中国钛行业的发展贡献智慧和力量，使协会成为企业自己的需要。

他认为，钛行业的发展，不能因循守旧，不能简单地归为几家大中型企业的发展，而要动员全社会的力量、全社会的资本来促进整个行业的发展。因此他提出了国有大中型企业是钛行业的主力军，而活跃跳脱的民营企业是行业生力军的观点，鼓励民营资本进入钛行业，这就有力地推动了中国钛行业在21世纪初的大发展。

2001年，中国海绵钛的产量仅2000吨，仅占世界总产量的3.0%；而到了2007年，中国海绵钛的产量就已上升到45200吨，占世界总产量的27.4%，已居世界第一位。目前，中国产钛量和用钛量均稳居世界第一位。

他认为，钛既是一种战略金属，又是一种新金属，它工业化地生产和应用时间较短，人们还没有充分认识到它的特性，因此要健康持续地发展钛工业，首先就要大力开展钛的应用推广工作，要让社会的方方面面都了解钛，认识钛，接受钛，从而推动钛工业的发展。因此，钛的应用推广就是钛协会日常的重点工作。

他认为，技术进步是推动行业转型升级的关键。作为中国材料科学的顶级专家，他始终把新型钛合金（如钛铝金属间化合物）的研究开发，钛合金的近净成型加工，低成本钛合金的研制，大尺寸的钛合金板材和管材的研制等前沿课题，作为钛行业技术发展的方向，推动企业和研究单位大力研究，并取得了显著成绩。

二、把中国钛行业推向世界

世界钛会是世界钛业界最高的学术会议，三年召开一次。世界钛会上所关注的研究课题，往往代表了钛行业的学术研究方向，也代表了钛行业技术开发的方向。世界钛会是全世界钛业工作者的盛会。

世界钛会执委会由美国、俄罗斯、日本、法国、德国、英国和中国的代表组成，周廉院士是中方的执委。像申请举办奥林匹克体育盛会一样，举办世界钛会也是由申办方申请，陈述举办条件，然后由执委会投票，决定由哪一家承办下一届世界钛会。

从1999年开始，周廉院士就代表中方提出了举办申请，经过3次艰苦的申办，终于在第11届世界钛会上，中国成功得到2011年第12届世界钛会的主办权。这是周廉院士艰苦努力的结果，也是国际钛业界对中国钛工业快速发展的认可。记得当时得到第12届世界钛会申办成功的消息时，中国钛业工作者们就像中国成功获得2008年奥运会主办权一样高兴和兴奋，直夸周院士为中国钛行业做了一件大好事。

第12届世界钛会于2011年6月在北京举行，共有来自34个国家和地区的1200余名代表参会。大会共分提取冶金、加工工艺、显微结构演化、性能、金属间化合物、部件制造、净成型、环境变化、航空应用、生物和健康应用、应用现实和市场、海洋军事应用等12个分会场，对钛的科研、生产、应用和市场进行了充分的讨论。

为进一步强化中外学术交流和沟通，周廉院士特意在上述交流之外安排了三个论坛，以促进中国钛业工作者与国际同行们进行充分的沟通、交流和学习。这三个论坛是："航空钛合金技术现状及发展趋势"，"中-日钛民用及市场开发"，"国际钛合金材料加工技术现状及发展趋势"。

所有这些活动，极大地展现了中国钛工业的巨大进步，极大地扩展了中国钛业工作者的眼界，了解了国外同行们在想什么，干什么。我们就会反问自己，我们又要干些什么呢？我们行动起来，就会促进中国钛行业的发展。周廉院士对中国钛工业的发展功德无量。

三、老骥伏枥抓推广

第12届世界钛会后，我们了解了不少国外在航空、海洋工程和激光成型方面用钛的情况，那么国内航空、海洋工程和激光成型领域又用一些什么新的材料呢？他们有些什么想法和用钛计划呢？如果进行这方面的沟通，将有力地促进中国航空用钛、海洋工程用钛的发展。

2012年，周廉院士主持开展了中国工程院"中国航空材料应用现状及发展趋势"咨询项目。在这个项目中，周廉院士组织中国钛行业业内专家开展了"钛及钛合金材料在航空中应用现状及发展趋势"的调研。

2013年，周廉院士主持开展了中国工程院咨询项目"中国海洋工程中关键材料发展战略研究"。在这个项目中，周廉院士组织中国钛行业业内专家开展了"钛及其合金在海洋工程中应用的研究"。

2014年，周廉院士主持开展了"中国3D打印材料及应用发展战略研究"咨询项目。在这个项目中，周廉院士也组织了中国钛行业业内专家开展了"钛及合金粉末在3D打印中的应用及发展战略研究"。

所有这些研究都有力地促进了钛及其合金在这些领域里的应用，促进了中国钛行业的发展。

四、那昏黄灯光下远去的背影

2002年，周廉院士担任钛协会会长时，是西北有色金属研究院院长，西部超导公司董事长，中国工程院化工、冶金与材料工程学部主任，还有很多社会兼职，工作无比繁忙。他不可能有大量的时间来处理钛协会的工作，常常是在京开会或在路过北京时，听取我们的汇报。因此，那段时间里我们常常是深夜里接到通知，去宾馆或哪家小茶馆里面见周会长，讨论安排协会工作。

一次下班后，我接到周会长电话，晚上10点到京西香格里拉饭店大堂见面。谈完工作后已是凌晨。周会长陪我们走出饭店，原来他是住在附近的宾馆。

凌晨的冬夜是那样的寒冷，街上几乎没有行人和车辆，我们走上天桥，看着周会长远去的背影渐渐模糊。一阵寒风吹来，我心神一颤，那远去的背影却又高大清晰起来，他那疲惫而又坚定的眼神再次出现在我的眼前，是那样的深邃有神！

是的，以周会长为代表的中国钛业人推动了中国钛工业的发展，推动了中国新材料产业的发展，也推动了社会的进步！

向周廉院士致敬！

2020年元月

责任与担当
——周廉院士与科技出版

俸培宗[①]

科技出版是整个科学事业的组成部分，肩负着传承科学精神和反映科学领域重大创新和重大成果的责任。作为中央一级科技出版单位，60多年来，化学工业出版社（简称化工出版社）得到了一大批优秀科学家和科技工作者的积极支持和信任，正是他们的使命感、责任感和无私奉献使得化学工业出版社的科技出版事业不断发展。周廉院士就是他们当中的杰出代表。

周廉院士几十年来致力于超导和稀有金属材料、材料加工与制备等多个领域的研究，为中国超导材料及稀有金属材料的基础研究、工艺技术及实用化研究和发展做出了突出的贡献，荣获多个重大奖项和荣誉称号。周廉院士在学术上取得突出业绩的同时，高度重视科技出版和材料科学技术推广传播工作。特别是，周院士担任中国材料研究学会理事长和中国工程院冶金、化工与材料学部主任以及任国际材料研究联合会主席期间，积极推进国内外材料领域学术交流活动，领导开展科研咨询工作，组织院士、专家编写材料科技专著。

化学工业出版有幸和周廉院士共同参与材料科学技术期刊和图书的组织出版工作。回顾几十年来和周院士的接触与合作过程，深深感受到他对于科学执着追求的精神和为科学传播无私贡献的高尚情操。

《中国材料进展》是由中国材料研究学会和西北有色金属研究院主办、化学工业出版社出版的国家一级学术期刊。2009年1月，在周院士和化工出版社的共同努力下，《稀有金属快报》经国家新闻出版总署批准，正式更名为《中国材料进展》，化学工业出版社也成为《中国材料进展》编委单位之一，我本人2009~2011年担任该刊编委会副主任，周伟斌社长自2012年起担任编委会副主任，2018年起任编委。该刊由前中国材料研究学会名誉理事长周廉院士担任主编，编委会委员由材料界两院院士、知名专家和部分外籍专家组成。《中国材料进展》期刊旨在全面反映我国材料领域学术前沿，及时报道中国材料领域的产业政策、教育现状和国内外动态，已成为我国材料领域一份高水平的综合性权威期刊。

2004年，由周廉院士和师昌绪院士、李恒德院士主编的《材料科学与工程手册》经几百位作者数年努力由化学工业出版社出版后，获得第9届中国石油和化学工业优秀科技图书一等奖。为了进一步发展我国超导材料，保持世界领先水平，

---

① 化学工业出版社　原社长

2012年，周廉院士和甘子钊院士发起组织了由12位材料界知名院士和10余位专家学者组成的咨询项目组。通过调查研究向工程院提出的咨询报告《中国高温超导材料及应用发展战略研究》由化学工业出版社出版，该报告对我国高温超导材料的应用和发展趋势提供了重要参考和指导。此外，中国材料研究学会作为主编单位之一参加了《中国材料大典》的编写，周廉院士担任顾问和编委，该书荣获首届中国出版政府奖（图书奖）。

周廉院士是化学工业出版社编审委员会委员，更是化学工业出版社的优秀作者和知心朋友。在他的倡议下，中国材料研究学会与化学工业出版社于2005年11月14日签订了"材料科学出版物战略合作协议"，李恒德院士和材料学会秘书长王克光教授等参加了签字仪式。在后来十几年的合作中，周廉院士和中国材料研究学会策划和出版了一系列代表国家最高水平、促进学科和行业发展的材料科学专著。实践证明，双方的持续合作是出版界和学术界的优化组合，是科研与出版的紧密结合，为中国材料科学图书出版探索了新模式，开辟了新途径。

由周廉院士任编委会主任的《海洋工程材料丛书》（11卷）于2017年由化学工业出版社出版，该丛书历时3年多编纂完成，是众多院士和专家集体智慧的结晶。该丛书是我国第一部完整的、成体系的海洋工程材料用书，承担着知识技术传播的责任，为促进我国海洋工程材料的发展作出了突出贡献，被中国新闻出版广电总局确定为"十三五国家重点图书"，是"国家出版基金"支持项目，并于2017年入选国家新闻出版总署"90种迎接党的十九大精品出版选题"。

在和周廉院士接触和共同工作中，我们真切地感受到周院士严谨务实的学风和深厚的学术造诣，他对传承和传播材料科学先进技术、推进材料领域的技术进步无比重视、尽心尽力，为我国科技出版事业付出了无数汗水和心血，这些都让我们非常感动、无比钦佩、深深铭记。多年的合作也使我们和周廉院士建立了长久深厚的友情。周院士在2007年10月的《核材料科学与工程》系列图书首发式上，对新书给予了高度评价，还专门表达了对化学工业出版社尊重关爱科技作者的感激之情，体现了科学家对出版事业的关心与支持。

十几年来，周廉院士不仅组织和创作了很多材料科学领域的精品著作，而且为化工出版社树立了精神榜样。周廉院士为我国材料科学发展敢于担当、勇于负责的精神，深深地教育和激励着我们；周廉院士克服各种困难开拓创新的精神，深深地教育和激励着我们；周廉院士无私奉献无悔追求的精神，深深地教育和激励着我们；周廉院士顽强坚韧百折不挠的精神，深深地教育和激励着我们。

周廉院士是一位杰出的科学家，他的精神风范和责任担当受到我们全社职工的尊敬和爱戴，激励着我们不断攀登高峰。

2020年元月

周廉院士印象

陈志良[①]

我与周廉院士最早相识是在中国材料研究学会（以下简称学会）的会议上，学会经常将有关材料科学方面出版物的编写事宜在相关会议上进行讨论，包括议题、大纲、作者等。周院士担任材料学会副理事长、理事长期间，非常重视科技图书的出版工作。在《材料科学与工程手册》的策划编写阶段，由于手册内容广泛、行业跨度广，编写组织工作难度很大。经过数次会议讨论以及周院士会后积极沟通，凭借他深厚的专业积累和广阔的人脉关系，很快组织起了有近百位材料界顶级专家、学者组成的作者队伍，共同编撰出版了这部被我国材料工作者称之为"首部我们自己编写的材料领域案头工具书"的《材料科学与工程手册》（2004年出版）。后来，我作为责任编辑又和周廉院士合作出版了多部科技著作。作为我国材料领域的领军人物之一，周院士对我国材料领域的现状和发展有着深刻的洞见，但凡他担任主编的著作，无一不是我国材料科学领域研究成果的最新体现及对材料科学领域最前沿技术发展的展望。这些著作的作者基本上都是国内材料界各领域一流的专家、学者，因此每一本都极具权威性，有很高的参考价值。

和周院士接触多了，就熟悉了，特别是学会搬到赛迪大厦中自己的办公室后，我去的机会更多了。每次我都能看到人数不多但十分精干的学会工作人员在认真工作，也就更多地了解了周院士只争朝夕的工作状态和"拼命三郎"的工作作风。记得有一次去学会办公室送稿件，秘书说周院士在来北京的飞机上；第二天我再去时，秘书说周院士已经在去杭州的飞机上了。这类情况时有发生，我曾开玩笑地问周院士："这几个月，您有三分之一是在天上度过的吧？"正是这种报效祖国、不断赶超的精神，使西北有色金属研究院的高温超导材料研究位居世界领先水平，低温超导材料实现产业化；使我国的有色金属特别是金属钛的质量和产品更上一层楼，钛合金更是从军用走向民用。周院士领导中国材料研究学会多年，利用这一平台，将我国材料科学领域的老中青学者紧密团结在一起，互相支持，共攀科学高峰。

作为同龄人，除了工作我还接触到了周院士生活中的点滴，感到他是一位非常有亲和力的人，对周围的人关爱有加。有一次，我参加了周院士主编的重点图

---

① 化学工业出版社　编审

书的审稿会，周院士十分关心与会者，和诸多专家、学者座谈，对出版社的编辑也很关心，让两位博士生专门关照我，令我十分感动。会议期间，周院士还邀请我去他家做客，家里陈设温馨整洁，院士夫人屈老师温婉贤惠，是周院士的贤内助，两人相敬相爱、互相扶持。

  我现在已退休多年，回想起和周院士接触的日子是美好的，在相处中，时常能感受到他的人格魅力。现在，我仍然时时关注周院士的事业和成果，也记挂他的身体健康。在周廉院士八十寿诞之际祝他健康长寿！

2019 年岁末

我和周廉院士的忘年之交

窦 臻[①]

作为一名科技图书编辑,能够与周廉院士这样的大科学家作者合作是非常幸运的。这里所说的幸运,不仅因为他是材料界知名的院士,学术造诣高、在业界有影响力,能够组织高水平的学者一起编写大型学术著作,更重要的是因为他心系国家、坚韧不拔、乐观豁达、关爱后辈的人格魅力深深影响着我,感染着我,激励着我,助我不断成长、成熟。

和周院士初次见面是2004年的夏天,那时我还是年轻的小编辑,跟着陈志良编审和周院士在国贸饭店的咖啡厅见面谈稿子。我们谈完事,约下一次见面时间,周院士掏出随身携带的记事本查他的日程安排,小本子上密密麻麻记录着他的行程,他繁忙的工作状态让我至今记忆犹新。当时周院士正担任西北有色金属研究院院长、西部材料公司董事长,中国材料研究学会的理事长,给我的第一印象既有想象中大科学家的儒雅气质,又有企业家雷厉风行的作风,让人有种敬畏感。

周院士对科技出版工作一贯非常重视,作为材料专业的图书编辑,我有机会和周院士多次合作。特别是在组织出版"海洋工程材料丛书"的几年,我担任该丛书的责任编辑,和周院士工作接触较多,对他有了更全面的了解。"海洋工程材料丛书"着眼于我国海洋发展战略,由周院士亲自倡导编纂。从丛书结构框架设计、作者的选择和约请直至书稿的审核定稿,周院士都亲力亲为,付出了巨大的精力和心血。该丛书包括11个分册,近30位院士和百余位海洋工程材料技术专家共同参与,组织协调工作难度很大,每当我在工作中遇到无法克服的困难,周院士都会亲自出面帮助解决。由于参与编撰的作者工作都非常繁忙,导致编写进度无法按期统一推进,周院士时常主动督促进度,及时解决各种问题,确保了这套国家重点图书能够如期顺利完成。对于我在工作中出现的疏忽和失误,特别是不严谨不认真方面的问题,周院士也会毫不客气地提出批评,让我不断改进工作作风,获益匪浅。

周院士是我工作中的良师,但他并没有我想象中大科学家的架子,生活中他是一位和蔼可亲的长者,对包括我在内的后辈总是关爱有加。在得知我们是东大校友后,他对我更多了一份关照。每年教师节周院士会请在京的学生聚餐,也都

[①] 化学工业出版社 编审

会让我参加，聚餐的氛围总是其乐融融，俨然一个和谐的大家庭。

周院士热爱生活，爱好广泛，与时俱进。他年轻时曾是学校管弦乐队的小提琴手，到了晚年他爱好摄影，喜欢时尚新鲜的事物，经常用自己的相机记录生活中精彩和美好瞬间，工作之余还会和我们聊一聊时尚的品牌，网购一些好吃的小零食和大家分享。

周院士总是说"人生要活得精彩"，并且是这句话的真正践行者。时至今日，他为我国材料科学进步做出的突出贡献早已完美诠释了"精彩"二字。在他八十华诞之际，我看到的依然是周院士为我国材料科学事业继续进步而全心投入、忙碌不停的身影，依然感受到他坚强乐观、执着认真的生活态度。我深信今后还会看到周院士更多的精彩时刻。

2020 年元月

记周廉院士的两三趣事

田振业[1]

西北有色金属研究院是国家三线建设时期，从北京有色金属研究院搬迁到宝鸡山沟时成立的，科技人员尤其是各研究室的技术骨干都是20世纪50~60年代的大学毕业生，无论高中还是大学都在学俄语，英语仅认识几个自学的技术单词。周廉是第一批我国外派的访问学者，回国后深知英语对学术交流的重要性，尤其是英语口语。为提高骨干的英语水平，趁院子弟学校放假时，请了个陕北的英语老师，让骨干技术人员脱产进行英语口语培训。次年，他邀请到美国超导专家考林斯教授来院合作研究，考林斯教授正在读硕士研究生的女儿也陪同来院。周廉看到同时送来个正牌英语教员，特请考林斯小姐教授地道美式英语口语。于是，经过陕北英语熏陶的一帮人又走上了新的课堂，这次这个美国小姐可一个字的中文都不会，无法中英文混合交流。但她很聪明，当学员们无法用英语完整表达时，只要蹦出几个单词，她就知道学员们想表达什么意思，会立即在黑板上把你想说但又不会说的生词写到黑板上，使学员们终于可以不再使用中英混合语言。有一次，她问李正华做什么工作，李正华说做"卖大啦"研究，这次李正华的陕北正宗英语加湖南腔可把考林斯小姐难倒了，最后只好让他把"卖大啦"的英语单词METAL写到黑板上。老师一看笑得前仰后合，她说这个单词不读"卖大啦"，应该读"买到"。经过考林斯小姐3个月的地道培训，我们学员终于从标准陕北英语改正为标准美式英语，后来我去美国访问，经常有人会问我在哪个美国大学留学的，看来"美腔"英语学的还基本到位。

改革开放后，国家急需外汇，所以很重视对外贸易工作。20世纪90年代初，周廉看到国家开始给单位开放进出口权，当时，我正任院开发处处长，周廉要我立即向外贸部申请研究院外贸经营权，并成立了西北院外贸进出口公司。不久，外贸部就把进出口的营业执照发了下来，交给周廉一看，他认为经营范围太窄了，仅有材料进出口，没有相关设备进出口，当时我们院还缺少国外先进的材料检测及加工设备。恰巧，他看到陕西日报报道，时任外贸部部长吴仪来西安，就对我说"你找一套咱们院做的钛笔筒、墨盒带上，咱们去找吴部长"。第二天一大早，我俩就带上"礼品"到外贸厅纺织公司大楼下等吴部长。早饭后，刚好吴部长一行下楼，他将"礼品"立即递上去说："吴部长，你看我们研究院的特色产品——钛墨盒，不但漂亮而且墨汁不会干，什么时候打开都能写字。"吴部长

---

[1] 西北有色金属研究院 原副总工程师

接过一看，不但轻还很漂亮，高兴地说："送给我的？"周廉立即说："就是送给你试试，要推广。"吴部长高兴地把"礼品"交给秘书后，立即回头冲周廉说："找我有什么事吧！"周廉立即把营业执照拿出来说："给我们的营业范围太窄了"吴部长看了一下，立即交给身边的范司长说："是范围限制太死，你给他代办一下。"没几天新的执照就发下来了。

  20世纪90年代，国内科研装备还普遍比较落后，这对于高质量新材料的研发造成不少困难。为改变这种状况，国家发改委利用世界银行低息贷款，要在国内设立几个先进的国家材料加工中心，以提升我国材料加工工业水平。我们院在周廉的带领下，准备申报"国家稀有金属材料加工中心"，到北京后的第二天就要答辩了，我们发现仅中国有色金属工业总公司就有好几家也进行了申报，大家都来争国家加工中心项目。周廉深知我们原来写的申报材料，特色不明显，难以申报成功，于是立即叫来院办、院科研处、开发处等骨干人员，连夜在总公司会议室主持重新讨论修改申报材料。经过大家充分论证，认为我国稀有金属材料加工最缺的是新进成坯设备，造成坯料杂质含量高、成分不均匀、锭坯组织不均匀，从而严重影响了产品质量。要改变这一状况，就要引进国外最先进的熔炼设备，比如：德国LD自耗电弧炉、500kW电子轰击炉、高温烧结炉等。方向定下来后，立即修改设计方案，一部分人修改申请稿，一部分人修改发言稿，边出稿件、边打印、边印刷，一直忙到夜里2点多才完成，外面已没有公共汽车了，大家就在桌子上、凳子上，东倒西歪的眯了一会。第二天，由周廉主讲、其他人补充，我院的第一个国家建设项目终于申报成功，为西北院在搬迁西安后的发展开了一个好头。

2020年元月

敢为人先谋发展，追求卓越创未来
——跟随周廉院士艰苦创业的三两事

巨建辉[①]

这些年每每见到周廉院士，他总是那么和蔼可亲，精神矍铄，尤其那和蔼的目光中依旧透着那股熟悉的坚韧，是周院士那种典型永不服输精神的体现，那种亲切的感觉又把我带到20年前，从宝鸡搬迁西安后，跟随周廉院士艰苦创业的岁月当中。

一、高瞻远瞩，建成陕西省首家由转制科研院所孵化并成功上市的高科技公司——西部材料

（一）科研院所转制，坚定走产业化发展道路

1995年，研究院自筹7000多万元完成主体从宝鸡到西安的搬迁，发展资金极其短缺。1999年全国242家科研院所转制，研究院又从事业单位转向企业，2000年研究院从中央大型企业工委转为陕西省管理。归属关系、单位性质等一系列情况相继发生变化，研究院到底何去何从，如何发展成了当下最大的难题。

为了走出困境，周廉院士召集院班子开会反复讨论。那会儿印象最深的就是，多少个晚上，研究院309会议室总是灯火通明，周院士带着大家研讨改革发展问题，经常讨论到凌晨两、三点，这样的夜晚都记不清有多少个。最后周院长拍板，研究院要横下一条心，上下一盘棋，坚持自我改革，探索走一条具有研究院特色的、紧密结合创新和市场、集研发中试产业"三位一体"的发展道路。

作为班子里负责产业工作的一员，听到周院士要坚定走产业化发展道路时，既兴奋又忐忑，既充满信心又紧张。兴奋是因为这是一条全新的发展路径，前所未有，充满挑战；而忐忑是因为这条道路到底要怎么走，如何面对市场，如何实现公司化运营，心里还是没底。每次在和周院士请示产业发展工作时，他总是信心满怀，也总能让人感到未来无限光明。

（二）集成研究院主体资产改制组建西部材料，直接成立股份制公司，目标瞄准上市

组建西部材料时，周廉院士多次强调过，我们科研院所创办的产业公司一定要具有科研优势，产品定位要高端，瞄准国家需要。为了解决发展资金问题，保

[①] 西北有色金属研究院　党委副书记；西部金属材料股份有限公司　董事长

障公司技术研发实力，加强可持续发展水平，我们就要成立股份制公司，进入资本市场。集中力量办大事，统筹优势资源，打响研究院产业发展第一枪！

这第一枪响不响，直接影响到产业化改革和成果转化决策是否顺畅，也直接影响到研究院后续的发展路径。那会儿转制科研院所发展产业没有多少经验可以借鉴和参考。当时在国内转制院所中，对如何推进"转制"发展和成果转化也有一些其他认识和做法。但研究院坚定认为科技型企业应该坚持创新和效益并重，在发展产业、提高效益、保证职工利益的同时，绝不能弱化在本领域的行业地位和科研水平。

西部材料的成立打响了研究院转制发展的第一枪，在周院士的谋划布局下，2000年3月，研究院根据中国证监会推进科技型企业上市的要求，决定以稀有金属为主业直接筹建股份制公司并力争尽快上市。筹建时，研究院将难熔金属、贵金属、复合材料、压力容器、理化检验等六个优势领域，整建制的划转组建西部材料，同时研究院重新构建了六个研究所，坚持这些领域的科技创新源动力，为后续增强研发优势和公司发展提供技术支撑。同年10月，公司得到国家工商总局《企业名称预先核准通知书》。2000年12月28日，"西研稀有金属新材料股份有限公司"正式成立，周廉院士任公司董事长、法人代表。2002年，我作为公司总经理，一直在周廉院士带领下经营西部材料。2003年9月，经国家工商总局批准，公司正式更名为"西部金属材料股份有限公司"。四年后的2007年8月10日，西部材料在深圳证券交易所挂牌上市，股票代码"002149"，成为陕西首家由转制科研院所孵化成立的高科技上市公司。现在回想起来，当时坚定走产业化改革发展这个决定，是需要极强的改革决心、科学判断力和长远发展眼光的。

二、大力推进改革先行先试，重视经营管理人才培养，树立科技人员领办企业的标杆

（一）以薪酬激励改革为突破口，增强科技人员领办企业的信心与干劲

成立西部材料时，370余名干部职工从院本部研究所而来，大家基本都没有干过规模产业，来了后才发现产业和科研工作不是一回事，工作动力不足，起步十分艰难。这个时候，周廉院士多次强调，要大胆在公司率先开展薪酬改革，不能还按照研究所的一套来搞，必须激发干部、员工干事创业的积极性。随后西部材料大力开展薪酬体制改革，在研究院整体薪酬体系基础上，加入和产业业绩挂钩的考核指标，考核激励体系持续优化，这一"试点"大幅激发了西部材料干部职工干事创业的激情和热情。2002年，西部材料的营业收入达1.2亿元，到了2004年已增至2.7亿元，几乎一年翻一番。这一系列的改革举措切实让西部材料有了长足的进步，在我看来，当年周廉院士就相当于在西部材料划了一片试验区，把研究院对产业公司改革发展的政策红利标杆立了起来，大胆尝试，先行先试，带动一

部分人先富起来,让大家共享改革发展的红利,然后再带动更多的研究院干部职工投身产业公司和科技成果转化。现在回想,当年研究院的西部材料就相当于中国的深圳吧。

(二)加强青年干部培养,培养更多懂技术的企业管理者

西部材料改革发展的成功模式,也让研究院越来越多的科研人员走出研究所,带着科技成果去领办企业。周廉院士强调,随着公司产业规模扩大,要加强后备干部培养,尤其是在管理方面加强培训,让他们去读E-MBA、MBA,多走出去接触优秀企业和国外企业。后来,西部材料大约30余名干部(占到当时西部材料干部的70%左右)先后都被送去博士班、MBA研修班、国内外培训等。他们当时都是30多岁的年龄,后来这些人都成了西部材料的核心管理者,既懂技术也擅长管理,为西部材料的可持续发展奠定了坚实的人力资源基础。

三、坚守自主核心技术,服务国家经济主战场

(一)做大优势产业,坚守核心关键技术

西部材料公司成立后,随着科技产业的不断发展,公司的复合材料、贵金属材料、金属过滤、压力容器等几大关键核心产业已初具规模,关键技术已被我们掌握。天力公司复合材料产品质量进入国际先进行列,公司已成为国内大规模专业生产金属复合材料的龙头企业之一;菲尔特公司已发展成为行业内的重点企业;西诺公司已成为军工配套的主要承制单位;优耐特公司钛、锆、镍基合金压力容器设备的制造水平在国内占据重要地位,西部材料逐步成为国内乃至国际有影响的稀有金属细分领域公司。

有几件事情印象深刻,随着产业实力的不断壮大,几个领域产品在国际市场上已占据重要份额。2004年,欧洲×××金属纤维生产巨头跟我们提出,要收购菲尔特公司,并对全球市场重新布局,但要限制中国工厂的产品和产能;2005年,美国×××公司又向我们提出要控股天力复合材料公司,并对公司市场提出限定性要求。收购或控股对于公司而言,会有大量的资金收益,短期内将极大解决公司发展的资金短缺问题,但周廉院士当时以国际化的视野和眼光,坚持这些领域将来一定是我国的关键核心领域,这些技术一定不能丢失,要牢牢把握在自己手里。围绕着这个思路与目标,公司在这几个领域不断坚守,坚持完善核心技术,坚持探索新的应用市场,紧密围绕着国家需求持续优化,为国家军工、核电、航空航天、舰船、化工等重点领域贡献着自己的一份守护和力量!

(二)布局长远,超前为西部材料规划发展蓝图

成立之初,西部材料还仅仅是小规模经营生产,周廉院士亲自与西安市委市政府商谈,确定公司在西安高新区注册,西安市支持40亩土地用于发展,那时的

40亩对于我们而言已经足够。随着公司产业规模的不断扩大，生产用地也显得捉襟见肘。周院士认为西部材料的发展势头一定要走向规模化、高端化、国际化。为此，在他的主导下，公司再次获得省委省政府大力支持，2004年，在国家级经济开发区的泾渭工业园区征地近800亩用于公司发展。当时大家在想，什么时候才能把这么多的土地用完，而且泾渭园区也太过偏僻，尽管地价便宜，但距离主城区得20公里，将来这区域会不会得到发展，职工队伍能否稳定也是个疑问。但是不到2010年，西部材料的这近800亩地就全部规划完。随着新领域的不断扩展，2012年，西部材料再次新征近600亩地用于新领域发展。

在跟随周廉院士艰苦创业、改革改制那些年，他对我的影响是巨大的，为我以后在管理理念和能力提升方面有着深刻的影响；他对西部材料的帮助也是巨大的，那会儿科研院所转制的公司没有什么可参考借鉴的成熟经验，就是他带着大家一笔一画的设计，一步一脚印的探索奠定了西部材料坚实的发展；他对西部材料干部职工的影响也是巨大的，每一个西材人都不会忘记，曾经有一个工程院的院士作为公司的董事长，带着大家走出了一条企业发展、职工幸福的光明大道，带着大家成为陕西首家转制科研院所孵化的上市公司。周廉院士为西部材料的改革发展倾注了大量心血，是杰出的领导者、规划者、开拓者。

我所接触到的周廉院士始终具有那种求实严谨、永不服输、谦虚豁达、乐于助人的精神面貌与人生态度，包括后续每次见到周廉院士，对他的那种感觉始终没有变过，深深地印刻在我的心中，更重要的是那种从骨子里散发出来的优秀品质和气质，永远不会随着时间而变化。周廉院士是我一辈子学习的榜样，对我的帮助终生难忘，是领导，是前辈，是楷模，是老师，庆幸能有机会和他一同工作了这么多年，在创业最艰难的那段日子里有周廉院士的指导，让那段时光显得如此珍贵。衷心祝愿周廉院士永远年轻，健康长寿！

2020年元月

谈笑凯歌还

——忆老院长周廉院士二三事

程志堂[①]

改革春风吹开烂漫的山花，开放的号角吹响了奋进的心声。今天的西北有色金属研究院（以下简称研究院）在不忘初心，砥砺奋进中已上了一个新的台阶，成为全省乃至全国科技成果转化集科研、中试、产业三位一体的高科技产业化明星。2019年综合经营收入达到124亿元，是1999年转制前的96倍，职工队伍从原来的1100人壮大到今天近4000人，职工年平均收入达到12.5万元，是1999年的8倍。回顾过去几十年的发展，研究院的面貌焕然一新，能有今天大家都说多亏有一个好的带头人，我们的老院长、中国工程院首批院士、中国材料学会原理事长、国际材联原主席——周廉院士。

我在研究院工作整38年了，在我的记忆中深深地铭刻着，在他的领导下，研究院改革、转型、发展（从计划经济事业单位到企业化的困难低谷，再到平稳、快速、崛起、振兴壮大）的历程。

1990年，伴随三线搬迁大潮，研究院要从宝鸡山沟向西安市整体搬迁，搬迁说得容易，做起来难。历时5年的研究院第一期建设，一个科研事业单位一下子要拿出上亿元的资金搞搬迁难度实在很大。但是为了搬迁，周院长带领班子主动出去找米下锅，解放思想，转变"等、靠、要"的观念。在西安、宝鸡两地多家银行筹资上亿元，保证搬迁建设。完成一期搬迁建设，研究院就走入了困境，背上沉重债务难以维持正常运转，银行贷款相继到期，倒贷难度加大。当时，科研运行难以为继，职工工资不能正常发放，财务压力越来越大，百废待兴的研究院下一步怎么走、怎么发展，问题尖锐地摆在了大家的面前。面对困难，周院长带领班子冷静思考分析形势，寻找机遇，提出改革的思路，破解改革发展中的难题，并制定了院改革发展蓝图，即通过科技成果转化和科技人员领衔创办公司，实现研究院科技成果产业化。增强研究院发展后劲，为全院从困境中崛起奠定了良好的基础。

我记得，从1985年开始国家对三线搬迁单位实行增值税先征后返政策。研究院虽为三线搬迁单位，但在1995年以前生产销售收入很少，享受返还税就很少，况且先征后返的税收政策即将到期。为了争取国家的支持，使研究院渡过难关，

[①] 西北有色金属研究院　副院长

周院长积极做工作，几次带领我们前往国家有关部门汇报，争取到了研究院延期享受退税优惠政策，从而使研究院在5年里得到了一笔不小的退税资金，给院里的发展带来了新的转机。

伴随着改革的不断深入，研究院要转制为科技企业，这是一个全新的课题。在搬迁改造运转十分困难的情况下，国家要求转制又给研究院提出了新的挑战。研究院是全部转成企业运行，还是保留现有的研究领域是摆在全院职工面前的头等大事。在这个关键时刻，周院长认真听取大家意见的同时和班子反复商量，最后前瞻性地提出既要保留研究院现有科研所性质不变，继续进行稀有金属材料研发创新，又要适应市场需要进行科技成果转化。他抓住国家大力支持科技成果转化政策机遇，提出三点要求：一是院中层以上干部用现金在公司持股；二是全体员工自愿申购股份；三是领办公司的经营层干部必须持有公司的一定股份。当时，这在全国科技企业中也是首创，上合国家政策，下合民意。因此极大地调动了科技人员的积极性。这个改革既转化了科技成果，壮大了研究院的产业和收入，稳定增强了科技人员的创业信心，又大大提升了院干部职工的收入，从而使研究院在这几十年的发展中一批批地转化，至今已创办了37个高科技产业公司。为院职工薪金收入和资产性收入增长打下了长远的基础，为振兴研究院注入了新的活力。十几年过去了，现在回忆起来，周院长敢为人先的领导胆略和超前意识令我十分敬佩。

周院长经常说，人才是发展的源动力，在市场经济的浪潮中，对于我们这个科技企业来说，科技人才就是生产力。80年代研究院地处山沟，人才引进困难。搬迁到西安后，他随即着手实施抢抓人才战略。在引进和培养人才上走了三步棋：第一步，先后与东北大学、西北工业大学、西安交通大学、西安建筑科技大学等学校建立研究院与大学联合培养研究生的机制，引入新的研究人才；二是抓培养，将本院已有的优秀青年送到大学再次深造，提高研究人员水平；三是针对缺乏企业管理经验的企业经营人员，他积极牵线搭桥，与西安交通大学管理学院联合建立MBA管理研究生学习班，将院管理处室和各公司经营层干部进行培训，从而培养出了一批管理型人才。随着产业的扩大，技能人才成为急需解决的问题，为此院里又建立了技能人才的培养培训机制。现在，研究院人才培养体系已经建立，三支人才队伍已经形成。特别使我难忘的是，退出一线领导岗位后的周院长，还仍然为研究院科技人才培养不懈地努力，继续开办各种培训班，自带博士、硕士，为研究院培养了一代又一代优秀人才。同时在他的培养和关怀下，我们现任院长张平祥同志去年被评为中国工程院院士，为研究院争得了荣誉。

我来院里工作已38个春秋，我所写的这些只是我记忆深处的点点滴滴，该写的还很多很多……

38年过去，弹指一挥间，谈笑凯歌还。回想起周院长对我们的教诲和关怀以及他对研究院执着的奉献精神，时刻都激励着我。今天借机作一首小诗来祝福周院长八十寿辰。

祝福周院士八十寿辰
科研拼搏苦与乐
稀有超导为报国
高瞻远瞩绘宏图
敢为人先搞改革
成果转化显效能
兴院富民奏凯歌
弹智竭力育新人
三路人才结硕果
老骥伏枥初心在
毫毫之年施教泽
惟愿韶华永常驻
福寿绵长喜乐多

己亥年冬月
鹏程敬书

转折发展的引领者，发展模式的创建人

杜明焕[①]

再过两个多月，就是我最崇敬的老领导，也是我的人生导师——周廉院长/院士八十寿诞，在此预祝周院长/院士身体健康、八十寿诞快乐！

作为在周廉院长/院士身边工作十一年的直接部下，耳闻目睹了周院长在西北有色金属研究院（以下简称研究院）发展几个关键转折时的所思所忧，所作所为，深受教育、教导和启发的同时，更为周院长以院为家的情怀、高瞻远瞩的格局、细密周全的策划、坚韧不拔的意志品格和他谦虚好学、求真务实、敢为人先、勇于拼搏、敢于担当、乐于奉献、追求卓越的人格魅力所感染和折服。迄今为止，研究院建成了拥有包括4个上市公司在内的34个独立法人公司、14个国家级平台、27个省级平台。今年全院集团预计综合收入将超过130亿元，科技收入达4.36亿元。被陕西省委省政府认定为"一院一所"模式的"一院"即为西北有色金属研究院，现任院长张平祥也是周院长/院士的第一个研究生，刚当选中国工程院新科院士。今天的西北有色金属研究院，已经发展为在行业和国内外有一定地位和影响力的综合性研究院集团。抚今追昔，作为研究院人我们倍感光荣和骄傲，今天的成果是几代西北院人接续奋斗而来的。1965年建院以来，尤其是改革开放以来在历次重要转折时期，把握机遇、正确决策，从计划经济向市场经济的转轨，从全额拨款事业单位向完全市场主体的转制，从宝鸡山沟向西安的搬迁，从厂院一家以厂为主到研究院独立发展再到研究院发展模式的确立，每次转折都有很多选项，其运作过程也有很多故事。

20世纪80年代中期，以1985年3月13日发布的《中共中央关于科学技术体制改革的决定》为标志，我国开启了科技体制的全面系统性改革，以"稳住一头放开一片"为思路，以承包制为核心，放开科研事业单位生产经营权。放权之后的科研院所在"稳住一头放开一片"的做法大体差不多，都是大科研小生产模式，但在怎么落实承包制上却多有不同。区别于当时北京大院大所以课题组承包为主，以周院长为代表的西北有色金属研究院选择并坚持走了研究所集体承包的路子，从此科研院所分别走上了分散和集体发展的不同道路。正是由于选择了集体发展，就为我们从宝鸡到西安的搬迁积累了经济实力，也为后来研究院的整体发展奠定了组织行为基础。

随着市场化和改革开放的推进，当时研究院偏居宝鸡一隅，以靠山隐蔽为

[①] 西北有色金属研究院　副院长、党委委员；《中国材料进展》杂志社　社长

指导思想的发展思路已不能适应，尤其是交通、信息、人才成了发展的严重制约，不从山里搬向大城市就只有被逐步淘汰，整体搬出遇到极其巨大的挑战。以周院长为代表的领导团队权衡之后坚定选择了排除万难，确定搬迁。搬迁西安工作从1988年原宝鸡稀有金属加工研究所与西安有色金属研究所合并经科技部同意更为现名即西北有色金属研究院开始，具体执行包括报计划、规划、征地、设计、建设、搬迁、安置等，过程极其曲折、复杂，涉及长期利益与短期利益的协调、上级和广大职工的态度、资金的支撑、搬入地政府的政策、组织实施、西安宝鸡两边工作的衔接、两边职工生活的解决、与宝鸡有色金属加工厂的关系等。客观说，厂院一家是多年形成的现实，搬迁西安涉及每个职工的切身利益，赞成与反对都有理由。那个年代搬迁成功的案例不多，但失败的不少，而且就离我们不远。决策和执行困难之大、压力之大、矛盾之尖锐是可想而知的，甚至有人放言，研究院搬迁之日就是死亡之时。从1995年第一批300户职工和机关、研究所开始整体搬迁开始（之前，贵金属研究所在郑汉所长的带领下，于1992年整体搬迁至西安，与西安有色所贵金属部分合并，开启了我院整建制单位搬迁西安和两个单位实质合并运行的序幕），到1998年第二批400多户职工搬迁完成结束，全院职工在以周院长为代表的领导团队的坚强领导下，排除万难，牺牲个人利益，积极积累，实现了从宝鸡山沟向西安市的战略大搬迁，为西北有色院的长远发展打下了稳固的硬件平台。正如2014年元月16日，周院长去北京医院看望师昌绪先生时，师老所书写评价的：感谢周廉同志在我弥留之际之前来医院探视，您才是我们一帮（人中）最有本事的，具有比别人更具开拓性（的能力），将西北有色院从山沟搬到西安。

发展得越快，步子迈得越大，问题就越多，困难就越大。历时十年的西安整体搬迁建设，投资7700多万元，几乎全是我院自筹，花掉了全院几十年的积累。研究院会否重回宝鸡、研究院能撑几天、研究院向何处去等疑问压在每个人的心里，所有人的目光投向了院领导集体的实际核心周院长，所有压力集中在了他身上。搬迁西安带来的好处是长远的，但短期急需解决的各种矛盾是紧迫的、尖锐的，在这关键时期，急需发挥党委的政治核心作用，统一思想、凝聚人心、共渡难关。行政决策领导需密切沟通，协调各方，大力改革，只有深化改革加速发展才能走出困境。但当时周院长只是刚刚被任命为常务副院长主持院日常工作并兼任宝鸡有色金属加工厂副厂长而已（有色西安公司西色党字[1995]091号），而且厂院仍是一个党委（一套班子和机构），党委总部机关设在宝鸡有色金属加工厂，研究院很多事还仍需依附于加工厂等。

正在艰难突围之时，1998年3月传来我们的上级主管部门中国有色金属工业总公司被国务院撤销，组建中国铜铅锌集团、中国铝业集团、中国稀有稀土集团和中国有色金属工业局的消息，由此拉开了我院转制定位的序幕。

中国有色金属工业总公司撤销后，新的三大公司和一个工业局怎么组建，我们又会被如何安排？1999年2月，科技部、经贸委、人事部等12个部门联合下发了《关于科技体制改革的实施意见》，将10个工业局管理的242个院所全部转制为企业，指定三个出路，即进入企业、独立转为企业、划给地方，而且在5月底之前要把方案确定并批下来，按此方案以及我们与宝鸡有色金属加工厂的关系，我院进入宝钛集团似乎在所难免。我们真正有效的工作时间只有两个月，时间紧任务急，研究院要想生存与发展，搬迁带来的新矛盾要解决，必须独立决策。从此，周院长站在最前线，带领我们走上了为研究院独立而奋斗的道路。我们带着资料在北京挨个拜访科技部、经贸委、人事部、有色金属工业管理局、北京有色总院、矿冶研究总院等有关部门和领导，能去的单位都去，挨家汇报，逐家询问，我们的目标就是不进企业，不回地方，能和北京几个大院一样留在大企业工委归中央直管，得到的答复是很同情但不可能。我们面对的工作是艰难的，我们却需要细致和耐心，虽然没能直接进入大企业工委归中央直管，但我们的工作还是得到了很多人的理解、同情和支持，同时也宣传了西北有色金属研究院。最有代表性的是师昌绪院士、徐冠华部长和孔传尧院长对我们的支持，师先生还专门向时任科技部的邓楠副部长写了封信，原文如下：

邓楠同志，您好。

　　国务院改革以后，各部门所属院所，很多因不知去向而感到恐慌，据说都要进入企业集团，或自成为高技术企业。还有一种说法是有那么二三十个仍归国家管理，我个人认为有些涉及全局而实力很强的科研院所应该归国家管理，尽管在经费上以自筹为主，否则放任自流，研究力量就会散掉，将来再恢复就很难了。

　　有色金属是涉及面非常广的一个行业，有的是民用离不开的，如铝、铜等；有的是国防所必需，如钛和很多稀有金属；还有一些是功能型材料离不开的合金元素如稀土等。在有色金属研究机构中，北京有色金属研究总院当属排头兵，但位于西安的西北有色金属研究院实力也很强，而且有鲜明的特色。这个院过去曾为国防做出过重要贡献，今后在钛合金、稀有金属和难熔金属方面仍是主力军。特别在超导材料方面，低温超导材料已实现批量生产；高温超导出现以后，该院院长、中国工程院院士周廉同志又是我国高温超导课题组首席专家之一，目前正致力于高温超导材料实用化的研究与开发，也取得了可喜的成果。

　　基于以上各点，我建议如果有一批部属科研院所属中央直管的话，把西北有色金属研究院考虑在内，我的这个建议不只是因为它有很好的经济效益和已取得的显著成果，而且考虑它在我国材料领域所占的战略地位。以上建议是否妥当，请批评指正。

师昌绪

1999年4月22日

附西北有色金属研究院汇报提纲一份。

科技部体改司司长尚勇1999年6月10日来院里考察时谈到当时的经过说："你院转制的事，周院长找过徐部长，科技部原来要把你们单列，但经贸委认为厂、院已经合一，人事部卡得也很死，有色就两家，在这种情况下，只有用并入来解决，于是徐部长分别给有色局和矿院打了电话，矿院孙院长很豁达，把你院以北京矿冶研究总院（包括西北有色院）的形式转入中央大企业工委管理，原来说的给你院独立户头，由于上级不同意而没实现"。整个事件的过程是这样的：经与各方沟通协商，1999年3月5日，陈义超院长签发了我院给国家有色金属工业局第一封公函："关于我院改革走向问题，经院领导班子研究，我院愿与北京矿冶研究总院联合组建国家大型科研机构，归中央直管"。4月2日，经过进一步沟通确认后，我院向国家有色局报送了第二封公函："关于我院改革走向问题，经领导班子研究决定，我院申请进入北京矿冶研究总院，转为中央直属大型科技企业"。4月25日，北京矿冶研究总院以（99）矿冶院第41号向国家有色金属工业局报送了请示报告：

国家有色金属工业局：

国家经贸委所属10个国家局的242个科研院所的转制工作已开始实施，这是国务院为推动我国科技体制改革的一项重大决策。我院正以积极的态度开展这项工作。

从国家科技力量和资源的合理配置角度出发，并兼顾院所的自身发展，近期西北有色金属研究院已向我院正式提出：希望该院能进入北京矿冶研究总院，以便在中央主管部门的直接领导下，发挥从矿产资源综合利用开发到材料加工的整体优势，特别是有利于承担和实施国家重大国防军工项目和高技术项目的研究，以便对有色金属工业、国防科技及工业部门的技术进步作出更大的贡献。根据西北有色金属研究院的提案，我院领导经1999年第19次院长办公会议研究，认为该院的提案是可行的。因此，我院决定，同意西北有色金属研究院进入北京矿冶研究总院。如国家有色金属工业局批准，我院立即与西北有色金属研究院会商，进入实质性的运作阶段。以上意见妥否，请批示。

北京矿冶研究总院
1999年4月23日

同年宝鸡有色金属加工厂进入新组建的中国稀有稀土集团公司，1999年5月20日科技部、国家经贸委（国科发政字197号文件）决定，北京矿冶研究总院（包括西北有色金属研究院）转为中央直属大型科技企业。1999年6月23日有色西安公司（有色西安公司党字[1999]036号）免去周廉同志宝鸡有色金属加工厂副厂长职务，1999年6月28日国家有色金属工业局（国色任字[1999]067号文件）免去陈义超兼任的西北有色金属研究院院长职务。至此，厂院行政系统脱离。从此，周院长率队开始了与矿院就后续两院有关事项的密切协商，其中1999年7月7日，双方商谈并签署备忘录如下：

1999年7月7日北京矿冶研究总院（以下简称"北京矿冶总院"）孙传尧院长、邱定蕃书记兼副院长、张立诚副院长、王玉田副书记与西北有色金属研究院（以下简称"西北有色院"）周廉常务副院长、奚正平副院长、王金明副院长在北京矿冶总院进行了商谈。

双方在坦诚、友好的气氛中愉快地回顾了过去两年来两院的友好交往、互相支持、共同发展的情况及最近两院领导围绕定位改革的三次接触情况，即1999年5月13日西北有色院周廉、奚正平、王金明三位院长来京与北京矿冶总院孙传尧、邱定蕃、饶绮麟、汪旭光、张立诚、罗忠义等院领导进行了初次会面，交换了意见并确定张立诚、奚正平两位副院长为两院的联络人；1999年6月25日西北有色院奚正平副院长、杜明焕主任来京与北京矿冶总院张立诚副院长、王玉田副书记、李新财主任、张晓春处长交换了双方近期的有关情况及国家有关部门对院所改革工作的进展要求；1999年7月6日西北有色院周廉常务副院长与北京矿冶总院孙传尧院长、邱定蕃书记兼副院长在北京矿冶总院再次交换了意见。

7月7日，两院领导在前几次会商的基础上，就有关问题达成了以下共同意见：

1. 双方领导班子都本着对本单位负责，有利于两院共同发展、互相促进、互利互惠的原则来协商解决两院在改革调整中遇到的问题，以积极的态度贯彻国务院关于242个院所转制的决定。

2. 西北有色金属研究院在转制中保持原有的院名、级别、独立法人资格等不变，以利稳定和工作。

3. 关于两院的领导班子任命及管理问题，第一方案：北京矿冶研究总院现任领导班子成员和西北有色金属研究院现任4名领导班子成员均由大企工委同时任命。第二方案：西北有色金属研究院院长（正局级、人选来自西北有色院）兼任北京矿冶研究总院副院长；关于西北有色金属研究院领导班子副职，可由北京矿冶总院考核、大企工委任命，或由北京矿冶总院考核、任命，报大企工委审批、备案。

两院拟向国家大企工委、有色局、科技部、经贸委等汇报，争取第一方案，确保第二方案。

如果第一、二方案实现不了，西北有色院拟就隶属关系问题作出其他选择，北京矿冶总院对此表示理解和支持，最后由国家主管部门决定。

4. 近期内做好西北有色院与宝鸡有色金属加工厂的分离工作。由于西北有色院与宝鸡有色金属加工厂党委是一套班子和机构，因此两家分开后，请求有色局商陕西省委组织部给予解决西北有色金属研究院党委问题。

5. 两院分别在国家工商局和陕西省工商局注册，注册后各自具有独立法人地位，自主经营、自负盈亏、优势互补、促进发展。

6. 保持两院原有的争取项目及经费渠道畅通。此外，还应发挥联合优势，争取国内外大的项目，使两院都得到一个大的发展。

7. 西北有色院邀请北京矿冶院的领导在8月中旬左右到西北有色院进一步商谈转制及有关问题。对此，北京矿冶总院已入列工作计划。

8. 其他具体事宜待两院领导班子的关系和管理办法确定后再深入研究。

9. 此备忘录经双方院长签字确认后各存一份并抄送有色局。

北京矿冶研究总院院长孙传尧　西北有色金属研究院常务副院长周廉
1999年7月7日

1999年7月29日我院以西色院发[1999]52号文向国家有色金属工业局上报了《关于西北有色金属研究院在西安建立党委的紧急报告》，请国家有色局把我院的党委问题作为这次转制的一个遗留问题商陕西省委组织部予以解决。1999年8月19日国家有色工业局（国色人干函字[1999]090号文件）决定由有色西安公司党委与陕西省委组织部协商尽快组建西北有色金属研究院临时党委（党的关系可放在西安公司党委），并由周廉同志主持临时党委工作。1999年11月5日陕西省委组织部以陕组通字[1999]96号文同意我院党委的设置和人选，并要求有色西安公司党委尽快筹备我院召开党员代表大会选举党委会和纪律检查委员会，并且明确省委委托有色西安公司党委对西北有色金属研究院党务工作进行日常管理。1999年12月17日西北有色金属研究院第一届党代会筹备领导小组以西色院党字[1999]03号文向北京矿冶研究总院党委上报了"关于西北有色金属研究院第一届党委、纪委委员候选人的请示"，同日，北京矿冶研究总院党委以[1999]矿冶党字第026号批准了我院的请示，并要求我们呈报有色西安公司党委审批。1999年12月21日，根据北京矿冶研究总院建议，经中国有色金属工业西安公司党委会研究同意，我院第一届党员代表大会于1999年12月28日在西安院一号楼四楼学术会议室召开，会议选出了由周廉同志任党委书记、杨冠军同志任党委副书记的第一届委员会。2000年1月12日，西安公司西色党[2000]03号文件批复了我院党代会的选举结果。至此，厂院党委系统正式分离，第一次转制画上句号。

正在我院与矿院深入交流与磨合同时与宝鸡有色金属加工厂协商分离过程中，2000年6月26日，国务院发布关于调整中央所属有色金属企业事业单位管理体制有关问题的通知（国发[2000]17号文），决定从2000年7月起，将我院下划给陕西省管理，中国稀有稀土集团撤销，所属企业也全部下划给地方。我们刚放下的心又提了上来，这对我院又是一次新的挑战，而且处理起来更棘手。不进入新组建的陕西有色集团，就要有违陕西省政府的初衷，而且未必能成功，后果严重；进入之后，对我院发展不利。何去何从，对周院长来说是非常难的抉择，但又必须抉择，期间周院长也曾多次找省政府各方面领导说明我院的意愿，程安东省长也曾对周院长通过多种方式做过说明工作，双方没有达成一致，最后省政府坚持我院进入新组建的陕西有色集团的方案，并通过了省政府党组会议，上报省委常委会研究决定。记得那是一个星期四的下午，我们得到消息，说第二天（星期五）上午省委常委会要研究陕西有色集团组建方案，我们院名列其中。情况紧急，周院长当时在北京，联系不上，周院长的意见我们是清楚的，就是不进陕西有色集团，于是我们立即起草了以我院不进新组建的陕西有色集团的意见，并以院红头文件的形式送达能联系到的省委常委直接反映我院的诉求，由于事出突然而且紧急，周院长又在北京联系不上，该文件没有征得周院长同意也没有其他院领导签发，现在想想后果是很严重的。第二天上午省委常委会的情况我们不得而知，一上午的心情很忐忑，下午在办公室觉得不该坐以待毙应该再做点什么，看到桌上省委省政府的通讯录上面有省委书记秘书的电话，就以周院长要给书记汇报工作的名义拨了过去，没想后果，更没请示周院长。电话拨通了，接电话的是李书记的秘书（后来知道名叫杨殿钟），我做了自我介绍，说明了周院士/院长希望约李书记汇报的意思，对方没有立即拒绝让等半小时再拨过去，半小时后我再拨过去时对方说"明天上午9:00在省委9号院，李建国书记接见周院长/院士，车到东院门口打电话他通知门岗执勤哨兵"。放下电话我心情极紧张，太意外了，这事还没给周院长请示，不知能不能联系上周院长，周院长能不能赶得回来，周院长不同意或赶不回来，麻烦就大了。大概下午四点多时终于联系上了周院长，说明情况后周院长电话里没多说，原话是"我现在就往机场赶，明天你陪我去"。没批评我，我的心一下放下了，我原以为周院长会批评我擅作主张给他添乱，没批评我，与我的心里预期反差太大，所以周院长的原话一直记得很牢。第二天（星期六）上午李耀林开着院里的林肯车，我们按时到9号院门口，杨殿钟秘书把我们领进了李书记的会客室坐下，倒上水就出去了。会客室面积不大，长方形，长大概4米，宽3米左右，白墙一面有窗，房间摆设很简单，房间顶头放一个单人沙发，靠窗边放了一个三人长沙发，都是灰白色布的，沙发前放一张条几，米黄色，沙发、条几都是旧的。几分钟后，李书记进来了，与周院长握手打招呼后坐下，请周院长先讲，周院长讲了我们院来回这么变化的过程，今后的发展设想等等，用时大概40分钟。听完周院长讲话后，李书记讲了昨天常委会讨论组建陕西有色集团的情况，说省政府党组报了一个方案，常委会进行了讨论，几个常委手上有你们的材料及常委们的意见，李书记说他在会上的原话是：西北有色金属研究院原来归中央管时就为陕西服务，现在归陕西管了，更会为陕西服务，西北有色院有自己的想法，他认为应该尊重，进不进集团不但要征求西北有色院领导的意见，还要征求广大职工的意见，西北有色院现在不愿进，也可等等嘛，等以后他们想进时再进也不迟。最后还说以后周院长有事可以和他直接联系，让我们回去再给政府汇报一下，他也再给省政府那边说一下就先不进了，让我们放手发展。会见完后李书记一直把周院长送到车前，目送车开后才转身回屋。在回院的路上，我们一路无语。回院后我把周院长送到办公室，周院长说他有好咖啡，让我尝尝，周院长怕我喝不惯苦的，放了很多的伴侣和方糖，喝起来很滑很香。后来省政府负责陕西有色集团筹建工作的负责人，有色西安公司党委书记、总经理宋钧炉找周院长交换了意见，同意我院暂不进入。至此大局已定，经我们积极与省委办公厅沟通，2002年省委第21次常委会专门研究了我院的定位及后续管理问题，以纪要的形式明确为了顺应中央对科研事业单位的转制方向，又便于我院的发展，决定给我院加挂"陕西省材料科学工程院"的牌子，明确为省政府直接领导下的正厅级事业单位，并要求我院要按照科研院所改制的方向，努力建成以市场为导向，以基础创新和技术创新为主，集研究、开发和产业化为一体的大型科技集团。随后又与有关领导和部门协商，落实了我院干部由省委组织部管理，资产由省财政厅管理，党的关系从有色西安公司党委管理转为省委科技工委管理，业务由科技厅指导。2000年9月26日，我们完成了西北有色院在省工商管理局的企业登记注册。2001年4月19日，中共陕西省委组织部陕组干任字(2001)117号文任命周廉同志任西北有色金属研究院院长。至此，历时3年多的转制定位彻底收官。

转制定位的成功，是周院长锲而不舍、敢于担当、咬定目标决不放弃的意志品质，高超的领导能力和细致的运作技巧的最好例证，为研究院后来的改革发展搭建了坚实而广阔的舞台。从此，周院长以党委书记、院长的身份，名正言顺地开始履行全院最高决策者的职责，开始了研究院全新发展模式的设计与实践。2000年11月20日，新组建了赛特公司和泰金公司，并动员职工入股，要求干部带头入股，甚至分派任务，中干高工入股不得低于1500元（当时我每月应发工资1200多元）。2000年12月28日引入战略投资者，组建西研公司（西部材料的前身），在西研公司实行了全新的奖励分配机制，极大地调动了公司高管层和职工的积极性；2001年元月19日改建了华泰公司引入职工股；2002年3月15日改建密封公司，更名为西安凯立公司，引入职工股；2003年3月28日引入台湾投资者，组建了西部超导公司，实行了无形资产入股和个人量化分配；2003年6月2日组建宝德公司，引入职工股；2004年6月28日放弃控股权，引入浙创投战略投资者作为第一大股东组建西部钛业公司并实行了无形资产入股和量化分配；2004年9月引入职工股组建九洲生物材料公司等等，全面开启了全新模式的研究大发展时代。

今天，作为研究院改革发展最大受益者之一，享受着西安大城市的生活福利，沐浴着西北院的各种荣耀光环，我们对当年响应祖国号召离开北京、上海等大城市西迁到秦岭脚下的第一代创业者表示崇高的敬意！对扎根山沟、默默奉献的几代西北院人心存感激！周院长和他的同辈们也已相继老去，但他们以院为家，"求实、创新、拼搏、高效"的精神和"兴院富民"的思想继续在当代西北院人身上传承着。今天西北有色金属研究院取得的发展成果是几代人持续奋斗的结果,是历次重大转折正确抉择的结果。习总书记教导我们,每一代人有每一代人的长征路;不论我们走得多远,都不要忘记来时的路。我相信,我们一定能在张平祥院长的带领下,继承好周院长等老一代的优良传统,走好我们这一代的长征路,牢记总书记"幸福都是奋斗出来的"教导,咬定目标不放松,撸起袖子加油干,续写出西北有色院发展的新篇章。

2019 年 12 月 27 日

登高望远展宏图，人才为先谱华章

——周廉院士人才培养事迹纪实

孟德成[①]

"十年树木，百年树人"，人才培养是一项长期的系统工程。人类社会发展到任何一个时代，人才都是最重要的资源，创新离不开人才，创业更离不开人才。如果修长城，人才就是基石；如果建大厦，人才就是栋梁；如果搞企业，人才就是保障。

一、为新材料领域事业的传承和发展培养人才

西北有色金属研究院（以下简称研究院）1965年建院，七八十年代由于所处地理位置偏僻、交通不便、信息闭塞、计划分配等原因，出现了科技队伍人员补充和储备的渠道单一（计划分配）、数量不足等问题，时任常务副院长的周廉院士开辟了与多所高校进行研究生联合培养的先河，充分发挥院校基础教育优势和院所的实验（实践）实施齐全的特点，培养方式为研究生课程在学校完成，实验、毕业论文撰写在研究院进行，选取的研究方向就是研究院承担国家或委托方项目的组成部分。通过研究生培养使得研究院专家学者成为校方研究生（硕博）导师，不断丰富了专家学者的科技创新前沿理论知识，也有力提升了团队解决问题的能力。1985年开始与陕西师范大学合作共同培养研究生。1987年与东北大学签订合作协议，1988年9月组建东北工学院研究生院西北分部（报国家教委研究生司）。1990年9月，西北分部在东北大学单列招生目录。1992年，在东北大学设立了西北有色金属研究院奖学金。1994年4月，西北分部经批准，正式挂牌为东北大学研究生院西北分院。1995年，经批准，在西北分院成立首届研究生学位评定分委员会，周廉院士担任主席，从此开始了由西北分院组织研究生学位申请答辩的工作，与东北大学的联合培养研究生工作进入了一个更加完善和快速发展的阶段。截至2019年底，累计有200名研究生从西北分院毕业，其中博士32人，硕士168人。

此外，1996年，研究院开展了与西安交通大学联合培养博士生（博士班）。2000年与西安建筑科技大学联合申报材料科学博士点获得成功。2000年与西北工业大学、西安建筑科技大学共同培养博士、硕士研究生。

多年来，我们充分利用院校的互补优势，走出了一条联合办学、共同培养研究生的成功之路。不但适应了高等学校教育改革的需要，也为研究院培养高层次

[①] 西北有色金属研究院　党委委员、组织人事处处长

人才创出了新路。我们的体会是：充分发挥了教学师资力量与科研设备和项目的优势互补，不仅出高水平成果，而且同时实现了高层次人才的培养。

二、为院所转制和建立科技集团提供合适的人才保障

一个国家的竞争，说到底就是人才的竞争。20世纪90年代初，为了进一步稳定科技队伍，周廉院士决定提升优秀青年职工学历水平，具体做法就是把我院新接收的本科毕业生分别送到东北大学、西北工业大学、西安交通大学进行硕士研究生课程学习并随后参加国家研究生统一考试，通过"先上车，后买票"的灵活培养方式，使一大批青年骨干的学历得到提升并在科技创新方面做出骄人的成绩。90年代末，研究院与西安交通大学、西北工业大学、东北大学合作开展了以博士班、MBA班、工程硕士班等为特点的在职博士研究生培养，解决了高端人才招聘难的现实问题，培养了一大批博士毕业生，这部分人大多数已成长为研究院各相关领域的领军人物和学术带头人，为科技创新、产业发展发挥着中流砥柱的作用。

（一）为了适应院所转制后事业发展的需要，周廉院士认为我们还缺少懂市场善经营的管理人才，决定与西安交通大学联合举办工商管理硕士（MBA）培训班（43名来自机关管理部门青年骨干参加）。1998年7月至2000年7月，在两年时间里把授课老师请到院内，利用周末公休日时间完成了12门管理课程学习，按照培养计划完成作业、课程设计、实践讨论并参加各学科的考试，取得了合格（结业）证书。这一批MBA班学员现大部分都走上了领导岗位，有的成长为机关处室的负责人，有的跻身产业公司的经营层班子，有2名成功晋升为院（集团）领导班子成员，这部分人立足于本职岗位，为院所改制、科技创新、产业发展、实业报国等院（集团）近20年的跨越式发展做出了重大贡献。

（二）在周廉院士具有前瞻性人才理念指引下，2002年研究院与西北工业大学联合开展工程硕士（班）的培养，经西北工业大学（下简称西工大）单独命题，研究院有25名技术骨干人员通过了入学考试，在两年半的时间内，经过基础理论课程学习、工程实验、论文撰写等阶段的学习，全部人员都顺利通过论文答辩并取得了学位，进一步弥补了院（集团）工程技术人员的不足。随着研究院与西工大加强科研合作，研究院一批专家加入校方研究生导师队伍，研究院与西工大进行研究生联合培养工作达到新的高潮，硕士、博士招生的力度逐年加强，覆盖了研究院钛合金、难熔金属、超导材料主要专业领域。2017年研究院与西工大签订了"双导师制"研究生联合培养框架协议，进一步加强科研合作和人才培养。

（三）经过周廉院士的设计和策划，研究院于2000年经原国家人事部批准，设立博士后科研工作站。工作站主要与东北大学、西北工业大学、西安交通大学等流动站联合招收博士后研究人员进行科学研究，博士后培养模式已经成为研究院高端人才培养的又一个重要高地。设立科研工作站以来，陆续进站进行博士后

培养的博士共计13名，通过博士后的培养，锻炼了博士研究人员科技创新能力和解决问题能力，加快了职业发展的准确定位和人生价值观的形成，树立了高端人才服务于国防、服务于国民经济建设远大理想。实践证明，研究院培养的博士后研究人员在各自领域都成绩斐然。

三、广泛的国际科技合作是培养高级人才更有利的形式

西北有色金属研究院在国际上有着广泛的影响力和很高的知名度，是国际钛协会、国际低温材料委员会、国际普兰西难熔金属协会等10多个国外重要学术组织的理事或委员单位，在周廉院士的积极倡导下，已经与包括美、日、俄、法、德、奥等近20个国家建立了长期的合作关系，有多项政府间科技合作项目。

从20世纪70年代起，我们就开始通过多渠道、多方位，积极加快国际间人才交流和培养工作。与法国国家科学研究中心、法国南巴黎大学材料科学研究所、奥地利大学原子能研究所、日本京都大学、日本东北大学金属材料研究所、东京国际超导技术中心、德国汉堡技术大学、德国高技术物理研究所等10多个研究中心、大学建立了长期稳定的科技合作关系，每年通过学术交流、项目合作、工作进修等方式，输送优秀的研究生到国外进行合作研究。并同时向法国、德国、日本、奥地利、俄罗斯派出学生，联合培养研究生，有多人取得中法、中德"双博士"学位。40多年来，通过送出去的培养方式，有力地拓宽科技人员的国际视野，也丰富了专业知识，更提高了分析问题和解决问题的能力，为高端人才国际化培养开辟了新的通道。研究院公派送出的客座学者（含研究生培养）都能按期回院继续工作，保持科研团队的稳定。同时，为了加大科技合作和活跃学术氛围，每年有计划地邀请国外同行、专家来院进行讲课、交流和访问，共同探讨国际新材料研发的最新动态、发展趋势等，为锻炼和提高青年科技人员的学术水平提供舞台，使高水平的科技人才脱颖而出。

四、"科技兴院、人才兴院、兴院富民、和谐发展"——深邃的战略眼光，助推西北有色金属研究院走向更加辉煌的明天

长期以来，周廉院士都特别注重青年科技人才的培养，迄今为止我们已与东北大学、西北工业大学、中南大学、西安交通大学、西安建筑科技大学、陕西科技大学、太原理工大学、西安理工大学、西北大学、法国约瑟夫·傅立叶大学、德国汉堡技术大学10多个国内外高校建立了长期人才培养合作关系，累计培养毕业的研究生多达500余名。这些研究生一部分是研究院在职职工，通过联合培养提升了学历，提高了科研水平；一部分是统招学生，他们毕业后有的留在了研究院，有的走向了社会，在各个行业为国家新材料领域的发展而做着不懈努力。

2005年，周廉院士离开西北有色金属研究院领导岗位，可他并没有去享受

天伦之乐，而是全身心投入到国家新材料战略规划、咨询论证、产学研联盟等新的事业之中，同时还不遗余力地践行着教书育人、为人师表、授业解惑的"初心"。为了培养更多高层次创新人才，陆续组织举办了钛合金领域高层次专业培训班并邀请国内外专家做新材料前沿发展的学术讲座；为了给国家提供决策依据，他带领数十名院士和专家学者，深入科研院所、高校和企业搞调研；为让世界了解、展示中国新材料的发展，他积极筹办学术交流会和论坛，并多次应邀在国际学术会议、国内外知名高等院校和科研机构作特邀报告。

为使青年科技人员能及时掌握世界材料科学最新前沿发展动态，他不断探索与国内外联合培养人才的新路子。同时，还积极运作把陕西地区从事材料科技工作的专家、学者、企业家联合起来，成立了陕西省材料研究学会、产学研联盟等社会团体，形成了材料研发和应用明显的区位优势。

2019年6月，周廉院士正式办理了退休手续，经院（集团）党委会研究讨论，为了继续发挥院士在科技创新、人才培养、咨询引领方面的作用，决定聘任周廉院士为院学术委员会主任、科技专家。继续在研究院科研领域规划、设计、创新及人才培养方面发挥资深院士的引领作用。周廉院士还在坚持带学生，目前在读的博士研究生4人，硕士研究生4人。周廉院士时刻关注全院在读研究生的学习和课题进展，他推崇和倡议将博士研究生都送到国外联合培养，进一步开阔青年人的眼界。他在身体条件允许的情况下，还定期给在读研究生开会，了解课题进展，为学生们解决各种问题和困难。

周廉院士高瞻远瞩的人才观是西北有色金属研究院攀登科技高峰一盏明亮的灯塔，我们必将矢志不渝地秉持"科技兴院、人才兴院、兴院富民、和谐发展"的理念，不断攻坚克难、勇往直前！

2020年元月

转折风帆扬，奋力神舟行
——周廉院士在我心中最敬仰的一面

郑树军[①]

古之成大事者，不惟有超世之才，亦有坚忍不拔之志。在我心目中，周廉院士不仅是一个有广博学识、丰硕成果的大科学家，更是一个胸怀壮志、境界高远、作风顽强、成就大事的好领导。1994年，我被刚当选为中国工程院首批院士的周廉院士选为专职秘书，自此紧密跟随了他十年。当时，对我而言，作为一个刚参加工作一年多时间、普通高校文科专业本科毕业的新员工，为什么能在西北有色金属研究院（以下简称研究院）那么多高层次学历、材料专业、富有工作经验的科技人员中被选为他的秘书，至今对我来说都是一个未解之谜。但是毋庸置疑，这对很多人，包括我自己都是一件非常光荣和自豪的事情，我也倍感压力和责任，惟有尽心尽力做好自己的助手工作。在此后的工作、生活交往各个方面，我深刻感受到周院士在单位的发展中特别是在一些关键时刻、重大事件中，充分展现了他远见卓识、英明决断、身体力行、顽强拼搏、逆境奋进、成就大事的风采。

重大的战略转折，开创了二次创业的新局面

如果说从瑞金到延安的长征对中国革命是一次重大的战略转折，那么从宝鸡三线山沟搬迁到西安对于研究院的发展又何尝不是一件具有里程碑意义的事件。研究院从1965年创建之初，就身处宝鸡秦岭山区，周院士等老一辈优秀青年响应国家号召，从全国各大城市奔赴祖国最需要、最偏远的三线地区，"靠山、钻洞、隐蔽、分散"，边建设、边生产、边生活，凭着艰苦奋斗、奉献国家的"三线精神"完成了研究院的第一次创业。改革开放后，进入八九十年代，随着国民经济的发展、国内外科技经贸的开展、人民群众思想观念的转变，山沟已不再是大家向往的地方，交通不便、信息闭塞，经济待遇与城市、东部和南方发达地区存在巨大差距等。过去是"好人好马上三线"，如今科技人才外流，就连名牌大学的本科生都不愿意来就业，更别谈研究生、专家等高端人才了；别说举办什么国内外学术会议了，就是请高校老师来山沟办个外语培训班都困难；对外合作不畅，设备仪器的利用率低于30%，造成严重浪费等。作为科研单位，如果受限于人才、装备、信息化等各方面软硬件条件，那还何谈高水平发展。为此，周院士等老一辈厂院领导从长远发展的战略高度，提出了厂院部分搬迁的设想。1984年2月，周院士出任厂院党委常委、研究院第一副院长，更是大力推动这项规划。后来在陕西省时任主管副省长张斌的协

[①] 西北有色金属研究院　党委委员、院办公室主任

调下，决定将研究院主体搬迁至西安。期间周院士在选址、设计、规划等方面做了大量工作，同时，和洛阳有色金属设计院一起开展了建筑、设备等方面的设计工作。周院士将更多精力投入到和省市政府部门、西安有色局、上级主管部门中国有色金属工业总公司以及国家科委的沟通协调上，积极争取他们在政策、资金等方面的大力支持。1988年经国家科委批准，促成了宝鸡稀有金属加工研究所和西安有色金属研究所合并，正式更名为西北有色金属研究院。同年，陕西省政府批准了研究院调入西安的人数方案。1990年，中国有色金属工业总公司批准了研究院向西安的扩迁建设方案。同年，正式选定了西安扩建的地址，从而掀开了这项战略转折的序幕。周院士当时分管科研和财务工作，这也是搬迁涉及的两方面硬仗。他一方面抓好科研工作，保证正常科研任务和搬迁工作两不误，还要做好科研所哪些设备、哪些人员先行搬迁的统筹协调工作；另一方面，由于当时国家批准的搬迁方案以自筹为主，研究院不仅要用尽为数不多的家底，还要向银行大量贷款。当时，研究院的融资实力很弱，周院士既要负责千方百计寻求资金，保证职工正常工资待遇和迁建费用，又要想方设法争取国家三线搬迁免税等方面的政策支持。就是这两方面，当时在职工队伍中也引起了一些人的不满、质疑和反对，一种声音是"大家都想去大城市，一些人凭什么先去"，另一种声音是"搬迁花费了这么多，搬家之时可能就是研究院垮台之时"。我记得很清楚，1994年冬季，当搬家正式开始时，一些职工爆发了群体事件，不仅阻拦住第一辆要出发的车，而且情绪十分激动，要和院领导见面对话。当时，院领导班子没有集体来处理，周院士表现出了敢于担当的高度责任感，他挺身而出，在机关三楼大会议室和数10名职工据理力争，整整一天被一些闹事之人围困，不让离开、不让吃饭、不让休息。他明确说："三线搬迁是国家确定的政策，是研究院集体的决策，是符合研究院整体发展和大多数职工长远利益的大事，不可能满足每一个人的利益，有什么错误我负责。"在他的坚持下，搬家的车出发了，但他自己也因长期过度工作、思想压力，加之他自身患有严重的肝病，终于倒下，住进了医院。我还记得来医院看望他的不少人都说过："老周，你是何苦呢，研究院搬迁又不是你一个人的事。"但周院士就是这样一个认准了事就要做成的人，包括后来在土地长远发展空间预留、电力建设提前增容等方面，他都提出了自己独到的意见和坚持的做法。1995年，周廉院士开始主持研究院工作。在全国掀起科教兴国战略热潮和研究院主体开始搬迁到西安的新局面下，研究院在全国有色行业院所中率先召开了科技大会，周院士提出了"以创新为先导、以效益为中心、以科研为基础、以人才为关键"的发展思路，提出并启动了发展科技、培育产业、培养人才和振兴经济的"四个一工程"。事实证明，研究院自筹资金7800多万元，实现了从宝鸡三线到西安的扩迁建设，固定资产从建院初期的4000多万元，增至1.3亿元，相当为国家新建了两个同样规模的研究院。同时，研究院得到了长足的发展，从搬迁前的综合收入连续几年徘徊在四五千万元，到搬迁过程中的七八千万，再到搬迁西安后过亿元。此外，搬迁到西安后，硕士、博士迅速过百，连续举办多次大型国际学术会议。特别是，广大职工的自信心、凝聚力和积极性得到了极大增强。可以说，做出向西安搬迁方案的决策是正确的，符合研究院的发展实际，也符合国家三线建设调整的指导方针，兼顾了研究院眼前利益与长远利益、科技人员利益与国家利益，是创新精神与求实精神的统一，为研究院后来的人才培养、创新发展、国内外科技学术影响力打开了崭新的局面，奠定了二次创业的坚实后劲基础。

重大的国家平台，打开了西北院科技成果转化的通道

20世纪90年代，随着国家从计划经济向市场经济发展和国家深化科技经济体制改革，研究院逐步从单一的研究单位向科研加小生产模式转变，在促进科技和经济结合的过程中，研究院越来越凸显的短板就是缺乏实验室成果向规模化生产转化的中试型装备。当时周院士身边工作的一些老同志，对他一个共同认识就是他和其他院领导的工作方式不同，不是把精力更多地放在内部管理上，而是经常找国家部委和上级部门沟通交流，从中获取信息、把握机遇。用周院士自己在那个年代常讲的话来说："我们院地处偏远不发达地区，单位综合实力也不强，我们和北京的一些大院大所相比，在信息和项目的获取上不占有天时地利人和，想被上级部门主动关注和支持是很困难的，一切发展只能靠我们自己努力争取。"当然，他就是这样做的。1993年初他在国家计委得到了一个信息，国家正在规划利用世界银行对中国科技发展的支持贷款，在全国一些重点行业少量布局"国家工程研究中心"，当时这一工作刚刚起步，并没有具体的实施方案和成熟的样本。他敏锐地洞察到这将是一个十分重要的发展机遇，立刻回到研究院，元宵节刚过就召开会议，进行申办动员。当时，研究院里对这一新鲜事物也有不同意见，有些领导认为："研究院一直是靠国家事业费和科研经费拨款发展的，而且还小有家底，怎么能靠借钱、争取这么大数额的贷款来发展科技呢，这在研究院发展史上是很难从观念上接受的。"但是周院士表现出了非同一般的大局观和超前意识，他那时口头最爱用一个英文单词，就是"gap"（缝隙）。他认为从外部环境看，以美国为首的西方发达国家为了争取中国进入世贸组织，主动给中国这样一种支持，更多是一种短期利益行为，对中国科技发展是一个稍纵即逝且千载难逢的"gap"机会。从内部条件看，研究院最紧缺的就是成果转化平台和关键装备，如果能争取到，不仅在硬件上了个大台阶，更在国家行业占据有利地位。正是他统一了大家的思想认识，才集中了最优势的申报班子力量，他亲自担任项目申报负责人。起初的申报并不顺利，前面几稿均未通过，一度大家都丧失了信心，但编写组的同志们回忆说："老周是最上心、理解力最强、把握水平最高远的人。"他逐渐探索到了"国家工程中心"的精髓，就是这不是一个以往传统思维上的纯科研或纯生产型单位，而是一个采取全新的独立法人运行机制，将实验室科技成果进

行工程化验证,为产业化提供可供转化的生产技术、标准、装备和人才,不是为依托单位而是为国家全行业共享服务的成果转化中试平台。为此,他对项目建议书提出了"4个W"的写作要求,即为什么建、怎么建、做什么、有什么特点和重要性。整个写作过程前后共经历了26个月,完成了8稿中文和2稿英文,在此期间,他都是一丝不苟、要求苛刻,既发挥集体智慧、分工协作,又亲力亲为、逐项把关。有一次去中国有色金属工业总公司送审稿的同志坐火车刚到北京(凌晨),周院士对稿子不满意,又有了新思路,就当即叫回返程修改。还有一次通宵在院机关楼加班,周院士那晚有了灵感思路,亲自撰写,他平时本就字体难认,又思如泉涌、落笔如飞,很多文字就是一个点、一个符号、一个连线。我当秘书对他的字相对熟悉,加之年轻记忆力好,他就把我单独叫到身边,把刚写完的章节内容快速口述一遍,由我再快速转述给旁边办公室等待的其他编写组成员。最艰苦最难忘的一次是1994年1月19日,在要向国家计委向大专家组进行最后正式答辩的前夜,周院士带领编写组成员和打印人员,从宝鸡赶到北京西章胡同向有色技术经济研究院临时借的办公室里,继续修改最后一稿并讨论制作汇报材料的幻灯片薄膜。一方面还在最后完善申报材料,另一方面为了严格控制正式答辩时间,每张片子、每段解说词,都按秒来写和计算,周院士反复练习。正值严冬没有暖气,又冷又饿,大家通宵达旦,他也彻夜未眠。直到第二天项目得到了国家计委专家们的一致高度赞扬,大家喜悦之余连吃顿好饭的心劲都没有了。后来,在周院士的主导下,国家工程中心选取了3台最制约我国高端稀有难熔金属材料加工"卡脖子"环节的关键熔炼与烧结设备,结果美国军方和商务部严格限制美国中标的康萨克公司出口设备,周院士又积极争取到国家计委的支持,追加了贷款额转购到了原本最看好但价格最贵的德国ALD公司的设备。正是这3台国际上最先进的主体设备的引进,加之周院士为工程中心配备的精兵强将,使我们不仅快速掌握了设备使用方法,造出了合格的产品,更重要的是我们摸透了这些设备的全部性能和功能,改进制造出了规格更大、性能更优异的装备,开发出了更多高精尖产品,为提升中国整个行业的装备制造能力和产业技术水平发挥了巨大作用,为国防建设和国家重大工程急需做出了重大贡献。仅研究院一家单位,通过国家工程中心的建成,就在2000年左右短时间内实现了一大批有独立知识产权的科技成果转化,诸如国家重点工业性试验项目——金属纤维及制品、国家重点技术创新项目——金属复合材料、国家产业化示范项目——高温铝铁硼磁体、国家高技术产业化推进项目——稀有金属装备制造等,显著提升了研究院在行业中的国家队地位。

古之成大事者,长于胸怀大志,敢于承担责任,善于把握机遇,成于专注全力。研究院正是在周廉院士的领导下,如同一支航母舰队勇立潮头、乘风远航、破浪前进,成为全国科研院所改革发展的典范。其实,在我与周院士交往的岁月中,这样的大事不胜枚举,包括申报"高J_cYBCO超导材料制备技术"

成果并荣获1999年国家技术发明一等奖，为中国材料界竞争并当选国际材联主席，为中国超导材料实用化争得国际ITER项目等，无时无处不显现出他的智慧、拼劲和力量。我从他身上学到了很多宝贵的知识和经验，这都是我人生成长的财富。在一次他的生日家宴上，他说到和我不仅是上下级，更是同事、朋友，让我非常感动并一生铭记、无以为报。值此周院士八十华诞之际，奉上一幅小对联：

活得精彩
历练人生，八十载海阔天空，年年今日风光无限好；
康乐颐年，十四岁老树新枝，岁岁今朝松龄鹤寿长。

衷心祝福他莫道桑榆晚，红霞尚满天！

2020年元月

开辟新天地，开启新时代
——给年轻的朋友说一说周廉院士的大手笔和小故事

顾 亮[①]

最近两年，我先后多次受邀到航天科技、中广核、中国电子等央企的二级单位，去做西北有色金属研究院（以下简称研究院）改制发展暨股权改革的专题报告，切身感受到研究院在外界的影响力和美誉度。每次交流前后，兄弟单位的领导和同志们都感慨，西北有色院之所以有今天的发展局面，都得益于你们当时有周廉院长的领导和开创，都迫切打听当年周院长的故事。

我到西部材料公司工作这几年来，接触了很多年轻同事，他们也听说并会时常问起周院长的传奇故事，纷纷表示我当年追随周院长的日子真是令人神往，听完我眉飞色舞的讲述，心中升起无限的敬佩和敬仰之情。

弹指一挥间，20年过去，回首往事，思绪万千。

周院长当年作为研究院的掌舵人，带领我们历经大风大浪，拨云见日、行稳致远、兴业致富。我在周院长身边工作了7年多，那些年追随他拼搏奋战的峥嵘岁月历历在目。在这里，就让我来说说周院长的大手笔和小故事。

远见卓识　指挥若定

1999年，中共中央、国务院召开了全国技术创新大会，发布了《关于加强技术创新，发展高科技、实现产业化的决定》，着力推动应用型科研机构向企业化转制。早在1998年，国务院进行政府机构改革后，研究院就面临着何去何从的管理体制抉择变化。那时，正是研究院刚刚完成主体从宝鸡三线搬迁至西安，立足未稳、财务负担颇重、事业发展寻求突破的关键时期。身处这巨大的历史变革浪潮中，研究院如何实现转制、如何找准自己未来发展的定位，是周院长深入思考并花了大量精力首抓的头等大事。

理顺管理体制是事关研究院长远发展的重中之重。周院长敏锐地观察到了这前所未有的历史变革机遇，他用坚定的口气说："不要失去机遇，机遇一过就没有了""利用机遇，发展自己""抢抓机遇"。周院长审时度势，凭着他丰富的阅历和长期的思考，以他对中央改革精神极其深刻的理解、对研究院自身优势和特点的洞察，站在把握国内外科技发展趋势和脉络的高度，果断决策，指出要把研究院的规划和工作出发点融入时代的主旋律当中，提出走自我发展，建设集科研、工程化和高新技术产业为一体的大型科技集团的战略宏图和"科技兴院、人才兴院、兴院富民"的战略方针。

[①] 西部金属材料股份有限公司　副总经理、董事会秘书

在院内，他主持各层次的会议，抓干部思想统一和认清形势；专门组建班子，撰写了几十份呈送相关领导的研究院发展定位的报告。对外，他带队或安排人，调动各方力量，到国家有关部委、到省委省政府，想方设法去力争院的独立发展的定位。同时，他利用自身的学术影响力，利用为国家层面服务的战略发展咨询项目，利用研究院主办、承办的大型国际/国内学术会议，利用报刊、电视等媒体，全方位、多角度、立体化宣传研究院，扩大研究院的影响力和知名度，营造积极有利的氛围。

正是这些清晰的思路、准确的定位和发展壮大研究院的决心，大大影响了政府有关领导和决策层，加之积极有效的举措，经过三年多的艰苦不懈努力，最终为研究院争取到了最适合自身发展的管理体制和定位，为研究院后来发展壮大创造了有利的机遇，提供了整体发展的坚实平台，堪称研究院扬帆远航的基石。后来，到研究院访问学习交流的众多科研机构单位人员，都纷纷对此表示由衷的赞叹和佩服。

周院长一手在谋划研究院发展定位、勾画研究院发展蓝图的同时，他一手又紧锣密鼓推动研究院内部改革改制大业。他说："外面再怎么争取，关键在于内部基础要做好。"其时，研究院作为以承担国家任务为主的科研事业单位已经发展了30多年，积累了一大批科研成果，初步摸索着班组式、新品开发型的小生产，经济发展缓慢。面对转型的严峻挑战，职工普遍认识不足，对照市场经济和创新发展的要求，最大的差距是：观念陈旧、机制老化、资金匮乏。

周院长就动手一个一个解决。首先，来看一看他是如何解决统一思想、转变观念问题的。他带领大家分析形势，研判现状，提出对策，从国家的改革政策讲起，讲国内总体经济形势，讲南北方区域动态，讲经济发达地区成功经验，讲国企民企的差异。他掷地有声地说："院改革势在必行，只有改革才有希望""我们要自己改造自己"。他利用职代会、全院工作会、机关工作会、基层座谈会、中层干部会、院内通讯简报等各种形式，谈形势，讲政策，说思路，大力宣扬"市场观念""科学管理""现代企业制度""现代用工与分配制度""产权多元化""成果转化，发展经济"等新理念、新观念，安排部署全方位、各系统的宣传动员工作。

没有思想上的破冰之旅，就没有发展上的突围跃升。

差不多用了3年多的时间持续推动，才算真正解决了院内统一思想、转变观念问题，绝大多数干部职工能够充分领会、认同、跟上了改革思路和步伐。

再说一说周院长推开院内机构机制改革的紧张而有序的小故事。

为了适应形势发展的需要，他选拔了20多名年富力强的经营人才，组建了研究院的大营销处，指导他们一下子打开了研究院面对市场的空间，使研究院从此踏上了用自身科技优势服务国家经济建设的主战场。

说到人事用工制度改革，周院长的决心和力度非常大。率先启动院机关改革，他提出，机关减员分流20%！全部下岗、重新聘任！他明确主张，"向管理要效益"，"决策无情，安排有情"，力求机关处室人人工作量饱满、高效管理。改革后，院机关主要处室常常夜晚灯火通明、满负荷运转！

其次是分配制度改革，这是调动干部职工积极性和创造性、激发活力的"推进器"，根本上是打破原来的大锅饭，实现多劳多得。周院长为此精心策划，稳步推行，讲策略，放大招。他开诚布公地讲："实行岗位津贴，拉开收入差距""打破按职称、工龄年限分配的做法，按岗位责任大小、按贡献取酬""3年3大步，使全院各类人员收入水平向国内先进单位同类人员水平看齐"。这项改革是一项政策性强、涉及职工切身利益的大事。他精心安排人员透彻研究国家相关改革配套政策，组织收集、对比分析国内重点科研机构的各类人员收入水平，形成了周密的改革思路报告，进而获得了院职代会的一致通过和主管部门的高度认可。在实施中，他采取了小步稳走、一点一点突破的策略。实践证明，这是十分高明的办法！既达到了改革的目的，又保证了干部职工队伍的稳定。另一方面，他又适时放出"重奖"的大招，对当年完成任务优异的单位一把手，给予奖一辆小汽车或一套住房的政策（实际上是奖给首付款），一时间在全院引起了巨大的轰动！各个单位摩拳擦掌，比赶超越，干事热情高涨。

考核制度改革一直是周院长关切的重点，他比喻它为"上发条""拧螺丝"，不断提出更高的标准和更细、更严的要求。研究院对科研、生产、管理、后勤系统等人员的分类考核，对各系统高、中、基层人员的分岗考核，个人总结上传院内局域网公示等极具特色的做法，大大领先于国内众多单位，时至今日仍不断有兄弟单位人员来访学习取经。

这一系列重大改革措施，催生了研究院干部和职工创新奋进、乘势争先的热情，形成了人心思进、人心思干、人心思快的新局面。在当时纷繁复杂的局面下，周院长以他极大的果敢和魄力以及高超的领导艺术，特别是关键管用的几招，扎实推进完成了研究院历史性的变革，至今想起来仍让人回味无穷。

妙笔生花　点石成金

发展高科技，实现产业化，是研究院转制改革的初心和使命，是研究院实现跨越发展的中心工作，是研究院迈入21世纪以来声名远扬的鲜明标志，是研究院人无比自豪的根本所在！周院长是研究院实现成果转化、发展高新技术产业集群、谱写改制新篇章的总设计师和缔造者。

先说一说成立三大公司的那些事。

一开始，周院长就明确提出了研究院改制的总指导思想——实施全院范围内的资产重组、结构调整以及产权多元化改造，形成有研究院特色的支柱性产业，并尽快支持主导产业实现股份上市。2000年，他审时度势，根据国家政策导向和行业发展形势，抓住有利时机，领导成立了西部金属材料股份有限公司。这是研究院的第一个规模主体产业，它的建成带动了全院产业的快速发展。2007年，西部材料实现了在深交所中小板上市。

2002年，他亲力亲为，用了整整一年时间，与台方投资人进行了十几次谈判沟通。2003年初，注册成立了西部超导科技有限公司，这是我国第一个大规模、具有完全自主知识产权和国际水平的超导材料高新技术产业基地，是我国超导材料产业化的重要里程碑。

2019年，西部超导完成了在上交所科创板首批上市。2003年，他运筹帷幄，指导、策划、部署了钛业公司的筹备。2004年6月，西部钛业有限公司正式成立，目前已建成为国内位列前三的大型钛及钛合金材料产业化基地。2009年，西部钛业并入上市公司西部材料。

再说说成立几个小公司的两三事。

从2000年开始，周院长统揽全局，提出选择一批技术较成熟、发展前景好、投资不太大、风险相对小的项目进行产业化探索。同时，充分利用国家和省市的有关鼓励政策，引入职工持股，组建若干个小公司。就说职工持股的事。一开始，大家都对小公司到底咋样没底，职工股几轮路演都募集不够，周院长一拍板，干部兜底认购。当时很多人私底下说，周院长太狠了。后来，很快大家都纷纷感谢周院长，因为投资回报相当好啊。第一批搞的三个小公司，头两年就集体爆发，有个公司当年分红每股一块，还送红股，"差的"也每股分红三毛。先行的公司起了个好头，带来了良好的示范效应。后面几年，再成立新公司或"老"公司增资控股时，情况发生了戏剧性的变化，人人争先恐后抢购股份！院里没办法，像什么摇号中签、按比例缩买等作法全用过。其实，当初周院长也是顶着很大的压力决策部署的，他要求小公司领导和骨干必须带头认购，大多数人手里没有足够的钱，于是东借西借，甚至抵押了房子贷款。正是这股破釜沉舟的劲头，催生了这些小公司在起步时迅速站稳脚跟，并进而获得了持续快速发展。

真正是观念一变天地宽，股改一招乾坤转！后来，有不少外面的朋友跟我说，你们周院长真神了，成立这些公司，看得那么准，拔的苗苗一拔一个准！

精益求精　以人为本

平时，周院长的工作风格是精益求精、严谨高效。他要求每个人都做到最好，因为他自己也做到了极致。

2002年以后，他身兼中国工程院学部主任、中国材料学会理事长、国际材料联合会主席等很多职务，还兼任多所大学的教授和博士生导师，以及众多学术机构或组织的职务，内外工作十分庞杂。在外面出差时，日程排得满满的；在院里时，白天开会、找人谈话、批改文件、处理重大事务，一刻不停，晚上又几乎都工作到半夜一两点。我们常常感慨敬佩，真是超人哪！他的这种拼搏高效、精益求精的工作作风影响带动了一大批人追随创业干事。

他对身边的人也一直要求严格。"工作量饱满""满负荷运转"，是他常讲的，"脑子里要同时想十件事"，也是他不时要求的。再举个例子，他对院派出到国外参加学术会的同志，提出过极高的要求。他说，参加会议要"全方位策划、全员参与、全流程考量、全信息收集"，回来后要整理出厚厚的一本出差报告，供院相关人员参阅，力求达到参加会议的效果和收获最大化。

周院长在研究院干部会上，多次讲到他的工作理念，他说这是研究院的宝贵财富：第一，始终坚持整体发展战略。集中是体现优势所在，不能是分散的、对立的，反复强调集团管理模式；第二，始终坚持以人为本方针。要为群体服务，营造团结、宽松、和谐的气氛，创造事业上成功的环境和条件、成长奋斗的条件；第三、始终坚持高目标、严要求。走拼搏之路、走求实创新之路。

最后再说几个周院长讲的以人为本的事，来结束本文的讲述。"人是第一重要的，第一宝贵的"，这是周院长每每提及的。"兴院富民"的战略方针是周院长提出的最响亮的口号！他带领大家发展事业创造效益，年年涨工资，入股分红；生活区设施改造、网络电视入户、环境美化、职工医院连年投入增加医疗手段，科研区办公条件改善，甚至包括卫生间改造升级，周院长都非常关注并专门安排，他把这些与职工密切相关的事情，每年都一一列入研究院的总体工作计划中去，并部署落实检查到位。

说一个特神的事。2003年，周院长专门安排我们院办和工会，联合组织联系外面新建的小区，帮助职工集体购房。因为买的人不少，开发商给了很多折扣，职工很满意。仅仅过了两年，西安房价上涨，这两个小区的房价差不多翻了一番！买房的职工那个高兴啊，没买房的职工后悔得不得了，大家都讲周院长真神，为职工办了一件大好事！

时间过得真快，忆往昔峥嵘岁月稠！周廉院长以他超凡的远见卓识和豪迈气魄，大手笔领导、构建和开创了西北有色金属研究院跨越式发展的宏大事业，带领研究院人开启新天地、迈入新时代！那些年追随周院长拼搏奋战的岁月时光和事情至今记忆犹新、历历可数，这是一段美好、充实、快乐、满满收获的旅程，是我人生的巨大宝贵财富。我真幸运，能够结识、追随周院长这样的好领导、好导师、好榜样！心中充满了深深的感恩和感激！

衷心祝愿敬爱的周廉院士健康长寿：福如东海长流水，寿比南山不老松！

2020年元月

坚持才能胜利
——记周廉院士的点滴

贾豫冬[1]

2004年5月23日,西北有色金属研究院(以下简称研究院)召开中层干部会议前一天下午,杨冠军副书记(时任研究院党委副书记)把我叫到办公室,说组织安排我转到院办任主任助理,主要是做周廉院长的秘书工作。这便结下了我在周院士身边15年工作的缘分。

第二天开完干部会,我挤进一群围着周院长汇报的干部里,端着他标志性的大瓷水杯,跟着周院长回办公室,从没做过秘书的我,一时不知所措,也不知如何开口。就想看看周院长有没有什么任务给我,临到办公室门口,周院长说了一句:"郑树军会和你交接,好好和他学,我马上出国,等回来再说。"紧接着又一群等着汇报的人围了上去,这便是我第一次正式和周廉院士见面。2005年5月31日,周院士在卸任院长后,回到办公室,还没坐下,便说:"我不当院长了,你想去哪里?"我说:"您给院里做了那么大贡献,当然还做您的秘书!"没承想,这一下成了15年的老秘书。

跟着周院士,除了管理工作,接触最多的就是学术交流和学术出版,硬是把自己从一个学法律的变成了材料领域的行家里手(自夸)。

刚到院办,第一个重要活动就是研究院建院40周年庆祝会,这是我第一次接触重大活动的全过程。周院士是总指挥、总策划,学术会议、庆典会议、院内活动、晚会、宴请、参观、重要院士嘉宾邀请……千头万绪的工作在他安排下井井有条,会议在极其短的时间内发动了近百人筹备,学术会议和庆典大会开得极其成功,在曲江千人会堂,全院职工和特邀嘉宾、领导见证了研究院40年的光辉历程。

2004年到2008年,我跟着周院士,参加了世界钛会、国际稀土会、国际镁会、国际材料周、材料大会、工程院材料学部博鳌学术年会等一系列大型重要会议,慢慢见识了国际化的、大型的重要学术会议流程和承办过程,更加深刻地理解了周院士办会的理念。

2009年5月13日,我协助周廉院士承办中国生物论坛,会议在中国工程院举办,本来预计180人的会议室装了足足300人,会议开了两天,直到第二天傍晚,会议室后面还站着三排人。工程院的同志都开玩笑说好久没见院里这么热闹了。这是我全流程第一次和周院士策划会议,规模虽然不大,但报告人都是生物材料领域的精英、大咖,四十多个报告题目乃至报告内容,都是他和张兴栋院士、顾

---

[1] 西北有色金属研究院总工程师办公室 主任;《中国材料进展》杂志社 副社长

忠伟老师一个个敲定，除了传统意义上生物材料报告，他特别邀请了西安交大卢秉恒院士和西北工业大学黄卫东教授做了生物材料激光成形（即后来热门的3D打印）方面的报告，邀请了301医院的卢世璧院士、中国整形医院的归来教授等医生做了应用报告，还邀请了一些知名的医疗器械厂商做了需求和市场报告，会议的反响非常好，我们第一次全面收集了专家报告的PPT，并印刷成册。从此，印刷会议文集的传统便坚持了下来。

2008年，为了解决中国材料研究学会没有中文会刊，周院士把《稀有金属快报》更名成《中国材料进展》并于2009年正式出版，一本中文的期刊，从一个快报到代表整个中国材料界的进展，困难之巨大可想而知，创刊号的文章是周院士一篇一篇亲自打电话约来的，《中国材料进展》的组约稿就奠定为约稿为主的模式。2010年，期刊被CSCD收录，我去中科院文献情报中心，求见负责期刊的刘晓敏老师，她很欣赏我们的办刊模式，但又不无忧虑地说，你们这个约稿能坚持多久？这一坚持，又10年了。

2010年9月，杂志从研究院独立，为了解决杂志的办刊经费问题，周院士又把原来材料研究学会放弃掉的国际新材料发展高层论坛捡了起来。第一届是2011年9月在淄博，淄博地方政府承诺给会议全部的支持，承办单位是北京科技大学新金属材料国家重点实验室。周院士带着我亲自去清华大学请范守善院士，范院士热情地接待了我们，并带我们参观了他的实验室，给周院士留下了非常深刻的印象。范守善院士在淄博会议上的"碳纳米材料通向应用之路"的大会报告受到与会代表的热烈好评，其他是重量级报告人C.T.Liu、陈立泉、吴以成、陈祥宝、邹志刚……各位大家精心准备报告让与会代表享受了一次材料的饕餮盛宴。

国际新材料发展趋势论坛［后改为新材料国际发展趋势论坛（IFAM）］的成功使得周院士萌发了和熟悉的材料类国家重点实验室和材料学院建一个材料学术联盟的念头，这个想法得到了魏炳波、徐惠彬、李言荣等院士和谢建新、任晓兵、丁文江、李贺军等老师的支持。2012年2月材料学术联盟成立大会筹备会在北航唯实大厦举行，北京科技大学、北京航空航天大学、西安电子科技大学、西北工业大学、上海交通大学、西安交通大学、西北有色金属研究院成为联盟的成员单位，一个非常响亮的代号"6+1"便在材料界传开了。从此，这个纯民间的联盟便成了国际新材料发展趋势论坛的主办单位。

随后，IFAM先后于2012年在昆明、2013年在成都、2014年在西安、2015年在上海、2016年在南京、2017年在西安、2018年在沈阳、2019年在武汉成功召开了8届会议，规模从最初的300人，发展到2019年的2000余人，邀请报告从12个发展到500余个，分会设置近30个。论坛内容高端、形式新颖，在中国材料界广受推崇，以至于2000人的会场，在会议期间几乎都没什么人上厕所，生怕漏掉重要的精彩报告。我在茶歇时听到几个会议代表在讨论这个会议，说这个会议的唯一缺点就是精彩的大牛报告太多了。很多只是在经典文献经典教科书才出现的专家，大量的活生生地站在自己面前。

十年来，IFAM会议始终坚持印刷会议PPT集，供学者交流；始终坚持会议报告是特邀或重量级推荐，从而保障会议质量；始终坚持大会报告分主题和互动讨论的新颖形式，促进听众和大咖的面对面交流；始终坚持会议主题新材料和本地材料特色结合；始终坚持青年材料科技人才的培养……从这些点滴小事中，也可看出周院士身上那股坚忍不拔的精神。2019年，周院士因病无法出席IFAM 2019论坛，便委托我和傅正义老师将他对论坛的祝愿传达给每一位与会者，原话为"祝大会顺利召开，促进中国材料进展，坚持才能胜利！"

回首往事，我这个老秘书从28岁干到了43岁。一生中最重要的青春和朝华随周院士一起度过，无怨无悔。这二十几年来的种种经历都是我一生中最宝贵的财富，也将使我受用终生！

2020年3月是周院长八十大寿之际，我衷心希望周院长身体健康、春晖永绽，更希望和他老人家一起过好精彩的每一天。同时，我也将追随周院长为实现日益强大的中国材料事业继续阔步前进。

2020年元月于西安

周院长与国际材联

朱宏康[①]

我自2000年毕业于西安外国语学院英语系来到西北有色金属研究院，跟随周院长已有20年，期间外事活动多有参与，很多活动至今历历在目、记忆犹新，谨以此文记录周院长在国际材料研究联合会（简称国际材联，IUMRS）的活动，尽力向大家还原当年的情景。

2002年6月，周院长在西安承办了第八届国际材联电子材料会议（IUMRS-ICEM 2002），会议办得十分成功，共收到1260篇摘要，参会的外宾也很多。其中，国际材联及各国材料研究学会的领导人基本出席了本次会议。会议结束后，在欢送晚宴上，时任主席Robert Nemanich身着中国黄色龙袍，着实做了一次材料界的"皇帝"，身心非常愉悦。在此次会议上，周院长成功当选为国际材联第一副主席（任期2003～2004年），随后于2005年1月1日转为主席（任期2005～2006年）。总的来说，周院长对国际材联的贡献主要有以下四个重要方面：

一、加强IUMRS下各学会之间的交流与合作

中欧会议 为了使中国材料界在国际上有所作为，周院长于2003～2004年赴欧洲开会期间，多次专程约见了欧洲材料研究学会（E-MRS）的Paul Siffert教授和Gabriel Crean教授，主要讨论了如何加强中国材料研究学会（C-MRS）和E-MRS的联系，如何在IUMRS中发挥两学会的作用，使其更加壮大；2005年4月，周院长又专门邀请E-MRS的Paul Siffert教授和Peter Glasow教授到西安开会，进一步商议学会间的改革与合作。

亚洲会议 2005年4月下旬，周院长在北京召开了"亚洲材料研究学会领导人会议"。韩国材料研究学会的Kim教授，日本材料研究学会的Masao Doyama教授、Hiroshi Yamamoto教授，新加坡材料研究学会理事长Chowdari B.V.R.教授和中国台湾材料研究学会理事长刘仲明教授以及中国材料研究学会的李恒德先生、韩雅芳秘书长等都出席了会议。印度材料研究学会领导人因时间关系未能出席本次会议。自此，中日韩材料研究学会之间的交流得到进一步加强。

中美欧会议 由于签证办理受限，周院长无法去美国参会。因此，2005年11月他邀请中美欧材料研究学会领导人来中国参加在宁波召开的新材料国际发展趋势高层论坛，其中，从美方邀请到的是John Balance教授和Peter Green教授。本次

[①] 西北有色金属研究院信息研究所　副所长

论坛上，Peter Green教授、Paul Siffert教授、Peter Glasow教授和Gabriel Crean教授都作了精彩报告，会后在杭州西湖上召开了中美欧第一次材料研究学会领导人会议。随后，在上海继续讨论IUMRS的重大问题和多边合作问题。在IUMRS框架下，C-MRS和E-MRS及美国材料研究学会的关系得到进一步加强。此后，C-MRS还专门派人赴美国MRS进行短期的参观学习。

二、协调IUMRS工作、设立世界材料峰会

周院长在前面几次重大会议上都重点讨论了关于举办世界材料大会、世界材料峰会等问题，协调了各材料学会的立场和意见。随后，他通过邮件频繁与Bob Chang、John Baglin、Elton Kaufmann等就设立国际材料大奖、IUMRS的出版物"Facets"、网站建设、提高秘书处运行效率以及促进各国材料研究学会间交流合作交换了意见。

2005年7月，新加坡IUMRS-ICAM 2005会议期间，IUMRS执委会通过了周院长提出的设立国际材联世界材料峰会的建议，系统区分了国际材联的3大系列（ICAM，ICEM，ICA）会议，并对上述问题形成了决议。

2006年5月，由于周院长身体抱恙，需要动手术，他亲自写好年度主席报告[1]并由韩雅芳教授在法国尼斯举行的IUMRS-ICEM 2006会议上代宣，该报告针对如何解决IUMRS面临的问题提出建设性建议，并在IUMRS执委会议上得以通过。

三、促成IUMRS加入国际科学联合会（ICSU）

多年来，国际材联一直希望加入国际科学联合会（ICSU），Bob Chang、John Baglin、Elton Kaufmann及前几任主席等也为此付出了诸多努力。2005年10月20~22日，ICSU第28届代表大会在苏州召开，新任主席Goverdhan Mehta教授恰巧与周院长相识，曾与他一同获得法国名誉博士学位。因此，周院长写信向其寻求支持，表明国际材联非常期望加入国际科学联合会。与此同时，周院长向中国科协、中国化学学会、中国科学院也同样寻求支持。在周院长的亲自指导下，我们认真编辑、赶制了300份IUMRS宣传册并在苏州会议上发给各位ICSU代表进行宣传；周院长也在大会上对IUMRS作了简短介绍，最终经过表决，各ICSU代表一致同意国际材联正式加入国际科学联合会。自此，在周院长和大家的共同努力下，国际材联在世界科学界的地位得到进一步提升。

四、积极参与IUMRS讨论，献计献策

2007年1月，周院长卸任国际材联主席。虽然不再担任主席，但周院长作为IUMRS的元老（Senate），对IUMRS事务依旧十分关注，有关信件都会及时回

应，对于其所面临的问题也都积极参与讨论。2009年10月，国际材联第二届世界材料高峰论坛在苏州召开，周院长与前来参会的IUMRS老友再次相聚，大家就IUMRS发展进行了会谈。2013年9月，IUMRS-ICAM 2013在青岛召开，周院长参加了国际材联代表大会并作发言[2]。他指出美国材料研究学会的退出表明IUMRS面临着总部管理机能改革问题，分析了有关建立亚欧美分部建议的利弊，并提出了IUMRS将来应该如何运行与改进的措施与建议。借此机会，他还邀请Hanns-Ulrich Habermeier教授、Bob Chang教授、John Baglin教授出席了《中国材料进展》杂志社国际顾问委员会会议。

总而言之，周院长对于国际材联的付出与贡献是有目共睹的。2019年圣诞节前，周院长收到E-MRS秘书长Paul Siffert教授的来信。他在信中提到，周院长任IUMRS主席期间的成就在国际材联发展史上留下重要里程碑意义。（原话为"Even your achievements as President of IUMRS remain an important milestone for the Society."）

周院长曾感慨道，"我体会国际材联也是一个大集体，国际材联主席、秘书长、官员和各国理事长是这个大集体的核心纽带，除了讨论学会事务还开展了一些双边活动，很多人成了好朋友。这也成了我人生的一大乐趣，对我个人来讲是我这一生重要的组成部分，我会记得我认识的国际材料界的所有朋友！"

最后，值此周廉院士八十寿诞之际，我们衷心祝愿周院长及他的国际材联朋友们健康长寿，也希望他们在未来能够继续关注国际材联的发展。

2020年1月8日于西安

守望初心，高屋建瓴
——恩师周廉院士

冯 勇[①], 刘向宏[②]

　　1986年，钡镧铜氧高温超导体的发现，迅速吸引了全世界超导材料研究者的目光，而此时低温超导材料的研究方兴未艾。当国内各个超导材料研究机构逐渐将研究重点转向高温超导材料之时，周老师仍然守望着低温超导材料研究的初心，果敢地判断低温超导材料在长期内仍然是最具有实用价值的超导材料。他在高温超导研究的浪潮中逆流而上，肩负起中国低温超导材料发展的重担，坚持铌钛和铌三锡低温超导材料的研究开发，不断在铌钛合金制备、工频铌钛超导线材、内锡法铌三锡超导线材方面取得了重大突破，获得了多项国家科技项目和计划的长期稳定支持，培养了一大批年轻有为的低温超导材料研发青年才俊，为日后国际热核聚变实验堆计划（ITER计划）超导线材产业化积累了丰富的制备技术和宝贵的人才队伍。西北有色金属研究院在低温超导材料的研究基础和人才队伍，支撑了实现低温超导线材产业化的目标和初衷，有力地推动了我国加入ITER计划谈判。回望50多年低温超导材料研究历程，守望初心、牢记使命是我们超导人矢志不渝的信念，指引着我们不断前行，攻克一个又一个难关，迈向超导材料产业化的彼岸。

　　2001年，ITER计划的大门向中国敞开，国内科技界展开了是否加入ITER项目的热烈讨论。作为国内超导领域代表的周老师发自肺腑地呼吁：一定要加入ITER计划！可控核聚变装置汇聚了世界上最先进的科学技术成果，需要几百吨的铌钛超导线材和铌三锡超导线材，是超导材料产业化千载难逢的重大机遇和挑战，将牵引和推动我国大幅提升超导线材的性能水平和生产能力，使我国迈入超导材料强国之列，具有非常深远的现实意义和战略意义！西北有色金属研究院从低温超导材料发现以来一直不间断地从事超导材料的开发和制备工作，能够自主生产铌钛合金，具有很好的技术基础和材料基础，在ITER计划的牵引下，我们有信心一定能够突破铌钛和铌三锡超导线材的产业化难关。壮心不已，众志成城，中国最终带着174吨铌钛超导线材和35吨铌三锡超导线材的份额，成为ITER计划的七方之一。而今，ITER计划的超导线材交付任务都已顺利完成，中国超导产业早已实现零的突破，我们在世界超导材料领域占有一席之地，这些成果的缔造者，正是我们敬爱的周老师。他深谋远虑、砥砺前

---

① 西部超导材料科技股份有限公司　总经理
② 西部超导材料科技股份有限公司　副总经理

行，凭借科学家的敏锐和远见卓识，为中国超导材料产业的发展争取了历史机遇，同时也用实践推进了其在中国落地生根。

诚然，ITER计划是实现低温超导材料产业化的牵引，那么周老师高瞻远瞩地创立西部超导公司，以公司化的运营模式推进高新技术产业化是实现这个目标的光明大道。ITER计划里中国承担的174吨铌钛超导线材和35吨铌三锡超导线材的份额，对于当时的我们无异于一个天文数字。周老师身先士卒，作为西部超导的缔造者，从厂房建设到现场流程，从性能提升到测试认证都凝聚了周老师作为超导人的智慧和心血。无数个奋战的日日夜夜，我们承载了周老师的殷切期望和嘱托。终于，在两个特别的日子，2015年9月21日和2017年3月13日，我们完成了ITER计划铌三锡和铌钛超导线材的交付任务，向这份神圣的使命递送了我们庄重的答卷。我们完成了ITER超导产业使命，但是我们没有停下脚步，我们将继续昂首前行，做大做强超导材料产业，为国家重大科学工程和人民健康生活需求继续贡献超导人的力量！

我们回忆起低温超导材料的产业化历程，回忆起西部超导初创之日的艰辛与不易，每每面临重大抉择和挑战，周老师总能带领我们坚定信念、认清方向，攀登一座又一座高峰，创造中国超导材料历史上一个又一个奇迹！

2020年元月

永远的导师

赵永庆[①]

正逢周廉老师八十大寿，作为他培养的钛合金领域的博士，我谨向老师表示热烈的祝贺和诚挚的敬意，祝愿老师健康长寿！

在攻博初期，周老师教会了我如何查阅国际文献、如何做实验、如何思考问题、如何撰写科技论文，教会了所有老师应该教会学生的东西。慢慢地，在追随老师的20余年里，我又从他身上学会了为人处世之道，他教会了我如何成为一名真正的学者，使我终生受益。在他的关心、关怀、支持与鼓励下，我从一名普普通通的科技工作者转变成了在钛合金领域做出了一定贡献的科研人员。

周老师为我国甚至世界钛领域做出了巨大的贡献。1998年，周老师倡导并作为大会主席第一次在中国召开了国际钛会，众多国际著名钛领域专家在他的邀请下到西安参会，会议规模达300余人，其中国外参会人数超过100人，是一场具有开拓意义的盛会。在这次会议上，许多以前仅在文献上出现的名字出现在了眼前。我也得到了崭露头角的机会，有幸可以在分会上做报告。到我的报告时，周老师坐在下面听，我顿时感到非常紧张。这是我第一次用不流利的英语讲报告，面对国内外同行用英文提问，我也能对答自如。虽然如此，但我依然抱着忐忑的心情下来了，觉得周老师会批评我。出乎意料，周老师肯定了我的表现，他说，报告讲得不错，英语还行，以后要多练多讲，多和外宾直接交流。他的这番话极大地鼓励了我，之后每年我都会参加国际性会议，用英语做报告展现自己的工作。1999年开始，我便被国际会议邀请做报告。2002年，从我担任西北有色金属研究院钛合金研究所所长开始，周老师经常把与钛领域相关的外宾直接交给我接待，刚开始我压力很大，毕竟过去没有和外宾长时间在一起，担心和他们直接交流有困难。那时，周老师鼓励我道，不要胆怯，要大胆和他们交流，他们会理解你说的。经过两三次磨炼，我胆怯的心理没有了，和外宾交流也畅通多了。此后，钛合金研究所和国外的联系也多了，促成了几项国际合作项目，使钛合金所众多科技人员得到了锻炼，提升了科研的自信和能力。这些成就与周老师的鼓励是密不可分的。

2005年，周老师再一次在中国召开了国际钛会，该次会议与全国第十二届钛学术交流会、钛国际展览会一起在西安连续召开了7天，会议规模超过了1998年的会议。在这次会议中，我担任秘书长后深深感受到周老师为开好这次会议付出的大量心血。同时，我也增长了很多见识，学会了如何与国际钛领域专家打交道，提升自己的钛研究能力。这两次国际钛会给我国钛领域青年科技工作者提供了在

[①] 西北有色金属研究院　副总工程师

国际舞台上展现自己的机会，认识自己的不足，学习国外先进技术，促进我国钛合金的研发，为国家钛领域人才的培养起到了积极的作用。

2007年，周老师刚做完一个大手术后不久，就前往日本参加第11届世界钛会。这次会议他不仅做了大会特邀报告，而且作为世界钛会的执委，他还有一个更重要的任务——争取第12届世界钛会在中国召开。功夫不负有心人，我们从1995年第8届世界钛会开始申办以来，历经13年，终于争取到了举办权！细数过往，历届世界钛会无一不是在钛发达国家召开。而在周老师的不懈努力下，我们成功了！2011年，他作为第12届世界钛会的大会主席，在北京举办了规模空前的会议，向世界展现了中国钛领域发展的同时也让国内更多的年轻人看到了世界钛行业的水平。

周老师不仅在钛领域国际交流方面做出了重大贡献，在钛领域的人才培养方面更是早早布局、提前谋划。在宝鸡山沟的时候，他在超导和钛领域都培养了一批年轻人才。记得很清楚，1995年3月份的一个下午下班后，我在前面走，突然听到后面有人喊我，"小赵，等一下。"我回头一看是周院长，吓了一跳，不知道他喊我何事。接着，他说道："今年院学术年会，你的论文讲得不错，有内容，有新意，你要读博士"？原来是院学术年会上我获得的院优秀论文引起了周院长的注意。我很迷茫："上哪个学校的？导师报谁？"他又说道："东北大学，可以报我的"。就这样，在1996年4月我考取了东北大学材料学院博士生，拜师于周廉院士。截至目前，他培养的钛领域硕士、博士研究生应不少于100人，这些人均在国内有关钛的院校、企业发挥着骨干作用，有的已是单位的领导，为我国钛领域科研和产业的发展做出了重要贡献。

近年来，为了培养更多钛领域的科技人才，在周老师的倡导下连续召开了相关培训班，全国所有与钛相关的院校、企业青年人员均是免费参加。几近耄耋之年的他每次都亲自安排培训课程，邀请国内外一流的教授和专家讲课，而且每一次他都亲自到场并讲课，使参加培训的年轻人深受鼓舞。2010年5月在西北工业大学举办了钛学习班，2013年在北京航空航天大学举办了博士提高能力培训班，2015年在南京工业大学举办了钛合金培训班，2016年在西北有色金属研究院举办了稀有金属材料暑假科技培训班，2019年在西安再次举办了稀有金属材料暑假科技培训班。通过持续举办这些培训班，使年轻工作者不仅学习到了钛领域最新的、系统的知识，也学习到了相关领域的知识，开阔了视野，提升了水平。

在周老师的倡导和积极推动下，成立了中国钛协会。在他的努力和带领下，西北有色金属研究院在钛领域占据了重要的地位。这些一件件、一桩桩都体现出他为中国钛行业健康的发展做出了不可磨灭的贡献。

自1991起我在西北有色金属研究院工作开始，周老师不仅是我的导师，也是我的领导，他始终平易近人，平等待人，以理服人而不训人，以自己的楷模行动教育人，感动人。

周老师永远是我的导师，祝周老师健康长寿，生活快乐！

2020年1月12日于西安

引领中国钛科技走向世界，促进中国钛科技发展与应用

——贺恩师周廉院士八十华诞

常 辉[①]

岁月如梭，从初相见到师从周廉院士以及成为他钛科研的助手，匆匆已有28年。今喜逢恩师八十华诞之际，谨以此文作为生日礼物，感谢恩师对我这个从事钛合金材料研究的门生的栽培、提携、鼓励和鞭策，更是对先生竭其所能带领中国钛科学与技术走向世界舞台及促进中国钛科技与产业发展所做出的卓越贡献的敬仰和尊重。

恩师的鞭策和鼓励是我在钛合金研究路上一路前行的不竭动力

至今依然清晰地记得1992年从中南工业大学（现中南大学）本科毕业后分配到西北有色金属研究院钛合金研究室开启钛合金研究之路的过程中先生对我个人鞭策和鼓励的点点滴滴。当时，在先生的倡导下，研究院就已经率先开启了高端人才自主培养的先河，将应届本科生直接送到东北大学攻读硕士学位。那一届共有13人，我便是其中一位受益者。经过2年多的学习和论文研究，我们已经通过了东北大学组织的综合考试，具备了进行论文答辩的条件。当时，东北大学组织了一个非常严谨的硕士学位论文答辩会，先生任答辩委员会主席。我当时师从钛合金研究室的罗国珍高级工程师和东北大学的魏海荣教授，研究方向为钛合金钎焊技术。答辩时，我表现尚好，较好地讲述了研究结果和创新点。回答问题时，除了先生提出的透射电镜相关问题外，其他也表现不错。但是，我并没有顺利通过答辩，延期半年补充相关试验后再行答辩。这对于我这个从未受过挫折的年轻人来讲是一个不小的打击，甚至有点放弃的念头。随后某天，我在办公楼的楼道内遇见了先生（当时他是研究院的副院长，我还不敢去找他询问相关情况），他叫住了我（当时他还能记得我这个年轻人让我很感动），详细告诉了我不让我通过硕士答辩的原因是因为我没有做透射电镜试验，从而就没法证明我是否掌握了透射电镜的相关分析技术和应用。知道了原因，也就知道了先生对人才培养的要求，让我不通过，实际上是对我提出了更高的要求和期望。这是我第一次近距离感受到先生的鞭策，不禁生出了许多的感激。

另一件事情是公派出国进修。在那个年代，公派出国进修还是许多人非常向往的事情。1997年7月份，我突然接到院人事处李刚处长的电话，说让我做好准

[①] 南京工业大学材料科学与工程学院　副院长

备去学习日语，院里准备派我赴日本进修。我当时感到非常吃惊和激动，院里同期来的年轻人有很多，这样的幸运之事居然会落到我这个"外来户"的年轻人头上（同期到院里的院子弟很多）。先生当时作为主持研究院工作的副院长，能够把这样的机会给我，实际上是对我一个最大的鼓励和鞭策，也更大地激发了我工作的积极性和热情。一年后进修归来，先生亲自主持，召开了全院的中层干部会议，让我详细地与大家分享在日本进修一年的工作情况和心得体会，这是我自工作以来获得的最大荣耀。

在职攻读博士，是先生给我鞭策和鼓励的最大成果，让我从此在职业生涯中实现了最大的一次跨越。作为一个陕西农村孩子，攻读完硕士已经感觉达到了人生读书生涯的巅峰了，当时没有任何继续攻读博士的想法，但先生还是强烈要求我去攻读博士，他认为我当时的硕士学位远远不足以达到承担重任的要求。就这样，我在2001年开始在西北工业大学攻读博士学位，师从先生和西北工业大学的周义刚教授。攻读学位期间，由于研究院与法国南锡矿业大学Elisabeth A.Gautier教授的研究小组在钛合金方面开展了合作与交流，先生就强烈推荐我利用此次合作机会，完成中法联合博士生培养，取得中法双博士学位。攻读博士本身就是一个非常艰苦的过程，加上当时我在主持研究院科研处的科研管理工作，很难做到有足够的时间去开展博士论文研究，就时不时地产生畏难情绪，甚至有了放弃的想法。每当这样的时刻，先生总是会给我做思想工作，梳理博士论文的思路，克服工作和学习之间的矛盾，并不断地鼓励我要有坚持下去，要有完成博士学位的决心和信心。就这样，我最终下定决心，拿出了6个月的时间，赴法国全身心地投入到博士论文的研究工作中，并顺利地于2006年12月和2010年10月分别完成了国内和法国博士论文的答辩，获得了中法材料学双博士学位，为今后从事钛合金研究工作奠定了更加坚固的基础。可以说，没有恩师的不断鞭策和鼓励，我可能永远也不会成为一名钛合金领域的中法双博士。

这是我研究路上3件恩师鞭策和鼓励我的重要事情，当然还有许多无法详述的类似故事，是我永远也不能忘怀和值得感激的。2013年，我和恩师在南京工业大学又开启了新的钛合金研究征程。恩师对在南京开展钛合金的研究方向、切入点、发展目标等提出了全新的想法，对我未来在钛合金研究路上的前行又一次指明了方向，相信有恩师的亲自指导、鞭策与鼓励，我们一定会做出应有的成绩。

竭其所能引领中国钛科学与技术走向世界，振臂高呼发展中国钛科技与产业，不遗余力促进中国钛应用，是恩师与中国钛不舍的情怀和担当

中国钛科学与技术走向世界与恩师在世界钛会国际组委会担任15年的委员所发挥的引领作用分不开，更与恩师在国际舞台上大力推介中国钛科学与技术的进步分不开，特别与恩师为北京世界钛会所付出的全身心筹备工作分不开。

世界钛会自1968年首次在伦敦举办以来，已经有50余年的发展历史，已经成为国际钛科学与技术工作者开展学术交流与合作的顶尖学术会议，号称国际钛合

金科技工作者的"奥林匹克"盛会。1992年以前，该国际学术组织的国际组织委员会国家仅有英国、美国、独联体、日本、法国和德国。1992年，由中国有色金属学会推荐，周廉院士代表中国加入了世界钛会组委会，使中国成为世界钛会组委会第7个成员国，也是成员国中唯一一个发展中国家。由此，恩师在世界钛会的这个国际化舞台上竭其所能为推动中国钛科学技术走向世界，为中国与世界钛科技强国的合作与交流注入了新的动力。

作为亲历者，我至今依然清晰地记得恩师连续3次、历时12年，参加和申办世界钛会的每一个细节以及他为申办世界钛会所做出的巨大努力（实际上，1995年在英国举办的第8届世界钛会上，中国就提出了申办钛会的报告，但因先生当时身体原因，未能亲自参加）。从申办报告的准备，到国内参会代表的动员，从PPT的修改到现场申办陈述，先生在每一件事情上都是细致入微、一丝不苟、严格要求、永不放弃。

在1999年的申报过程中，先生精心准备的申办报告及精彩的陈述（当时还是用胶片投影），给时任世界钛会组委会委员们已经留下了深刻的印象，并获得了俄罗斯、法国等委员的极力支持。但由于当时我国钛科技与工业的发展还比较落后，加上日本委员傲慢与偏见，中国最终以3票对4票遗憾地把机会给了德国，德国获得了2003年第10届世界钛会的主办权。时间飞逝，到了2003年，先生再次带领50人组成的中国代表团，再次申办2007年第11届世界钛会的举办权。此时，中国的钛科技与钛工业已经取得了非常大的进步，并得到了国际钛界的关注。同时，先生也积极联络世界钛会组委会各国委员（包括2002年11月，先生以中国钛协会会长的身份，专程赴日本参加日本钛协会成立50年的纪念大会，在会上与时任世界钛会组委会委员的美国代表D.Elyon教授就支持中国申办世界钛会之事进行了讨论和协商），开展了大量宣传中国钛科技的工作，试图取得美国、英国等国家委员的大力支持。同时，他也精心装备了长达30余页的申办报告，可以说这次的钛会申办，先生付出了比4年前更多的努力和辛苦。尽管如此，美国和英国还是将赞成票投给了日本，而德国投桃报李，回馈了日本在1999年对德国的支持，中国再一次遗憾地以3∶4的一票之差败给了日本，没有取得举办权。尽管如此，先生为了中国钛科技和工业能够站在世界舞台上，为了向世界展示中国钛科技与工业所取得的成绩，同时也为了国际钛界能够对中国钛科技与工业的发展与进步给予尊重，始终没有放弃在中国举办一次世界钛会的梦想（在7个成员国中，中国是唯一没有举办过世界钛会的国家）。

2007年，中国再一次提出了申办第12届世界钛会的申请（实际是在2005年第11届世界钛会中期会议时就递交了申办报告），以最大的决心希望赢得2011年第12届世界钛会的主办权。为此，2005年，由先生发起，邀请相关国家的世界钛会组委员，在西安举办了一次国际钛会（XITC'05），旨在进一步让各位委员了解中国钛科技与工业进展，了解中国主办国际大型学术会议的能力，了解中国希望主办下届世界钛会的决心和信心，会议取得了非常满意的效果，得到了国际钛界同行的普遍认可。在2007年第11届世界钛会上将会决定下一届主办国家的关键时刻,先生完全不顾自己刚刚完成肝移植手术不足一年的虚弱身体,依然率领了80余人(史上最为庞大)的中国钛界代表团,参加了此次会议,并亲自登台,代表中国,向世界钛科技与产业界展示了中国钛发展所取得的骄人成绩和未来中国钛发展的广阔前景,取得了与会各国钛科技者的广泛赞誉,震动了国际钛界同行。在先生12年的艰苦努力和不懈工作下,世界钛会组委会成员国代表最终对中国钛的发展成绩、举办钛会的条件和能力等取得了高度一致的认可,以5:2的绝对优势同意由先生代表的中国主办下一届世界钛会。能够战胜美国这个强大竞争对手,获得2011年第12届世界钛会的主办权,是以先生为代表的中国钛界同仁获得世界对中国钛科技与工业发展尊重和认可的深刻表现。用先生的话来说,就是"来之不易,倍加珍惜"。

2007年获得世界钛会主办权后的4年里,先生的最主要工作便是围绕如何办好此次来之不易、自世界钛会组委会成立以来将第一次在中国举办的世界钛会。作为本次会议的秘书长,我回想这4年筹备工作,特别是从2009年2月成立第12届世界钛会中国筹备委员会开始后的2年里,先生真可谓呕心沥血、殚精竭虑,认真细致地策划和筹备,目的只有一个,将中国钛科技推向世界的大舞台,并充分利用此次机会,培养中国钛科技的人才,加强中国与国际科技界的交流与合作,促进中国钛科技与工业更快和更好发展。为此,在先生的号召和亲自参与下,2009年国内首个钛博士班在西安顺利开班,"2009年钛发展趋势国际研讨会"等一系列的钛学术会议相继召开,使国内钛科技和产业界同仁共同参与到世界钛会的筹办工作中,为中国钛界人才培养和了解世界钛科技发展提供了丰富的机会和更多的平台。2009年第12届世界钛会中期会议给我留下了难以磨灭的记忆,也是先生为办好此次来之不易的盛会付出一切的生动体现。记得那是2009年6月份,距离盛会召开还有整整两年的时间,按照惯例,世界钛会组委会的各位委员会到筹办国检查会议筹办情况,确定会议的相关细节和程序。尽管此次会议有2天的时间,但会议议程安排得非常紧凑,先生事无巨细,亲自参加了每一次会议并与每位组委会委员会见和讨论,因工作强度非常巨大,无法按照平常的节奏得到充分休息(肝移植手术后才3年),引发了脑梗,但他依然坚持完成了所有的会议日程后才住院治疗,这样的精神和干劲使我们会议秘书组成员深受感动,也极大激励了我们一定要全力以赴筹备和办好此次盛会,不负他老人家的期望。从2010年6月份开始,根据先生的要求,我们会议秘书组三人(我、朱宏康和贾豫冬)以及其他临时人员常住北京,和先生一起开始了全脱产的筹备工作。在这365天里,和先生朝夕相处,更加感受到了先生对举办此次会议所提出的高标准和严要求,先生对每一个细节都不放松的认真态度让我们压力巨大,也使我们对筹备工作不敢有丝毫的懈怠。包括先生先后组织召开的5次国内筹备委员会会议、国内每家单位学术论文报告的撰写、中国3篇Keynote报告的提纲讨论和内容研讨、每个报告人英文水平提高方法和不开"天窗"的措施等;更包括了在世界钛会期间设立特别论坛的设想和组织要求。细节体现情怀，体现出先生对中国钛科技与产业走进世界舞台的期待和热情，体现出先生对中国钛科技创新发展的追求和使命。经过4年的筹备，2011年6月19～24日，第12届世界钛会（Ti-2011）在北京国家会议中心如期召开，这是世界钛会首次在中国召开，具有非常重要的里程碑意义。本次会议参会人数和会议论文数量均达到了历届会议之最，将世界钛会带入了一个新的高度，得到了各国与会代表的高度认可和赞扬。在先生的亲力亲为策划下，本次会议还在我国钛科技迫切需要发展的3个方面设立了特别论坛，包括"中-日钛民用及市场开发高层论坛""航空钛合金材料技术现状及发展趋势国际论坛"和"国际钛合金材料加工技术现状及发展趋势高峰论坛"等。期间还举办了世界钛会展览会，吸引了世界范围内的109家展商参展。以先生为大会主席的本次世界钛会，圆满达到了他的预期目的，对我国钛科技和产业发展及钛科技人才培养发挥了重要作用，也从此引领中国钛科技与产业迈入了世界舞台，极大促进了我国钛科技与产业的发展，成为中国钛行业进入新发展时期的一个重要标志，对我国钛科技与产业发展具有重要影响。

世界钛会的结束，并没有让先生关心我国钛科技和产业发展的脚步停歇下来，他还在一如既往关注着我国钛科技的发展，关注着钛领军人才和青年科技人才的培养，正如钛博士班的开办并没有停歇下来一样。相信我们年轻一代的钛科技工作者一定不会辜负先生的谆谆教导和热切期望，继续努力为中国钛科技与产业的发展做出更大的贡献。2015年，从恩师那里接过了世界钛会组委会委员的重担，希望自己不辜负恩师所寄予的期望，继续在恩师的指导下，为中国钛科技的发展贡献一些绵薄的力量。

谨以此文作为恩师八十华诞的礼物，记叙恩师在世界钛科技舞台上带领中国一路前行的点点滴滴，记叙恩师对于学生培养的关切和关心，记叙恩师在我职业路上的一路提携、鞭策与鼓励的难忘往事，表达作为学生对恩师的感激和难忘！

一日为师，终身为父！

祝恩师八十华诞幸福快乐！

2020年2月于南京

师恩永难忘
——写在周廉院士八十寿辰之际

崔文芳[①]

时光飞逝，一转眼我师从周廉院士至今已有25年了。1994年秋季，我考取了东北大学（原东北工学院）兼职博士导师周廉院士的在职博士研究生。从那一刻起，我与周老师就结下了永恒的、难忘的师生情谊。25年来，我亲身经历，并亲眼见证了西北有色金属研究院（下面简称西北院）和东北大学联合培养专业技术人才的发展历程。

记得那是1995年的冬天，我独自乘火车来到西北院第一次与周老师见面。当时，西北院刚刚从宝鸡有色金属加工厂搬迁至西安方新村未央路，只有一个办公楼，没有围墙，周围都是农田。正值寒冬，办公楼没有暖气，周老师是披着棉大衣坐在桌子前办公的，地上还放着一个取暖器。在这种简陋的办公条件下，周老师依然精神饱满地工作着。通过简短的交谈，周老师给我的第一印象是思维敏捷、说话简明扼要、办事果断、有战略眼光和超前思维。我想我能得到这样的前辈和学术大师指导是我人生最大的幸运和幸福。

1998年7月，经过4年的艰苦学习，我顺利通过了博士学位论文答辩。我非常感谢周老师和罗国珍高工带领我走向科研之路，同时也感谢西北院给我提供的科研平台，让我结识了奇妙而又功能强大的钛金属，并长期从事钛金属的研究。

周老师对待学生的成长总是不遗余力地给予关心和支持。2003年，我申请通过了国家留学基金委的公派访问学者项目，被分配到德国学习。在联系国外导师时，由于没找到合适的接洽人，我想请周老师帮忙写一份推荐信。当时我已经毕业5年了，周老师又那么忙，我不确定他能否答应我的请求。当我怀着忐忑不安的心情给周老师打电话时，没想到他非常爽快地答应了，并吩咐秘书和我联系，这使我顺利地联系到了学校和外方教授，圆满完成了在德国的学习和工作任务。

2004年秋季，我学成回国后，没有想到一项更重要的工作在等待着我。由于魏海容教授不幸离世，需要有人接替他负责西北院与东北大学联系人的工作。周院长想到了我，让我负责联合培养硕士和博士研究生的招生、培养和学位论文答辩工作。我想，这是我回报恩师和西北院多年来支持和关怀的最好机会，没有理由不把它做好。接受任务后，2004年11月，我跟随由东北大学原校长赫冀成带领的代表团赴西北院签署院校全面合作协议，这标志着西北院和东北大学在科研和人才培养合作方面迈上了新的台阶。2005年1月至今，我一直兼任两家单位的联系人，据不完全

[①] 东北大学材料科学与工程学院　教授

统计，由东北大学和西北院联合培养的硕士和博士研究生已超过百余名，他们早已在祖国的各行各业成为科研、技术开发和生产管理的佼佼者。

多年来，周老师一直是我学术道路上的引路人。他鼓励我们要积极参加国内外学术会议，跟踪国际前沿研究领域，特别是新材料的研究动向。2006年，生物医用金属材料在国内成为研究的热点。周老师敏锐地洞察到这一研究方向，指导我开展医用钛合金的研究，并很信任地把他的博士研究生郭爱红交给我来指导。当时，我们根据国内外的研究现状，决定对低模量β钛合金的合金设计、微观结构和力学性能做系统研究，研究结果很快在 Materials Science and Engineering A，Journal of Alloys and Compounds 等著名学术期刊上发表。当我们向周老师汇报成果时，他露出了慈祥而自信的笑容。2010年，我又继续指导了周老师的另一位博士研究生金磊，根据周老师的建议，我们首次开展了低模量β钛合金表面微纳化研究。研究成果先后在 Materials Science and Engineering C，Applied Surface Science 上发表，受到了国际同行的关注。目前，郭爱红和金磊分别在高校和国有企业继续从事钛合金的生产和研究，事业上都有了较大的发展。

回顾20多年来，我在学习、工作到个人事业发展的经历，每一点滴的成长和进步都离不开周老师的殷切希望、关怀和帮助。和周老师在学术研讨会上和会下的每一次相聚，每一次聆听他的谆谆教诲都使我受益匪浅。恩师的个人魅力、领导能力和亲和力给我留下了深刻的印象，是我学习的榜样。我虽然无法企及恩师的高度，但我会将他对待事业忘我工作的精神，对待学术严谨的科学态度，对待学生春风化雨的品格传承和发扬下去。不忘初心，牢记使命，不辜负恩师几十年来的培养，做一名人民满意的教育工作者。

最后，在周老师八十寿辰之际，衷心祝愿他生日快乐，健康长寿，阖家幸福！

2020年2月

教诲如春风，师恩似海深
——记我的导师周廉院士

章海霞[①]

我的导师周廉院士，是我人生和学业的领路人。我有幸于2004年师从周先生攻读博士学位，在这么多年和先生相处的日子里，先生培养我的不仅仅是科研学术的素养，更多的是做人的道理、做事的执着以及对材料研究的孺子牛精神。

2003年，在江苏南京"全国第三届纳米材料与技术应用会议"上，有幸面识了一直让我充满敬仰的周先生。当时正在读研三的我得知先生是大会主席，就慕名而去，看有没有机会师从先生攻读博士学位。当我战战兢兢地去拜访周先生的时候，老师和师母的热情关怀和平易近人，一扫学生对"名师大家"的那种敬畏。先生问了我一些基本情况，并对我的专业知识进行了初步了解之后，表示同意我报考他的博士。整个谈话过程中，他都保持随和的微笑，让我异常紧张的心情轻松了许多。临走时，周先生贴心地吩咐我认真准备博士入学考试。我对先生的第一印象是威严、认真、思维敏捷，然而却和蔼可亲、心地善良。之后，我们有了经常的邮件往来，主要是请教我在学习、考博过程中的各种问题，先生每次都会不厌其烦地回复邮件，并尽可能地替我解决各种疑惑。后来，在先生的帮助和鼓励之下，我顺利通过博士入学考试，追随先生攻读博士学位。

博士入学后，作为学生，我在攻读博士学位期间的各个环节，如开题、做实验、写文章、写博士论文等都得到了先生慷慨的鼓励和有效的指导，使我顺利成长。依然记得，先生第一次正式给我们几个新入学的博士开会的时候，提供了几个研究方向，让我们根据自己的兴趣和专业基础选择课题，我选择的课题是核用锆合金方面。先生给了我们3个月的查阅文献时间，然后根据调研情况确定研究方案。初步接触这个领域时，我基础薄弱、理论功底更是欠缺，对课题内容一无所知，国际研究的前沿和热点问题把握不准确。每每这时先生总是给予鼓励和支持，反复探讨并修改我的研究计划及方案，直到确定了较为成熟的研究方案为止。对本领域大致了解后，先生鼓励我们尽早进入实验室开始实验，熟悉实验室条件并学会使用有关仪器设备，跨出实验工作的第一步。在实验方面，先生鼓励我们随时与他讨论，包括实验中碰到的问题和实验结果。他与我们讨论怎样进行研究和在这个过程中学到的东西，并及时为我们提供必要的支持和帮助，尽量避免我们少走弯路。现在想起那段日子，我都觉得自己真是初生牛犊不怕虎，常常不经过预约，直接闯入先生办公室讨论各种问题，应该是周先生的平易近人给了

[①] 太原理工大学材料科学与工程学院　副教授

我这种横冲直撞的勇气。同时，先生建议我们去西安外国语学院学习英语，为以后的国际交流打下基础。终于，2005年7月的一天，先生让我们临时准备英文报告，给邀请来的法国学者进行汇报，那一次我受到了前所未有的挑战，但是也把握了一次难能可贵的机遇。2005年10月，先生推荐我到法国国家科学研究院进行访问交流，为我后来赴法留学打响了第一炮。2005年的时候，出国对很多人来说是件可望不可即的事情，我自己更是不敢想象。然而，我的导师却为我提供了这样的机会。2006年9月，我作为中法联合培养博士，在法国格勒诺布尔一大注册，正式开始了我的留学生涯。清晰地记得，当我第一次在实验上取得一些有意义的结果时，先生脸上欣慰的笑容给了我莫大的鼓舞。先生一直教育我们，从事科学研究一定要基础扎实、思路开阔、研究深入，先生的这种思想无时无刻不在指引着我后来的研究工作。先生对工作的兢兢业业与勤恳，对科研的孜孜不倦与严谨，给了我很多潜移默化的影响，也伴随和激励着我的研究和学习。在先生的不断支持和鼓励下，我顺利完成了国内和国外的学业。毫不夸张，我现在取得的点滴成绩都凝结着先生的一片心血，更见证了先生对弟子的深情关怀。

先生对我不仅是学术上的指导和帮助，在生活上也给了我如父般的关怀和温暖。在博士毕业前夕，先生关心地询问我将来的打算及工作意向。参加工作后，先生也从来没有忘记对我的关心，每次见到先生，他总是耐心地询问我的课题研究状况，并对我的学术工作进行有益的指导。博士刚毕业的时候，来到新的单位、新的环境，博士期间的研究方向不能继续，我立刻陷入了极度迷茫和混沌的状态，就像失去了方向和动力的小船。这时，先生来太原开会，我如实对他说明了自己的困惑和不安，先生又一次给我指明了前进的方向。他建议我将传统材料和新材料结合，做一种复合材料，既保留传统材料的特色，又引入新材料的优势，强强联合，优势互补。听了先生的提议，我顿时茅塞顿开，遵照先生的思路，开展了系列研究，也获得了一些小突破。最近一次拜访先生是在2019年12月21日，先生还是像以往一样，邀请我一起用餐，席间和他谈到我在研究工作中的一些小小进展，我再一次看到先生脸上露出了发自内心的笑容，笑容里有长辈对晚辈、老师对学生的欣慰、爱护和关切之情，我明白了，先生永远是我最爱戴的老师。

回顾近些年与先生的交流，我发现先生总是在关键之处给我启示，引我思考，必要的时候拉我一把，更多的时候是让我自己发挥主观能动性，挖掘自己的潜能和兴趣点。人说：授人以鱼，不如授人以渔。周先生正是用这种方法让我踏上学术之路，寻找做人做事的道理。我很庆幸，庆幸我找到了一位非常优秀且具有高尚品质的导师，能够引导我在人生的路上不会迷航，向着光明不断前行。

今天，我怀着一颗感动和感恩的心写下这些文字。我感动于先生的厚德载物，也感恩于先生的谆谆教导，先生身上关爱学生、指导学生的点点滴滴不是这一篇短文能够叙述清楚的，在惶恐中写下一点感受。

2020 年元月

思想睿智与热情饱满的智者
——恩师印象二三事

韩建业[①]

中国工程院院士、我国著名材料科学家、全国先进工作者、国家有突出贡献出国留学人员、国家有突出贡献中青年专家、全国有色金属工业特等劳动模范……太多的荣誉，在很多人看来周廉院士像是一个"神"一样的存在，但在学生看来周老师更是一个真实的"人"。作为老师他胸怀博大、睿智、善于创新、热情饱满，指引学生一步步地登高发展，不断为社会做出贡献。

我作为一名2006年入学的周老师的博士生，对周老师的睿智思想和饱满热情，从见他第一面就有了深刻印象。故事还得从2006年年初说起，当时我对钛合金相关技术开发方向特别感兴趣，上硕士期间了解到学校大多偏向基础研究，本打算硕士毕业就离开西北工业大学（以下简称西工大）考取其他科研院所的博士生。不经意间，我与同学聊起了西工大材料学院的师资，就提到了周老师，时任西北有色金属研究院院长、西工大双聘院士，他从事钛合金、超导材料方面的研究，又是在院所，又牵头做过大量技术研发工作，这不正是自己内心向往的最好导师么。我内心十分激动，说干就干，马上就报名了西工大的提前攻博，成绩和条件也能达到要求，就到院研究生管理老师那里要来了贾豫冬秘书的电话，电话过后我把自己的一些简单情况发到周老师邮箱里，怀着忐忑心情等待。当时，我脑海里对周老师充满了想象，是很严厉、很学术、很有领导气息、很高不可攀……不久，贾豫冬秘书就联系了我，约到西北有色金属研究院周老师办公室见面。接到电话时的我十分兴奋，脑海里泛着各种与老师交流的情景。办公室外等待期间，有好几拨人前后进了周老师的办公室，很短时间就出了办公室，似乎工作都得到了明确指导和回应，我心想："老先生效率太高了！"等到我进到办公室，第一印象就是周老师的精神饱满、容光焕发，完全不像一个近古稀之年的老人，声音和蔼但又透着坚定。周老师先对我予以了鼓励，询问了些简单的家庭情况和个人专业信息，了解到我硕士期间做了些人工假肢设计和钛合金板材加工模拟工作后，就说到现在有两个方向你考虑一下，一个是去生物中心做医用钛合金研究，一个是去西部钛业直接做技术方面的研究。15分钟结束会谈，看似漫谈，但我感兴趣的研究方向、兴趣爱好、专长等，周老师似乎已经一清二楚，仿佛以

[①] 西安九洲生物材料有限公司　总经理

前就知晓我的情况。这短短的15分钟，周老师没一句是多余的，也没一句是不到位的，难怪前面进周老师办公室的人都很快就出了办公室。

入学后，每年可能就和周老师交流上一到两次，每次周老师虽然话不多，但整体逻辑性特别强，高度和深度兼而有之，总能使我醍醐灌顶、茅塞顿开。我仿佛置身大海，四面茫茫，不知方向，此时周老师就是灯塔，若隐若现，却为我指引方向。

周老师总是热情饱满，精力充沛。拜入周老师门下13年，从没见过老师眯过一下眼、打过一个盹，仿佛他就是一个"铁人"，即使是在身体做过大手术之后，面色微黄，但人依旧没有生过病的感觉，依旧精力充沛。2011年第12届世界钛会在北京召开，作为此届世界钛会的大会主席和筹办者，周老师带着促进世界钛行业间广泛交流、提高我国钛工业自主创新能力的美好愿望，全身心投入到会议筹办之中，殚精竭虑——这是一位媒体记者对周老师的描述，也是我在钛会前后对周老师的感触。会议期间，老师的身影来回穿梭，从早至晚，从不停歇，但每一个角度、每一个时间点，老师都是精力充沛、充满笑意。过程中还能关心学生的情况，以及我们对会议的感觉、发展方向的关注和建议等。

周老师十分睿智，善于组织协调。感触最深的一次是我和贾豫冬秘书作为联络人协助周老师编写《中国生物医用材料与产业现状发展战略研究》这本书，生物材料本身比较复杂，涉及高分子、陶瓷、金属等，而且这本书是中国工程院咨询项目"中国生物医用材料科学与产业现状及发展战略研究"的研究成果汇编，编写起来难度很大。在北京的一次协调会上，周老师、李恒德、张兴栋3位院士出席，与会的还有来自国内顶尖高校、科研院所的生物医用领域专家与学者和来自企业的代表，对于如何编写这本书的意见大相径庭，角度完全不同。张兴栋院士作为生物材料方向权威也未能完全统一大家的意见，此时周老师说："这本书要全面反映生物材料发展的现状和趋势，提炼出生物材料研究和产业面临的问题，向国家提出促进生物材料健康快速发展的思考与对策。要有前瞻性，也要有代表性，还要有一定实用性。可以按照材料的种类划分，先找每个细分方向上的优势单位的知名专家牵头一个领域，这个专家再来召集国内的相关科研、产业、应用优势单位，负责本领域的现状、趋势、战略规划建议；总论由国内具有高度和影响力的顾忠伟教授牵头撰写初稿、汇总本领域相关院士等知名专家的意见。"而且，这本咨询报告出版的过程中遇到了很多阻碍，关键时候都是周老师一锤定音，组织协调各位专家。在编辑校对时，我看着近32万字，汇集13位院士、37位专家观点的报告竟然在短短几个月期间组稿完成，简直不可思议。在这本书里，我还撰写其中部分文字初稿，包括周老师序言的初稿，但定稿时几乎被推翻，当时一度还些小情绪，心想再不怎样我也是一个生物材料专业的博士，也不至于对生物材料什么都不知道。后来，我才深刻认识到这不是546个字的问题，而是一种思想深度、一种严谨的治学态度。

回看周老师众多的角色，西北有色金属研究院院长，国际材联主席，中国材料研究学会理事长，中国工程院冶金、化工与材料工程学部主任，国家新材料产业发展战略咨询委员会主任，国际低温工程材料委员会和世界钛会执委会委员，中国超导专家委员会首席科学家，中国钛业协会首任会长，第九、十届全国人大代表等，无不体现出他的睿智思想和超高的组织协调能力。

文字仓促、稍显拙劣，但皆发自内心。我博士论文的致谢：值此论文完成之际，回首往事，感慨颇多，唯欲言感谢二字。导师周廉院士，博识多才。虽已花甲之年，治学严谨依旧，对科学执着仍然，其乐观开朗，作风踏实，给予学生爱之诚、之无私，使学生受益终生，亦值效仿。至今仍不改初心，感谢周老师的指导和栽培，您是学生心中永远的灯塔，敬祝周老师身体健康！

2020 年元月

春风化雨泽芳草，育木成林造绿荫

卢天倪[1]

当知道即将成为周廉院士的一名博士生时，我心里十分幸福与骄傲，对我而言这是一份荣誉，但随之而来的是一种莫名的胆怯。因为在之前的学习生涯中，我从来没接触过如此顶级的科学家，因此我总是反复地问自己是否能够达到周院士对博士生的要求。带着这个疑问，我于2013年4月份来到北京，参加周院士组织的博士生培训班，这也是第一次近距离地接触周院士，给我的感觉是，如此顶尖的科学家怎么这么和蔼可亲，感觉像自己的长辈一样。周院士在开班典礼的讲话没有一句是晦涩难懂的，但仔细回味里面却蕴藏着很大的道理。直到现在我仍没有忘记他对我们博士生提出的三点要求：第一是学会建立文献库，第二是学会透射电镜的操作与分析，第三是具有良好的英文表达能力。这三点要求非常明确，我当时也是暗下决心一定要认真完成每一项要求。当时的我正处于读博士最困惑的时期，正所谓在遨游知识的海洋里无法找到正确的方向，周院士提出的要求对我无疑就是黑暗世界里的一盏明灯。在那年的暑假里，我如饥似渴地在博士培训班里学习着，同时也感觉到了知识带给我的快乐。

我跟着周院士做的第一件工作是调研海洋材料的发展现状，对我来说这是一个看似无法完成的事情，尽管学习了文献库的检索与建立，也刚刚熟悉了Endnote软件的操作，但是如何有效地对文献进行检索于我而言依旧是弱项。我刚进北京办公室时，带领我的党宁师弟感觉到我很紧张，便对我说："别怕，有什么问题多问问周老师，只要能听明白周老师的要求，这些活很容易完成。"

也是那个时候我发现了周院士对于工作真的很认真，有时候也可以用"拼命"两个字来形容。老先生每天工作都在8小时以上，对于我们年轻人来说都是非常大的挑战，但也正是那个时候跟随周老师的节奏我的进步也是非常迅速的。对于文献的检索，在我刚去办公室的第三天周院士把我们几个人叫过去开了个会，他又提出了几点要求：对于文献的检索范围要广，首先要整理海洋材料的关键字有哪些，利用有效的关键字对文献进行检索的效率是最高的；接着，他给出了大约20个左右的关键字供我们检索。其次是对国内已经出版过的关于海洋材料的书籍的检索，只要是相关的都要检索到；最后检索相关的科

---

[1] 沈阳航空航天大学材料科学与工程学院　讲师

研单位包括高校、科研院所等一些从事海洋材料的专家。与之前的感觉一样，有了方法，有了方向，做起事情来效率明显快了很多，仅仅一周左右，我们在办公室工作的几个人就建立了上万篇的海洋材料文献库。在此期间有件事对我的触动很大，在检索书籍的过程中，我跑遍了北京所有的图书馆，检索了大约50本相关书籍的目录，当我拿着这些目录给周院士看的时候，周院士很快辨别出了哪些是没用的，哪些是需要购买的，另外也给了我一些建议，可以去购买一些外文影印版的相关书籍。我十分震惊，想不到周院士不仅仅在超导材料与钛合金材料领域有突出贡献，对于海洋材料这种新领域同样有着敏锐的洞察能力。在周院士的带领下仅仅两个月便初步确定了调研的方向，这也是后期出版《中国海洋工程材料发展战略咨询报告》的雏形。在我看来这项如同大海捞针的调研，周院士在很短时间内便抓住了调研方向。这不仅仅教会了我做事情的态度，同时也教给了我做事情的方法，特别是如何处理复杂事情的方法，在后期的博士科研过程中对我的帮助真的是无法估量的。

读博期间，我认为最大的收获就是跟着周院士去参加很多学术会议，特别是新材料国际发展趋势高层论坛。尽管这些会议并不都与超导材料有关，但是他们让我学会了很多材料学中新的表征手段以及测试方法，使我大开眼界。不仅如此，凭借周院士学生的身份，我能与现场的各位专家进行交流，特别是能有幸去请教闻海虎教授这样的超导专家，解决我所存在的问题，真的非常幸运。另外，在周院士的要求下，我们每次都会将会议视频、音频等资料进行整理归类，不仅让我们养成了收集整理会议资料的好习惯，同时这些留存的资料也给我博士期间留下了无形财富！

随着我后期博士课题的继续深入，也根据我个人的学科特点，我开始痴迷于对材料计算的研究。在当时利用第一性原理对材料的电子结构计算还是一个比较新潮的领域。记得2014年年末时，我跟周院士提出想尝试这个领域的时候，他直接从书架上取出两本书给我，对我说："你好好研究一下，这个领域很重要，想把超导材料做好，基础理论也是非常重要的。"我当时非常震惊想不到周院士小小的办公室里居然有如此多的藏书！（直到毕业后我才知道，周院士有定期采购新版图书资料的习惯。）他停顿了一会，接着跟我说："博士生的科研习惯也很重要，你想要把你现在做的东西弄清楚，必须得出国。"这句话在我今天看来仍然是根本不敢想象，无形之中我又要面对一个新的挑战。我当时认定按照周院士的做法，不管困难有多大，只要坚持完成必有收获。当然办理出国也不是一帆风顺的事情，我记得在交大办理出国担保手续的时候，遇到了比较麻烦的事情。由于我没有在交大做我的博士工作，好多老师对我不熟悉不愿意给我担保。我怀着忐忑的心情拨通了周院士的电话，当我把情况跟他说明后，他很轻松地跟我说："没事，别着急，你在学校等一会儿。"

于是，我在一个小时以后便办理完担保证明，当我再次打电话向他表示感谢的时候，周院士说："没事，再遇到类似的问题随时打给我。"在此之后，我每次遇到困难给周院士打电话的时候，他都以和蔼的态度安慰我并很快帮我解决了比较棘手的困难。当我到了法国Grenoble CNRS进行交流访问时，当我被Sulpice教授的敬业、耐心、认真、鼓励我大胆按照自己想法进行实验的工作态度所感染，我再一次体会到周院士的良苦用心。出国期间，每次打电话给周院士汇报的时候，我都能从电话里感受到远在中国的周院士为我的进步感到高兴。在国外的生活很充实，也很单调，每次遇到困难时我就想起这也是周院士曾经奋斗过的地方，身体又瞬间充满了斗志。

掐指算来，我在周院士身边已有将近7个年头，期间也目睹过周院士因为劳累工作而病倒，也感受过病倒后的周院士凭借自己顽强的意志力战胜病魔的过程。我衷心地希望周院士能注意自己的身体，享受一下天伦之乐，也借此文章祝愿自己的恩师八十岁生日快乐，健康长寿！

2020年1月8日于沈阳

高山仰止，师恩难忘
——写在周廉老师八十岁大寿之际

谷 宾[①]

马上就是周廉老师八十岁生日了。时光荏苒，我和周老师相识已近10年。回忆起在周老师身边的日子，不禁内心澎湃、感慨万千。于是总结出一篇有关周老师的小文，恭祝周老师生日快乐，健康长寿！

鞠躬尽瘁，事无巨细

初见周老师是在2011年的冬天，我当时还是一名刚刚入职的出版社责任编辑。入社接的第一个稿子就是周老师的第12届世界钛会论文集。有一天社里说今天下午周廉院士要亲自过来催稿，我当时内心既兴奋又疑惑，兴奋是因为马上就要亲眼见到东北大学知名校友周廉院士了，疑惑是周院士一向公务繁忙，对于七十有余的他，催稿这样琐碎的事也要亲力亲为吗？我清晰记得那天下午周老师穿着一件很厚实的黑色半长款大衣，步履矫健地和随同人员一起走进出版社会议室。简单介绍之后，他开门见山地谈起此行目的，一席话不由得让我肃然起敬，这也是我第一次真切感受到这位老科学家对我国钛研究及钛产业的鞠躬尽瘁、事无巨细。他作为世界钛会国际执委会委员，1999年第一次代表中国申办世界钛会，可惜没有成功，经过3次失败后，2007年在日本再次尝试，经过英、美、法、俄、德、日、中7国组委会投票，最终代表我国成功获得第12届世界钛会举办权。这是世界钛会首次在发展中国家举办，对于促进我国钛行业人员与世界各国钛行业同行交流，提高我国钛专业科研水平，促进钛产业发展具有十分重要的意义。而作为会议的重要成果，论文集按期分发到各国参会人员手中，也是钛会筹委会的重要工作之一。后来我才知道，周老师2007年去日本申办世界钛会时，才刚刚做了左外肝脏移植手术。2019年，身为周老师钛合金方向博士研究生的我参加了在法国南特举办的第14届世界钛会，身处于世界钛科技界"奥运会"之中，聆听各国"大牛"报告，和各国代表交流，尝试回味8年前在北京举办的第12届世界钛会的盛况……我想那次世界钛会带给我国钛产业甚至与之相关行业的影响都是不可估计的。

[①] 北京航空航天大学　博士研究生

亲力亲为，清正廉洁

2014年，在离开学校的第5个年头，我毅然决定重新回到学校攻读博士学位。周院士是我第一个想起的导师人选。很幸运的是，我如愿以偿，成为周院士在北京航空航天大学的钛合金方向博士研究生。读博初期，在周院士办公室承担学生秘书工作的两年半时间，周院士的巨大影响力和号召力、亲力亲为的做事态度以及清正廉洁的工作作风时刻刷新着我的认知。当时仅我了解的同期开展的科技活动有：中国海洋工程材料发展战略研究咨询项目（简称海洋工程咨询项目）、材料学术联盟活动、新材料国际发展趋势高层论坛以及国家新材料产业发展战略咨询委员会活动等。周院士的影响力和号召力体现在每次学术研讨会都能邀请到相关领域的院士或行内翘楚参与，参会人员在议题研讨中思想碰撞，在你来我往间领略着科学和人格的双重魅力。

大到每年举办的千人参会的新材料国际发展趋势高层论坛，小到几十人参会的咨询项目组长会、图书编审会，从确定会议主题、时间、地点、日程、参会专家名单和筹备细节，到后期资料收集、撰写会议纪要，周老师事必躬亲，全程领导、监督。为确保所有工作顺利开展、万无一失，他为自己制订了紧密衔接的工作计划，从整体的年出行计划到精确到分钟的每日工作安排，一切都有条不紊。

除此之外，周老师对项目经费的严密把关让人印象深刻。我刚进办公室作为经办人参与项目财务工作时，周老师先送给我一本财务管理的专业书籍让我学习。即使我对于每笔报销款项掌握得非常清楚，但每次拿着准备报销的单据找周老师签字之前都会有一点小紧张，因为在我经手的百余万项目经费报销过程中，即使数额小到几十元，周老师都会认真考虑询问开销缘由。项目资金管理工作严格依据中国工程院关于院士咨询项目管理制度和托管单位中国有色金属学会专门制定的咨询项目财务管理制度，专款专用，每一笔钱都要用到实处，同时积极配合定期的会计核算。

仅海洋工程咨询项目便在前后2年多时间里召开了18次海洋材料学术研讨会，总体组会议、组长会、编审会工作会议50余次，出版了我国第一部完整的、成体系的海洋材料领域用书——《海洋工程材料系列丛书》（全书共11册）。项目组成员深入南沙、西沙、文昌等地和中石油、中海油等应用部门调研数10次，推动成立研究中心和实验室15个，以及包括海洋材料产业技术创新战略联盟在内的组织若干等。他实实在在将咨询课题做实、做深入，圆满完成咨询工作。咨询项目形成的报告引起国务院领导的高度重视，科技部、基金委、科学院将海洋材料列为"十三五"发展重点。此次项目成果极大推动我国海洋工程材料的发展进程，为我国海洋强国战略实施贡献重要力量。

不忘初心，砥砺前行

但谁又能想到，这样一位为我国科技事业做出重大贡献的科学家是一位几年前刚刚做过肝脏移植手术，每天需要依靠药物和定量运动保持身体健康的

"70后"呢。我在院士办公室工作的那段时间，周院士除了在外出差，每天都会按时来办公室处理各项事务，有时忙到中午无法休息，有时晚上会加班到很晚。即使因为身体状况不允许单独出差，但他从来没有以此为借口推脱过工作。每次长途跋涉后，他又会因为工作、会客忙到深夜才休息。如此持续高强度的工作使周老师近年两次陷入昏迷入院治疗。看着前一天还思路清晰、有条不紊布置工作的他，第二天却因为突然昏迷躺在急救车里，在场的人无不动容。我以为那次入院之后，周老师会降低工作强度，不再事必躬亲，但他身体里仿佛蕴藏着巨大的力量，战胜病魔后又重新投入工作，依然保持着和曾经一样的工作状态和工作强度。明知前方充满艰险，却依然风雨兼程——靠的是不变的初心和坚定的信念。周老师以一种坚忍不拔的态度和忘我奉献的精神，沐浴着风雨，一路砥砺前行！

传道解惑，桃李芬芳

在我尚未完结的博士生涯中，如果说德国留学经历是科学研究开花结果的一场甘霖，那在周老师办公室工作的两年半时间的经历就是确保今后收获的肥沃土壤。自2011年起，为培养钛合金领域高层次优秀人才，周老师多次组织举办钛合金高层次专业培训班。他每次亲自制定授课科目，确定授课老师人选，并为培训班学员讲授开班第一课。培训班授课内容既有全面的钛合金基础知识、前沿科研动态，也有从事科学研究所需的理论和实践准备。同时，周老师通过钛合金培训班，建立了一支由来自不同高校、科研院所钛合金博士生组成的大团队，为钛合金研究人员提供了更广阔的交流与发展平台。

人们总说，老师是蜡烛，燃烧自己，照亮别人；我要说，老师更是灯塔，照亮脚下的路，指引我们前进的方向。周老师十分关心学生的成长，鼓励学生认真学习外语。以前在做学生秘书时，他时常对我们说，学英语至少要掌握一万个单词的听说读写。他鼓励学生出国留学，时常聊起师兄师姐出国的例子激励大家。我还记得，在我申请国家公派联合培养博士生项目时，一名日本东北大学的教授回复我说，你可以来我的课题组联培，但我要和你的导师周廉院士合作。虽然我最终没有去那里，但很明显，周老师的影响力是世界性的，这无形之中给予我许多继续前进的希望和动力。

好的老师也像太阳，有时不曾察觉，但却无处不在，时刻给予温暖和力量。周老师每次出去开会，身边都是"大咖"云集，但他从来没有忽略过学生这个"弱小"团体。公务繁忙的他偶尔会和我们聊天，他心中想的总是如何支持和鼓励学生成长，总是考虑能为我们做些什么。他的很多支持和鼓励甚至可以受用终身，成为今后努力和奋斗的目标。我至今记得5年前夏天的一个周末，我和周老师聊起我即将开始的博士生活。他说，你的基础那么好，将来一定可以将科研做得很好。这对于当时已经离开专业4年的我，是一种莫大的精神鼓励。在今后相当长的一段时间里，那种鞭策与鼓励成为我科研遇到困境时的信念支撑。即使在德国精英大学C4教授的课题组求学，我也时常感念周老师的关怀和教诲。作为一名科学家，他为祖国科技事业做出了突出贡献；作为一名师者，他更是中华传统文化——师道的优秀传承者。

桃李不言，下自成蹊。在生活中，周老师是一个爱好广泛，拥有积极向上生活态度的人。他时常鼓励我们培养兴趣爱好，享受生活乐趣。所以我们会学习茶道，和他一起品茶；研究摄影，和他分享生活的精彩瞬间；研究各类电子产品的新软件、新功能，增添更多生活乐趣。

栉风沐雨，砥砺前行；高山仰止，师恩难忘。

谨以此文献给我敬爱的周廉老师！

2020 年 1 月 5 日于德国德累斯顿

携万象诲人不倦启后生
贯中西传道授业益远学
——记院长、老师周廉院士

张文书[①]

时光如流入海，倏忽之间就迈入了"20年代"。今年是周廉院士八十寿辰之年，谨将我对周院士的感激、感想写成小文恭祝可敬、可爱的老人家生日快乐！

今年是我认识周院士的第7个年头，想起我能留在周院士左右真是非常幸运和梦幻。周院士在2013年5月份被邀请加入南京工业大学，学校领导考虑到周院士的工作需要，准备为他配备一名秘书，我刚好是材料学院2014届毕业的硕士生，就应聘并通过了学校考核进入了周院士团队。2018年，我荣幸地成为周院士的一名博士生。由于秘书、学生这一双重身份，我能经常在周院士身边随时聆听教导，深刻地体会到他一生勤学奉献、为师为范、高山景行，特别是为培养和提携后辈殚精竭虑，为国家的材料事业躬身力行、呼吁奔走。

周院士是国内外知名单位——西北有色金属研究院的老院长、名誉院长，加之周院士在南京工业大学组织并成立了新材料研究院，因此他的学生和老部下都称呼他为周院长，我便也顺着这样称呼且颇有亲切感，也为我们学校能拥有这样的大师顿感自豪。周院长在新材料研究院团队建设、学科发展、人才培养方面付出了很多的精力，他做事认真、严谨，很多关键的事情都会亲自过问。在他的带领下，南京工业大学仅仅用了几年时间便高屋建瓴地在研究院成立了轻合金研究所、材料计算所、生物材料研究所、表面处理中心、腐蚀防护中心、3D打印中心等一系列科研机构，使得研究院的领域迅速铺展并进入发展的快车道。他在"三所三中心"的领军人才选定方面也是费心费力。为了能让国内生物医用材料领域的顶级专家顾忠伟教授加入新材料研究院，周院长在原本密集的行程之中，特意抽出时间飞往成都，与时任四川大学校长的谢和平院士进行交流，最终将顾教授引入新材料研究院。2017年3月，周院长牵头组织研究院团队申请承担中国工程院"中国3D打印材料及应用发展战略研究"咨询项目，短短一年时间内组织召开十几场报告会，密集走访调研了包括鞍钢集团、中国兵器装备研究院、上海第九人民医院、中科煜宸、华曙高科等十几家单位，理清了中国3D打印材料发展方向，为促进我国3D打印材料在生物、医疗等重大工程领域发展建言献策。

同周院长一起经历的很多事情给我留下了非常深刻的印象，比如行业专家

---

① 南京工业大学材料科学与工程学院　教师

与周院长探讨学术内容的时候，他仍能脱口而出多年前研讨会上某专家做的报告内容，一方面是他记忆力超群，另一方面是他听会仔细、认真。这些研讨会无论是他自己组织召开，还是受邀参加的，周院长都会认真听每一个报告人的讲述，一听就是一上午。我常常提醒他应当起身走动走动，他都是应承一声后又聚精会神投入精彩的报告中去了，每次吃完午饭稍做休息后又赶着去听下午的第一个报告。周院长不仅仅听得认真，还时刻记笔记，同时又能够针对前沿新材料、基础材料等不同领域的热点问题和关键科学问题进行精彩的点评。由周院长倡议并发起的材料届品牌会议——新材料国际发展趋势高层论坛，每年分论坛少则十几个，多则二十几个，他几乎每个分论坛必到必听、发表讲话，即使非常劳累也从不懈怠。他以身作则、奉献自我的精神感染着身边每一个人。周院长发表讲话时，会场里经常会响起经久不息的掌声，与会专家和青年学者都表示能从他身上感受到一种启迪心智的力量，我相信这种力量是有传递性的。

　　凡是成功的人毫无例外都醉心于自己的事业，付出比常人更多的努力。在我的工作和学习中，多次感受到了周院长细致的工作态度，严谨的治学理念和不懈的奋斗精神。他经常教育身边的学生："必须在成长过程中，做好充分准备，抓住每一个机遇，在这个前所未有的好时代，不惧挑战，勇于开拓"。他还要求我们："要努力利用好各种平台，要有国内材料领域大平台的意识，做事勤，做人真，努力学习、提高自己、完善自己！"

　　为培养国内材料领域高层次青年人才，他牺牲了休息时间，先后在西北工业大学、南京工业大学、西北有色金属研究院、北京工业大学组织举办了5次暑期培训班，不遗余力地推动高校资源共享。他亲自制定培训计划，邀请谢建新院士、介万奇教授、边为民教授等国内顶级专家给各单位从事材料研究的学员讲授材料研究的基本理论及测试方法。他还亲自准备课件，为学员们讲授《材料科学与工程》，同时又讲授了很多做人、做事、做学问的道理。他一讲就是两个小时，坐在台下的我，突然有种莫名的揪心感，要知道他的身体是经不起高强度工作的，心底深处则对他更加敬仰与崇敬。

　　周院长近八十高龄了，依然经常出差，在不同的城市间辗转忙碌，我自认身体素质不错，但跟着周院长的节奏经常感到非常劳累。医生一再叮嘱他要注意休息，但他在这个方面仍然"我行我素"，长时间的超负荷运转透支着他的身体，疲劳积累也使他的身体经常亮起红灯。2019年4月29日，他累倒了，医生带着诊断对我们说这是因劳累引起的，批评我们没有照顾好老先生，哪里知道他是甘愿燃烧自己啊。这次病情十分严重，前后入住解放军总医院和中日友好医院，接受长达8个月的康复治疗。这期间从几乎动弹不得，到恢复接近往日水平，这不仅离不开医生们的科学指导和护士们的精心照料，也离不开周院长顽强的毅力和持续的训练。从躺床上只能抬起左腿十厘米高度，到下地能站立十分钟，再到迈步行走十来米，一点点、一天天坚持做康复运动，这期间周院长忍受了常人难以忍受的痛苦。在此期间他克服困难的坚韧意志让我非常钦佩和感动。然而，在住院休息的时候，周院长还不间断思考，总是在琢磨工作的事情，同看望他的专家教授们交谈工作时常令他显得神采奕奕。在康复治疗期间我同周院长相处的时间更多了，每当他陷入深思的时候，我便请教他一些问题，他从不嫌我学浅孤陋，每次都耐心解答。有时候也会请他回忆在西北有色金属研究院奋斗的日子，偶有引起话题的地方，周院长便滔滔不绝，尤其是讲到创办西部超导公司的曲折历程，听得我们大呼过瘾。这样的院长、老师让人怎能不爱！

　　仁者寿，如阜如涛，希望敬爱的周院长、周老师健康长寿！

2020年1月4日于南京

独家记忆
——部分在读研究生与周老师的难忘师生情

初见周老师是在2015年夏天，我作为陪同人员在西安北站迎接周老师参加有色金属研究院（简称西北院）建院50周年系列活动。那时我即将博士入学，对于即将见面的导师同时也是中国材料学界的泰斗，内心感到无比激动和紧张。见到老师后，他的平易近人让我倍感亲切，紧张的感觉烟消云散，带给我更多的是深深的敬佩之情。在日后的岁月里，这种情感愈加深刻。

十年树木，百年树人。老师这些年不遗余力地为国家培养了大量优秀的材料领域人才。他在百忙之中定期抽时间听取学生的科研汇报，九年如一日地举办新材料国际发展趋势高层论坛和中国材料进展讲习班，为年轻的我们提供了一个极佳的学习和交流平台。他鼓励年轻人出国交流，大力向来访的国外专家推荐我们去对方实验室深造，就是想让我们新一代在丰富知识的同时也可以开阔眼界。21世纪综合国力的竞争说到底是科技的竞争，是科技人才的竞争。老师对于培养我国材料领域人才的远见，对于我们新一代身上倾注的心血，使我由衷地敬佩。

老师自律乐观积极的生活态度是我们学习的榜样。他生活极其规律，规定自己每天必须走到一万步，风雨无阻。他说过会科研也要懂生活，科研和生活是相辅相成的。在生活中要多培养自己的爱好和兴趣，多发现生活之美。在他的影响下，我也爱上了摄影，并且也养成了多留心周围美好景物的习惯，渐渐发现这对于科研思维的提升很有帮助。老师说他喜欢和年轻人在一起，更喜欢不断学习新事物。网约车、点外卖、发朋友圈这些互联网时代的新兴事物，老师很快就熟练掌握了。这种与时俱进、不断学习的态度是极为难能可贵的，终身学习的习惯是值得我们每一个人学习的。

2015年陪同周老师参加完西北院建院50周年系列活动后，周老师勉励我要"追求精彩人生，事业有成，生活快乐。"这句话至今一直深深地刻在我的脑海中，成为我奋斗的力量源泉。每一代人有每一代人的长征路，我们新一代科研人员将以老师为榜样，用汗水浇灌收获，以实干笃定前行。只争朝夕，不负韶华，为实现中华民族的伟大复兴而奋斗。

祝老师八十岁生日快乐，无限精彩！

2015 级东北大学博士生：刘吉星

作为老师的一名学生，幸运的是我可以在参加各种材料盛会的同时，聆听老师的教诲。老师对我们的教导看似很远，实则很近，因为老师在繁忙的行程安排中，总是能够挤出时间来给我们务实和长远的建议，老师的活力一直感染着我们这一代年轻人。周老师对博士的培养，突破了传统意义上仅仅局限于课题组内的培养模式，同门的师兄弟姐妹们遍布各个高校和科研院所，所有的前辈都可以是老师。作为西北院培养的一名学生，又可以把科研和生产无缝连接，这种接地气的科研模式正是目前科研界所稀缺的。在老师的鼓励下，我广泛参加会议，广泛吸收学习，科学没有边界，这些都使得我看得更宽。每次和老师谈心，我都能汲取到走出去的勇气和能量，并将这些付诸实践。通常意义下，做博士课题总容易钻牛角尖，只关心眼前的事情，比较少放眼未来，而老师的战略眼光又带领我们看得更远，站在行业的角度看问题。周老师既是科研导师又是人生导师，成为他的学生对我来说极其幸运。在周老师八十华诞之际，祝愿周老师精彩继续，作为老师的学生定将不负韶华、努力拼搏、一路前行。

2016级西安交通大学博士生：吴　聪

时光荏苒，岁月如歌！周老师在人生旅途上，风雨沧桑80载，为科研事业、教育事业，兢兢业业，勤勤恳恳，呕心沥血。岁月年轮勾刻了皱纹，80年的辛勤汗水，浇铸了桃李满天；80年的无私奉献，铸就了灿烂辉煌！

80年岁月，立功、立世、立德的风骨，也铸成了我们人生中的参天大树。

就我个人而言，硕士期间在西北有色金属研究院联合培养，曾有幸参与过一次周老师组织的讲习班。讲习班初始，周老师进行了精彩的讲话，讲台上的周老师精神抖擞、神采飞扬，给我留下了深刻的印象。同时，周老师在对材料发展的前沿方向上有着独到且深刻的见解，让人不禁醍醐灌顶。

周老师在日常的科研教学中，对我们研究生们也关爱有加，从我们的生活环境到学习状态再到科研方向，都悉心关照。周老师作为材料界泰斗，依然数十年如一日地坚守在科研一线上的这种工匠精神，深深地鼓舞着我们每一位学子！

硕士毕业后我敬畏周老师的大家姿态立志报考周老师东北大学博士研究生，在和周老师的谈话中，老师亲切地关心了我的学业并对我报考表示支持。通过东北大学博士统招后，我终于如愿以偿地成为周老师的博士研究生。周老师在我被录取后立刻对我的学习计划和研究方向给予了指导和帮助，受宠若惊之余，我也备受鼓舞，决心以老师为标杆，向老师看齐，做一个专心、耐心、细心的材料人，努力为科研事业贡献我的微弱之力，不负栽培之恩。

在此，我恭祝老寿星，福如东海，日月昌明，松鹤长春，春秋不老，精彩每一天！

2017级东北大学博士生：王　岚

时光飞逝，岁月如梭，转眼间已经跟随老师学习两年，这两年来感悟很多，收获很多。第一次在西北院见老师时的场景仍记忆犹新，当时我既紧张又激动，老师仔细看了我的个人简介后，问我之前硕士阶段做的一些工作，然后用家常式的语气跟我聊了一些家庭及日常话题，瞬间我的心情放松了很多，最后老师听取了我将来学习和工作的规划并给出了一些宝贵的建议。见面结束后，老师说学生在外打拼不容易并帮我垫付了路费，让我非常感动。西安的冬天很冷，但我心里很暖。作为老师，总是鼓励学生镂心鉥肝、脚踏实地；作为材料界专家，总是尽心竭力，以培育更多领域人才为己任，大力举办学术交流论坛。在南京的一次材料培训班中，老师分享了学生时代的一些生活趣事和学习经历，我感觉到老师在生活中风趣幽默而在工作中严于律己，内心也再一次踔厉分发。寥寥数语道不尽感恩，无论走到哪儿，我将永远记住老师的教诲。在老师八十大寿来临之际祝愿老师身体健康，一切顺心！

2017级东北大学博士生：崔昌兴

  2015年8月，接学校老师通知，我们一行人前往南京工业大学进行为期两周的专业基础知识课程培训。在那里，我第一次见到了导师周廉先生。记得那时，略带青涩的我初见导师未免紧张不已。然而，周老师的一声亲切问候后，我开始明白，面前的不仅是我尊崇不已的智者，也是一位和蔼可亲、平易近人的长者。

  自此，我也开始逐渐地、更为深刻地了解导师周廉先生。

  注重学生发展，推动人才教育。年轻时，周老师是优秀的留学归国人才，为祖国西部科技发展做出了重大贡献。年近耄耋，周老师更是具有长远战略眼光的智者。不遗余力，推动人才教育；矢志不渝，助力创新强国。记得那次培训课堂上，材料领域的专家学者们百家争鸣，百花齐放。作为初入师门的学生，我收获颇多。老师们的讲解，从材料科学的基础理论到不同分支，再到未来发展方向，条分缕析、有条不紊。其中，印象尤为深刻的是周老师在开班仪式上的讲话，让我恍然大悟，心生敬佩：人生当艰苦奋斗，人生当志存高远。

  周老师关心学生，不仅仅止于眼前，更放眼长远。还记得来西北院的几年间，参加了西北院举办的暑期培训班、2017年新材料国际发展趋势高层论坛和在西工大举办的讲习班等诸多学术交流活动。期间，学习了很多材料领域的著名专家和青年学者的研究方法和心得，逐渐了解到材料领域飞速发展的现在和大有可为的未来。每一次，当我步入这些知识的殿堂，都深刻谨记学习的机会来之不易，都明白这是周老师辛苦奔波换来的，作为学生的我，当倍加珍惜。周老师鼓励学生参与会议、广泛学习，更默默支持学生的进步和发展。

  在西工大讲习班上，周老师意味深长地反复叮嘱作报告老师。坚持要求每一场报告都要贴近大部分学生的学习兴趣，推动更多学生参与进来，努力让更多的学生学到知识、受到启发并获益良多。坐在讲台下的我，不时注视着这位严肃认真的老人，注视着他为了学生的发展而倾注全力。此时，不由得想起了文学家曹操的诗作：老骥伏枥，志在千里；烈士暮年，壮心不已。

关怀备至，细致入微。作为科技专家，周老师尽职尽责，努力推动国内科技发展，并身体力行。在一次报告会上，听闻与会老师提及，在他临行前周老师还不忘叮嘱他反复修改报告内容。闻听此言，我不禁备受感动，努力学习，唯恐辜负师长教诲。

回忆至此，百感交集。曾经的我，年轻孟浪，也让百忙之中的周老师颇为费心。作为学生的我，深感歉意。回想起以前，周老师认真倾听我的每一个电话，努力帮我解决每一个问题，并耐心指导我的课题研究，引导我一步一步向前。

因此，于新年来临之际，更是周老师生日华诞到来之际。内心欣喜之余，也想对周老师说一句：周老师，您辛苦了！

2017级西北工业大学博士生：肖　邦

初识周老师是2016年7月18日早上，在西北有色金属研究院的2号楼五楼报告厅，那次是由周老师发起的暑期科技培训班，我们太原理工大学一行5人来到西北院学习。培训班开幕式上，周老师讲话时是我第一次近距离（有15米远）见他，当时内心真的好激动，以前只是在网上了解过。虽然周老师70多岁了，但给我的感觉一点也不像，是一个满满正能量且洋溢着积极向上人生态度的大家在通俗易懂地讲解他毕生所学。会后，周老师将他的学生叫到一起，悉心聆听学生们遇到的问题，当面和副导师进行沟通解决这些问题。第一次见周老师除了仰慕与敬佩还有崇拜！

之后我便回到了学校进行基础课程的学习，再次在西北院见到周老师是2018年1月19日的学生进展汇报。周老师每一次留给我的印象都不一样，这次我切实看到了他对所有学生进展的关心，从早上九点半开始一直到下午六点半结束（除了中午休息2小时），他一直认真听每位学生的汇报，着实让我感动。

时间一晃便到了2018年7月，这次周老师主办的暑期钛合金培训班在南京工业大学举办，开班仪式上周老师说，听讲的基本上都是学生，所以他要求这些老师必须以讲课的形式进行。周老师对于学生的这份关怀以及对我国新一代材料人培养所寄予的这种情怀，真的让我们晚辈望尘莫及，是我们晚辈学习的楷模！

转眼便到了硕士毕业，周老师以及西北院老师这两年的培养使我毅然决定了读博。我做了一份简历，2018年9月份在周老师回西安的时候，匆匆见了一面。说实话当时单独见周老师很紧张，但他很和蔼地让我坐下，看了看我的简历，说了句："干得不错，我收了。"这一句分量很重，我很开心，但无形的压力又涌了过来。2018年底，周老师又发起了8期中国材料进展讲习班，我在西安有幸参加了

4期。周老师办班旨在消化吸收近年来中国新材料的研究进展，加快培育中国材料领域的青年人才。讲习班不仅是专业性的，还是基础性的，能够很好地为我们学生提供宝贵的学习机会。这才是时代楷模，这才是家国情怀，这才是不忘初心！将自己一生都献给为全人类发展而奋斗的路上，是我们晚辈学习的榜样。我们青年一代没有理由安逸，只有永不休止地奋斗，才能使青春之花，即便是凋谢，也是壮丽的凋谢！

最后，在周老师八十大寿之际，送上内心最真挚的祝福，愿周老师青春永驻，永远激情澎湃，桃李满天下！

2019 级西安交通大学博士生：徐建平

记得第一次知道周廉老师还在2017年的冬季，当时我正在为考研复试做准备，那时我在西北工业大学材料学院的教师名录上看到了周廉老师的信息，知道周老师作为中国工程院院士、中国超导和稀有金属材料的专家，为我国超导和稀有金属材料的发展作出了巨大贡献。本以为有幸能成为西工大学生的话，便有机会见到周老师这样的学术大家，后来由于自己复试表现不佳，没能成为西工大的一名学生成了我的遗憾。之后我又成功调剂到了东北大学，这时才知道原来周老师也是东北大学毕业的，并且也兼任东北大学的校外导师，在选择导师时我就直接选择了周廉老师，最后也非常荣幸成为周老师的学生。不知不觉成为周老师的学生已经一年有余，在这期间周老师也一直关心着我们。今年将迎来周老师的八十大寿，身为周老师的学生，在此祝周老师健康如意，福乐绵绵，笑口常开，益寿延年。

2018 级东北大学硕士生：王玉鹏

我是东北大学在读硕士研究生吴昊。来到西北有色金属研究院后我感到了无比亲切，不管是学习还是生活，这里的同学、师兄、师姐都给了我莫大的帮助。在这里，实验条件充足，资金充裕，为我实验的进行提供了极大的帮助。西北院继承了周老师艰苦奋斗、求实创新的精神，我作为西北院的联培生，在学习期间，定会努力奋斗、刻苦钻研。

在周老师八十大寿之际，祝周老师生活之树常绿，生命之水长流。身体永健康，快乐永相伴。

2018 级东北大学硕士生：吴　昊

自2018年9月跟随周老师开始学习、进行科研工作以来，我对周老师渊博的学识和对国家所做出的卓越贡献怀有深深的敬意。周老师长期致力于超导和稀有金属材料的研发，推动了国内超导材料及稀有金属方面的发展，特别是在低温铌钛超导材料Nb_3Sn、高温YBCO超导材料、Bi系超导材料和二硼化镁新型超导材料方面创造了三次世界最高纪录，为国家做出了卓越贡献，激励了万千学子。在国内科研条件还很薄弱的时候，周老师领先创造了一系列的举目成就。周老师的科研一直和国家发展紧密结合，主持开展一系列国家重点研发项目，心系祖国未来。

在周老师八十寿辰来临之际，祝周老师福如东海，日月昌明，松鹤长春，欢乐远长，身体健康，工作顺利！

2018级东北大学硕士生：夏洪勇

Congratulations to Professor Zhou Lian in celebration of his 80th birthday.

On the occasion of the 80th birthday of Professor Zhou Lian, I would like to send hearty congratulations to him, and to comment on how fortunate it is that the scientific world has been fortified, energized, supported and inspired, over decades, by his remarkable personality and friendly leadership. Happy birthday, Professor Zhou!

In particular, I was privileged to work with him during the years 2003 – 2008 as he served in the Presidential Line for IUMRS. As Second Vice President, I prepared the bold application of IUMRS for full membership in the International Council of Scientific Unions (ICSU) – a vital opportunity for the young IUMRS to expand its horizons and impacts as an active participant with the 28 other (older) Unions in advancing the role of Science in global thinking and governance. Encouragement and support from Professor Zhou made major contributions to our final submitted document. And, as IUMRS President, he represented us at the 2006 General Assembly of ICSU in which our acceptance was determined by acclaim. Today, IUMRS actively participates in actions and debates of the International Science Council (successor to ICSU).

This adventure has surely been only one of the many successful results of Prof. Zhou's personal actions that seek to serve and strengthen the local and global communities of Science. We have much to thank him for, on this celebratory occasion.

John Baglin

(baglin@us.ibm.com)

HOMAGE TO PROFESSOR ZHOU LIAN

Past President of IUMRS & President
Northwest Institute for Non Ferrous Metals
XI'AN / CHINA

Our contacts to C-MRS started about 35 years ago, when preliminary discussions were initiated during the Boston conferences, with the objective to create an "International Committee" on Materials (1984-1985). At that time, the world was totally different from that we know today. However, a small, but very motivated international group decided to launch international cooperations between countries with so different cultures. R.P.H.Chang ,introduced in these different cultures, played an important role in making C-MRS leaders (Hengde Li, Yafang Han) and E- MRS becoming close friends, supported by President S.C.XU.

As a consequence, even before IUMRS was really active a series of bilateral events took place between C- and E-MRS, alternatively in China and Europe.

Early 2004, Professor Zhou Lian, already active in our bilateral collaborations, was elected 1st. Vice President of IUMRS (2003-2004), when G. Crean from E-MRS was IUMRS President. Having two very motivated persons joining their efforts was really a boost for IUMRS. Furthermore, since Professor Zhou had strong links with french Universities (Grenoble University), frequent physical contacts became possible without any cultural obstacle even exchange in french became possible.

During that period, it became clear that Professor Zhou had a vision, not only for his very important Institute in Xi'an, but also for IUMRS. Remaining in the memory of all the five participants is the small boat night tour on a lake close to Shanghai, where he presented his model for the longer term of IUMRS as President (2005 —2006). His visions are still totally accurate today :

- Reach an international recognition for IUMRS by having it accepted as full member in ICSU. The demand was formulated in 2005 and accepted.
- Launch high level Awards and Prizes as well as Journals: some have already been created. Largely visible international is the journal "*ENGINEERING*" , with an impact factor in continuous growth.
- Create high level scientific conferences on specific materials problems, important for the future :
  - RAW MATERIALS will become the key of the future industry.
  - RARE ELEMENTS: he demonstrated its importance in an International Conference in Beijing, by a high level governemental presentation.
  - MATERIALS FOR FUTURE SUSTAINABLE ENERGY. This idea has become the set of "SUMMITS" , with first in Europe and the second in Suzhou. The 7th is in preparation.

This is definitively the best proof of all the leadership Professor Zhou has shown, with ideas still at the front edge of what has to be IUMRS objectives. All my congratulations at this important milestone and best souvenirs.

From Paul SIFFERT

Congratulations to Professor ZHOU Lian on His Eightieth Year

I recall with fondness my having the had the opportunity to visit and work with ZHOU Lian, a colleague of great wisdom and effectiveness, while we were simultaneously involved with the IUMRS. I believe l first met him in Boston USA in 2000 at a meeting where I took this photo of him with Prof. Alex King.

Whether meeting in Xi'an or at other venues of IUMRS activity during the early-to mid-2000s, I always found our interactions most enjoyable and rewarding. One brief personal encounter in 2016 at Qingdao was the last time l had the chance to see him, and I wish it had been a longer visit.

Time dims the memory, at least that is true for me. The best way now for me to recall how important a role ZHOU Lian played is to extract some published information from the pages of IUMRS Facets, a publication project of IUMRS that he strongly supported as a leader of the Union.

I attach a record of the announcement of his election (Vol.1, No.4, pp.22-23), his editorial of October 2003 (Vol.2, No.4, p.2), his editorial as incoming president of January 2005 (Vol.4, No.1, p.2), photos of his participation in the ICMAT meeting of July 2005 in Singapore (Vol.4, No.3, pp.14-15), and lastly, evidence of what was certainly the capstone of his successful presidency, the announcement of IUMRS joining ICSU (Vol.4, No.4, p.26).

I consider it a privilege to have been asked to send my greetings and congratulations to my friend and colleague, Professor ZHOU, on this milestone occasion. I wish to him and to all in attendance at his celebration a most enjoyable time in Xi'an.

With warmest personal regards,

Elton N. Kaufmann (January 2020)

Dear Prof. Zhou Lian!

It is my great pleasure to congratulate you with your 80 year jubilee !!!

It was a big honor for me to work with you in the International Titanium Committee and I was happy that we both always shared the same viewpoint regarding international development of titanium science and technology. Your leadership talent was especially fantastic during the World Titanium Conference in Beijing held in 2011. In my view (and not only my! most of titanium comunity thinks the same) Beijing Conference was the best and we all understand that your role in that success was the most pronounced.

Recently, in Nanjing I again had a chance to see how exclusive was and continues to be your leadership in Chinese Titanium comunity, both industrial and scientific, how are you respectable by all generations, and you certainly deserved that as a person that did and continues to do more than anybody else to make China the leading titanium country in the world.

Today I wish you good health and success in all your plans for future! I know that you are full of such plans and I am sure that you will perform everything!

And I am happy to be among your friends that are today with you. Hope to see you as soon as it will become possible!

OREST IVASISHIN
ICO member of the Commonwealth of Independent States

无冕材料泰斗
润物学界无声
贺周廉院士八十华诞文集

•••• 周廉院士大事记 ••

1940.3.11（农历二月初三）	生于吉林市舒兰县
1947～1948	舒兰县通三完小学习
1948～1952	永吉县双河镇第一完小学习
1952～1958	吉林省实验中学、吉林二中、吉林一高中（吉林一中）
1958～1963	东北工学院有色金属加工系学习
1963	劳动实习
1963～1969	北京有色金属研究总院工作
1965～1967	冶金部外语培训班学习
1968.5.5	和屈翠芬结为伉俪
1969.8	调入宝鸡有色金属研究所工作
1971.2	作为骨干参与研制出了1.8t受控核聚变装置用NbTi单芯超导线，用于我国第一台受控核聚变装置磁体系统和400kW超导电机
1973.11	参与厂（所）发起在宝鸡承办的首届全国钛及钛合金学术交流会
1978.5.16	作为钛合金负责人之一，参与冶金部和三机部军用斯贝发动机专用金属材料国产化联合专业攻关组
1978.10.10	任宝鸡有色金属研究所（以下简称宝鸡所）科研办公室副主任
1979～1981	法国格勒诺布国家科学研究中心（CNRS）进修
1982	创造铌钛超导材料世界纪录
1984.2.10	根据中国有色金属工业总公司（84）中色党字第014号文，被任命为宝鸡所副所长
1985.1	宝鸡所全所实行综合经营承包制
1988	任国家"超导技术专家委员会"首席专家
1988.3	YBCO/Ag复合带J_c达到6000 A/cm^2（0T，7.7K），J_c为国内最高水平
1988.4.1	在宝鸡主持召开了"全国高温超导体会议"（承办）
1988.4.2	接待国家科委副主任朱丽兰视察
1988.7.17	原宝鸡有色金属研究所与西安有色金属研究所合并，经科技部同意更名为西北有色金属研究院（以下简称西北院），任副院长
1991.8	任国家基础性研究重大关键项目"高临界温度超导电性基础研究"首席科学家
1992.12.7	被评为"全国有色金属工业特等劳动模范"
1993.3.1	总公司费子文总经理来西北院视察扩迁建工程施工现场 西北院与西安公司合资成立菲尔特新材料公司
1993.10.8	承办第二届中俄双边新材料讨论会
1993.12.17	经国务院学位委员会学位办[1993]60号文批准，成为东北大学博士生导师
1994.5	当选中国工程院首批院士
1994.6.29	接待国务委员、国家科委主任宋健院士来西北院视察
1995.4.20	申报的稀有金属材料加工国家工程研究中心获批建设
1995.8.3	被任命为西北院常务副院长兼加工厂副厂长

1995.10	东北大学研究生院西北分院成立第一届学位评定分委员会，任主任
1995.12	高J_cYBCO超导制备技术及组织性能研究，获中国有色金属工业总公司科技进步一等奖
1995	当选中国材料研究学会副理事长
1996.5.14	出席西北院博士班开班仪式，招收博士生13名
1996.9.14	主持召开第十一届国际织构会议
1997.5.16	任西北院第五届学术委员会主任
1997.10.21~25	在舟山主持召开首届全国纳米材料应用技术交流会
1997.10	在成都参加超导火车项目论证
1997.12.5	西北院科学技术协会成立，任第一届主席
1997.12.31	主持召开实用超导体的临界电流国际研讨会
1998.2	当选第九届全国人大代表
1998.5	在西安主持召开中国工程院"迈入新世界材料咨询项目"有色金属领域讨论会
1998.9.14	获何梁何利基金科学与技术进步奖
1998.9	在西安主持召开XITC'98国际钛会
1998.10	参加科技部"973"计划座谈会
1998.11	当选为中国材料研究学会理事长
1998.12	主持的"高温超导电缆"国家超导攻关，入选国内十大科技新闻
1999.6	率团赴俄罗斯参加第九届世界钛会，并争办第十届钛会（失利）
1999.6	接待超导诺贝尔奖专家柏诺兹教授
1999.6.28	根据国色任字[1999]067号文，不再兼任副厂长职务
1999.8	参加国家奖终审汇报会（高J_cYBCO超导材料制备技术获二等奖）
1999.9	主持的"高温NdFeB磁性材料"项目通过国家计委评审，被列为国家高技术产业化示范项目
1999.9	出席在大连举行的第十届全国钛会
1999.12.28	当选西北院党委书记
2000.1.12	中共西安公司委员会西色党字[2000]003号文，任党委书记
2000.3.14	任中国材料研究学会第三届理事长期间带领中国材料研究学会成为中国科协的正式成员
2000.3.19	接待中共中央政治局委员、国务院副总理吴邦国来西北院视察
2000.8	向科技部等部委领导汇报超导材料研究进展 约见陕西省省委书记李建国，汇报西北院定位和工作设想
2000.9.29	向科技部朱丽兰部长、马颂德副部长汇报"863"计划超导进展和发展设想
2000.10	参加在日华人材料协会青年委员会成立大会
2000.10	主持完成了中国工程院"中国有色金属材料发展现状及迈入新世纪对策"咨询项目
2000.11.7	在北京劳动大厦主持召开C-MRS 2000大会

2000.11.21	领导开启西北院混合所有制改革开端——由院与职工持股共同投资组建的"赛特""泰金""华泰"有限公司揭牌成立
2000.11	主持召开西安国际锆会暨中国核学会核材料分会学术交流会（主办）
2000.11	出席MRS秋季会议并顺访GE公司和ISI等单位
2000.12	制备出210m Bi-2223/Ag超导长带
2000.12.28	西研稀有金属新材料股份有限公司（西部材料前身）成立，任董事长
2001.1.2	和广东华艺铜业总经理陈云门商讨组建"中国超导公司"事宜
2001.2.20	为西北院博士后工作站揭牌
2001.3.22	当选第二届中国生物材联委员会委员
2001.4.19	根据中共陕西省委组织部陕组干任[2001]117号文，被任命为西北有色金属研究院院长
2001.6	当选中国科协全委会委员和国家新材料领域的专家委员会委员
2001.8	参加IUMRS-ICA 2001和国际材联会议
2001.9.16～20	主持召开了"新材料发展现状及21世纪发展趋势研讨会暨中国工程院化工、冶金与材料工程学部第三届学术会议"（承办），60余位院士出席
2001.10	主持召开"中欧新型能源材料论坛"
2001.12.8	中共中央政治局常委、国务院副总理李岚清在科技部部长徐冠华、教育部部长陈至立、陕西省省委书记李建国、陕西省省长程安东的陪同下来西北院视察工作，专门就转制与改革问题听取汇报
2002.1	接待美国牛津仪器公司和GE公司商讨超导合作事宜
2002.2.8	主持召开西北院36周年院庆大会
2002.3.30	接待台湾超导公司王志勤等人商讨超导公司事宜
2002.5.17	约见西安市副市长乔征商谈纬29街修路事宜
2002.5.27	主持中国有色金属工业协会钛业分会挂牌成立大会并出任首任会长
2002.5.30	在中国工程院第六次院士大会上当选为化工、冶金与材料工程学部主任
2002.6.7	参加陕西省委常委扩大会，成立陕西材料科学工程院
2002.6.8	参加陕西科技大学更名典礼，受聘为名誉校长
2002.6.10～14	在西安主持召开了"第8届国际电子材料大会"（主办），并当选为国际材联第一副主席
2002.6.17～20	在西安主持召开了"2002年西安国际应用超导学术研讨会"（主办）
2002.8	主持化工、冶金与材料工程学部与包头稀土高新区合作委员会活动
2002.8.26	出席西北院首届工程硕士班开学典礼
2002.11.9	参加日本超导会议和日本钛协成立50周年纪念活动
2002.11.29	中共陕西省委副书记、西安市委书记栗战书来西北院视察，支持院发展高科技产业，协调解决了超导材料产业化项目建设用地等问题

2002.12.26	主持中国材料研究学会新材料关键技术选择研讨会
2003.1	中国材料研究学会办公地点迁至北京海淀区紫竹院路
2003.1.17	接待ITER（国际热核聚变实验堆）技术代表团一行13人来西北院考察
2003.2.22	主持西安高校材料学科座谈会
2003.2	当选为第十届全国人大代表
2003.2.20～21	主持召开了中国工程院高温超导材料项目咨询研讨会（承办）
2003.2.24	接待法国驻华大使Jean-Pierre Lafon先生等，就进一步加强中法科技合作与交流事宜达成共识
2003.2.28	为加速国家高技术产业化示范工程项目"铌钛合金超导材料"的建设，组建西部超导公司
2003.4.6	西部超导公司成立大会在西安隆重举行，与栗战书等共同为公司揭牌
2003.5.24	国务委员陈至立、教育部部长周济、国家发改委副主任李盛霖、国务院副秘书长陈进玉、科技部副部长邓楠、财政部副部长金立群、国办秘书三局局长黄文平等领导在省委书记李建国、省长贾治邦、省委常委郭永平、副省长朱静芝的陪同下来西北院视察
2003.6	参加国家中长期科学和技术发展规划战略研究论坛
2003.7.3	出席西部超导公司一期工程动工仪式
2003.7.13～18	率团参加在德国汉堡召开的第十届世界钛会，再次申办钛会失利
2003.9	主持召开"全国第三届纳米材料技术与应用会议"
2003.9.19	主持材料学会技术预测新材料组专家讨论会
2003.9.26	在中法科技部部长见证下，与法国国家科研中心签署建立超导体与磁性材料应用实验室（LIA）国际联合实验室协议
2003.10	参加IUMRS-ICAM 2003大会并作大会报告
2003.10	参加中国工程院化工、冶金与材料工程学部第四届学术年会并作大会报告
2003.12.5	当选中国材料研究学会第四届理事长
2003.12	主编完成《材料科学与工程手册》的编写工作
2003.12	在香港主持召开C-MRS新材料国际发展趋势研讨会
2004.2.29	参加"863"计划新材料领域"十一五"发展战略研讨会
2004.4	主持中日环境材料、循环产业与环境管理研讨会
2004.5.9	发起成立陕西省材料研究学会
2004.5	参加第七次世界生物材料大会，率中国工程院代表团访问澳大利亚工程院
2004.5	参加E-MRS春季会议
2004.5	参加"863"计划"十一五"新材料发展战略研讨会
2004.8	作为会议主席主持2004国际稀土研究与应用研讨会

2004.9	作为会议主席主持2004国际镁合金学术会
2004.9	主编发行《中国新材料产业发展报告（2004）》
2004.10.14~16	在西安主持召开"中日核材料研讨会"（主办）
2004.11.3~5	在西安主持召开"中法纳米研讨会"（承办）
2004.11.6	出席西部超导公司举行的一期工程投产活动
2004.11	主持召开"中国材料研讨会-2004"
2004.12.21	会见了西安经济技术开发区主任岳华峰，商议西部材料产业园购地事宜
2004.12.24	参加了新材料领域高技术产业发展"十一五"专项规划发展重点咨询研究专家组会议
2005.1.5~6	在院第24届学术年会上发表了西北院未来展望报告
2005.1.18	荣获法国约瑟夫·傅立叶大学名誉博士学位，成为该校历史上首位获此殊荣的中国科学家
2005.1.30	科技部李学勇副部长来院考察调研，汇报了西北院的改革发展情况
2005.5.31	卸任西北有色金属研究院院长
2005.8	主持召开"第二届中-日-韩材料研讨会"
2005.9.30	任中国材料研究学会第四届理事长期间，学会设立、颁发"中国材料研究学会科学技术奖"资格获科技部批准
2005.10	主持西安2005国际钛周
2005.10	参加国际科联（ICSU）工作协调委员会全体会议，在会议上IUMRS成功加入ICSU
2005.11	主持召开中国（宁波）新材料与产业化国际论坛
2005.11	出席中、美、欧材料研究学会高层领导人会议
2005.12	主持召开"2005年新材料发展趋势研讨会"（顺德）
2006.1.9	出席全国科技大会开幕式
2006.1.11	出席香山科学会议
2006.2.18	出席《中国材料工程大典》首发式并发言
2006.3	会见美国材料研究学会（MRS）代表
2006.3.29	出席香山科学会议
2006.4	在杭州举行的学部常委会上辞去学部主任
2006.5.15	因肝癌肝硬化住北京302医院
2006.6.26	出席2006北京国际材料周开幕式并致辞，向材料界同仁公布癌症病情
2006.6.27	汇款给吉林一中，设立周廉奖学金
2006.6.28	入住浙江大学医学院附属第一医院
2006.7.13	肝移植手术

2007.1.19	参加西部超导公司第三届一次董事会
2007.4.25	在上海和师昌绪、韩雅芳、王克光举行会谈，商讨学会会刊事宜
2007.4.26～27	主持召开材料研究学会国际材料教育论坛
2007.5.16	主持召开中铝有色会议
2007.6.6	受聘担任"973"计划顾问组第四届顾问，任期三年
2007.6	参加在日本京都举行的第十一届世界钛会并做大会报告，代表中国成功申办下届钛会，并顺访日本材料研究学会
2007.6.16	参加"973"计划香山科学会议
2007.7.24	和师昌绪、李恒德、王克光商议举行材料研究学会换届筹备会
2007.9.8	参加国际热核聚变实验堆（ITER）计划评审会
2007.9.19	出席中国材料研究学会第五届会员代表大会，和黄伯云院士进行交接
2007.10.28	参加"核材料丛书"首发仪式
2007.12.8	参加第九届全国超导会议
2007.12.26～31	因肺炎入住西安高新医院
2008.1.28	参加中国工程院大飞机咨询项目会议
2008.4.25	在中南大学被授予桥口隆吉基金奖
2008.6.12	与《自然》编辑J. Heber博士会谈
2008.9.26	获中法科技合作三十年贡献奖
2008.12.30	获中国有色金属工业协会改革开放30年贡献奖
2009.2.6	成立第十二届世界钛会中国组委会
2009.3.22	作为共同主席主持召开中国工程院金融危机下的太阳能工程科技论坛
2009.4.25	急性痛风发作，入院
2009.5.13	主持召开中国生物材料论坛
2009.6.6	出席西北工业大学钛博士班开班仪式
2009.6.22	出席世界钛会中期会议
2009.6.23～7.21	因脑梗入住301医院
2009.10	出席国际材联中美欧苏州高峰会议和C-MRS 2009大会
2009.11.11	出席在北京举办的"庆祝中国有色金属加工60周年大会"，并作了大会邀请报告《稀有金属加工60年》
2009.11.30	在西安主持召开中国工程院钛合金材料技术发展与应用工程科技论坛
2010.1.25	接待胡锦涛总书记参观西北院超导公司
2010.3.18	主持召开西安新材料论坛暨70岁生日纪念
2010.4.7	在北京主持召开航空钛合金技术发展论坛
2010.6	在宝鸡主持召开第十二届世界钛会Keynote报告研讨会

2011.6.19～25	在北京主持召开第12届世界钛会，获得巨大成功
2011.8.27	主持召开航空材料应用现状及发展对策咨询报告启动会
2011.9.7	复办2011国际新材料发展趋势高层论坛（淄博），报告非常精彩
2012.2.2	召开材料学术联盟成立会议
2012.2.18	主持召开航空高分子材料研讨会
2012.3.9	主持召开航空镁合金暨金属基复合材料研讨会
2012.3.34	主持召开航空材料应用现状及发展对策咨询报告第三次会议
2012.4.6	中国生物材料学会成立，获贡献奖
2012.4.13	主持召开"航空涂层应用现状与发展对策研讨会"
2012.4.21	主持召开"航空复合材料发展现状与对策"研讨会
2012.4.26	出席中国工程院材料延寿重大咨询报告启动会并担任组长之一（挂名）
2012.5.12	主持召开航空钛合金铝合金研讨会
2012.7.26	参加工信部稀有金属材料再生利用示范工程评审会
2012.8.26	主持召开中国工程院高分子材料创新研究与产业化高层论坛（大连）
2012.10.29	主持召开IFAM 2012国际新材料发展趋势高层论坛（昆明）
2012.12	参加中国工程院材料基因组咨询项目启动会
2012.12.17～27	因脑梗住301医院
2013.1.25	在清华园和师昌绪、李恒德、范守善等团聚
2013.3.24	主持召开了海洋工程材料咨询项目启动会
2013.5.11	主持召开海洋工程有色金属材料会议
2013.5.13	主持召开海洋工程无机材料会议
2013.5.15	为南京工业大学先进金属材料研究院揭牌
2013.5.18	出席无锡深海载人装备技术咨询与研讨会
2013.7.29	主持召开LED产业应用国际高层研讨会
2013.8.24	主持召开海洋工程材料研发及应用发展趋势研讨会
2013.9.10	主持召开IFAM 2013国际新材料发展趋势研讨会（成都）
2013.9.22	参加IUMRS执委会会议
2013.9.25	主持召开《中国材料进展》国际编委会
2013.10.10	第一次白内障手术
2014.1.16	在北京医院看望师昌绪，下午去清华园看望李恒德
2014.3.1	主持召开大船材料研讨会
2014.8.9	主持召开"海洋工程用新型钢筋混凝土交流会"
2014.9.12	参加深海装备技术与产业发展战略会
2014.9.21	主持召开IFAM 2014新材料国际发展趋势高层论坛，参会人数达到800人
2014.11.17	主持召开中国工程院钛冶金及海绵钛发展工程科技论坛
2015.3.11	南海海洋材料应用调研

2015.4.25	主持召开海洋工程钛加工成型与焊接技术研讨会
2015.8	出席钛合金博士班开班仪式
2015.5.24	出席江苏省海洋先进材料工程技术研究中心成立仪式
2015.6.17	参加舰船用钛研讨会
2015.8.20	参加西北有色金属研究院建院50周年会议暨院士论坛
2015.9.19	主持召开IFAM 2015新材料国际发展趋势高层论坛
2015.9.20	主持召开中国工程院"面向未来的新材料与智能制造"国际高端论坛
2015.10.12	第二次白内障手术
2015.12.20	因肺炎住301医院
2016.4.24	参加第十六届全国钛及钛合金学术交流会(北京)
2016.6.26	主持召开中国海洋材料战略产业联盟成立暨首届海洋材料高层论坛
2016.7	出席西北有色金属研究院培训班开班仪式
2016.9.25	在上海主持召开IFAM 2015新材料国际发展趋势高层论坛
2016.10.19	出席"海洋材料丛书"首发仪式
2016.12	主持召开国家新材料战略咨询委员会核材料、石墨烯、超导材料研讨会
2017.2.22	参加"超导标准委员会"换届大会
2017.3.7	受聘为深海空间站专家组钛合金专家组组长
2017.3.25	主持召开中国3D打印材料项目启动会和中国3D打印材料研讨会
2017.3.29	出席3D打印材料培训班开班仪式
2017.4.23	主持召开"稀有金属在石油化工领域中的应用研讨会"
2017.6.18	出席第二届海洋材料高层论坛
2017.8.7	和马伟明院士商谈超导合作事宜
2017.8.11	主持召开化工制药研讨会
2017.8.24	主持召开中国3D打印制造及应用研讨会
2017.11.12	在西安主持召开IFAM 2017新材料国际发展趋势高层论坛
2018.1.20	在西安主持召开"强磁场中晶体生长技术研讨会"
2018.6.22～23	在南京参加第三届海洋材料高峰论坛
2018.9.18～20	在沈阳主持召开IFAM 2018新材料国际发展趋势高层论坛,并会见朱经武院士
2018.10.11	在南京主持召开中俄双边材料会议
2018.10	在西安主持召开先进发动机材料研讨会
2019年1月到4月	主持中国材料进展讲习班8场,1600名学生参与
2019.4.15	作为大会主席第十七届全国钛及钛合金学术交流会(南京),并致辞
2019.4.29	因脑梗住院
2019.11	学生张平祥当选中国工程院院士

无冕材料泰斗
润物学界无声
贺周廉院士八十华诞文集

周廉院士
部分科研成果

1. 出版的专著

[1] 师昌绪，李恒德，**周廉**. 材料科学与工程手册（上）[M]. 北京：化学工业出版社，2004.
[2] 师昌绪，李恒德，**周廉**. 材料科学与工程手册（下）[M]. 北京：化学工业出版社，2004.
[3] **周廉**，甘子钊，等. 中国高温超导材料及应用发展战略研究[M]. 北京：化学工业出版社. 2008.
[4] **周廉**，等. 中国钛合金材料及应用发展战略研究[M]. 北京：化学工业出版社，2012.
[5] **周廉**，等. 第十二届世界钛会论文集（卷1-3，英文）[M]. 北京：科学出版社，2012.
[6] **周廉**，等. 中国生物医用材料科学与产业现状及发展战略研究[M]. 北京：化学工业出版社，2012.
[7] **周廉**，等. 中国海洋工程材料发展战略咨询报告[M]. 北京：化学工业出版社，2014.
[8] 爱德华 L. 沃尔夫. 石墨烯应用概论[M]. 朱宏康，贾豫冬，**周廉**，译. 北京：化学工业出版社，2018.

2. 发表的论文

[1] 拉斯劳. Nb_3Sn临界电流密度的提高[J]. **周廉**，译. 稀有金属合金加工，1972(5)：92-96.
[2] 哈特. Nb_3Sn的显微组织、杂质含量及临界电流密度[J]. **周廉**，译. 稀有金属合金加工，1972(5)：97-104.
[3] 马赛厄斯. 对于超导性的经验接近[J]. **周廉**，译. 稀有金属合金加工，1972(5)：144-152.
[4] **周廉**，李成仁. 超导材料现状及其发展[J]. 稀有金属材料与工程，1983(5)：15-26.
[5] **周廉**，李成仁. 超导材料现状及其发展（续）[J]. 稀有金属材料与工程，1983(6)：31-36.
[6] **周廉**，叶永才. 参加第八届国际磁体学术会议情况汇报[J]. 稀有金属材料与工程，1984(6)：41-43.
[7] **周廉**，崔长庚. Nb_3Sn超导带材在高磁场下的临界电流[J]. 低温物理，1985，7(1)：46-48.
[8] **Zhou L**, Tang X D, Jean M, et al. Critical Current of Multifilamentary Nb_3Sn Wire in High Magnetic Field[J]. IEEE Transactions on Magnetics, 1981, 17(5): 2293-2294.
[9] **Zhou L**. Critical Current of Nb_3Sn Practical Superconductors in High Magnetic Field[J]. IEEE Transactions on Magnetics, 1983, 19(3): 280-284.
[10] **Zhou L**, Li C R, Wu X Z, et al. Properties of NbTi50 Superconducting Composite Wire[J]. Journal de Physique Colloque, 1984, 45(1): 437.
[11] **Zhou L**. Research of Practical Superconductor[R]. Columbus: Department of Metallurgy, Ohio University, 1986. (Invited Lecture)
[12] **Zhou L**. Recent Development of Superconducting Wire in China[C]// Advances in Cryogenic Engineering Materials, Proceedings of International conference on cryogenic materials 1987. New York: Plenum Press, 1987, 34: 983-993. (Invited Lecture)
[13] **Zhou L**. Research and Development of Practical Superconductor and High Tc Oxide Research in China[R]. France: Cryogenic Research Center, CNRS, 1987. (Invited Lecture)
[14] **Zhou L**. High Tc Oxide Research in China[R]. France: University of Grenoble Alpes and University of Rennes, 1989. (Invited Lecture)
[15] **周廉**. 国际高温超导体材料研究进展——1989年MRS秋季大会汇报[J]. 稀有金属材料与工程，1990(2): 79-80.
[16] **周廉**，李学勇. 国际高温超导体材料研究进展[J]. 材料导报，1990(4): 2-3.
[17] **Zhou L**. High Tc Superconducting Materials Research in China[C]// Crogenics, Proceedings of 13th International Cryogenic Engineering Conference. Beijing: Beijing institute of space experiment technology, 1990, 30: 54-71.
[18] **Zhou L**, Zhang P X, Ji P, et al. The Properties of YBCO Superconductors Prepared by a New Approach: the Powder Melting Process[J]. Superconductivity Science and Technology, 1990, 3: 490-492.
[19] **Zhou Lian**. The Melt Process for Fabrication of YBCO Oxide Conductor[C]//Lecture on High

[20] **Zhou L**, Zhang P X, et al. The YBCO Conductor Prepared by Powder Melting Process and Their Properties and Microstructures[C]. Boston: 1990 Fall Meeting of MRS, 1990. (Invited Lecture)

[21] **Zhou L**. Recent Progress in High Tc Superconducting Material Research in China[C]// Advances in Cryogenic Engineering Materials, Proceedings of International conference on cryogenic materials. New York: Plenum Press, 1991, 38: 469-476. (Invited Lecture)

[22] **Zhou L**, Zhang P X, Ji P, et al. High Jc YBCO Superconductors Prepared by the Powder Melting Process[J]. IEEE Transactions on Magnetics, 1991, 27(2): 912-913.

[23] **Zhou L**. The Melt Process for Fabrication of High Jc YBCO Superconductor[C]// High Temperature Superconducting Compounds Ⅲ, 3rd international Symposium on High Temperature Superconductor. Pittsburgh: The Minerals, Metals & Materials Society, 1991: 79-88. (Invited Lecture)

[24] **Zhou L**, et al. The Fabrication, Critical Current and Microstructure of the YBCO Superconductor Prepared by the Powder Melting Process[J]. Advances in Cryogenic Engineering, 1991, 38: 929-933.

[25] **Zhou L**, Wang J R, Zhang P X, et al. Magnetic and Pinning Force Study of Powder-Melt-Processed YBCO Superconductor[J]. Advances in Cryogenic Engineering, 1992, 38, 929-933.

[26] **Zhou L**. High-Tc Research on the P.R. China, Superconductor Industry/Winter 1991, P18-23.

[27] **周廉**. 我国高温超导材料研究进展[J]. 物理, 1991(6): 334-338.

[28] **Zhou L**. Fabrication Microstructure and properties of YBCO Superconductor[R]. Beijing: 1992 Beijing International Conference on High Temperature Superconductivity, 1992. (Invited Lecture)

[29] **Zhou L**. Recent Progress on Melted YBCO Superconductor[R]. Paris: CRTBT/CNRS of France, 1992. (Invited Plenary Lecture)

[30] **Zhou L**. Progress in High Tc Materials Research[R]. Tokyo: National Research Institute for Metals of Japan, 1992. (Invited Lecture)

[31] **Zhou L**. Development of High Tc Superconducting Material Research in China[C]//Proceedings of 2nd China-Russia Bilateral Seminar on New Materials and Technologies, Xi'an: Northwest Institute for Non-ferrous Metal Research,1993. (Invited Lecture)

[32] **Zhou L**. Recent Progress of Superconducting Materials Research in NIN[R]. Kanagawa: International Superconductivity Technology Center, 1996. (Invited Lecture)

[33] **周廉**. 超导材料十年进展[R]. 昆明: 中国工程院材料学部报告会, 1996.（特邀报告）

[34] **周廉**. 国外超导材料现状与发展[R]. 北京：国际材联中国委员会北京国际材料发展动向会议, 1996.（特邀报告）

[35] **周廉**. 稀有金属材料在国民经济和现代国防中的重要作用[R]. 北京: "材料在国防及国民经济建设中的重要作用"研讨会, 1996.（特邀报告）

[36] **周廉**. 高温超导材料研究现状与发展——高温超导发现十年[R]. 北京:中国材料研讨会, 1996.11.19.（大会特邀报告）

[37] **Zhou L**, Mao C B, et al. A New Chemical Process to Synthesize Ultrafine BiPbSrCaCuO Powder[C]// Proceedings of 16th International Cryogenic Engineering Conference/ International Cryogenic Materials Conferences (ICEC16/ICMC). [Kitakyushu: s.n.], 1996.

[38] **Zhou L**, Wang K G, et al. Kinetics of $YBa_2Cu_3O_x$ Formation and Crystal Defects in PMP-Processed Superconductor[J]. Cryogenics, 1996.

[39] **Zhou L**. Properties and Microstructure of PMP-processed YBCO[R]. Xi'an: SPA'97, 1997.

[40] **Zhou L**. Manufacture of Ultrafine BiPbSrCaCuO by an in Situnanometre Reaction Process[J]. Superconductor Science and Technology, 1997: 10(1) 45-47.

［41］**Zhou L**. Research and Development of Superconducting Materials in China[R]. Sino-Russian Seminar on New Materials & Technologies, 1997. (Invited Lecture)

［42］周廉. 高温超导材料研究进展[M]//共同走向科学——百名院士科技系列报告集. 北京: 新华出版社, 1997: 475-480.

［43］周廉, 殷为宏. 中国的稀有金属(英文)[J]. 金属学报, 1997(2): 222-224.

［44］周廉. 超导材料研究与发展的展望及对策[C]//中国有色金属学会第三届学术会议论文集——战略研究综述部分. 北京: 中国有色金属学会, 1997.

［45］**Zhou L**. Critical Currents in Superconductors for Practical Applications[C]// Proceedings of the International Workshop. Beijing: World Scientific Publishing Co Pte Ltd,1998.（Invited Lecture）

［46］**Zhou L**, Deng J. Current Development of Titanium Science and Technology in China[C]// Proceedings of Xi'an International Titanium Conference (XITC'98). Xi'an: Northwest Institute for Non-ferrous Metal Research,1998. (Invited Lecture)

［47］**Zhou L**. Interfacial Study of Continue Mo Fiber Reinforced TiAl Matrix[C]// IWOIAC. Hangzhou: The 3rd International Symposium on Ordered Intermetallics, 1998.

［48］**Zhou L**. Flux Pinning Characteristic and Effect of Element Substitution in PMP YBCO[C]// Proceedings of China-Japan Bilateral Seminar on Molten Salt Chemistry and Technology. Xi'an:, 1998: 21-26.

［49］周廉. 超导材料研究与发展的展望及对策[C]//科技进步与学科发展——"科学技术面向新世纪"学术年会论文集. 北京: 中国科学技术协会, 1998.

［50］周廉. 超导材料发展[J]. 世界科技研究与发展, 1998(5): 46-50.

［51］**Zhou L**, Luo G Z. Research and Development of Titanium in China[J]. Materials Science and Engineering: A, 1998, 243(1-2): 294-298.

［52］**Zhou L**. Development and Applications of β-Ti in China[R]. Hamburg: International Symposium on Microstructure & Characterization of Ti Alloys, 1999.

［53］**Zhou L**. Present Situation of Research and Development of Titanium in China[R]. St. Petersburg: The 9th World Conference on Titanium, 1999.

［54］**Zhou L**. The Research and Development of Medical Biomaterials in NIN[R]. Xi'an: Xi'an International Symposium on Biomaterials, 1999.

［55］**Zhou L**. Advanced Titanium Alloy Research[R]. Grenoble: Sino-French Seminar on New Materials, 2000. (Invited Lecture)

［56］周廉. 材料科学与工程发展现状与趋势[J]. 科技信息, 2000(5): 10-13.

［57］**Zhou L**. Research Development and Prospects of Superconducting Materials in China[J]. Physica C: Superconductivity and its Applications, 2000, 337(1-4): 121-129.

［58］**Zhou L**, Chen S K, Wang K G, et al. Synthesis of Ultrafine Y_2BaCuO_5 Powder and its Incorporation into YBCO Bulk by Powder Melting Process[J]. Physica C: Superconductivity and its Applications, 2001, 363(2): 99-106.

［59］周廉. 面向新世纪不断开拓学会工作的新局面[J]. 材料导报, 2001(1): 3-4.

［60］周廉, 张平祥, 常辉. 立足科技创新实现新的跨越[J]. 中国经贸导刊, 2002(12): 55.

［61］周廉. 钛工业的形势与任务[J]. 有色金属工业, 2002(7): 8-10.

［62］**Zhou L**, Chen S K, Wang K G, et al. Preparation of Enhanced Jc YBCO Bulks by Powder Melting Process with a Combination of Submicron 211 Precursor and Pt Addition[J]. Physica C: Superconductivity and its Applications, 2002, 371(1): 62-68.

［63］周廉. 加速钛产业的发展[J]. 有色金属工业, 2003(2): 25.

［64］周廉. 美国、日本和中国钛工业发展评述[J]. 稀有金属材料与工程, 2003(8): 577-584.

［65］**周廉**, 周义刚, 赵永庆, 等. 阻燃钛合金Ti40的热加工与力学性能研究[J]. 西北工业大学学报, 2003(4): 381-386.

［66］**Zhou L**. The Present Situation and the Future of Titanium in China[R]. Hamburg: The 10th World Conference on Titannium, 2003. (Invited Plenary Lecture)

［67］**Zhou L**. Progress of Titanium Industry in China[R]. Sydney: Australian Academy of Technical Sciences and Engineering, 2004.

［68］**Zhou L**. The Development and Tendency of Material Research and Industrialization in China[R]. Sendai: The 1st China-Japan-Korea Materials Seminar, 2004.

［69］**Zhou L**. Progress of Superconducting and Magnetic Materials-Application of superconducting and Magnetic Materials LAS2M[R]. Paris: Sino-French Seminar on Scientific Cooperation, 2004.

［70］**Zhou L**. Development of Advanced Materials for ITER Application[R]. France: Sino-European Seminar on Energy Materials, 2004.

［71］**周廉**. 中国材料科技期刊的发展战略[C]//2004年中国材料研讨会论文摘要集[C]. 北京：中国材料研究学会, 2004:1.

［72］**Zhou L**, Chang H, Wang X D. Recent Progress of Titanium Industry, Research and Development in China[C]//Ti-2007 Proceedings of the 11th World Conference on Titanium. Kyoto: The Materials Research Society of Japan, 2007.

［73］**Zhou L**, Zhang P X, Tang X D, et al. Development of Multifilamentary Niobium-Titanium and Niobium-Tin Strands for the International Thermonuclear Experimental Reactor Project[J]. Journal of Nuclear Materials, 2007, 362(2-3): 208-214.

［74］**Zhou L**, Li H D, Shi C X. Materials Research in China[J]. Nature Materials, 2008, 7(8): 603-605.

［75］**周廉**. 创刊词[J]. 中国材料进展, 2009, 28(1): 65.

［76］**Zhou L**, Chang H, Wang X D. Recent Progress of Titanium Industry, Research and Development in China[C]//Ti-2011 Proceedings of the 12th World Conference on Titanium. Beijing: The Materials Society of China, 2012, 56-61.

3. 授权的专利

［1］刘奉生, **周廉**, 年慧麟, 等. 高JcYBCO超导体定向生长装置[P]. 陕西：CN1054685，1991-09-18.

［2］**周廉**, 张平祥, 纪平. 粉末熔化处理法制备高Tc氧化物超导材[P]. 陕西：CN1056013，1991-11-06.

［3］杜泽华, **周廉**, 孙宝莲, 等. 钇系超导体用包复粉的制造方法[P]. 陕西：CN1072284，1993-05-19.

［4］赵忠贤, 李阳, **周廉**. 一种掺钛的高临界电流密度高磁通针扎力的高温超导体[P]. 北京：CN1098548，1995-02-08.

［5］**周廉**, 毛传斌, 吴晓祖, 等. 一种软团聚超细高温超导体先驱粉末制备方法[P]. 陕西：CN1141900，1997-02-05.

［6］**周廉**, 杨万民, 冯勇, 等. 一种钕钡铜氧超导单晶体的制备方法[P]. 陕西：CN1188822，1998-07-29.

［7］赵永庆, **周廉**, 王笑, 等. 一种钛合金燃烧速度的检测方法[P]. 陕西：CN1195771，1998-10-14.

［8］杜泽华, **周廉**, 冯勇, 等. 一种钇钡铜氧超导粉末的制备方法[P]. 陕西：CN1209424，1999-03-03.

［9］**周廉**, 李建平, 李平录, 等. 一种金属集束长纤维的制备方法[P]. 陕西：CN1212911，1999-04-07.

［10］王天成, **周廉**, 张平祥, 等. 高温超导体电流引线接点的制作方法[P]. 陕西：CN1224245，1999-07-28.

［11］王天成, **周廉**, 张平祥, 等. 高温超导体电流引线制备方法[P]. 陕西：CN1224246，1999-07-28.

［12］周农, 吴晓祖, **周廉**, 等. 一种超导合金的制备方法[P]. 陕西：CN1232880，1999-10-27.

［13］**周廉**, 陈绍楷, 王克光, 等. 一种低碳超细REBa粉末的制备方法[P]. 陕西：CN1276358，2000-12-13.

[14] **周廉**，柳家成，王飞云，等. 一种钛眼镜边丝的生产方法. CN 1374156[P]. 2002-10-16.
[15] **周廉**，柳家成，杜社军，等. 一种眼镜架用钛镍复合丝材的制备方法. CN 1374160[P].2002-10-16.
[16] 李争显，**周廉**，徐重，等. 一种碳基复合材料与钛合金的钎焊方法. CN 1451505[P]. 2003-10-29.
[17] 于振涛，**周廉**，王克光，等. 一种血管支架用β型钛合金. CN 1490421[P]. 2004-04-21.
[18] 于振涛，**周廉**，王克光，等. 一种外科植入件用β型钛合金. CN 1490422[P]. 2004-04-21.
[19] **周廉**，王克光，梁芳慧，等. 一种在多孔钛表面涂制羟基磷灰石层的方法. CN 1546178[P]. 2004-11-17.
[20] **周廉**，巨建辉，杨延安，等. 一种过滤用的多层金属复合烧结网. CN 2677008[P]. 2005-02-09.
[21] 蔡玉荣，**周廉**，于振涛，等. 一种合成高纯超细生物玻璃粉的方法. CN 1587149[P]. 2005-03-02.
[22] 于振涛，**周廉**，蔡玉荣，等. 一种可调式全钛骨介入穿刺器. CN 2701399[P]. 2005-05-25.
[23] **周廉**，程何祥，于振涛，等. 一种医用不锈钢的表面改性涂层及涂制方法. CN 1696329[P]. 2005-11-16.
[24] **周廉**，冯勇，张翠萍，等. 一种制备单畴镝钡铜氧超导块材的方法. CN 1800093[P]. 2006-07-12.
[25] 于泽铭，**周廉**，张平祥，等. 一种金属基带上制备氧化物阻隔层的热处理方法. CN 1986880[P]. 2007-06-27.
[26] 于泽铭，**周廉**，张平祥，等. 一种涂层导体用金属基带的硫化表面改性处理方法. CN 101109063[P]. 2008-01-23.
[27] 韩建业，于振涛，**周廉**，等. 羟基磷灰石/二氧化钛复合生物活性涂层的制备方法. CN 101491693[P]. 2009-07-29.
[28] 单迪，闫果，**周廉**，等. 一种大尺寸Ti陶瓷材料的制备方法. CN 102206079A[P]. 2011-10-05.
[29] 王耀，**周廉**，卢亚锋，等. 一种钙钛矿型缓冲层的制备方法. CN 102299251A[P]. 2011-12-28.
[30] 赵永庆，辛社伟，**周廉**，等. 一种高强高韧损伤容限型结构钛合金. CN 105779821A[P]. 2016-07-20.
[31] **周廉**，赵永庆，曲恒磊，等. 一种七元系两相钛合金. CN 106048307A[P]. 2016-10-26.
[32] 王临茹，赵永庆，**周廉**，等. 一种两相钛合金显微组织细化方法. CN 106929785A[P]. 2017-07-07.

无冕材料泰斗
润物学界无声
贺周廉院士八十华诞文集

后 记

2019年11月下旬，按照中国工程院支持院士八十寿诞出版纪念文集的惯例，经征询周廉院士本人的意见，中国材料研究学会、西北有色金属研究院决定，通过收集、整理周廉院士这八十年来的照片剪影、研究著作以及亲朋同事的回忆文章汇集成册以纪念庆贺周院士八十寿诞，并带领广大读者了解这位成就斐然的材料科学家的精彩人生和成功背后的故事，希望弘扬爱国奋斗精神并对各界人士能有所启发和激励。

起初，编者们认为文集汇编仅仅是资料的收集与整理工作，便撸起袖子准备大干一场。然而真正着手准备时才发现，面对的资料是海量的、信息是复杂的，一时难以捋出提纲主线、形成核心思想。就像站在地铁站里的地图前，看着那些纵横交错的线路，一时竟不知如何行进。同时，也惊叹于周廉院士丰富的经历与传奇的人生。所幸，在文集编撰和出版的过程中，编者们得到了来自四面八方的指导、支援和帮助。西北有色金属研究院院长张平祥院士和杜明焕副院长、中国材料研究学会理事长魏炳波院士亲自布置文集编写任务，保障了充足的人力和财力支持。所邀院士、专家、朋友、同事、学生十分重视并积极参与题词、回忆文章的撰写，仅用短短两个多月时间，就在2020年春节前提交了各类稿件。

在文集编辑、整理、撰写过程中，郑树军、贾豫冬、王瑶、朱宏康、武文军、于泽铭、张文书、卢天倪、王嘉琦、高虹、陈安琦等周院士身边的秘书、助手和工作人员，对照片的选取、归类、查证，以及相关著作、回忆文章、传略、大事记的撰写、编辑、校对做了大量工作。他们从17000余张照片中精选出3000余张照片，再从其中选取了具有代表性的600余张照片，并从400多篇文章中选取了16篇代表作，精心撰写了周院士传略、编辑了周院士大事记，以期能用有限的篇幅尽量完整地描绘出周院士的重要时刻和精彩人生。对由于篇幅原因无法一一提及名字的专家和友人们，谨向诸位表示由衷的感激之情。

本书原定于周廉院士八十寿诞之际正式出版，但由于新冠肺炎疫情影响并结合相关专家的意见和建议，为保证质量对文集内容进行慎重查证与多次返修。由此导致文集未能按原计划出版，对此我们深表歉意。另外，由于资料繁多、编者把握能力有限，文集难免存在纰漏与不足之处，敬请广大读者批评指正。

中国材料研究学会

西北有色金属研究院

2020年10月